AMÉRICA LATINA EN UN MUNDO NUEVO

Traducción de
EDUARDO L. SUÁREZ

AMÉRICA LATINA EN UN MUNDO NUEVO

Abraham F. Lowenthal y Gregory F. Treverton
(compiladores)

FONDO DE CULTURA ECONÓMICA

MÉXICO

Primera edición en inglés, 1994
Primera edición en español, 1996
Primera reimpresión, 1996

Abraham F. Lowenthal

Título original: *Latin America in a New World*
© 1994 Westview Press, Inc.
ISBN 0-8133-8670-5 (pasta dura)
ISBN 0-8133-8671-3 (rústica)

D. R. © 1996, Fondo de Cultura Económica
Carretera Picacho-Ajusco 227; 14200 México, D. F.

ISBN 968-16-4740-8

Impreso en México

RECONOCIMIENTOS

Las contribuciones para este volumen fueron encargadas por Diálogo Interamericano como parte de su esfuerzo constante por esclarecer aspectos fundamentales de las relaciones de los Estados Unidos con América Latina y por elaborar respuestas políticas edificantes para los problemas regionales. Fundado en el año de 1982, Diálogo Interamericano representa un foro para el intercambio regular entre líderes del hemisferio occidental y es, además, un centro de investigación independiente y no partidista, concentrado en las relaciones políticas y económicas del hemisferio occidental. Los 100 miembros de Diálogo —provenientes de los Estados Unidos, Canadá y de 16 países latinoamericanos y caribeños— incluyen a cinco ex presidentes y a prominentes líderes políticos, empresariales, laborales y académicos, así como a comunicadores, militares, profesionales y religiosos.

La elaboración de este libro es el resultado de un proyecto especial de Diálogo, del que fuimos codirectores. En nombre de todos los participantes en este ejercicio de colaboración, expresamos nuestro profundo aprecio a Pew Charitable Trusts (PCT) y en particular a Kevin F. F. Quigley, director de los programas de política pública de esa institución. El apoyo de PEW permitió que los autores se reunieran como grupo en dos ocasiones y que nosotros coordináramos la investigación básica, realizáramos entrevistas en muchas capitales e intercambiáramos borradores e ideas con nuestros colegas durante mucho tiempo. Asimismo, estamos en deuda con otras personas que participaron en los seminarios del proyecto: François Bourricaud, Michael Desch, el finado Fernando Fajnzylber, Gary Gereffi, Wolf Grabendorff, Peter Hakim, Mark Katz, Luis Rubio, Ronaldo Sardenberg, John Stremlau, Viron P. Vaky, Elizabeth Valkenier, Raymond Vernon, Francisco Weffort, John Williamson y Stephen Wollcock.

También queremos dejar constancia aquí de nuestro gran aprecio por la asesoría en la investigación de Alberto Cimadamore, Gregory Corning, Jeffrey Hawkins, David Mefford, Carina Miller, Susan Smolko y Carol Wise; así como a todos aquellos que nos brindaron apoyo logístico y de personal, en particular Daniel Broxterman, Christopher Evans, Jennifer Ezell, Tina Gallop, Lorraine Morin, Andrew Oros y Steven Spiegel. Agradecemos la soberbia edición de tres capítulos realizada por Linda C.

Lowenthal; la revisión de la versión final, por encima de numerosos obstáculos, a cargo de Elizabeth Knowlton, del Centro de Estudios Internacionales de la Universidad del Sur de California; así como el interés y la paciencia de Barbara Ellington, de Westview Press.

ABRAHAM F. LOWENTHAL
GREGORY F. TREVERTON

INTRODUCCIÓN

ABRAHAM F. LOWENTHAL
GREGORY F. TREVERTON

Es un lugar común —pero no por ello menos cierto o importante— que el mundo ha venido cambiando sorprendentemente. En efecto, resulta difícil imaginar que pocos años atrás Europa todavía estaba severamente dividida por el muro de Berlín, la Unión Soviética era casi universalmente considerada como una superpotencia, Nelson Mandela estaba en prisión, los sandinistas gobernaban Nicaragua, El Salvador estaba desgarrado por la guerra civil, Yugoslavia era una nación que vivía en paz, y la idea de un área norteamericana con un Tratado de Libre Comercio (TLC) quedaba fuera de los límites de las opciones realistas en el campo de la política económica.

Este volumen trata de analizar cómo América Latina y su papel en el mundo han sido rediseñados en virtud de los asombrosos avances internacionales acaecidos en los últimos años y de las transformaciones subyacentes que, a su vez, produjeron tales cambios globales. Dieciocho autores —de América Latina, Europa, China, Japón, Rusia y los Estados Unidos— han trabajado juntos para examinar la significación específica que han tenido para América Latina el fin de la Guerra Fría y la fragmentación de la antigua Unión Soviética, la expansión de la Comunidad Europea (CE) y su avance hacia una mayor integración, la validación generalizada del gobierno democrático y de las economías de mercado, la revisión de los regímenes comerciales y financieros de alcance mundial, la incipiente tendencia hacia la formación de bloques económicos regionales, y los cambios fundamentales ocurridos en la economía mundial, impulsados por la innovación tecnológica.

El libro se divide en tres partes: amplios panoramas de las relaciones interamericanas después de la Guerra Fría; capítulos que se ocupan de las relaciones de América Latina con las principales regiones del resto del mundo; y ensayos que analizan las respuestas de las naciones del hemisferio occidental, individual y colectivamente, a los desafíos planteados por el mundo nuevo, con todo su desorden y diversidad. Estos últimos incluyen algunos comentarios más breves, desde la perspectiva de los políticos prácticos, formulados por cuatro distinguidos líderes latinoamericanos: el senador José Octavio Bordón, de Argentina; Osvaldo Hurtado, ex presidente de Ecuador; Jesús Silva Herzog, ex secretario de Hacienda de México y ahora ministro de Turismo, y Celso Lafer, ex ministro de Relaciones Exteriores de Brasil.

Los argumentos y los acentos de los autores de este libro discrepan; algunas opiniones contradicen abiertamente a otras. No hemos tratado de resolver ni de evitar estos conflictos, sino que los hemos dejado como expresiones auténticas de tomas diferentes, desde ángulos distintos, sobre un objetivo móvil.

En efecto, el objetivo sigue siendo móvil; por lo tanto, este libro es inevitablemente un informe preliminar de las opiniones existentes en un mundo cambiante. Sin embargo, en capítulos situados más adelante surgen algunos temas amplios, al menos como hipótesis o provocaciones. En términos generales: si la primera pregunta se refiere a las consecuencias de la Guerra Fría para América Latina, la respuesta que aflora en este capítulo es que tales consecuencias son quizá menos drásticas de lo que parecería a primera vista. En muchos sentidos, el mundo de hoy refleja las principales tendencias, políticas y económicas, que eran ya evidentes antes de la terminación de la Guerra Fría.

Desde el punto de vista económico, tales tendencias resultan sorprendentes. Aunque existen variaciones significativas a lo largo de la región, los Estados Unidos son ahora *más* importantes para casi toda América Latina que 20 años atrás, mientras que la mayor parte de América Latina —con la prominente excepción de México— podría ser en algunos sentidos *menos* importante para los Estados Unidos. Desde el punto de vista político, si bien es cierto que las ansiedades por la seguridad de la Guerra Fría impulsaron a los Estados Unidos a prestar la mayor atención a los países más cercanos (los de Centroamérica y el Caribe), también lo es que en un futuro próximo podría concentrarse de nuevo la atención estadunidense en esa región, aunque ahora por otras razones: la inmigración y el narcotráfico, en particular.

En este contexto, los capítulos de la Segunda Parte del libro describen primordialmente algunos problemas que no se han materializado todavía: perros que no han ladrado aún. Las preocupaciones de Europa con su propia región oriental y los requerimientos de capital en la tarea de su reconstrucción restringen su interés y su capacidad para ser algo más que un socio moderadamente creciente de América Latina. También Japón tiene un interés limitado en esta última: ahora tiene preocupaciones internas; su atención externa se concentra principalmente en su propia región, y su estrategia para el hemisferio occidental sigue girando en torno a los Estados Unidos y su mercado. La agitación interna convierte a Rusia en un actor internacional incierto en general, y ya no tiene ninguna de las razones ideológicas de la antigua Unión Soviética para interesarse por Latinoamérica. Si continúa el auge de China, podrían surgir ciertas posibilidades para la expansión comercial con América Latina, pero sólo a muy largo plazo podría esperarse un gran comercio con China.

Los ensayos de política económica de la Tercera Parte tratan de plantear si las circunstancias de los años venideros favorecerán nuevas —y genuinas— asociaciones entre América Latina y los Estados Unidos. El sorprendente viraje de América Latina hacia políticas democráticas y economías más abiertas sugiere una respuesta afirmativa; así como las preocupaciones que ahora tienen en común, en particular el combate al narcotráfico y la protección del ambiente; a lo que se añade la ausencia de interlocutores para alguna estrategia alternativa de participación internacional de Latinoamérica.

Pero la conversión al estilo de economía de libre comercio estadunidense es todavía ambigua e insegura en muchos países latinoamericanos. Persisten fuertes dudas acerca de la disposición o la capacidad de varias naciones —Brasil, en particular— para emular a México en la búsqueda de una integración económica plena con los Estados Unidos. Además, aun cuando se compartan ciertos valores, como en el caso del gobierno democrático, la formulación de políticas destinadas a promoverlos podría ser en el futuro una empresa tan contenciosa como en el pasado. Por último, los intereses económicos de los Estados Unidos siguen siendo muy diversos, lo que se opone a una asociación exclusiva con América Latina.

EVALUACIÓN DE LAS REPERCUSIONES DEL CAMBIO GLOBAL

¿Cuáles cambios globales son más relevantes para América Latina y cómo han venido afectando a la región?

Richard H. Ullman sostiene que la terminación de la Guerra Fría está volviendo a la relación América Latina-Estados Unidos menos intensa y conflictiva que lo que ha sido durante muchas décadas. El intervencionismo militar de los Estados Unidos en América Latina disminuirá en los años noventa porque han declinado las preocupaciones de seguridad y geopolítica de Washington y porque se han vuelto más obvias las consecuencias negativas del intervencionismo estadunidense para la consecución de otros objetivos de su política exterior. En el hemisferio occidental, los Estados Unidos se preocupan cada vez más por asuntos —la inmigración, el narcotráfico, el control de armas, los conflictos fronterizos y el ambiente— que no son susceptibles de un tratamiento unilateral sino que requieren una mayor cooperación interamericana y demandan un fortalecimiento de las instituciones hemisféricas.

Jorge G. Castañeda adopta una visión mucho más pesimista de las repercusiones de la terminación de la Guerra Fría sobre América Latina.
Castañeda cree que continuará el intervencionismo estadunidense en los
países latinoamericanos, aunque por nuevas razones: la promoción de la
democracia, la preservación del ambiente y el combate al narcotráfico. Sugiere además que América Latina tendrá un peso internacional menor y
una autonomía más restringida que la que tenía durante los años de la
Guerra Fría. Esto es así, argumenta, porque América Latina no podrá
lograr que las grandes potencias se enfrenten entre sí y se verá en desventaja en la competencia internacional por el capital. Con la excepción
parcial de México —que finalmente parece haber captado la atención de
los Estados Unidos—, Castañeda sugiere que es posible que América
Latina se encuentre durante los años noventa en un estancamiento tristemente paradójico, con un peso geopolítico mayor que durante la Guerra Fría, pero con menos recursos y con restricciones económicas mucho
más severas.

Helio Jaguaribe reconoce que la nueva posición de los Estados Unidos,
en tanto única superpotencia subsistente en el mundo, restringe inevitablemente las opciones internacionales de América Latina. Sin embargo,
también observa este autor que los Estados Unidos no son ya una superpotencia económica; que recientemente sólo se han sentido capaces de
proyectar su potencia militar contra rivales muy débiles; que afrontan
graves problemas internos; y que todavía carecen de una visión mundial
coherente y estratégica, apropiada para la nueva situación mundial. Por
lo tanto, los latinoamericanos deben entender que los Estados Unidos no
son en modo alguno autosuficientes, y que Washington probablemente
reconocerá, en los años noventa, la necesidad de mantener mejores relaciones con América Latina. Esto es particularmente cierto sobre todo
porque tanto los Estados Unidos como América Latina son ahora menos
importantes para los países de Europa occidental, los cuales están fasci-
nados por el futuro de la Comunidad Europea y por sus nuevas relaciones con Rusia y las naciones de Europa central y oriental.

En estas circunstancias, tanto los Estados Unidos como América Latina
podrán beneficiarse del avance hacia la integración regional, como ocurre con el Mercado del Sur (Mercosur) entre los países conosureños. Sin
embargo, tendrán que afrontarse algunos problemas concretos y difíciles
para conciliar la mayor liberalización del comercio hemisférico dentro
del Mercosur y otras áreas semejantes con la protección temporal necesaria para promover el avance tecnológico y fortalecer la industria nacional.

Albert Fishlow examina los cambios económicos globales y regionales
y se concentra en decisiones todavía no resueltas que determinarán si
América Latina en general será incluida en una economía mundial en

crecimiento durante los años noventa o si declinará gran parte de la región. Hace hincapié en que los ajustes estructurales y los cambios de política económica ocurridos en Latinoamérica durante el último decenio la han convertido en una zona económicamente diferente y en que sus líderes están ahora mejor dispuestos a considerar la estrategia de la integración internacional que generará con mayor probabilidad un crecimiento sustentable en el futuro: la diversificación del comercio dentro del marco del Acuerdo General de Aranceles y Comercio (GATT), combinada con arreglos comerciales subregionales, o el acento en una potencial zona de libre comercio del hemisferio occidental. A su vez, las opciones de América Latina se encuentran parcialmente limitadas por la política estadunidense, influida todavía por el marcado hincapié del gobierno de Clinton en el rejuvenecimiento de la economía estadunidense y la restauración de su competitividad en el comercio internacional.

La prescripción de Fishlow, que no llega a ser un pronóstico confiable, es que tanto América Latina como los Estados Unidos se beneficiarían de un acuerdo de libre comercio del hemisferio occidental que integrara a América Latina a la economía mundial y reviviera la formación de capital al mismo tiempo que frenara las tendencias proteccionistas en los Estados Unidos y promoviera las exportaciones estadunidenses. Sin embargo, ni América Latina ni los Estados Unidos se beneficiarían de un enfoque regional a ultranza; deben conciliarse el regionalismo con el globalismo, y deben buscarse socios en otras partes del mundo.

LA ESPERANZA DE NUEVOS SOCIOS

Dado que la rivalidad de la Guerra Fría ya no es relevante y América Latina ya no cuenta con el contrapeso soviético frente a la influencia de los Estados Unidos, ¿cuáles son las esperanzas de los esfuerzos latinoamericanos por diluir el dominio estadunidense mediante el establecimiento de nuevas asociaciones con países situados fuera del hemisferio occidental?

Alberto van Klaveren valora las relaciones europeo-latinoamericanas a la luz de los avances de Europa hacia un mercado común, el final de la división que existió durante la Guerra Fría y los diversos caminos emprendidos por la propia América Latina. Van Klaveren observa que la presencia económica de Europa creció en América Latina durante los años setenta y ochenta, pero esta región no ocupó un lugar prioritario en la política exterior europea; tal asimetría llevó a los latinoamericanos a buscar —en muchas ocasiones con escaso éxito— mayor atención política y asistencia económica de Europa.

Como señala Van Klaveren, la participación económica y el compromiso político de Europa en América Latina disminuyeron durante los años ochenta, a pesar de los grandes esfuerzos diplomáticos de algunos líderes latinoamericanos. Sin embargo, en los últimos años, cuando se esperaba el desvanecimiento del interés europeo por el hemisferio occidental, la actividad de comercio e inversión de Europa en América Latina ha aumentado efectivamente, sobre todo en los casos de España, Italia y el Reino Unido. Últimamente, el futuro de las relaciones europeo-latinoamericanas dependerá más de las tendencias latinoamericanas que de las europeas. Las "relaciones especiales" ideológicas no afectarán ya a estos lazos en forma significativa, pero las oportunidades concretas de beneficios mutuos podrían fortalecer las relaciones entre las regiones o, mejor dicho, entre algunos países específicos de las dos regiones.

Barbara Stallings y Kotaro Horisaka colaboran en un estudio detallado de los cambiantes patrones de las relaciones nipón-latinoamericanas. Ligado desde hace mucho tiempo a unos pocos países latinoamericanos por lazos comerciales y migratorios, Japón se relacionó con América en forma mucho más general y profunda durante los años sesenta y setenta. Así, se convirtió en el segundo socio comercial (después de los Estados Unidos) de muchos países latinoamericanos: sus bancos se convirtieron en los mayores tenedores de deuda latinoamericana, sus empresas invirtieron ampliamente en algunos países y sectores de América Latina, y su gobierno se convirtió en el prestamista más importante de Latinoamérica, en forma bilateral y a través de sus aportaciones a instituciones financieras internacionales. Con el colapso del bloque soviético y la autoabsorción europea, los latinoamericanos naturalmente miraron hacia Japón en busca de una nueva expansión de este contacto, y sus líderes empezaron a visitar ese país.

Pero el creciente interés latinoamericano por ese país asiático durante los años ochenta se vio frenado por un desvanecimiento del entusiasmo japonés hacia América Latina. A Japón le parecía decepcionante el crecimiento económico de la región y desconcertante su inestabilidad política; estas dudas, reforzadas por sus crecientes dificultades económicas y políticas internas, han contribuido a un marcado retroceso en los acercamientos hacia Latinoamérica de Japón, sobre todo en Brasil, que antes era el centro principal de la inversión japonesa. El comercio con América Latina ya no es significativo para Japón; la inversión japonesa ha bajado y los bancos han empezado a vender sus carteras latinoamericanas. Sin embargo, hay un incipiente crecimiento de la inversión japonesa en México, Chile y Venezuela, así como una creciente asistencia gubernamental japonesa para varios países: Bolivia, Paraguay, Perú y varias naciones centroamericanas y caribeñas. Al igual que en el caso de Europa, el compromiso futuro de Japón dependerá sobre todo de las políticas latinoamericanas, cuando las reformas y los incentivos concretos vuelvan atractivos para los japoneses un particular país o sector, sobre todo si queda claro para los líderes de Japón que su participación contará con el beneplácito del gobierno de los Estados Unidos. Japón sigue siendo así un factor importante en la América Latina contemporánea, y puede desempeñar un papel más importante aún en aquellos países que pongan su casa en orden y provean oportunidades económicas pragmáticas para las empresas japonesas.

Sergo Mikoyan reseña la historia y las perspectivas de las relaciones de Rusia con los países de América Latina y el Caribe. Entre 1917 y 1991, la Unión Soviética tuvo en América Latina una presencia ideológica y política —mayor en ciertos países y ciertas épocas, menor en otros— y cierta actividad económica limitada, aunque el grado de la influencia soviética fue siempre mucho menor que lo afirmado y probablemente creído por los gobernantes estadunidenses y soviéticos. La ayuda soviética a Cuba, Nicaragua y otros Estados y movimientos amigos era real y no insignificante, pero nunca fue crucial o decisiva para ninguna nación latinoamericana, ni siquiera para Cuba.

Después de 1989, y sobre todo después de 1991 y de la desintegración de la antigua Unión Soviética —sostiene Mikoyan—, se ha observado una tendencia general, tanto en el hemisferio occidental como en Rusia, a minimizar la continua participación de Rusia en América y a subestimar su probable papel en el futuro. En efecto, durante cierto tiempo, los funcionarios rusos se mostraron tan desesperadamente ansiosos por congraciarse con los Estados Unidos que retrocedían en sus compromisos latinoamericanos, especialmente en Cuba, con una celeridad vergonzosa. Pero esta actitud de "acomodo infantil" con Washington ha terminado ya, en opinión de Mikoyan, quien prevé en el futuro la existencia de relaciones ruso-latinoamericanas nada triviales: un compromiso todavía significativo de Rusia con Cuba, centrado principalmente en intereses económicos; un intercambio comercial cada vez mayor y la continuación de cierta participación política en Centroamérica; la expansión de los lazos comerciales y la cooperación tecnológica con Brasil; y un comercio creciente con varios países latinoamericanos cuyas economías son complementarias a la de Rusia: Argentina, Colombia, Ecuador, Perú, Uruguay y quizá otros.

Feng Xu argumenta que los lazos de China con América Latina son en gran parte derivados y primordialmente determinados por las relaciones respectivas de China, por una parte, y de los países latinoamericanos, por la otra, con el Norte industrial. En el mundo posterior a la Guerra Fría, pocos países latinoamericanos tendrán mayor interés que antes hacia

China, en virtud de su nivel económico relativamente avanzado, de su estabilidad política, de su creciente influencia internacional y de la marcada complementariedad de sus economías con la de China. Por su parte, varios países latinoamericanos —Argentina, Brasil, Chile, quizá México y, por diferentes razones, Cuba— podrán buscar relaciones más estrechas con China: como un mercado potencial, como una fuente de capital y como un posible aliado en amplias cuestiones Norte-Sur relacionadas con el orden económico y político internacional, sobre todo en cuestiones como la transferencia de tecnología, la reducción de la deuda y los regímenes comerciales. Brasil y Cuba tienen más que ganar del fortalecimiento de sus lazos con China, porque son los países que tienen menos probabilidades de beneficiarse con los avances actuales hacia una integración norteamericana y hacia una potencial zona de libre comercio regional.

FORMULACIÓN DE RESPUESTAS POLÍTICAS

¿Abre realmente la terminación de la Guerra Fría la perspectiva de nuevas asociaciones entre Norteamérica y Latinoamérica?

Andrew Hurrell amplía la discusión acerca del regionalismo al analizar los factores que explican el actual resurgimiento del interés latinoamericano por alguna forma de bloque hemisférico interamericano y los aspectos que probablemente limitarán el crecimiento de dicho regionalismo a largo plazo. Subraya que los países latinoamericanos se han visto impulsados hacia la cooperación hemisférica por el viraje mundial hacia el liberalismo económico, por los costos evidentes de la confrontación con los Estados Unidos y por la ausencia obvia de socios alternativos. Pero muchos países presentan desventajas y dilemas al adoptar enfoques regionalistas para la seguridad económica y los problemas ambientales y políticos. Además, en modo alguno está claro que el aparente interés actual de los Estados Unidos por el regionalismo en el hemisferio occidental persista durante mucho tiempo, ya que éste contradice los intereses estadunidenses en relaciones comerciales más amplias y la lógica de la globalización económica. Así pues, están operando presiones contrarias y compensatorias que promueven en forma contradictoria la integración subregional en América Latina, el bloque hemisférico interamericano y diversos enlaces internacionales de muchas clases. Todavía no se establece el patrón dominante para los años noventa.

Heraldo Muñoz utiliza su preparación académica y su experiencia diplomática para evaluar el papel de la Organización de los Estados Americanos (OEA) en una nueva era. Aunque la OEA nació durante la Guerra

Fría y, fundamentalmente, como una respuesta a la misma, aunque se volvió cada vez más irrelevante durante los años ochenta, el final de la Guerra Fría no ha debilitado más aún a la organización, como podría haberse esperado, sino que, en realidad, le ha inyectado nueva vida. Los países del hemisferio occidental están redefiniendo ahora los propósitos y el potencial de la organización en torno a una nueva agenda regional de intereses comunes: comercio, seguridad, narcotráfico, el ambiente y la promoción de gobiernos democráticos.

Esta última cuestión —la defensa y la promoción de la democracia— determinará la importancia de la OEA en los años noventa. El final de la Guerra Fría y el consenso casi hemisférico en torno a las ideas democráticas han liberado a la organización para que desempeñe un papel en este campo, pero los difíciles casos de Haití y de Perú revelan cuán difícil será traducir una amplia convergencia en una práctica multilateral establecida. Por lo tanto, todavía no podemos saber si los gobiernos miembros podrán aprovechar esta oportunidad para forjar una institución hemisférica fuerte y eficaz.

Jorge I. Domínguez se concentra agudamente en la nación latinoamericana más afectada por el final de la Guerra Fría y el colapso de la Unión Soviética: la Cuba de Fidel Castro. Las premisas fundamentales de la política exterior y las relaciones internacionales de La Habana durante más de 30 años se han visto sacudidas porque el colapso de la Unión Soviética ha provocado una drástica reducción de los recursos económicos y del apoyo político a disposición de Cuba: subsidios de ayuda económica, asistencia técnica, armas gratuitas y solidaridad política. A fin de ajustarse a este nuevo mundo, Cuba ha debido alterar su política económica externa con gran profundidad y rapidez: promoviendo el turismo, atrayendo la inversión extranjera, aceptando el retiro de la presencia militar rusa y fortaleciendo las relaciones comerciales y políticas con China. A excepción de algunos acuerdos todavía vigentes con Rusia y de la continua hostilidad de los Estados Unidos, la política exterior de Cuba en los años noventa se asemeja, en general, a la de otras naciones caribeñas, sujetas a las mismas restricciones que imponen la geografía, la economía y la historia. Queda por verse si Castro podrá y deseará dar el siguiente paso hacia la normalización de la situación internacional de Cuba abriendo su política interna o si el propio Castro será remplazado. En todo caso, no es probable que las políticas de La Habana cambien extraordinariamente durante los años noventa. Ya se han hecho los mayores ajustes de Cuba hacia una nueva situación mundial —sostiene Domínguez—, e incluso una Cuba posterior a Castro verá que sus opciones y posibilidades internacionales son extremadamente limitadas.

Los cuatro estadistas latinoamericanos que han colaborado en este volumen destacan los grandes cambios de actitud que se han presentado en América Latina; no sólo el resurgimiento y la quizá sorprendente permanencia de la democracia, sino también el fin de un desarrollo basado en la sustitución de importaciones y el consiguiente viraje hacia economías más abiertas. También mencionan los indicios esperanzadores de que está terminando el "decenio perdido" de estancamiento y endeudamiento, y de que se está reanudando el crecimiento.

Sin embargo, también se señalan ciertas dificultades. La reanudación del crecimiento sólo se ha producido en algunos países de la región, y aun allí se frenaría si, por ejemplo, la estrechez de los mercados de capital mundiales eleva de nuevo las tasas de interés, lo que colocaría de nuevo a la deuda en el centro de la agenda latinoamericana. Aunque resistente, la democracia sigue presionada por la necesidad de producir resultados tangibles para los ciudadanos comunes de todas partes y por los terroristas o los narcotraficantes en varios países. Pocas naciones han seguido el ejemplo de México o de Chile: reducir las abultadas burocracias estatales y abrir sus economías a la competencia internacional al mismo tiempo que mantienen un Estado fuerte. Los autores sostienen que América Latina no necesita sólo un Estado más pequeño, sino también uno más eficiente. Todavía no sabemos si América Latina podrá transformar los desempeños de sus Estados sin reproducir el proteccionismo ineficiente del pasado.

Estos líderes latinoamericanos destacan también un tema final: el de la responsabilidad. Señalan que, en el pasado, los latinoamericanos se veían tentados a culpar de sus fracasos a factores externos: a los Estados Unidos en particular o, en términos más generales, a la injusticia de las interacciones prevalecientes entre el Norte industrial y el Sur en vías de desarrollo. Ahora, sin embargo, la mayoría de los líderes latinoamericanos aceptan que sus naciones deberán asumir la responsabilidad del progreso de América Latina. Y que deberán implantarse y sostenerse políticas que reflejen tal responsabilidad.

En un breve capítulo final, que comenta las perspectivas de las relaciones estadunidense-latinoamericanas en los años noventa, Abraham Lowenthal señala que éstas no sólo dependen de la trayectoria económica y política de América Latina, sino también —y quizá de modo más directo aún— de la suerte de los esfuerzos estadunidenses para afrontar una agenda acumulada de problemas internos. Muchas naciones latinoamericanas están buscando ahora asociaciones con Washington, pero todavía no está claro si los Estados Unidos están listos para acuerdos hemisféricos, sobre todo si son exclusivos o excluyentes. Uno de los numerosos interrogantes acerca del nuevo mundo en el que se encuentra

América Latina en los años noventa consiste en saber si los Estados Unidos encabezarán un audaz ajuste hemisférico a las distintas circunstancias o si, por el contrario, volverán a políticas proteccionistas, restrictivas, punitivas y unilaterales. La respuesta a ese interrogante tendrá gran importancia para los países de América Latina y el Caribe.

PRIMERA PARTE

UNA EVALUACIÓN DE LAS REPERCUSIONES DEL CAMBIO GLOBAL

I. LOS ESTADOS UNIDOS, AMÉRICA LATINA Y EL MUNDO DESPUÉS DE LA GUERRA FRÍA

RICHARD H. ULLMAN

PARA la relación existente entre los Estados Unidos y América Latina, la Guerra Fría funcionó como una sustancia adhesiva y cáustica a la vez: sirvió para unir al Norte y el Sur del hemisferio, pero lo hizo en forma abrasadora. La transformación política que se inició con el colapso del imperio de la Unión Soviética en Europa oriental durante el verano y el otoño de 1989 ha empezado a aflojar los lazos y a desnaturalizar la sustancia cáustica. Por lo tanto, la relación hemisférica debería ser más benigna que durante los años de la Guerra Fría; sin embargo, podría ser una relación de negligencia benigna.

A pesar de sus manifestaciones de preocupación por la solidaridad hemisférica, los gobernantes de Washington no han parecido considerar a América Latina como algo muy importante desde los años veinte, sobre todo en comparación con Europa, Asia y el Medio Oriente: esa actitud ha reflejado en parte las realidades económicas. También ha reflejado la geopolítica: al igual que África, América Latina estaba muy distante de la Unión Soviética, esa estrella negra en el centro del cosmos geopolítico del gobierno de cada uno de los presidentes estadunidenses, desde Harry Truman hasta George Bush. Más que las posibilidades de los misiles soviéticos para circundar el globo, la relativa proximidad del Ejército Rojo al territorio de algunos aliados vitales era lo que realmente preocupaba y alertaba a los líderes políticos de los Estados Unidos.

No obstante la distancia que la separaba de un peligro militar soviético directo, mientras duró la Guerra Fría, América Latina ocupó un lugar especial en la agenda de los presidentes estadunidenses sobre lo que podía dañarlos. El único acontecimiento más calamitoso aún que la "pérdida" de un país latinoamericano a manos del comunismo sólo podía ser que ese país se convirtiera además en una base para las fuerzas soviéticas. Con la excepción de Cuba —e incluso entonces sólo sobre una base muy limitada—,[1] tal cosa no ocurrió nunca. Pero Guatemala, República

---

[1] Por supuesto, las instalaciones soviéticas en Cuba provocaron la crisis de los misiles entre los Estados Unidos y la Unión Soviética en 1962. Más adelante, cuando Moscú trató de usar el puerto cubano de Cienfuegos para los submarinos dotados de armas nucleares,

Dominicana, Chile, El Salvador, Nicaragua y Granada fueron objeto, en uno u otro momento, de la preocupación especial de Washington y de su intervención (encubierta en su mayor parte). La pérdida de un país a manos del comunismo, o incluso su caída bajo la influencia comunista, acarreaba grandes costos políticos internos. Y en virtud de sus potenciales repercusiones en la política interior de los Estados Unidos se imputaba al espectro del comunismo, que acechaba al hemisferio, un empuje muy por encima de sus débiles logros. "Cuando sus senadores y diputados nos visitan —dijo un periodista nicaragüense a visitantes estadunidenses en 1983— están interesados en su propia política, no en la nuestra."[2]

La conclusión de la Guerra Fría privó de su veneno a estas imágenes. Los revolucionarios del Tercer Mundo ven que ahora Washington y Moscú coordinan sus políticas sobre problemas en los que antes tomaban automáticamente posiciones contrarias. El marxismo-leninismo está ahora desacreditado en el país que primero lo proclamó como un dogma estatal oficial. Si la antigua Unión Soviética promueve ahora alguna ideología, es un nacionalismo ruso anacrónico y exclusivista: una expresión de aspiraciones que pocos nacionalistas latinoamericanos podrían admirar, pero que no tiene ningún atractivo trascendente. No hay duda de que los insurgentes del hemisferio seguirán usando la retórica de la solidaridad mundial con los trabajadores y los campesinos. Sin embargo, es importante advertir que ya no tienen tras de sí la promesa del apoyo soviético que a menudo ponía tan nerviosos a muchos funcionarios de Washington. Y los mismos funcionarios ya no podrán justificar plausiblemente la asistencia militar a los regímenes latinoamericanos represivos alegando que la ausencia de tal ayuda daría a Moscú otro pie de playa en el hemisferio.

LA ESTRUCTURA GLOBAL DEL PODER

Durante lo que queda de los años noventa deberán aclararse los efectos de los cambios ocurridos en el sistema internacional en el que se encuentran ahora los Estados Unidos y las naciones de América Latina, pero ya son evidentes sus grandes lineamientos. Los analistas académicos se ganan la vida discerniendo, dentro de complejos fenómenos, patrones de comportamiento subyacentes que puedan explicarse con modelos sencillos.

se rindió ante la insistencia del gobierno de Nixon en el sentido de que el establecimiento de esa base resultaba inaceptable. Permanecieron en el país ciertas unidades militares soviéticas, relativamente pequeñas, para adiestrar a las fuerzas cubanas; y los aviones soviéticos volaban en patrullas de reconocimiento que salían de aeropuertos cubanos, pero no en misiones que parecieran amenazar a los Estados Unidos.

[2] Véase Richard H. Ullman, "At War with Nicaragua", en *Foreign Affairs,* vol. 62, núm. 1, otoño de 1962, p. 47.

Y durante la mayor parte de los 45 años de la Guerra Fría, el modelo analítico dominante de la estructura internacional y de sus relaciones de poder describía un sistema bipolar organizado alrededor de los Estados Unidos y la Unión Soviética. Estas superpotencias disponían de fuerzas militares convencionales cuyas capacidades totales eran sustancialmente mayores que las de todos los demás. Además, poseían arsenales de armas nucleares que superaban varias veces a los de otros países. Por supuesto, los Estados Unidos tenían la primera economía del mundo. Durante gran parte del periodo —hasta mediados de los años setenta—, los líderes soviéticos presidían una economía enorme (aunque insular y terriblemente ineficiente), la cual podía soportar un establecimiento militar gigantesco, mientras otorgaba una atención por lo menos tolerable a la satisfacción de las necesidades internas. Mientras la economía soviética continuó funcionando, y mientras la dominación de Europa oriental y central por parte de Moscú siguió revitalizando a la Organización del Pacto de Varsovia, podía decirse acertadamente que el sistema internacional era bipolar.

Hoy es evidente el fracaso económico de la antigua Unión Soviética y, por lo tanto, la debilidad fundamental de Rusia y de los otros Estados sucesores en un futuro previsible. Moscú ya no es un centro de influencia y atracción. La aseveración, a menudo escuchada, de un "Alto Volta con misiles", quizá ya no se justifique, porque la fuerza de trabajo adiestrada y completamente alfabetizada de Rusia (por no mencionar sus vastos recursos naturales) le asegura un lugar entre las potencias industrializadas; pero la contradicción existente entre su fuerza militar y su debilidad económica persistirá durante cierto tiempo. Son tan profundos los efectos del colapso económico de Rusia, que muchos observadores occidentales ahora creen que el mayor peligro no reside en un ataque ruso, sino en la dispersión en manos no autorizadas, quizá incluso en el comercio privado, de las antiguas cabezas nucleares soviéticas.[3]

Después de la demostración de eficacia del poderío militar estadunidense, basado en la tecnología, durante la Guerra del Golfo, algunos analistas proclamaron que el antiguo sistema internacional bipolar se ha vuelto unipolar, pues los Estados Unidos son ahora el único país capaz de "ser un jugador decisivo en cualquier conflicto en el que decida intervenir en cualquier parte del mundo".[4] Esta noción es simplista, imperiosa, evidente y casi totalmente irrelevante.

[3] Véase Kurt M. Campbell et al., *Soviet Nuclear Fission: Control of the Nuclear Arsenal in a Disintegrating Soviet Union,* Cambridge, Mass., Centro de Ciencias y Asuntos Internacionales, Escuela de Administración Pública John F. Kennedy de la Universidad de Harvard, 1991.
[4] Charles Krauthammer, "The Unipolar Moment", en *Foreign Affairs,* vol. 79, núm. 1, 1991, p. 24.

En el sistema internacional de los dos últimos decenios, el poderío militar estadunidense seguirá siendo un hecho importante de la geopolítica; algo que deberán tener en cuenta todos los gobiernos del mundo. Pero, durante ese periodo, es probable que el propio poderío militar se vuelva cada vez menos relevante para la determinación de los resultados en la política internacional. Y para los Estados Unidos en particular, el poderío militar proveería soluciones para muy pocos de los problemas graves que afrontará la sociedad estadunidense. Tales problemas —relacionados con la educación, la infraestructura, las relaciones raciales, el narcotráfico, etc.— son semejantes a los afrontados por muchos otros países industrializados. Pero en su variante estadunidense, muchos de ellos son más severos. Además, plantean interrogantes más amplios acerca de la competitividad internacional de la economía estadunidense y, por lo tanto, acerca de la capacidad de los Estados Unidos para atender al bienestar de una sociedad cada vez más compleja y de una población nacional cada vez más fragmentada. A largo plazo, si el sistema político no se ocupa de estas cuestiones, minarán la capacidad de la nación para destacar fuerzas militares eficaces.[5]

Si el sistema internacional en evolución es ahora unipolar desde el punto de vista militar, es multipolar en otras dimensiones del poder nacional. Hace más de dos decenios que los Estados Unidos tenían algo parecido a un poder irresistible en la economía internacional. Ahora hay tres grandes bloques de naciones en ese contexto. Los países de la Comunidad Europea, y los Estados africanos y caribeños que tienen vínculos monetarios y comerciales especiales con ellos, forman el bloque más grande y claramente definido. En segundo lugar se encuentra el área de libre comercio de los Estados Unidos y Canadá, a la que probablemente se sumará pronto México; posiblemente podrían ingresar Chile y otros Estados latinoamericanos. En tercer lugar tenemos a Japón, el cual está forjando relaciones de creciente interdependencia con los miembros de la Asociación de Naciones del Sudeste Asiático (ASEAN), a la que podrían sumarse otras economías de Asia y del Océano Pacífico.

Existe ahora una multipolaridad política, sin duda, pero resulta mucho más difícil de definir. Algunos Estados son importantes en sus regiones. Rusia y China (en menor medida) abarcan varias regiones cada uno; obviamente, son potencias que deben tenerse en cuenta en sus respectivas esferas. También lo son, en sus propias regiones, la India y Brasil, así como tal vez Nigeria. Es posible que los Estados Unidos sólo

---

[5] Ésta fue una de las conclusiones de un gran grupo de especialistas que se reunieron entre el 30 de mayo y el 2 de junio de 1991, bajo los auspicios de la American Assembly y el Consejo de Relaciones Exteriores. Véase el informe de la American Assembly, *Rethinking America's Security,* Nueva York, American Assembly, 1991, pp. 9-10.

se impongan ahora en el sur de Asia con la oposición de la India; en Sudamérica, contra la voluntad de Brasil; en el Golfo Pérsico, sin el consentimiento de Arabia Saudita —sólo por citar algunos ejemplos—, pero exponiéndose a grandes costos políticos. Y es posible que, en el futuro, tal dominio no sea posible en absoluto.

La invasión de Kuwait por parte de Irak, en agosto de 1990, ratificó otra clase de multipolaridad política: la codificación del *status* de gran potencia en la Carta de las Naciones Unidas, cuyos redactores han otorgado asientos permanentes en el Consejo de Seguridad, con derecho de veto, a los Estados Unidos, la Unión Soviética, Gran Bretaña, Francia y China. La Guerra del Golfo y las crisis de Yugoslavia y Somalia demuestran que el Consejo probablemente será, en el futuro, un foro mucho más importante que en el pasado para la organización de la acción política y militar. Por otra parte, mientras más se recurra al Consejo, mayores serán los costos políticos en que incurrirá alguno de los cinco miembros permanentes si decide actuar unilateralmente en ausencia de consenso. Ésa es una consideración que afectará particularmente a los Estados Unidos, la potencia más acostumbrada a ejercer acciones unilaterales.

LA DECLINANTE PROBABILIDAD DE UNA GRAN GUERRA

Independientemente de que la ONU se convierta o no en un foro central para la coordinación de las políticas de las grandes potencias, la probabilidad de que estalle una guerra entre ellas es menor ahora que en cualquier otro momento de la historia moderna. Esto no quiere decir que la probabilidad haya sido grande durante alguno de los 45 años de la Guerra Fría. La confrontación bipolar entre los dos bloques, cada uno de ellos dotado de formidables fuerzas armadas, con enormes cantidades de armas nucleares, aseguraba una robusta estructura de disuasión que no dejaba muchas dudas acerca de las consecuencias probables de la guerra.

Debemos señalar aquí otras dos características del sistema internacional de la Guerra Fría. En primer lugar, aunque sus contiendas se libraban enteramente en la periferia, el sistema era altamente eurocéntrico. Era en Europa donde se trazaba más claramente la línea divisoria entre los dos bloques, y también allí se concentraban más densamente las fuerzas militares opuestas. Eso propiciaba la seguridad, mediante una estabilidad casi congelada, pero también introducía un sesgo potencialmente peligroso hacia la escalada: si hubiera estallado en Europa una guerra caliente, cada bando habría tratado de golpear primero para destruir las armas nucleares del otro, así como sus instalaciones de mando y control; desde luego las de Europa, pero quizá también las que estaban en los territorios nacionales de las superpotencias en cuestión. El resultado habría sido, de esa manera, una ampliación y profundización del conflicto antes que una reducción.

En segundo lugar, aunque tal sesgo de escalada desalentara la guerra en Europa —en cualquier lugar de ese continente—, no existiría tal sesgo en el resto del mundo, de modo que habría menos restricciones para que cualquiera de las superpotencias, o sus clientes, se arriesgara a la acción militar. En tal sentido, la rivalidad estadunidense-soviética llevó a ambas naciones a adquirir intereses aparentemente vitales en la supervivencia de los regímenes clientes del Tercer Mundo. Algunas guerras en las que las superpotencias tenían considerables intereses duraron varios años: Corea, Indochina, Angola, la cuenca de África, Afganistán y Centroamérica. Mientras las fuerzas estadunidenses y las soviéticas no entraran directamente en contacto —una regla tácita de su compromiso con el Tercer Mundo—, había escaso peligro de escalada; pero tampoco había incentivos para reducir los conflictos. Los Estados Unidos estaban dispuestos a continuar derramando vastas cantidades de sangre y de dinero para evitar "perder" en Vietnam; lo mismo le ocurrió a la Unión Soviética en Afganistán. Y en cualquier conflicto, cada una de estas potencias estaba dispuesta a hacer grandes sacrificios para lograr el triunfo de sus clientes.

El final de la Guerra Fría trastornó estos procesos de compromiso y escalada. Las transformaciones de los últimos años prometen hacer el conflicto violento en Europa más probable que antes y, si no es menos probable el conflicto en el resto del mundo, por lo menos será menos prolongado y menos feroz. Estas observaciones ameritan una explicación.

En Europa, la liberación de los satélites de Moscú en la zona oriental y la reunificación de Alemania han reducido la probabilidad del conflicto a virtualmente cero a lo largo del único eje donde podría haber estallado una guerra catastrófica: la línea que corre entre Alemania y Rusia; por lo tanto, se ha reducido también la probabilidad de una guerra entre los principales Estados de Europa.[6] Ya no existe ningún vínculo entre la aparente legitimidad de los regímenes de Europa oriental y el régimen asentado en Moscú. Eso significa que Moscú ya no tiene ningún interés en el uso de la fuerza para mantener en su esfera de poder a tales regímenes clientes. De igual modo, la reunificación ha transformado a la República Federal de Alemania, que, de ser el único Estado fundamentalmente revisionista de Europa, ha pasado a convertirse en un baluarte satisfecho del *statu quo*. Por lo tanto, ni el gobierno de Alemania ni el de

---

[6] Ése es el argumento central de mi *Securing Europe*, Princeton, N. J., Princeton University Press, 1991.

Rusia afrontan ahora ningún interrogante cuya respuesta pudiera ser el uso del poder militar expansionista. Ése es un cambio profundo en las relaciones internacionales. Más allá, todo indica que el cambio es secular, no cíclico.

Pero esto no significa que ya no habrá guerras en Europa. Por el contrario, existe mucha violencia dentro de los antiguos Estados multinacionales, como Yugoslavia y la Unión Soviética, y entre sus partes constitutivas. También es posible que surjan conflictos entre algunos de los países liberados de Europa oriental, como Hungría y Rumania. Pero es muy improbable que estos conflictos se conviertan en guerras mayores; tampoco es probable que arrastren a las potencias más grandes de Europa. El sistema europeo después de la Guerra Fría manifiesta un sesgo contrario a la escalada, porque los Estados principales —aunque no todos los Estados menores— no tienen razones ideológicas o nacionalistas para agrandar los conflictos bélicos o para expandir sus propias esferas de control territorial.

Ahora que ha quedado desacreditado el marxismo-leninismo, no surgirá ninguna ideología comparable para tomar su lugar, por lo menos en Europa. Y al término del siglo XX se asume en forma generalizada, dentro de los Estados industrialmente avanzados, que el territorio —la tierra como tal— tiene ahora una importancia económica e incluso militar mucho menor que el conocimiento científico y tecnológico de quienes en él residen; por si fuera poco, casi todos advierten que no hay nada que pueda volver tan improductivos a tales habitantes como una ocupación extranjera. En el pasado reciente hemos visto muchas demostraciones de lo difícil y contraproducente que resulta la inyección de cualquier clase de legitimidad a un régimen que gobierne a pueblos de etnias distintas.[7]

LOS ESTADOS UNIDOS Y EL USO DE LA FUERZA EN EL TERCER MUNDO

El final de la Guerra Fría, y con ello la terminación de la búsqueda de clientes por parte de las superpotencias, ha alterado radicalmente las circunstancias en las que los Estados Unidos podrían desear plausiblemente el uso de su potencia militar dentro del Tercer Mundo. De todos los sitios de conflicto posibles, sólo la península de Corea presenta una situación que se asemeje en algo a los peligros del pasado. Ello no se debe a las escasas relaciones existentes entre Corea del Norte y Rusia, sino al hecho de que el régimen en Pyongyang parece haber escapado a los vientos de cambio que han soplado por casi todas las otras sociedades

---

[7] Para una ampliación de estos argumentos, véase *ibid.*, pp. 23-27.

comunistas del mundo. El régimen de Corea del Norte plantea todavía una amenaza creíble para un gobierno con el que los Estados Unidos tienen un compromiso explícito.

Ninguno de los otros aliados de los Estados Unidos en Asia enfrenta amenazas comparables. Por ejemplo, difícilmente imaginamos un ataque ruso o chino contra Japón, o un intento chino de invasión a Taiwán. Los gobiernos de Filipinas y —en menor medida— Tailandia afrontan los desafíos de movimientos revolucionarios internos, pero no están amenazados por sus vecinos. Y Vietnam está demasiado preocupado por su propia tímida versión de la perestroika. Como muchos regímenes que antes fueron expansionistas, parece que cada vez se está más consciente de que el intento de mantener el control físico sobre otros pueblos es una empresa cuyos costos superan a los beneficios.

En lo que toca a África, es poco lo que hay que decir. Aparte de los programas de asistencia económica, la injerencia de los Estados Unidos en esta región ha sido motivada casi enteramente por la rivalidad con Moscú; su escalada ha sido mínima, incluso en los muchos años de apoyo a las facciones anticomunistas de Angola. Ninguna circunstancia, fuera de un esfuerzo antiterrorista o de rescate de rehenes, podría conducir al empleo de fuerzas militares estadunidenses en ese continente.

Probablemente podría decirse algo muy semejante acerca de la futura intervención militar estadunidense en América Latina. Conviene advertir que aquí funcionaron en una misma dirección todos los imperativos de la Guerra Fría. Más adelante, Jorge Castañeda observa que la perspectiva de una represalia soviética en otra parte puede haber impedido que el gobierno de los Estados Unidos diera rienda suelta a sus ambiciones en América Latina. Sin duda alguna, como señala Castañeda, esta noción estuvo "siempre presente en la mente de muchos estadistas latinoamericanos" y ahora hace que algunos de ellos lamenten la terminación de la Guerra Fría.[8] Es posible que nociones como ésta hayan sido populares en América Latina, pero no hay ninguna prueba de que la idea de una Unión Soviética como instrumento de equilibrio haya tenido jamás gran aceptación en Washington. Todo lo contrario: la perspectiva de una intervención soviética nunca hizo que los gobiernos estadunidenses se sintieran limitados en sus intervenciones militares dentro del hemisferio. Eso era probablemente cierto incluso en el caso que habría sido más provocativo para la Unión Soviética: un ataque directo de los Estados Unidos contra Cuba. En esa circunstancia, Moscú habría respondido con una feroz andanada de propaganda, pero nada más. Su capacidad

---

[8] Véase Jorge G. Castañeda, "Latin America and the End of the Cold War: An Essay in Frustration", capítulo II de este volumen.

para enviar fuerzas a larga distancia no se aproximó nunca, ni remotamente, a la de Washington, lo que descartaba una intervención soviética en el hemisferio; otras regiones, desde luego, tenían su propia dinámica, que se veía poco afectada por los sucesos ocurridos en diferente zona del planeta.

En efecto, la Guerra Fría hizo que los gobiernos estadunidenses percibieran en la coloración política de los regímenes latinoamericanos ciertos intereses que de otro modo no habrían advertido; en consecuencia, las perspectivas de una intervención militar estadunidense aumentaron en lugar de disminuir. Ése ha sido un aspecto crucial en las relaciones estadunidense-latinoamericanas.

A pesar de estos intereses latentes, Sudamérica (por oposición a Centroamérica) nunca padeció una intervención significativa de las fuerzas militares estadunidenses, y el final de la Guerra Fría significó que la probabilidad de tal intervención es menor aún en estos momentos. El apoyo que otorgan ahora los Estados Unidos a las policías nacionales y a las organizaciones militares que combaten la producción y el tráfico de drogas en Bolivia, Colombia y, especialmente, en Perú podría presagiar un involucramiento más extenso. Pero de nuevo es difícil imaginar que las fuerzas estadunidenses combatan para sustituir a un gobierno o, a la inversa, para proteger la seguridad de un gobierno cliente hasta el punto de enredarse en la lucha faccional que suele acompañar a la guerra civil.

Por el contrario, Centroamérica y el Caribe han padecido reiteradas intervenciones estadunidenses. Las políticas y las prácticas de los años de la Guerra Fría crearon, además, clientes dependientes (como El Salvador o Guatemala) que seguirán buscando el apoyo de Washington. Aunque sólo un optimista pronosticaría que han terminado para siempre los días de la intervención unilateral estadunidense en la región, también es cierto que el gobierno de Clinton podrá resistir tales presiones con mayor facilidad de lo que habría sido el caso para un segundo gobierno de Bush, con sus propios clientes y los del gobierno de Reagan, que le precedió, por no mencionar a sus electores derechistas. En cualquier caso, es muy importante el hecho de que Centroamérica dejará de ser un tema de controversia en la política interna de los Estados Unidos en la medida en que el anticomunismo ya no es una justificación válida para la intervención.

En los años noventa y más allá, diferentes problemas requerirán respuestas diferentes. Una distinción fundamental entre las probables contingencias de los años noventa y las campañas contra la insurgencia en el Tercer Mundo, apoyadas por los Estados Unidos en el pasado, es el hecho de que cuando no esté funcionando una operación como la lucha contra las drogas, el esfuerzo y la política que lo aconseja podrán abandonarse con relativa facilidad. Ahora se trata de la eficacia práctica, no de la victoria o la derrota en una lucha global, tal como a menudo se percibían las cosas en conflictos de raíces ideológicas durante la Guerra Fría. Años atrás, admitir que una política no funcionaba correctamente equivalía a admitir la derrota en una contienda mucho más amplia. En consecuencia, surgían guerras aparentemente interminables como las de Centroamérica, atizadas por la URSS y Cuba, por una parte, así como por los Estados Unidos, por la otra.[9] Esa época ha terminado.

El nuevo periodo ha presenciado ya un ejemplo de la intervención militar estadunidense: la expulsión forzada de Manuel Antonio Noriega de Panamá, en diciembre de 1989, para ser enjuiciado en Florida por tráfico de drogas. En América Latina muchos pensaron que Washington regresaba a sus antiguos trucos, aunque no les gustara Noriega. Pero la embrollada conclusión del asunto puede tener efectos deseables. En el futuro, los dictadores centroamericanos serán sin duda más cautelosos en lo tocante a la violación de las leyes estadunidenses. Y quizá no sea mucho esperar que los gobiernos de los Estados Unidos hayan aprendido que cuando intervienen tan decisivamente como lo hicieron en Panamá —primero con sanciones financieras, luego con la fuerza armada—, no podrán desentenderse del desorden económico y político que dejan tras de sí.

AMPLIACIÓN DE LA AGENDA DE SEGURIDAD

En la medida en que la seguridad sea un problema en las relaciones estadunidense-latinoamericanas durante los decenios próximos, se tratará de una seguridad definida en términos suficientemente amplios para incluir los daños que no tengan una naturaleza militar. Tales son, en su mayor parte, daños que fluirán de Sur a Norte, sobre todo personas y drogas. Los Estados Unidos siguen siendo un imán para los latinoamericanos en busca de una vida mejor, y la capacidad de absorción estadunidense parece asombrosamente elevada. La inmigración no es todavía, y quizá no llegue a ser nunca, una amenaza para el bienestar de las comunidades donde se asientan inicialmente los inmigrantes, pero éstas tienen, sin embargo, temores reales de que sus sistemas de beneficencia y educación se vean desbordados. Tales temores se sienten más agudamente en las épocas de recesión económica, cuando se agravan los problemas de la absorción de inmigrantes en los Estados desarrollados e industrializados del Norte y, al mismo tiempo, se incrementan las presiones de los países del Sur que empujan a los inmigrantes hacia afuera.[10]

---

[9] Sobre este tema véase James Chace, *Endless War*, Nueva York, Vintage, 1984.
[10] Jorge Castañeda observa que quienes viajan hacia el norte no son en general los po-

Por supuesto, las drogas constituyen un daño mucho más grave, y el flujo de narcóticos se ha convertido en el problema más importante entre los Estados Unidos y varios países latinoamericanos. No podemos discutir aquí la relación existente entre la producción de narcóticos, el desarrollo económico y la fortaleza y resistencia de las instituciones políticas latinoamericanas. Pero parece probable que los únicos tipos de programas que tenderán a ayudar a frenar el narcotráfico internacional serán los que hagan hincapié en las recompensas del comercio y el desarrollo, o al menos tanto como las que esgrimen los castigos de la ley y el orden.

Otro renglón de la agenda de seguridad estadunidense-latinoamericana será el comercio internacional de armas de alta tecnología. Argentina y Brasil se han convertido en exportadores de tales armas a los Estados del Tercer Mundo, y Brasil en particular ha desarrollado una industria armamentista polifacética y refinada. Durante los próximos decenios es probable que Brasil cierre sustancialmente la brecha tecnológica que lo separa de sus competidores del Primer Mundo. Otros Estados latinoamericanos podrían comprar las armas producidas por estos proveedores, pero es probable que no se usen en el hemisferio, donde es escaso el peligro de una guerra interestatal. Más bien tales armas se destinan a compradores con mayor solvencia en regiones más turbulentas, como el Medio Oriente, de modo que éstos podrían complicar los esfuerzos internacionales para la limitación de los flujos de armas. Tales esfuerzos podrían provocar quejas bien fundadas acerca de un patrón doble que permite, por ejemplo, que los Estados Unidos vendan aviones militares a Israel y Egipto, al mismo tiempo que tratan de impedir que Brasil venda misiles a Siria o (posiblemente) a Irak.

Los esfuerzos que se hacen para inducir a los Estados latinoamericanos a evitar la producción de armas nucleares deberían ser más exitosos. El acuerdo firmado por los presidentes de Argentina y Brasil en las cataratas de Iguazú, el 28 de noviembre de 1990, por el que renunciaban al uso y desarrollo de armas nucleares y ponían sus instalaciones de generación nuclear bajo la inspección internacional, marcó por lo menos un alto y, posiblemente, la terminación de los esfuerzos de sus países por desarrollar fuerzas nucleares. Parece ser que sólo una amenaza verosímil de un Estado dotado de armas nucleares podría hacer que cualquiera de estos gobiernos se retirara del acuerdo; pero ninguna amenaza de esta índole parece siquiera remotamente probable, fuera de la que cada uno de estos países pudiera lanzar contra el otro. En una época en

bres desempleados, sino personas empleadas, jóvenes, emprendedoras, que buscan los salarios mucho mayores que pueden encontrar en los Estados Unidos. Véase el capítulo II de este volumen.

la que las necesidades internas presionan cada vez con mayor fuerza sobre sus economías, la canalización de recursos hacia la adquisición de armas nucleares podría parecer una distracción irrelevante, y hasta peligrosa, que los votantes no aceptarían.

EL CONFLICTO INTERESTATAL EN AMÉRICA LATINA

Resulta difícil imaginar circunstancias en las que cualquier Estado latinoamericano sintiera que su seguridad aumentaría por la posesión de armas nucleares. Esto se debe a que es muy escasa la probabilidad de una guerra interestatal en América Latina. Como sostuve antes, ha declinado la importancia de la tierra como tal en las relaciones de las naciones industrializadas avanzadas. El mismo proceso funciona también entre los Estados en desarrollo. Y mientras más desarrollado se vuelva un país, más dependerá su riqueza del valor que una población educada pueda agregar a la de los recursos adquiridos en cualquier parte, e incluso antes que de la posesión de los propios recursos de extracción. La única excepción a esta generalidad parece ser el petróleo. Como lo demostró la crisis del Golfo Pérsico, todavía podrían librarse guerras por ricos campos petroleros; sin embargo, es improbable que se libren por depósitos de cobre, tierras agrícolas, o incluso por el acceso al mar, a menos que se cierren arbitrariamente las rutas establecidas en el territorio intermedio.

La situación es completamente diferente cuando se trata del extremismo étnico o de los conflictos inflamados por el espectáculo de los malos tratos inferidos a los connacionales que viven en otros Estados, como ocurre con los húngaros que viven en Rumania o con las numerosas minorías étnicas dispersas en una Unión Soviética cada vez más dividida por líneas nacionales. Las cosas son diferentes también cuando el territorio en disputa es reclamado por lo que podríamos llamar razones simbólicas —para corregir errores del pasado—, como ocurre en gran medida con las reclamaciones israelíes sobre la margen occidental del río Jordán (las antiguas tierras judías de Judea y Samaria). Casi todas las disputas territoriales latinoamericanas son de este tipo; por ejemplo, la reclamación de Guyana por parte de Venezuela, la de Belice por parte de Guatemala, o la de las islas Malvinas por parte de Argentina. Pero con la posible excepción del último caso citado, estas reclamaciones no se hacen ya con el fervor de antaño.

Al revés de lo que ocurre en otras zonas geográficas, América Latina está milagrosamente libre de disputas internacionales arraigadas en conflictos étnicos. Esto no quiere decir que ningún gobierno latinoamericano haya reprimido a grupos étnicos identificables: sigue ocurriendo tal represión, sobre todo contra pueblos indígenas, y tal es la causa final de algunas insurgencias. Pero esta represión ocurre, en su mayor parte, dentro de los Estados, y raras veces se desborda hacia otra nación.

No hay ninguna razón para creer que estos patrones cambiarán ostensiblemente en los años venideros, lo que significa que seguirán siendo muy poco probables las guerras entre Estados latinoamericanos. Pero no significa que América Latina se librará de la violencia en gran escala, ni que otros Estados latinoamericanos se inclinarán a seguir el ejemplo de Costa Rica y se desharán de sus ejércitos. Por el contrario, las contracciones producidas por la recesión y experimentadas por todas las economías del área, en su mayor parte ya debilitadas por la continua crisis de la deuda, tenderán a agravar las tensiones internas y a atizar los movimientos insurgentes. También es probable que disminuya más aún la capacidad de algunos gobiernos para enfrentarse a fuerzas poderosas, como los cárteles de la droga, que continuamente minan su autoridad. El resultado podría ser, en ciertos casos, una prolongada lucha interna, quizá no a la escala o con la viciosa intensidad de algunas de las luchas guerrilleras de los años setenta, pero no obstante muy violenta y destructiva.

Éstos serán problemas de la estructura de cada país, y el terreno para solucionarlos será primordialmente el nacional. Los débiles vínculos existentes entre las economías latinoamericanas implican que los Estados no podrán exportar sus problemas ni inducir a otros a compartir la carga del ajuste. Y contrariamente a lo ocurrido en los años setenta, y sobre todo en los años ochenta, los gobiernos no podrán esgrimir las amenazas soviéticas y cubanas, hipotéticas o reales, para obtener el apoyo militar y económico de los Estados Unidos.

Mientras tanto, los Estados Unidos se preocuparán por los problemas de otras regiones, en particular por los de la antigua Unión Soviética, de la Europa central y oriental y del Medio Oriente. Sobre todo Rusia está solicitando grandes préstamos de recursos estadunidenses. En la medida en que ese país y otros antiguos Estados comunistas logren resolver sus problemas económicos y políticos, crecerán aún más sus peticiones y su probabilidad de obtener asistencia e inversiones. Es por ello que la respuesta de Washington a las demandas de América Latina podría aproximarse a una negligencia benigna.

INSTITUCIONALIZACIÓN DE LA SEGURIDAD HEMISFÉRICA

Precisamente porque los problemas de América Latina tendrán la característica de ser internos de sus Estados nacionales, el decenio siguiente podría ser un momento propicio para el fortalecimiento de la red de instituciones regionales que integran el llamado sistema interamericano. Tales instituciones, todas ellas bajo la égida de la Organización de los Estados Americanos (OEA), serán examinadas más adelante por Heraldo Muñoz, quien señala que el sistema interamericano está ya mucho más desarrollado de lo que creen casi todos los observadores.[11]

No es sorprendente que el lado funcional de la estructura de instituciones de la OEA —las organizaciones que se ocupan de áreas como salud pública, telecomunicaciones, agricultura e intercambio de datos técnicos y científicos— sea el más desarrollado. Después de todo, estas funciones son las menos politizadas. Pero Muñoz señala que, en lo tocante a la promoción y protección de los derechos humanos, los logros de la OEA y sus instituciones subordinadas, la Comisión Interamericana de Derechos Humanos y la Corte Interamericana, no son igualados por ninguna otra organización internacional.

Es en el campo de los problemas tradicionales de seguridad donde la OEA tiene ahora amplias posibilidades para un mayor desarrollo. Hasta ahora la organización había sido, sobre todo, una caja de resonancia de la agenda de la Guerra Fría de los Estados Unidos: un foro para la legitimación de la campaña de Washington contra la influencia soviética, real o imaginaria, en el hemisferio. Hoy, sin embargo, cuando la Guerra Fría ha terminado, la OEA podría aprender del ejemplo de la Conferencia de Seguridad y Cooperación Europea (CSCE). Reunida por primera vez a principios de los años setenta, la CSCE es un foro donde los miembros de la Organización del Tratado del Atlántico Norte (OTAN) y la Organización del Pacto de Varsovia, así como los países neutrales de Europa, pueden abordar los problemas comunes de su seguridad. Éste es un ejemplo del deseo de todos los Estados europeos, en particular de los más pequeños, de tener la certeza de que ningún adversario potencial estuviera preparando en secreto un ataque sorpresivo. Tal preocupación originó varios acuerdos, todos ellos resumidos con el rubro de "medidas para el fortalecimiento de la confianza y la seguridad". Algunas de estas medidas podrían trasplantarse convenientemente al hemisferio occidental.

Una de esas medidas, importante, podría ser, por ejemplo, el requerimiento de la CSCE de que se diera aviso con gran anticipación de todas las maniobras militares importantes. Así se eliminarían las maniobras repentinas de las fuerzas de un Estado miembro cerca de las fronteras de cualquier otro: una previsión como ésta llevaría a los gobiernos latinoamericanos a desear fervientemente que los Estados Unidos fuesen uno de los miembros de cualquier medida para el fortalecimiento de la

---

[11] Véase Heraldo Muñoz, "A New OAS for the New Times", capítulo x de este volumen.

confianza y la seguridad hemisférica. Seguramente les gustaría que se escribieran estas restricciones en forma tal que descartaran maniobras de intimidación como las que los Estados Unidos llevaron a cabo en Honduras, cerca de la frontera nicaragüense y en las propias aguas costeras de Nicaragua, durante los años de la campaña estadunidense contra el gobierno sandinista. En realidad, tales medidas serían populares en América Latina, pero Washington se resistiría porque, en efecto, restringirían su libertad de acción. Pero a un gobierno estadunidense le resultaría difícil rechazar en su propio patio medidas que sus predecesores negociaron en Europa.

Otra medida útil de este tipo sería el requerimiento de que los gobiernos revelaran plenamente la naturaleza, el tamaño y la ubicación de sus fuerzas militares. También tendrían que justificar las fuerzas que poseen. En un momento en que es mínimo el peligro de una guerra interestatal en América Latina, una revelación total de este tipo podría ser aceptable para los gobiernos. Además, haría posible que una organización de seguridad regional empezara a presionar a los gobiernos para justificar el mantenimiento de algo más que una policía armada y el gasto de dinero en equipos mejor adaptados para atacar a un vecino que para asegurar la tranquilidad interna. Formalmente se le ha asignado a la CSCE la tarea de realizar las inspecciones meticulosas requeridas para el monitoreo del cumplimiento del tratado de noviembre de 1989, que regula los niveles de armas convencionales en Europa. La OEA podría servir como un foro de negociación y como una agencia de monitoreo para la misma clase de acuerdos de limitación de armas en América Latina.

EL PROBLEMA DEL EXCEPCIONALISMO DE LOS ESTADOS UNIDOS

La OEA se enfrentaría así directamente al problema del excepcionalismo estadunidense. Es probable que las fuerzas armadas mantenidas por los Estados Unidos sean mayores en términos del personal agregado, y ciertamente son muchas veces más capaces que las fuerzas combinadas de todos los Estados de América Latina y el Caribe. Aun después de que se repartan los dividendos de la paz establecida tras la Guerra Fría, la disparidad será mayor. Hay razones obvias —arraigadas en la historia, la política y la economía— para que así ocurra. Pero los latinoamericanos podrían preguntarse por qué los Estados Unidos han de apropiarse de los productos más modernos y potentes de la tecnología militar al mismo tiempo que tratan de relegar a sus vecinos latinoamericanos a poseer armas obsoletas y fuerzas reducidas. Y algunos verán esto como algo más que un interrogante teórico.

En una posición similar se encuentran los Estados Unidos en Europa. Sus fuerzas armadas y las de la antigua URSS son mucho mayores que las de cualquier otro de los miembros de la CSCE, y no hay duda de que así permanecerán por mucho tiempo. La crisis del Golfo demostró que el cambiante orden internacional, tal como es, depende de la amenaza de una acción vigorosa por parte de las grandes potencias para asegurar el cumplimiento de las normas de conducta. Los gobiernos de Washington continuarán incrementando las fuerzas armadas de los Estados Unidos con un ojo en los recursos militares de la antigua Unión Soviética y otro en las fuerzas muy grandes y potentes de los Estados autoritarios del Medio Oriente, como Siria o incluso un Irak reconstruido.

Los aliados de los Estados Unidos en Europa, actuales y potenciales, parecerían sentir que esa situación es tranquilizante. En general, están en favor de una continua participación activa de los Estados Unidos en la política internacional del continente, incluida alguna presencia militar estadunidense. Pero la historia otorga a los latinoamericanos menos razones para considerar el poderío militar estadunidense como algo totalmente benigno. Eso vuelve especialmente importante el que los líderes estadunidenses manifiesten en forma pública y reiterada su intención de adherirse a la norma, consagrada en la carta de la OEA y en otros documentos hemisféricos, que proscribe la intervención unilateral.

Sostuve antes que la terminación de la Guerra Fría ha hecho mucho menos probable tal intervención militar. En efecto, es probable que el curso de la política siga el camino contrario: hacia la negligencia que podría parecer no tan benigna a largo plazo. En efecto, es posible que durante el próximo decenio veamos el empobrecimiento y la desintegración total de algunos Estados latinoamericanos. Perú es el ejemplo principal de una nación donde las fuerzas del desorden amenazan con superar a las capacidades de toda autoridad gubernamental, pero hay otros países cuyas situaciones podrían volverse casi igual de sombrías, en el peor de los casos.

Tales circunstancias claman por la intervención humanitaria, como lo hicieron los kurdos en Irak o el pueblo de Somalia. La intervención podría tener que combinar la acción imperiosa (en el caso de Perú, para proveer seguridad contra los grupos guerrilleros y los narcotraficantes) y una asistencia económica sustancial. Sólo podría ocurrir si lo solicitara la autoridad gubernamental reconocida del Estado en problemas o lo ordenara la OEA. Además, tal como están ahora las cosas, no es probable que ocurra tal intervención si los Estados Unidos no se ponen a la cabeza de su organización. Pero los políticos estadunidenses tienen preocupaciones más apremiantes en otras agendas. Las operaciones involucradas serían riesgosas, y el costo de la asistencia económica efectiva podría ser muy grande. Por lo tanto, el olvido —aun a costa de aumentar el caos y la miseria en el Estado afectado— sería una respuesta mucho más probable que la acción. Una situación hipotética de este tipo entraría también en conflicto con la norma de la no intervención tan profundamente arraigada en el pensamiento de los políticos latinoamericanos. Sin embargo, dicha norma podría desgastarse después, conforme se vuelve más evidente que los daños originados en un Estado latinoamericano fluyen a través de las fronteras hacia otros. Esto podría aplicarse incluso a los actos de degradación ambiental, como el incendio de vastas zonas de bosques tropicales en Brasil, que tiene un efecto nocivo para los ecosistemas de todo el planeta, incluidos los de los vecinos de Brasil.

De igual modo, la producción y el tráfico de narcóticos no ha reconocido jamás fronteras internacionales. Mientras los mercados finales sean los Estados Unidos y Europa occidental, los gobiernos latinoamericanos no se sentirán inclinados a ofrecer mucho más que una condena retórica a la incapacidad de sus vecinos para frenar el flujo. Además, como señala más adelante Jorge Castañeda, las acciones agresivas de la Agencia Antidrogas de los Estados Unidos (DEA) han sido acerbamente criticadas en América Latina.[12] Pero si, cuando termine la recesión actual, la creciente prosperidad de las clases medias y altas de países como Brasil y Chile abre mercados más grandes para las drogas, es posible que los agentes de la DEA no se sientan tan rechazados.

Tal avance sería muy saludable para las relaciones interamericanas. La concepción estereotipada de los nexos existentes entre los Estados del hemisferio ubica a Washington en el papel del *demandante* frente a los otros. Pero en diversas áreas problemáticas, incluida la muy politizada área de los derechos humanos, los latinoamericanos esgrimen ahora valores comunes compartidos por todo el hemisferio. Es posible que el sistema interamericano del siglo XXI se regionalice cada vez más, de modo que los Estados vecinos celebren acuerdos de cooperación que se alejen significativamente de las nociones tradicionales de soberanía.

Entre más sólidos se vuelvan estos acuerdos y más se institucionalice todo el sistema de las relaciones interamericanas, será menos probable que cualquier gobierno en Washington considere la intervención unilateral. El final de la Guerra Fría ha disminuido significativamente la probabilidad de cualquier intervención estadunidense por razones de seguridad entre las grandes potencias en cualquier parte del hemisferio. El desarrollo de las instituciones regionales y hemisféricas ayudará a eliminar la percepción —y el temor— de la intervención de una soberbia superpotencia norteamericana que persiga sus estrechos intereses en otras áreas. Todavía podemos tener un hemisferio de buenos vecinos.

---

[12] Véase el capítulo II de este volumen.

II. AMÉRICA LATINA Y LA TERMINACIÓN DE LA GUERRA FRÍA: UN ENSAYO SOBRE LA FRUSTRACIÓN

Jorge G. Castañeda

A PRINCIPIOS de octubre de 1962, Adlai Stevenson mostraba triunfalmente las fotografías tomadas por aviones estadunidenses U-2 que volaban sobre el territorio cubano. A pesar de las negaciones de Andrei Gromiko, el embajador estadunidense ante las Naciones Unidas estaba demostrando concluyentemente, al Consejo de Seguridad y al resto del mundo, que el bloqueo naval impuesto por su gobierno a la isla caribeña estaba justificado por razones de la seguridad nacional de los Estados Unidos: había misiles soviéticos en Cuba, y esto representaba una amenaza para los Estados Unidos. Fue ésa una de las justificaciones más efectivas que se hayan esgrimido jamás, de la intervención estadunidense en América Latina. El gobierno de Kennedy tenía las noticias sobre Nikita Jruschov y Fidel Castro, y sabía cómo usarlas.

Casi 30 años más tarde, el 22 de diciembre de 1989, el general Maxwell Thurman, jefe del Comando Sur del Ejército de los Estados Unidos con base en Panamá, esgrimía con el mismo aire triunfal lo que presentó como una justificación de la invasión estadunidense de Panamá: 50 kilos de cocaína envuelta en hojas de plátano que se encontraban en el refrigerador del general Manuel Antonio Noriega. Aun tomada al pie de la letra, la justificación era discutible: la invasión era un ataque caro, sangriento, y algo desproporcionado contra las drogas. Pero el final tragicómico del asunto de Panamá parecía una parábola maravillosa de la paradoja actual de la injerencia estadunidense en América Latina. Las fotografías tomadas por los aviones U-2, de los silos de misiles instalados en Cienfuegos, convencieron al mundo en 1962 porque eran auténticas; en 1989, el bulto de hojas de plátano de Noriega sólo contenía tamales panameños y no convenció a nadie que no estuviese previamente convencido.[1]

No es una ironía pequeña que el ejemplo más reciente de la intervención estadunidense en América Latina —la invasión de Panamá— coin-

[1] William Branigan, "50 Kilos of Cocaine Turn Out to Be Tamales", *Washington Post,* 2 de enero de 1990.

cidiera casi exactamente con la desaparición de los últimos vestigios del bloque soviético en Europa oriental. Pero a pesar de las apariencias, la intervención de Panamá contrastaba marcadamente con los casos anteriores de la injerencia estadunidense en América Latina. La diferencia residía precisamente en el hecho de que tal intervención no formaba parte del síndrome de la Guerra Fría, de confrontación de las superpotencias. Panamá fue el primer caso de la intervención abierta y directa de los Estados Unidos en América Latina después de la segunda Guerra Mundial que no poseía, en una forma u otra, un origen o una connotación geopolítica de Este-Oeste.

La invasión de Panamá marcó el final de la tradicional justificación antisoviética, de paquete o ideológica, de la interferencia estadunidense en América Latina. También señaló la reanudación, sobre bases diferentes, de un prolongado debate sobre el origen, la naturaleza y las consecuencias del entremetimiento estadunidense en los asuntos latinoamericanos. Si la única motivación de lo que llegó a conocerse a través del tiempo como la intervención estadunidense había sido siempre puramente geopolítica —es decir, la respuesta a una amenaza soviética—, resultaba claro que estaba llegando a su fin la época de por lo menos cierto tipo de intromisión estadunidense. Como dice Fernando Henrique Cardoso: "Especialmente en el caso de las naciones caribeñas y centroamericanas, la reducción de la tensión ideológica Este-Oeste podría dejar una lección importante: en adelante, la 'lucha contra el comunismo' ya no justificaría la política intervencionista de los Estados Unidos".[2] Pero Cardoso matizó rápidamente esta visión optimista con un pensamiento cauteloso: "Como todos sabemos, esta excusa es anterior a la Guerra Fría y podría persistir. Pero no sería una excusa plausible para hacer la guerra en nombre de la democracia. Es posible que la campaña contra las drogas sea la razón sustituta esgrimida para justificar el tutelaje de los Estados Unidos sobre la región".

Así pues, si el nivel hipotético de la interferencia estadunidense en la política del hemisferio era un dato histórico, que sólo se alejaba un poco de un nivel previamente establecido por lo que Régis Debray ha llamado la lógica de la dominación,[3] el final de la Guerra Fría y la consecuente eliminación de la "coartada" soviética se convierte en una transformación mucho más relativa.[4] La desaparición de la otra superpotencia y la expe-

[2] Fernando Henrique Cardoso, "United States-Latin America After the Cold War", ensayo presentado en el seminario "Latin and U. S. America in the 1990s", Ministerio de Relaciones Exteriores de Suecia, Estocolmo, Suecia, 28 de mayo de 1991.

[3] Régis Debray, "Pour en finir avec l'antiaméricanisme", conferencia en la Universidad de Nueva York, Nueva York, 28 de abril de 1991.

[4] Alan Tonelson ha caracterizado críticamente una versión de este enfoque como "inter-

riencia de la Guerra del Golfo hicieron que algunos intelectuales latinoamericanos, entre ellos Carlos Fuentes, temieran el surgimiento de una
nueva Pax Americana, con una dominación estadunidense consagrada
por mucho tiempo en el futuro. Ambas concepciones pueden encontrarse
en la literatura que ha florecido sobre este tema, y también son utiliza-
das por los actores políticos polifacéticos y de diversas posiciones que se
ven forzados a adoptar una postura sobre el tema de moda o se sienten
ansiosos por hacerlo.

Si se reflexiona sobre ello, se verá que la ambivalencia de la mayoría
de las evaluaciones iniciales era a la vez correcta y errada. Y la verdad
no ocupaba un punto intermedio, sino que se encontraba en otra parte.
Mientras los Estados Unidos siguieran siendo una gran potencia —en
efecto, la única superpotencia restante— y la intervención hemisférica
pudiera definirse razonablemente como un ejercicio terriblemente asimétrico de poder e influencia por parte de los Estados Unidos —el cual
asumía muy diversas formas por todo el continente en defensa y promoción de sus intereses nacionales (ideológicos, estratégicos, económicos,
políticos, internos, etc.)—, distaba mucho de haber terminado la época
de la interferencia. Las invasiones, las operaciones encubiertas, la ayuda
y los boicoteos, la desestabilización para quienes se percibían como hostiles y el apoyo irrestricto para quienes se percibían como colaboradores
—"justicia para mis amigos, todo el peso de la ley para mis enemigos",
de acuerdo con la maravillosa receta de Benito Juárez—, la acción militar
cuando fuera necesario y las medidas políticas cuando fueran suficientes, seguían caracterizando las relaciones hemisféricas.

nacionalismo": "Con la amenaza soviética o sin ella, los internacionalistas han descrito el
extenso involucramiento de los Estados Unidos en los países del Tercer Mundo como un
imperativo de la seguridad y la economía, derivado de las estrechas e indisolubles relaciones existentes entre el destino del Tercer Mundo y el nuestro. Pero en la medida en que
estas relaciones existen, en esa misma medida son artificiales"; véase Alan Tonelson, "What
Is the National Interest?", *Atlantic Monthly,* julio de 1991, p. 49. La postura determinista
de Debray surge de su diagnóstico: "La originalidad estadunidense deriva ahora de su tamaño crítico debido a la ausencia de todo contrapeso externo. Con la evaporación de su rival
soviético, se hace necesario regresar hasta el Imperio romano para encontrar un mundo
tan estratégicamente unipolar" *(ibidem).* Y como dijera otro académico, que escribió todo
un libro basado en la metáfora de la Roma imperial: "La diplomacia estadunidense se ha
acostumbrado a este ejercicio desde el principio: presentar con una envoltura universal y
moral las operaciones que son también buenos negocios. La probó desde el siglo XIX, cuando
en el momento de la descolonización de América Latina inventó la Doctrina Monroe para
'proteger' al hemisferio. Hasta ahora, este moralismo se destinaba al consumo estadunidense. A partir de ahora, se destinará al resto del mundo y deberá hacer que los defendidos
entiendan que no pueden aprovecharse de su presunta debilidad. Las operaciones militares
realizadas por los Estados Unidos en Centroamérica y en América Latina en 1990 osten-
tan ya el sello de esta nueva orientación. Sus metas 'antidrogas' les daban un tono colectivo
y mostraban a todos los países amenazados por las drogas que estaban en deuda con los
Estados Unidos por su acción contra el narcotráfico"; véase Jean-Christophe Renin, *L'Em-
pire et les nouveaux barbares,* París, Editions Jean-Claude Lattés, 1991, pp. 168-169.

Pero la Guerra Fría había persistido durante cerca de medio siglo, determinando el tipo, las razones y la cronología de las intervenciones estadunidenses en América Latina. Y cuando la Guerra Fría terminó, desapareció el peligro soviético para los Estados Unidos. En consecuencia, todo tenía que cambiar. Las intervenciones estadunidenses en los asuntos latinoamericanos que derivaban de consideraciones geopolíticas quedaron relegadas al pasado, mientras que las que poseían motivaciones diferentes se presentaban ahora con otras luces. Desde la invasión de Guatemala en 1954, pasando por Bahía de Cochinos, la República Dominicana, la desestabilización en Chile bajo Salvador Allende, la guerra de los contras en Nicaragua y la invasión de Granada en 1983, virtualmente todos los casos de intervención estadunidense directa en América Latina desde la segunda Guerra Mundial tenían connotaciones antisoviéticas, anticomunistas, de la Guerra Fría. En cambio, los casos de intervención ocurridos después del final de la Guerra Fría —Panamá, el combate a las drogas en Perú— están claramente desprovistos de esas connotaciones.

Es más importante quizá el hecho de que la coincidencia temporal de la conclusión de la Guerra Fría y el advenimiento de restricciones económicas internacionales mucho más rígidas (como resultado de la globalización económica y la homogeneidad ideológica) volvió simplemente redundantes ciertos tipos de la intromisión estadunidense en América Latina. En el pasado, los Estados Unidos a menudo habían amenazado o ejecutado represalias directas contra gobiernos latinoamericanos por cosas tales como la nacionalización de recursos naturales sin "una compensación oportuna, adecuada y efectiva": Guatemala en 1952-1954, Perú en 1968, Chile en 1971. Ahora parecen innecesarias las amenazas y las represalias. En todo caso, no habría ninguna nacionalización; pero si la hubiera, las consecuencias se expresarían más en términos de la cesación de los flujos de créditos e inversiones y de relaciones tensas con el Banco Mundial y el Fondo Monetario Internacional (FMI), antes que en dificultades con el Departamento de Estado de los Estados Unidos.

Así pues, los efectos de la terminación de la Guerra Fría fueron inevitablemente contradictorios para América Latina. El efecto más evidentemente favorable para ésta, el "efecto Gorbáchov", se relacionaba con la política estadunidense hacia la región. Con la eliminación de la realidad y de la idea de una amenaza soviética para la seguridad estadunidense en el hemisferio, la nueva relación de la superpotencia con sus vecinos del sur redefinía las restricciones y los márgenes de la política estadunidense en América Latina.[5]

[5] En un discurso pronunciado en la reunión de las Conferencias Lincoln-Juárez del Ministerio de Relaciones Exteriores de México, el 7 de marzo de 1990, Henry Kissinger formuló esta idea de la siguiente manera: "Cuando empecé a ocuparme del hemisferio y a

La percepción de una amenaza soviética para la seguridad de los Estados Unidos en América Latina, o directamente para las naciones del hemisferio, fue siempre un motivo de controversia en las relaciones interamericanas. La importancia de la amenaza soviética —su naturaleza, su relevancia y su valor explicativo para entender las tendencias sociales y políticas latinoamericanas— no constituyó jamás un área de acuerdo o entendimiento entre la mitad norte y la mitad sur del continente. Durante los años ochenta, por ejemplo, casi todo el debate público que se libró entre el gobierno de Reagan, por una parte, y los Estados latinoamericanos participantes en las iniciativas de paz para Centroamérica, por otra, se centró en la definición de las causas del conflicto en el istmo. En la ONU o la OEA, o mediante declaraciones públicas de funcionarios estadunidenses, Washington trató siempre de presentar la crisis centroamericana esencialmente como una consecuencia de la injerencia soviética. Por su parte, los mediadores latinoamericanos hacían hincapié en las raíces económicas y sociales, llamadas autóctonas, de la agitación existente en la región.

El enfoque antisoviético y anticomunista para América Latina no fue nunca tan importante en el exterior como dentro de los Estados Unidos. Incluso en lo más intenso de la Guerra Fría, los Estados Unidos obtenían en raras ocasiones el apoyo del resto del hemisferio, ya no digamos del mundo, cuando intervenían en los asuntos latinoamericanos.[6] Su visión antisoviética de los asuntos del subcontinente sólo fue respaldada plenamente una vez: durante la crisis de los misiles cubanos, cuando la amenaza soviética para la seguridad estadunidense parecía indisputable. La suspensión de relaciones diplomáticas con Cuba (y, en muchos casos, también la suspensión de relaciones económicas) por parte de la mayoría de las naciones latinoamericanas fue notable sobre todo por su carácter excepcional, porque respondía a poderosos impulsos anticomunistas locales. Virtualmente ningún gobierno latinoamericano alentó los ataques análogos de los Estados Unidos contra Perú a fines de los años sesenta o contra Chile a principios de los años setenta. Sólo la Organización de

establecer contactos en la región, había un importante elemento ideológico en ambos lados de la cerca: en los Estados Unidos una cruzada contra la penetración comunista en el hemisferio, y en América Latina un temor a la intervención estadunidense. [...] Los cambios ocurridos en el continente tendrán consecuencias profundas, sobre todo en los Estados Unidos, porque a medida que se ha evaporado virtualmente la percepción de la amenaza soviética en el hemisferio, también desaparece el temor como un principio unificador de las relaciones hemisféricas"; véase Henry A. Kissinger, "Un mundo en transformación", *Revista Mexicana de Política Exterior*, vol. 27, verano de 1990.

[6] Europa, por ejemplo, nunca apoyó realmente a los Estados Unidos en su política anticastrista. "Y sobre todo, los Estados Unidos empujaron a sus aliados para que adoptaran una política en consonancia con la suya. Esto no funcionó en absoluto con los europeos"; véase Jean-Pierre Clerc, *Fidel de Cuba*, París, Editions Ramsay, 1988, p. 269.

Estados del Caribe Oriental apoyó la invasión de Granada, y es posible que lo haya hecho en circunstancias poco honorables.[7] La guerra librada en Nicaragua, después de 1981, recibió el apoyo ostensible de varios de los Estados vecinos, pero otra vez las motivaciones de ese apoyo fueron poco altruistas o enteramente independientes. Aquí influía mucho más el deseo de complacer a los Estados Unidos que un auténtico temor local ante la "amenaza" nicaragüense. En el resto del mundo la retórica anti-soviética y la estrategia latinoamericana de Washington se percibían más como un procedimiento de la defensa de otros intereses que como una base auténtica de sus políticas. Pero en lo interno, el apoyo existente para la intromisión en la región surgía principalmente de los sectores de la sociedad estadunidense —la derecha extremista y el centro— que creían en la realidad de una amenaza soviética para los Estados Unidos "en su propio patio".

Como ocurre con todos los fundamentos ideológicos de cualquier política exterior, la percepción estadunidense de una presencia o amenaza soviética en América Latina estaba basada en una realidad. Pero también representaba un procedimiento para obtener el apoyo interno para una política que a menudo perseguía otros objetivos. El antisovietismo no era enteramente cínico y deshonesto ni una base completamente altruista y siempre válida para la intervención en el área. Pero era un ingrediente indispensable de la política estadunidense hacia la América Latina. Sin ese ingrediente, resultarían incomprensibles Bahía de Cochinos, la Alianza para el Progreso, el apoyo estadunidense para la doctrina de la seguridad nacional en las dictaduras de Brasil, Uruguay, Bolivia, Argentina y Chile durante los años sesenta y principios de los setenta, los sucesivos rescates de la deuda mexicana por un valor de miles de millones de dólares, y la aventura de los contras en Nicaragua durante los años ochenta.

En la medida en que la histérica reacción antisoviética de los Estados Unidos era la restricción principal impuesta a la autonomía de América Latina en la esfera internacional, el margen de acción otorgado a la región se vio obviamente ampliado por la terminación de la Guerra Fría. Pero además de la restricción relacionada con la seguridad de los Estados Unidos, siempre ha existido una restricción económica estadunidense y también internacional. Muchas élites latinoamericanas percibían con frecuencia esta restricción como un motivo igualmente importante, si no es que el más importante, para mostrarse sensibles a las preocupaciones

---

[7] Según Bob Woodward, "Los registros de la CIA revelan que en cierto momento se le habían entregado a su gobierno (el de Eugenia Charles de Dominica) 100 000 dólares para una operación de apoyo secreta"; véase Bob Woodward, *Veil: The Secret Wars of the CIA, 1981-87*, Nueva York, Simon and Schuster, 1987, p. 290.

estadunidenses. El razonamiento era y sigue siendo muy simple: para todo gobierno latinoamericano, existen consecuencias directas, a menudo inmediatas y con frecuencia lamentables, de carácter económico, cuando aplican una política contraria a los deseos o los intereses de Washington. La ferocidad de la represalia depende de la extensión y la naturaleza de la oposición o de la aversión de los Estados Unidos a la política en cuestión. Las represalias pueden abarcar desde la pérdida de una cuota azucarera, como ocurrió con Cuba en 1960, hasta el embargo atunero sufrido por México en 1980, el embargo económico y financiero total impuesto a Nicaragua a partir de 1985, o la aplicación de sanciones como las llamadas Super 301, impuestas a Brasil por establecer reservas de mercado en su industria de computadoras. Incluso esta breve lista indica claramente que la restricción económica se aplica por igual a los países y los gobiernos considerados como enemigos de los Estados Unidos y a los considerados como generalmente amistosos.

Es posible que esta restricción se haya fortalecido por la terminación de la Guerra Fría, porque así se ha desvanecido incluso la (falsa) esperanza de una alternativa económica a la participación en la comunidad financiera y económica de Occidente. En una época en la que todos siguen la misma tonada, aumenta con rapidez el castigo para quienes desafinan. A medida que se amplía el margen de maniobra de América Latina desde un punto de vista geopolítico, se estrecha desde un punto de vista ideológico de la política económica: el precio de todo alejamiento de los lemas de la ortodoxia del libre mercado es exorbitante. La suspensión unilateral del pago de la deuda (como lo hicieron Perú, Brasil y Argentina en diferentes momentos de los decenios de 1980 y 1990) conduce al ostracismo financiero: la cesación de los préstamos de las instituciones prestamistas internacionales, a las que continúa pagándoseles, y de los prestamistas oficiales, que también siguen recibiendo pagos de intereses. El intento de proteger ciertos sectores de la industria (como la industria brasileña de las computadoras, por ejemplo) o la agricultura provoca represalias en otras esferas de la actividad económica. El deseo de continuar regulando la inversión extranjera, como lo hacen Europa, los Estados Unidos y Japón, implica una especie de lista negra internacional, lo que crea considerables desventajas en la competencia por el escaso capital.

En el nuevo orden mundial caracterizado por la globalización económica, la homogeneidad del mercado libre y la competencia feroz por el capital escaso y los mercados frecuentemente protegidos, el verdadero freno económico impuesto a la autonomía latinoamericana no es el temor o la realidad de una represalia consciente, activa y explícita de los Estados Unidos, sino la imposibilidad económica, financiera, y en última instancia política, por alejarse mucho de los límites de la ortodoxia económica y de la conformidad ideológica. La verdadera restricción que deben afrontar ahora las élites latinoamericanas —y los movimientos o las oposiciones populares— es la perspectiva de agotar las fuentes de crédito, inversión y ayuda; al mismo tiempo, se contraerán la simpatía y los mercados de exportación si tales élites aplican políticas consideradas hostiles, diferentes, o simplemente poco sensatas. La nacionalización de los recursos naturales, el hincapié en las políticas sociales, o la imposición de restricciones al comercio o a la inversión extranjeros, ya no significan inevitablemente la invasión o la desestabilización; ni siquiera es probable tal resultado. Simplemente significan la escasez financiera y el ostracismo económico. Las consecuencias políticas se vuelven ahora inmanejables en forma automática y con mayor rapidez que en los tiempos de Salvador Allende, por ejemplo, cuando se requirieron tres años, incontables memorandos presidenciales y el financiamiento encubierto para generar un amplio apoyo para el retorno a la situación anterior.

Sin embargo, persiste la injerencia estadunidense en América Latina, a pesar de que los costos de la negativa a seguir la línea económica prescrita han hecho que la mayoría de los gobiernos latinoamericanos accedan a los deseos de los Estados Unidos. E inmediatamente después de la terminación de la Guerra Fría, surgió rápidamente un sustituto para el antisovietismo en la política estadunidense hacia América Latina: la lucha contra el narcotráfico. Después del imperio del mal (el comunismo soviético) en el Este, el barrio bajo del mal (la producción de drogas) en el Sur se convirtió en la nueva justificación de la injerencia estadunidense.

El surgimiento de las drogas como un tema importante de la política estadunidense hacia la región no se inició con el deshielo de las relaciones Este-Oeste. El combate contra el narcotráfico había desempeñado un papel importante en la política de los Estados Unidos hacia México, los países andinos, Colombia y Cuba durante muchos años. Ese papel ya había sido marcadamente intervencionista, y había provisto de coartadas y motivaciones a la injerencia estadunidense en los asuntos internos de muchas naciones latinoamericanas. Así ocurría ya con la presencia tradicional de los agentes de la DEA en México. Pero se hizo cada vez más evidente en las formas más nuevas de una cooperación muy intervencionista (incluida la contrainsurgencia).

Es posible que la tendencia más inquietante en este sentido haya sido la afirmación, por parte de Washington, de su derecho unilateral a perseguir individuos más allá de la jurisdicción nacional estadunidense. Los Estados Unidos usarían los medios que fuesen necesarios para llevar ante la justicia a quienquiera que se considerara un criminal, cualquiera que fuera el lugar donde se encontrara y sin que importara su calidad política o diplomática. Se seguía de aquí que las convenciones internacionales, los principios del derecho común y los sistemas legales y judiciales extranjeros carecían de precedencia sobre los derechos estadunidenses. Además, esta interpretación implicaba que los derechos constitucionales estadunidenses sólo eran aplicables a ciudadanos de los Estados Unidos y no podrían ser invocados por los extranjeros si ello limitaba la capacidad de Washington para proteger sus intereses nacionales.

La decisión tomada el 28 de febrero de 1990 por la Suprema Corte de los Estados Unidos en el caso United States *vs.* Verdugo Urquídez estableció un precedente legal en este sentido, y así abrió la puerta a diversas formas de la intervención estadunidense en los asuntos latinoamericanos. El presidente de la Corte, William H. Rehnquist, y otros cinco magistrados decretaron que las operaciones de búsqueda y aprehensión realizadas en el extranjero por agentes judiciales, personal militar u otras agencias gubernamentales de los Estados Unidos en contra de extranjeros no quedaban restringidas por las disposiciones de la Cuarta Enmienda de la Constitución. De esta forma, la Corte determinó que los derechos constitucionales trataban de proteger a los ciudadanos estadunidenses contra los abusos de poder de su gobierno y no eran aplicables a los extranjeros en el exterior. Al mismo tiempo, el Departamento de Justicia emitió una opinión legal interna que autorizaba a sus agentes a actuar en el exterior para aprehender a extranjeros con el fin de llevarlos a juicio en los Estados Unidos.[8] El documento, redactado por el procurador general William Barr, de acuerdo con el *Washington Post,* establecía que el presidente y el procurador general de los Estados Unidos tenían el "poder constitucional inherente" de ordenar la captura de fugitivos en el exterior. Se afirmaba allí que "la aplicación extraterritorial de las leyes de los Estados Unidos se vuelve cada día más importante para proteger los intereses nacionales vitales".

Esta política se aplicó primero en dos casos casi simultáneos: la invasión de Panamá y el arresto subsecuente de Noriega, en enero de 1990, y el secuestro de Humberto Álvarez Macháin, en México, un mes más tarde. Álvarez Macháin fue sacado de su casa en Guadalajara por cazadores de recompensas contratados por la DEA, que deseaba llevarlo a juicio por su presunta complicidad en la tortura y el asesinato, en 1985, de Enrique Camarena, agente de la DEA en México. Aunque la participación

---

[8] La Secretaría de Relaciones Exteriores de México pidió al gobierno de los Estados Unidos una aclaración sobre el fallo de la Suprema Corte en el caso Verdugo Urquídez, y su interpretación por parte del Ejecutivo. Nunca se hizo pública ninguna respuesta; es posible que jamás haya habido alguna respuesta. Por lo que toca a los efectos del fallo de Verdugo Urquídez sobre México y América Latina, véase Adolfo Aguilar Zínser, *Siempre!* 29 de marzo de 1990.

explícita del gobierno de los Estados Unidos en el caso de Álvarez Macháin fue inicialmente menos evidente que en el caso de Noriega, las declaraciones y acciones del procurador general, Richard Thornburgh, aclararon la postura del Departamento de Justicia sobre este punto. Cuando un juez federal de Los Ángeles decretó que el secuestro de Álvarez Macháin violaba el tratado de extradición estadunidense-mexicano y ordenó que se le dejara en libertad, Thornburgh juró que llevaría el caso a la Suprema Corte y logró mantenerlo en prisión. Posteriormente, la Suprema Corte falló en favor del gobierno, y aunque Álvarez Macháin fue liberado finalmente por falta de pruebas, este asunto provocó una crisis en las relaciones estadunidense-mexicanas y despertó sospechas y traumas por todo el hemisferio. Detrás del asunto de Noriega y del caso de Álvarez Macháin se encontraba el mismo razonamiento: las limitaciones de la soberanía de otras naciones, así como la extensión extraterritorial de la capacidad de imposición de la ley y la justicia de los Estados Unidos, se consideraban prácticas válidas en la lucha contra las drogas.

Muchos latinoamericanos pensaron que la insistencia estadunidense en el combate contra las drogas era simplemente un disfraz de la extensión del dominio de las naciones del hemisferio. Una encuesta levantada por el *Washington Post* y la ABC News, en febrero de 1990, reveló que 65% de los entrevistados (en Colombia) "sospechaba que la lucha contra las drogas era una estratagema de los Estados Unidos para controlar a su gobierno".[9] Pero sólo tras el advenimiento de la era de las drogas en la política interna de los Estados Unidos y tras la eliminación de otras justificaciones de la política estadunidense hacia América Latina las drogas adquirieron toda su importancia en las relaciones hemisféricas. Aunque el gobierno de Bush decía respetar el principio de la paridad entre la oferta y la demanda como la causa fundamental de la crisis de las drogas, las políticas dirigidas contra la oferta eran más fáciles, baratas y populares, aunque indudablemente fueran menos eficaces.

No fue por accidente que la invasión de Panamá se haya presentado, por lo menos subliminalmente, como una acción motivada por el deseo de detener al narcotráfico, y que su popularidad en los Estados Unidos —además de la imagen de villano del propio líder panameño— se haya debido en gran medida a la concepción de Noriega como un narcotraficante. La primera intervención estadunidense en América Latina sin la envoltura de la Guerra Fría fue también el primer intento de los Estados Unidos para justificar el uso de la fuerza en el exterior con el alegato de la lucha contra las drogas. Y había muchos otros ejemplos para probar concluyen-

---

[9] *Newsweek* (edición latinoamericana), 19 de febrero de 1990.

temente que las drogas se habían convertido en algo mucho más importante que un mero renglón más en la agenda interamericana. Estos ejemplos iban desde el envío de destacamentos militares estadunidenses a Bolivia, en 1987, y la intensificación de la presencia de la DEA en el Valle del Alto Huallaga mediante la construcción de una segunda base y la firma de acuerdos militares estadunidense-peruanos con un enfoque de lucha conjunta contra las drogas y la contrainsurgencia,[10] hasta la creciente militarización de la frontera que separa el sudoeste de los Estados Unidos del territorio mexicano. También debe incluirse aquí el frustrado envío aéreo de una fuerza especial a las aguas internacionales frente a la costa colombiana, en 1989, así como el creciente papel de las fuerzas armadas de los Estados Unidos en el patrullaje de las rutas caribeñas de las drogas, y el intento de imponer una declaración conjunta "intrusiva" a los tres países andinos productores de drogas, en la Conferencia Cumbre sobre las Drogas de febrero de 1990. Las drogas se estaban convirtiendo rápidamente en un problema hemisférico con implicaciones peligrosas para la soberanía latinoamericana, a medida que los Estados Unidos proponían formas de cooperación cada vez más intrusivas.

El problema de la inmigración no posee todavía la misma urgencia o las mismas implicaciones, y la ausencia de un consenso interno sobre este tema en los Estados Unidos permite pensar que quizá no llegue a alcanzar jamás semejante posición. Además, su impacto emocional no es todavía tan intenso como el de las drogas. Pero la inmigración tendía a adquirir importantes implicaciones para la política exterior a medida que se empezaban a sentir los efectos de dos tendencias importantes de los años ochenta. Los efectos inesperados de la Ley de Reforma y Control de la Inmigración, de 1986, sólo empezaron a hacerse evidentes con el tiempo, y las consecuencias enteramente previsibles de 10 años de estancamiento económico latinoamericano —el desempleo generalizado, los salarios declinantes y el consiguiente éxodo masivo hacia el norte— apenas empezaban a ejercer un efecto a principios de los años noventa.

Pronto surgió una documentación amplia y continua de los extranjeros que antes estaban indocumentados como uno de los efectos más importantes e inmediatos de la reforma migratoria de Simpson-Rodino de 1986. Como resultado de las disposiciones de la ley de amnistía y de las

---

[10] El grado de la intrusión y su eficacia se describieron bien en un artículo publicado en el *New York Times Magazine* sobre la presencia de la DEA en Perú. Según el autor, "en su lucha contra las drogas, los Estados Unidos han alterado el curso del río (Huallaga)". Por lo que toca a la eficacia, el mismo artículo citó a un funcionario estadunidense de la base de Santa Lucía, que dijo: "Aunque gastemos 500 millones de dólares, no lograremos que los peruanos dejen de cultivar la coca. Con esa suma, yo podría pavimentar el Alto Huallaga, pero ellos simplemente se trasladarían al valle siguiente"; véase Michael Massing, "In the Cocaine War, the Jungle Is Winning", *New York Times Magazine*, 4 de marzo de 1990.

cláusulas especiales para los trabajadores agrícolas, que permitían la entrada legal de individuos previamente empleados en la cosecha de productos agrícolas perecederos, se estimó que 2.3 millones de mexicanos previamente indocumentados regularizaron su situación migratoria en los Estados Unidos.[11] Los procedimientos de reunificación de las familias y otros mecanismos que finalmente se aceptaron —incluido un número creciente de "matrimonios de tarjetas verdes"— indicaban probablemente que el número total de mexicanos documentados e indocumentados se aproxima a los tres millones. Es más importante, aunque quizá más alejado en el tiempo, el hecho de que el número de los inmigrantes indocumentados podría multiplicarse varias veces si tiene lugar en el futuro una naturalización generalizada y se conduce a un incremento de la reunificación familiar.

De igual modo, las políticas de libre mercado, "nuevas" y de moda, que incluían a los bajos salarios reales como una gran ventaja competitiva, contribuían a mantener o aumentar la magnitud del flujo hacia el norte, no sólo desde México sino también desde muchos otros países. Durante muchos años, algunos investigadores mexicanos y estadunidenses han venido compilando datos que demuestran que la contribución más importante a la inmigración —ilegal o no— era la diferencia salarial.[12] Los desempleados no emigran, porque carecen de dinero para pagar el costo de tal movimiento. Quienes se marchan tienden a ser individuos que ya tienen empleo, ya sea en las áreas rurales o, con mayor frecuencia ahora, en las grandes ciudades, y que optan por dejar tales empleos en búsqueda de salarios más altos en otras partes. Por ejemplo, mientras la diferencia salarial entre los Estados Unidos y México se aproximara en promedio a ocho por uno, los jóvenes emprendedores de todos los estratos sociales de México seguirían tomando el camino del norte. En 1990, el salario mínimo mexicano era de 0.55 dólares por hora, mientras que en California,

---

[11] Georges Vernez y David Ronfeldt, *The Current Situation in Immigration,* Santa Mónica, Rand Corporation, 1991, p. 2. Los autores indicaron que, de acuerdo con las cifras censales estadunidenses, en 1988 había, en los Estados Unidos, 4.1 millones de inmigrantes mexicanos; en principio, la mayoría de ellos estaban documentados, porque generalmente los mexicanos indocumentados no se toman en cuenta en el censo.

[12] De acuerdo con un estudio estadunidense de la migración mexicana frecuentemente citado, 77% de los migrantes entrevistados en 1986 en los Altos de Jalisco (un área de gran emigración desde hace cerca de 100 años) dijeron que la razón principal de su salida de México era el deseo de elevar su ingreso. Sólo 9% dio como razón el desempleo; véase Wayne Cornelius, "Mexican Migration to the United States: Causes, Consequences, and U. S. Responses", mimeografiado, Cambridge, Mass., Center por International Studies, Massachusetts Institute of Technology, 1978). De acuerdo con un experto mexicano y otro estadunidense, "el factor determinante [de la migración] es la diferencia existente entre los salarios que reciben los trabajadores mexicanos en los dos países"; véase Manuel García y Griego y Mónica Verea, *México y Estados Unidos frente a la migración de los indocumentados,* México, UNAM, 1988, p. 56.

donde vive la mitad de los inmigrantes mexicanos indocumentados, se aproximaba a 4.50 dólares por hora. De igual modo, un profesor universitario de tiempo completo, con doctorado y con publicaciones reconocidas, recibía en México, Brasil o Argentina entre 250 y 800 dólares a principios de los años noventa, mientras que en una universidad estadunidense prestigiada podría ganar entre 3 000 y 4 000 dólares mensuales, después de pagar los impuestos.

A medida que se apreciaban las consecuencias de estas tendencias, se fortalecían las razones para temer que la inmigración desempeñara un papel creciente en la política exterior estadunidense hacia los países generadores de la migración, en lugar de permanecer como un problema interno con implicaciones externas esporádicas, secundarias. Si la inmigración empezara a percibirse como una amenaza considerable para el bienestar, la seguridad nacional (definida en un nuevo sentido) y aun la identidad nacional de los Estados Unidos, las mismas causas podrían producir los mismos efectos. De nuevo se encontrarían las raíces del problema en el exterior —en este caso, quizá con mayor justificación que en el caso de las drogas—, y cada vez más se encontrarían soluciones hipotéticas en los países de origen. Los Estados Unidos ya habían presionado a México en relación con la llamada inmigración de terceros países, es decir, el tránsito de emigrantes indocumentados de Centroamérica, Sudamérica y Asia, a través de México, hacia los Estados Unidos. También se había exigido que varias naciones centroamericanas fueran más activas en la disuasión de los flujos migratorios hacia el norte. Y si las autoridades latinoamericanas se mostraban poco inclinadas o capacitadas para hacer lo que deseaban o requerían los Estados Unidos, podría seguir una cooperación estadunidense intrusiva.

Esta tendencia desafortunada podría agravarse si se confirmara la tesis de la "Fortaleza americana" o de la retirada de los Estados Unidos. Muchos académicos de América Latina y otras partes sugirieron que, a medida que surgían bloques comerciales regionales en Europa y Asia, y a medida que los Estados Unidos continuaban perdiendo su fuerza relativa en la economía mundial, los estadunidenses se refugiarían en su tradicional esfera de influencia latinoamericana, en una especie de "aislacionismo hemisférico". Las drogas y la inmigración no se usarían entonces sólo como justificaciones de la intervención y la violación de la soberanía latinoamericana, sino también como una vestidura ideológica para una nueva expresión, puramente económica, de la Doctrina Monroe. La Iniciativa de la Empresa para América de George Bush, anunciada a mediados de 1990, que proponía la creación de una zona de libre comercio desde Alaska hasta la Patagonia, podría considerarse desde esta perspectiva (no del todo erróneamente). Dado que el déficit comercial de los

Estados Unidos permanecía tercamente elevado y las nuevas devaluaciones del dólar se volvían cada vez más difíciles —o en todo caso ineficaces en la "zona del dólar"—, la reducción de las barreras comerciales para las exportaciones estadunidenses a América Latina representaba una contribución barata y rápida, aunque parcial, a la estabilización de las cuentas externas de los Estados Unidos. El libre comercio dentro del hemisferio, aunado a los aranceles comunes aplicados al resto del mundo, fortalecía la competitividad de los Estados Unidos sin ningún sacrificio interno inmediato. Era muy revelador que las exportaciones estadunidenses a México, Brasil y Argentina brincaran de 12 600 millones de dólares en 1983 a 30 800 millones en 1989, cuando empezaron a producir efectos las políticas de liberalización comercial alentadas por Washington y las agencias financieras multilaterales. De igual modo, el déficit comercial de los Estados Unidos con México, el país que había abierto su economía en mayor medida, se redujo de 7 900 millones de dólares en 1983 a 2 600 millones en 1989, y hacia 1990 se había convertido en un superávit comercial.[13]

Desde esta perspectiva, América Latina no adquirió más sino menos margen de maniobra en sus relaciones con los Estados Unidos como una consecuencia de la terminación de la Guerra Fría. A medida que los Estados Unidos se refugiaban en el hemisferio occidental, se entrometían más en la soberanía latinoamericana, de modo que se tensaban sus relaciones con América Latina, aunque ya no estuvieran determinadas por la disputa Este-Oeste. Tales relaciones pasaban a depender de una rivalidad económica "Norte-Norte", pero todavía no eran intrínsecamente importantes para los Estados Unidos. Es posible que esta visión haya sido exagerada —ya que implicaba que las economías atrasadas y estancadas de América Latina podrían sustituir a los mercados de Europa y de Japón que los Estados Unidos no podrían conquistar—, pero era muy popular.

América Latina sufrió también un efecto adicional de la terminación de la Guerra Fría, quizá de una naturaleza más intangible, pero de consecuencias inmediatas: la eliminación de un contrapeso en los asuntos internacionales que había resultado útil para muchas naciones en el pasado, en particular aquellas gobernadas por regímenes de centro-izquierda. Resultaba mucho más difícil dejar de alinearse en un mundo de una sola superpotencia. Es cierto que pocos de los gobiernos del continente se hubieran atrevido efectivamente a enfrentar una superpotencia contra otra, como lo habían hecho a menudo los regímenes de otras latitudes.

---

[13] Fondo Monetario Internacional, "Foreign Trade Statistics", *Direction of Trade Statistical Yearbook, 1990*, Washington, FMI, 1990.

La táctica india, china, egipcia, y aun francesa, de flirtear con una super-potencia a fin de quedar bien con la otra nunca fue enteramente creíble en América Latina, donde se ejecutaba sólo en casos excepcionales o extremos. La compra de aviones Mig soviéticos en los años setenta por los militares peruanos, y en términos más generales la forma como "durante los años setenta estableció la Unión Soviética, con Perú, una relación más amplia y estrecha que con cualquiera otro de los países latinoamericanos, a excepción de Cuba", fue un ejemplo de este juego diplomático.[14] Otro ejemplo fue la inveterada relación económica existente entre Argentina y la Unión Soviética, que databa de 1953, y de las insinuaciones de Juan Domingo Perón. Ello condujo a la venta de grano argentino a la Unión Soviética durante el embargo impuesto en 1980 por los Estados Unidos, de modo que "la Unión Soviética se convirtió en el socio comercial más importante de Argentina, al absorber 80% de sus exportaciones de granos y 33% de sus exportaciones totales en 1981".[15] Unos cuantos ejemplos más, menos importantes aún, llenan rápidamente esta breve lista de precedentes.

Pero la idea más amplia de una disuasión eficaz contra las ambiciones y el libertinaje de los Estados Unidos estaba siempre presente en la mente de muchos líderes latinoamericanos. Parecía evidente que la existencia de "otro bando", de otra superpotencia igual a los Estados Unidos en lo militar, y quizá también en lo político, era un freno adecuado, incluso decisivo, para la política estadunidense. Los Estados Unidos no podían hacer todo lo que quisieran en América Latina, a pesar de la tácita aceptación soviética de la esfera de influencia estadunidense: el acuerdo de 1962, emanado de la crisis de los misiles cubanos, que contenía el compromiso estadunidense de no invadir a Cuba, es un buen ejemplo de esto, aunque un poco extremo. Estaba operando la regla de las simetrías, los precedentes, los entendimientos implícitos y las reacciones ante cada acción mundial. Cualquier acción de los Estados Unidos en su esfera de influencia podría provocar un comportamiento similar de la Unión Soviética en su propio patio. Por lo tanto, si Washington interviniera descaradamente en América Latina, o violara las reglas básicas del derecho o la costumbre internacionales, la Unión Soviética reaccionaría a este mal comportamiento, quizá no en América Latina, pero sí en otra parte, de acuerdo con esta teoría.

Las políticas implantadas por Ronald Reagan en Centroamérica

[14] Rubén Berríos, "The USSR and the Andean Countries", en Eusebio Mujal-León, comp., *The USSR and Latin America,* Londres, Unwin Hyman, 1989, p. 352.

[15] Aldo C. Vacs, "Pragmatism and Rapprochement: Soviet Relations with Argentina and Brazil", en Eusebio Mujal-León, comp., *The USSR and Latin América,* Londres, Unwin Hyman, 1989, p. 326.

demostraron que esta visión de la rivalidad de las superpotencias era ingenua, en el mejor de los casos. Pero las acciones estadunidenses en Panamá, desde la invasión misma, hasta las medidas tomadas contra las embajadas de Nicaragua y Cuba (por no mencionar el hostigamiento de la delegación vaticana durante el asilo temporal de Noriega en ese lugar), demostraron que las cosas habían cambiado. Ya no había ninguna razón para que los Estados Unidos consideraran siquiera la posibilidad de represalias en otras partes por violar descaradamente el protocolo, la inmunidad o el asilo diplomáticos en América Latina. (Hay tantos ejemplos de la intervención estadunidense que ocurrió sin tomar en cuenta tales consecuencias, como de las intervenciones que no ocurrieron en parte por las posibles consecuencias.) La explicación se encontraría, sobre todo, en la virtual desaparición de la esfera de influencia soviética y en la eliminación de la simetría en las relaciones estadunidense-soviéticas, excepto en la confrontación termonuclear.

La disolución de todo contrapeso significativo para el comportamiento de los Estados Unidos en los asuntos internacionales se percibía inevitablemente como uno de los factores de la nueva ostentación estadunidense de "el poder sobre el derecho". Los sectores más moderados del espectro político latinoamericano, en particular los gubernamentales o los que tenían la experiencia y las expectativas gubernamentales, eran evidentemente más sensibles a la eliminación del contrapeso que otros. Pero incluso la izquierda radical se veía afectada, porque tradicionalmente había sostenido que el sometimiento a los Estados Unidos no era un hecho inevitable de la vida latinoamericana, precisamente por la existencia de una rivalidad entre las superpotencias. Muchos observadores —incluidos críticos tan feroces de los sandinistas como el poeta mexicano Octavio Paz— estaban persuadidos de que la aceptación de las elecciones por parte de los revolucionarios nicaragüenses, y su subsecuente derrota electoral, se vinculaban directamente con la terminación del apoyo soviético, el cual, a su vez, era una consecuencia de la eliminación de la Unión Soviética como una superpotencia con intereses, políticas y estrategias de alcance mundial. La guerra en el Golfo Pérsico, y la necesidad sentida por muchos líderes latinoamericanos de apoyar a los Estados Unidos, como resultado de la presión directa (tal como ocurrió con Colombia, que era miembro del Consejo de Seguridad de las Naciones Unidas) o para congraciarse con George Bush (como trató de hacerlo Carlos Menem, cuando envió dos barcos de guerra argentinos al Golfo), acentuaban este sentimiento.

Los líderes revolucionarios más lúcidos de la izquierda latinoamericana percibieron también este problema desde el principio. Mario Payeras, antiguo líder guerrillero guatemalteco, cuyos análisis perspicaces de la política de su país y de las tendencias regionales contrastan con su incapacidad para hacerse de seguidores con tales posiciones, formuló claramente la aprensión que muchos sentían. Su visión del mundo posterior a la Guerra Fría reproduce la ambivalencia de sus posiciones políticas, su pueblo y su literatura. Refleja un temor y una esperanza ante la visión de un mundo "de una sola potencia" que se extiende por toda América Latina:

> La situación en el mundo de hoy tiende hacia un relajamiento de las tensiones. Aunque los gringos prosigan con sus aberraciones increíbles, como en el caso de Panamá, eso no corresponde a la tendencia general. Si los Estados Unidos interpretan los acontecimientos en Europa oriental como algo que les da "mano libre" en América Latina, tendremos que defender nuestra soberanía o nuestras reformas con el consenso interno y las armas. [...] En el mundo de la posguerra, de la Guerra Fría, tal como lo conocimos, cada victoria o derrota de uno de los dos sistemas rivales (el socialismo y el capitalismo) ha significado una victoria o derrota para el otro sistema. ¿Pero es posible que los experimentos realizados en Europa oriental escapen a esta polaridad y representen un camino alternativo, una opción poscapitalista que surge?... (Históricamente) nunca sabremos lo que habrían hecho los soviéticos si las elecciones libres celebradas en Alemania Oriental en 1954 hubieran llevado al poder a un gobierno proestadunidense. Lo que sí sabemos los guatemaltecos es lo que hicieron los estadunidenses con el gobierno de Arbenz, democráticamente emanado de elecciones libres. Por razones diametralmente opuestas, la voluntad de ambos pueblos, en el mismo año fatídico, fue violada por las superpotencias en el contexto de la Guerra Fría.[16]

En el espectro político latinoamericano, incluso la derecha hemisférica se ve afectada por este temor al mundo nuevo que surge de los rescoldos de la Guerra Fría. Un régimen tan proestadunidense como el de Carlos Salinas de Gortari, presidente de México, reaccionó con preocupación y temor ante el desvanecimiento del mundo bipolar. A su modo, Fernando Solana, secretario de Relaciones Exteriores de México, formuló una eufemística aprensión que, aunque típicamente mexicana, es notablemente similar a la que expresó Payeras:

> El mundo no se va a convertir en un mundo unilateral, uniforme, erigido alrededor de un sistema singular de ideas y de fórmulas sociales y políticas. El mundo ha sido y seguirá siendo más rico y variado que eso. Un mundo de una sola influencia sería uniforme y chato, inerte, sin opciones, sin ninguna posibilidad de un ejercicio auténtico de la libertad.[17]

---

[16] Mario Payeras, entrevista con el autor, ciudad de México, 15 de febrero de 1990, y "Las revoluciones del Este", mimeografiado, enero de 1990.
[17] Fernando Solana, discurso del Día de la Independencia, 16 de septiembre de 1990. El

A pesar de las consecuencias importantes y potencialmente negativas de estas tendencias políticas, la principal preocupación de la terminación de la Guerra Fría para América Latina era fundamentalmente económica. Como dijo el argentino José Aricó, uno de los estudiosos más distinguidos de la izquierda en América Latina "¿Cuál es el papel que puede desempeñar América Latina en el escenario mundial, a medida que se desvanece el mundo bipolar y surge el bloque oriental como una oportunidad de inversión fabulosa, cuando los Estados Unidos miran al Este y Europa mira al Este?"[18] Los gobiernos y las élites de América Latina (así como sus colegas de África y Asia), en particular quienes apostaban al financiamiento externo para la restructuración interna dentro del llamado mercado libre, temían que los acontecimientos de Europa redujeran las posibilidades existentes para la obtención de los recursos que necesitaban. El problema tenía tres aspectos separados, pero todo se reducía a uno solo: la percepción latinoamericana de que había más países compitiendo por el mismo pastel, y de que todo el pastel se había reducido.

Los países más grandes temían que los flujos de créditos e inversiones privados se desviarían de su región hacia el nuevo capitalismo de Europa oriental. Ésta era claramente la razón de los viajes a países europeos y asiáticos realizados a principios y mediados de 1990 por los presidentes Salinas de Gortari de México y Fernando Collor de Mello de Brasil, los líderes de las economías más grandes del continente. Como dijo Salinas: "[Esperamos que] las espléndidas señales de cambio no nublen la visión global de Europa ni distraigan su atención de nuestro continente —y particularmente de México— ni de otras regiones del mundo".[19] Pero la motivación de sus viajes y su insistencia en el tema derivaban en gran medida del temor de que estos acontecimientos tuvieran precisamente tales implicaciones. Salinas, por ejemplo, justificaba su cambio de postura sobre un acuerdo de libre comercio con los Estados Unidos, y sus esfuerzos por buscar tal acuerdo, precisamente con el argumento de que el financiamiento europeo ya no estaba disponible, como resultado de la transformación de las economías de Europa oriental.[20]

temor y la aprensión de un "mundo de una superpoténcia" se expresaba de esta forma a lo largo de todo el espectro político de América Latina. Por supuesto, esto incluía a Cuba, cuyo embajador ante las Naciones Unidas, Ricardo Alarcón, abordó la cuestión directamente: "Los Estados Unidos están actuando como si se hubiesen convertido en la única superpotencia, en la fuerza dominante del mundo... No sólo lo hacen unilateralmente, sino que están usando para este propósito al Consejo de Seguridad [de las Naciones Unidas]. Éste es un proceso muy grave para el mundo entero"; véase *New York Times,* 22 de septiembre de 1990.

[18] José Aricó, entrevista con el autor, Buenos Aires, 9 de diciembre de 1989.

[19] Carlos Salinas de Gortari, "México: espacio atractivo para la comunidad internacional", discurso pronunciado en el Fondo Económico Mundial, Davós, 1º de febrero de 1990, distribuido por la Oficina de Información de la Presidencia de la República.

[20] Carlos Salinas de Gortari, discurso pronunciado en la Mesa Redonda de Hombres de

A corto plazo y en términos agregados, la preocupación no estaba bien fundada. Algunos créditos e inversiones, destinados originalmente a México y Brasil, terminaron indudablemente en Hungría, Polonia o Checoslovaquia, pero esta pequeña desviación no se convirtió en un torrente de la noche a la mañana. Sólo en la antigua Alemania Oriental se materializaron de inmediato grandes flujos de inversión extranjera, y aun en este caso excepcional llegó el dinero con más lentitud y menos abundancia que lo esperado. En efecto, es posible que la desviación haya sido más importante en los países generadores de recursos que jamás invirtieron o prestaron masivamente a América Latina por principio de cuentas —los países de Europa occidental y Alemania en particular—, y menos importante en los tradicionales y más grandes proveedores de fondos, como Japón y los Estados Unidos. Por comparación con las expectativas razonables de los créditos y las inversiones en las principales economías latinoamericanas (quizá en contraste con lo ocurrido en los casos de África y Asia), la pérdida neta a corto plazo fue insignificante a manos de Europa oriental. Las antiguas economías socialistas no estaban en condición de absorber con rapidez grandes cantidades de dinero del exterior, las grandes corporaciones y los grandes bancos no se lanzaron impetuosamente a aventuras románticas, y nunca hubo mucho dinero disponible para América Latina en primer lugar.[21]

El temor latinoamericano de quedar fuera de la jugada estaba más justificado en el caso de los recursos financieros oficiales y multilaterales. El Congreso de los Estados Unidos, los gobiernos de Japón y de la Comunidad Económica Europea —sobre todo de Alemania otra vez— estaban mucho más dispuestos a canalizar los fondos de los contribuyentes, en forma directa o indirecta, hacia Europa oriental que hacia América Latina. Considerables cantidades de la ayuda estadunidense se desviaron hacia Europa. Incluso los 500 millones de dólares destinados por el gobierno de Bush para Panamá y Nicaragua, tras la victoria de Violeta Chamorro en las elecciones celebradas en Nicaragua en febrero de 1990, fueron parcialmente desviados por el Congreso hacia las "nuevas democracias" de Europa oriental. Otros ejemplos inmediatos y concluyentes de esta tendencia fueron los paquetes de ayuda del Congreso de los Estados Unidos para Polonia y Hungría; la reducción, de 10 000 a 4 000 millones de dólares, del apoyo japonés a América Latina hasta 1995 (los otros

Negocios de los Estados Unidos, Washington, 6 de junio de 1990, distribuido por la Oficina de Información de la Presidencia de la República.

[21] Desde el principio fue evidente y generalizado el desacuerdo entre expertos, banqueros, inversionistas y tomadores de decisiones sobre sus consecuencias precisas para América Latina. Es posible que el primer debate público sobre este punto se haya librado en las páginas de *Latin Finance*, núm. 15, abril de 1990.

seis mil millones se desviaron hacia Europa oriental);[22] y la creación del Banco Europeo de Reconstrucción y Desarrollo, originalmente propuesto por el presidente de Francia, François Miterrand.

Esta desviación afectó principalmente a los países latinoamericanos receptores de ayuda, con exclusión de las economías más grandes, como Brasil, México y Argentina, que obtienen sólo una asistencia oficial marginal para el desarrollo tanto de los Estados Unidos como de Europa y un poco más de Japón. Así pues, la preocupación era mayor en las naciones latinoamericanas más pequeñas, que tradicionalmente contaban con el apoyo estadunidense. En algunos casos, como los de Nicaragua y Panamá, este apoyo se necesitaba con urgencia, aunque sólo fuese para compensar la destrucción provocada anteriormente por los Estados Unidos. Pero la otra faceta de este problema —la de los recursos del Banco Mundial y del Fondo Monetario Internacional (FMI)— afectaba directamente a todo el hemisferio, y es posible que haya tenido un efecto más devastador, a largo plazo, sobre las economías más grandes.

El Banco Mundial y el FMI habían desempeñado siempre un papel importante en el financiamiento latinoamericano, pero nunca tan decisivo como en los años ochenta y noventa. Los mayores paquetes de restructuración de la deuda de los últimos años, incluidos los acuerdos firmados por México y Venezuela en 1990, se basaban en última instancia en la sustitución de los tradicionales préstamos otorgados por los bancos comerciales para la balanza de pagos por los préstamos multilaterales. Además, en virtud de que este proceso había estado en marcha durante algún tiempo, los pagos de los principales de la deuda anteriormente contratada empezaron a caer en mora al expirar los periodos de gracia. Dado que el Banco Mundial no restructura los pagos de capital, sino que en teoría otorga nuevos préstamos para mantener flujos positivos con sus receptores, los grandes préstamos nuevos a la mayoría de los países latinoamericanos se convirtieron en una necesidad para que tales países se mantuvieran en equilibrio, ya no digamos para que compensaran los créditos de los bancos comerciales, que ya no se estaban contratando. La importancia creciente de los préstamos multilaterales se puso de relieve en 1990, cuando el FMI, y en menor medida el Banco Mundial, continuaron prestando a países como Brasil, Costa Rica y otros, a pesar de que esta-

---

[22] "El capital japonés destinado a los países menos desarrollados —conocido antes como el Fondo Nakasone— se está utilizando en préstamos puente y en créditos para la exportación a Europa oriental. Cuando los japoneses reunieron el fondo de varios miles de millones de dólares, destinaron cerca de 10 000 millones a América Latina. Recientemente se le informó en Tokio al secretario de Hacienda de México, Pedro Aspe, que la porción de América Latina se había reducido a 4 100 millones de dólares, de cuya suma ya había recibido México la mitad"; véase *Latin Finance*, núm. 15, abril de 1990, p. 53.

ban considerablemente retrasados en los pagos de intereses a sus bancos comerciales acreedores.

Pero los países de nuevo ingreso a estas organizaciones (Checoslovaquia y Bulgaria), o los más recientes (como Polonia), junto con el aumento de las solicitudes y la mayor elegibilidad para préstamos entre los antiguos miembros de la Europa oriental (Yugoslavia, Rumania y Hungría), inevitablemente aumentaban en gran medida las tensiones existentes sobre la capacidad de préstamo de estas agencias. Los aumentos de capital del FMI y el Banco Mundial facilitaban las cosas, pero aun así la competencia por el mayor financiamiento, estimulada por estos mismos incrementos, nulificaba en parte su efecto para América Latina.[23] Además, los acontecimientos que siguieron al colapso del mundo socialista indicaban que la condicionalidad política aplicada tradicionalmente por el Banco Mundial y el FMI a las naciones latinoamericanas se estaba aplicando en una forma mucho menos estricta a Europa oriental. Como dijo un ex funcionario del Banco Mundial:

La condicionalidad política y, lo que es más importante, la demostración de la capacidad para planear y ejecutar reformas parecen tener una importancia secundaria cuando los prestamistas y donantes miran hacia Europa oriental. Se está aplicando un doble patrón que afecta más gravemente a las democracias de América Latina que a las democracias en potencia de Europa oriental.[24]

La condonación de la mitad de la deuda oficial de Polonia y la reducción derivada del pasivo de su banca comercial fueron quizá la mejor ilustración de esta tendencia.

Por encima de la restricción financiera surgida de inmediato tras los acontecimientos observados en lo que alguna vez fue conocido como el "bloque socialista", una consecuencia adicional, intangible y negativa de la terminación de la Guerra Fría surgió gradualmente para América Latina. La región sufrió una clara desviación de la atención: América Latina apareció menos que nunca bajo los reflectores de la discusión mundial. Y la atención era decisiva, dada la naturaleza de los programas económi-

---

[23] En el año fiscal de 1989, el Banco Mundial aprobó 43 préstamos por un total de 5 800 millones de dólares para toda América Latina. Sólo aprobó cinco préstamos por 430 millones de dólares para toda Europa oriental (tres para Hungría y dos para Yugoslavia). Esta proporción es obviamente insostenible en la nueva situación internacional. En relación con el total de los préstamos vigentes (incluidos los préstamos aprobados pero no desembolsados y los préstamos pendientes), México, Brasil y Argentina tienen un total de 36 800 millones de dólares (26% del total de los créditos acumulados del Banco Mundial), mientras que las únicas naciones de Europa oriental que deben al banco —Hungría, Rumania y Yugoslavia— tienen 9 200 millones de dólares, que representan 4.1%. Véase Banco Mundial, *Informe anual 1989*, Washington, BIRF, 1989, pp. 173-174, 194-197.

[24] Frank Vogl, "Turning Away", *Latin Finance*, núm. 15, abril de 1990, p. 72.

cos implantados por Salinas en México, Collor en Brasil, Carlos Menem en Argentina y Carlos Andrés Pérez en Venezuela. También era crucial la atención en vista de la naturaleza y la magnitud del financiamiento externo requerido por estos programas. Los recursos que estos gobiernos esperaban atraer eran privados, diversos, y por lo menos parcialmente de tamaño pequeño y mediano. Las corporaciones multinacionales gigantescas o los megabancos no tomarían decisiones fundamentales sobre la base de titulares o de lo que se definía más ampliamente como "la atmósfera". Pero era probable que las empresas pequeñas y medianas, o las compañías grandes que no tuvieran experiencia en el exterior, actuarían hasta cierto punto sobre la base de sentimientos o conocimientos generales y de un clima empresarial que fuera por lo menos superficialmente positivo. En consecuencia, el desinterés en este contexto era casi tan nocivo como el escándalo, una reputación manchada o el escepticismo. La enorme sensibilidad manifestada por estos gobiernos hacia la crítica o la indiferencia en el exterior era muy sintomática de esta situación.

En efecto, el problema real detrás del fenómeno de la desviación se ligaba a la reducción del capital y al aumento consiguiente de la competencia y el costo del capital en el mundo durante los años noventa. La conversión a una economía de mercado por toda Europa oriental y las reformas al mercado libre promovidas y puestas en práctica en América Latina restringían severamente a los mercados mundiales de capital. Las cantidades de capital necesarias para financiar las reformas se proyectaban de manera sorprendente:

> Para 1995, es probable que Europa oriental y América Latina requieran cerca de 170 000 millones de dólares de financiamiento externo anual; cerca de 110 000 millones para Europa oriental y el resto para América Latina. [...] Las conclusiones acerca del saldo entre la inversión y el ahorro como la transferencia potencial de recursos de los países de Occidente a las áreas en restructuración [...] son verdaderamente alarmantes. Es probable que los flujos de capital de Japón sigan reduciéndose a través del tiempo. En lugar de exportar capital, Alemania tenderá a importar capital. [...] A fin de satisfacer la necesidad mundial de ahorro adicional, la tasa del ahorro nacional de los Estados Unidos tendría que aumentar de 14 a 18% del PIB, mientras que el crecimiento de tal producto no deberá ser menor de 2% anual.[25]

En términos del costo del capital, como observó David Roche, "el mundo está escaso de capital, y por lo tanto las tasas de interés reales seguirán siendo elevadas y habrá montones de nuevas emisiones de acciones (en

---

[25] David C. Roche, *The Global Resource Model,* Londres, Morgan Stanley, Investment Research UK and Europe, 13 de diciembre de 1990, pp. 81-82.

particular privatizaciones) y menos liquidez para comprarlas".[26] Como señala Albert Fishlow en el ensayo que publica en este volumen, las tasas de interés no podrían dejar de aumentar, como resultado de esta situación. Así pues, el efecto económico indirecto de la restructuración en Europa oriental y la Unión Soviética era mucho más importante que la desviación inmediata de los fondos, incluso para las agencias multilaterales. Es probable que estas agencias fueran menos pesimistas acerca de las perspectivas del crecimiento económico y de la disponibilidad de capital en los años noventa. El Banco Mundial, por ejemplo, aceptó que "no es probable que el patrón de los saldos de ahorro-inversión entre los grandes grupos de países se aleje a mediano plazo de la tendencia general establecida durante los últimos años".[27] Subrayó el Banco que habría diferencias significativas entre los países individualmente considerados y —lo que es más importante— que las reformas políticas internas marcarían la diferencia entre el otorgamiento y la negación del capital. Pero otra vez: si todos los países latinoamericanos realizan las mismas reformas políticas, seguirá siendo equivalente la competencia desatada entre ellos y entre el hemisferio y otras áreas.

Sólo el tiempo podrá contestar tres interrogantes de largo plazo referentes al impacto económico del fin de la Guerra Fría sobre América Latina. Uno encierra un riesgo al revés: ¿beneficiarán a las naciones del Sur los efectos económicos hipotéticos e indirectos de un debilitamiento de la superpotencia en el hemisferio norte? En teoría podríamos imaginar sin dificultad una situación hipotética en que la conjunción de un sustancial dividendo de la paz en los Estados Unidos y una gran reducción del gasto en armamentos en todo el mundo generara un ambiente económico global más sano. Esto generaría a su vez un aumento del crecimiento económico en los países industrializados, lo que tarde o temprano se transmitiría a las naciones más pobres y compensaría cualquier posible desviación inicial de los recursos. La recesión provocada en los Estados Unidos por la elevación de los precios del petróleo, la Guerra del Golfo y las debilidades intrínsecas de su economía ha descartado esta hipótesis.

Por otra parte, el efecto de la desviación hacia Europa oriental podría ser espectacularmente magnificado por una verdadera apertura de la joya de la corona: la economía rusa. Como un mercado comercial y un nicho para las megainversiones en recursos naturales y en infraestructura, la antigua Unión Soviética empequeñece a Europa oriental y a América Latina en conjunto. Incluso el mayor grado imaginable de desviación de recursos tendría inevitablemente una magnitud reducida, dado el tama-

---

[26] *Ibid.*, p. 6.
[27] Banco Mundial, *World Development Report 1991,* Nueva York, Oxford University Press, 1991, p. 23.

ño de las economías de Europa oriental. Esto cambiaría si Rusia y sus Estados asociados siguieran un camino similar al emprendido por sus vecinos de Europa oriental, en cuanto a la política económica y la reforma estructural, y obtuvieran un éxito siquiera relativo en esta empresa. Los obstáculos de Rusia son obviamente más temibles en Rusia, pero la posible recompensa es también mayor.

Por último, tenemos la cuestión de la excepción mexicana. Aunque muchos observadores de toda América Latina —y de los Estados Unidos— convienen en que la región en conjunto se vería afectada negativamente a largo plazo por las implicaciones económicas del final de la Guerra Fría, también están convencidos de que México escapará a tal efecto.[28] La lógica de este razonamiento es simplista: México ya no forma realmente parte de la América Latina, sino que cada día se integra más a una entidad mal definida, pero real, conocida como América del Norte. En esa medida y por razones derivadas directamente de las consideraciones de la seguridad nacional estadunidense, aplicables sólo a una nación fronteriza, muchos creen que México obtendrá el financiamiento que requiera. Se piensa que los flujos privados se dirigirán hacia el Sur, en virtud de las ventajas comparativas, naturales, de México. Los flujos multilaterales y oficiales dependen en gran medida de los votos, los vetos y las torceduras de brazos de los Estados Unidos; la atención depende de los medios de comunicación masiva estadunidenses, los cuales siempre destinan considerablemente más tiempo y espacio a lo que ocurra a lo largo de su frontera que a lo que ocurra en otras partes.

El argumento no es absurdo. Pero si el paquete de la deuda mexicana de 1990 y la relativa escasez de nueva inversión extranjera directa —por oposición a la inversión en cartera— durante el gobierno de Salinas nos indican algo, concluiremos que el financiamiento estadunidense inducido para México, aunque innegable, era evidentemente finito. México pudo obtener nuevos préstamos en los mercados mundiales, aunque a un precio elevado y con la ayuda sustancial de los Estados Unidos, pero estaba experimentando dificultades para alcanzar sus metas en materia de inversión extranjera directa. Así como el deficiente financiamiento previo de la América Latina en conjunto se había agudizado por los acontecimientos de Europa oriental, también se agravó la deficiencia del financiamiento para México, aunque en menor medida. Es posible que México

---

[28] Este argumento es esgrimido tanto por la izquierda como por la derecha en los Estados Unidos. Incluso un ultraconservador como Mark Falcoff, del American Enterprise Institute, afirmó categóricamente que "con el fin de la Guerra Fría, ningún país latinoamericano, salvo uno, tendrá suficiente valor o interés para nosotros como para ameritar la clase de atención que recibía en el pasado como parte de una ecuación estratégica más amplia. La excepción, por supuesto, es México, con quien compartimos una frontera"; véase Mark Falcoff, "Latin America Alone", *American Enterprise Review,* enero/febrero de 1990.

haya escapado a la privación total, pero es indudable que no dispondría indefinidamente de abundantes fondos estadunidenses canalizados hacia la "seguridad nacional".

El problema subyacente a largo plazo estaba en el hecho de que América Latina, África y considerables partes de Asia estaban quedando crecientemente marginadas de la economía mundial. La mayoría de los factores determinantes de los flujos internacionales de inversión y de crédito a mediano y largo plazos se habían venido desvaneciendo en América Latina durante varios años. Con muy pocas excepciones menores, esta región había sido excluida, por ejemplo, de los préstamos voluntarios de los bancos comerciales desde 1982.[29] En 1990, un grupo reducido de compañías privadas o públicas, de ciertas naciones latinoamericanas, pudo flotar pequeños ofrecimientos de bonos en el mercado de eurodólares, pero sólo a tasas de interés exorbitantes que casi los hacía equivalentes a los bonos basura de reciente flotación. La exclusión de América Latina de los mercados de capital mundiales habría ocurrido independientemente de la crisis de la deuda, pero esa crisis empeoró la situación. De igual modo, la participación del continente en el comercio mundial estaba disminuyendo a medida que los flujos comerciales se concentraban cada vez más dentro de grandes bloques —es decir, Europa, Estados Unidos-Canadá— o en la Cuenca del Pacífico. Durante los años setenta y principios de los ochenta, permaneció estable la participación de la región en el total de las exportaciones mundiales, con una cifra cercana a 5.5%, pero hacia 1987 había bajado a 3.8%. Del lado de las importaciones, la declinación fue más rápida, de más de 6% entre 1975 y 1980, a 3.1% en 1987.[30]

Desde un punto de vista económico más amplio, América Latina en particular, y el mundo no industrializado en general (con la excepción de las ciudades-Estado asiáticas y de China), eran cada vez menos rele-

---

[29] Se ha sostenido convincentemente que este retiro de los grandes bancos de los préstamos a América Latina formaba parte de una tendencia más profunda que la crisis de la deuda por sí sola, y que habría ocurrido aun en ausencia de tal crisis. "Desde el inicio de la crisis de la deuda [...] los funcionarios de las naciones acreedoras y deudoras han operado bajo el supuesto de que los bancos comerciales empezarían a hacer nuevos préstamos a los países en desarrollo en cuanto los deudores completaran sus ajustes macroeconómicos y restablecieran su confiabilidad crediticia. Es posible que no sean tan simples las cosas. Una comparación de los factores que indujeron a los bancos a empezar a prestar a los países en desarrollo en los años setenta, con las condiciones prevalecientes en los años ochenta y las probables en los años noventa, sugiere que los intereses económicos de los bancos comerciales a largo plazo quizá ya no coincidan con las necesidades del servicio de la deuda y la inversión en América Latina"; véase Alfred J. Watkins, "The Impact of Recent Financial Market Developments on Latin America's Access to External Financial Resources", mimeografiado, Nueva York, Comisión Económica de las Naciones Unidas para América Latina, 1988.

[30] Business International, *The Latin American Market Atlas, 1989*, Nueva York, Business International Corporation, 1989, pp. 5-6.

vantes para la producción mundial. En 1982, América Latina generaba 7.1% del producto bruto "interno" mundial; en 1986, esa cifra había bajado a 4.3%, y seguía bajando a medida que se aproximaba el fin del decenio.[31] También estaba disminuyendo la participación de América Latina en la producción mundial de manufacturas y en la inversión y el crédito mundiales. De acuerdo con el Instituto de Relaciones Europeo-Latinoamericanas, con sede en Madrid, "los cálculos más optimistas estiman que la participación de América Latina en el total mundial de la inversión extranjera directa se redujo de 13% en 1981-1983 a 8% en 1987".[32] Los bienes que exportaba tradicionalmente se volvían cada vez menos cruciales para la economía moderna. Cualesquiera que fuesen las ventajas —además de la mano de obra barata— que pudiera ofrecer América Latina, también existían en otras partes (ahora en Europa oriental y China, mañana en la Unión Soviética) o ya no eran esenciales, como las materias primas o la energía barata. La tendencia era tan clara que algunos llegaban a sugerir que, así como la Gran Depresión y la segunda Guerra Mundial proveyeron un impulso considerable para la industrialización por sustitución de importaciones, al aislar a la América Latina del resto del mundo, la marginación o "desconexión" contemporánea constituía un incentivo considerable para la integración económica latinoamericana. Encerrarse en sí mismo sería insensato para cada país en lo individual, pero la creación de una zona de libre comercio o un mercado común sudamericano era una posibilidad clara y realista que hacía una virtud de la necesidad. El acuerdo firmado a mediados de los años ochenta por Brasil, Argentina y Uruguay, que contenía un compromiso para avanzar hacia el libre comercio, recibió en 1990 un poderoso impulso de los recién electos presidentes de Brasil y Argentina: Collor de Mello y Menem. Actuando de consuno, persuadieron a Uruguay y a Paraguay para que aceptaran la creación del Mercado Común Sudamericano en 1994. Mientras México, Centroamérica y el Caribe miraban hacia el Norte, esperando escapar al aislamiento del hemisferio, un bloque comercial encabezado por Brasil en el Cono Sur, que incluía a la mayor parte de las economías de la región, surgió paradójicamente como uno de los resultados más positivos de un proceso de marginación más amplio.

Pero el problema no era puramente económico. En términos políticos, el principal instrumento de América Latina para llamar la atención se había vuelto obsoleto. Y la atención era indispensable para recibir los créditos y la ayuda oficiales que, a su vez, creaban las condiciones que

[31] *Ibid.*, pp. 13-14.

[32] Instituto de Relaciones Europeo-Latinoamericanas, *Europa y América Latina en los 90: ¿hacia una nueva relación?*, Madrid, Instituto de Relaciones Europeo-Latinoamericanas, 1989, p. 6.

atraían los flujos del capital privado. La inestabilidad, el extremismo político y el caos social seguían siendo posibilidades claras en América Latina, pero con la terminación de la Guerra Fría ya no equivalían a un riesgo geopolítico de inspiración soviética para los Estados Unidos. Aunque América Latina seguía siendo importante para los Estados Unidos y subsistían consecuencias negativas directas para este país, fácilmente imaginables, de un estado de cosas particular en América Latina (esencialmente a través del tráfico de drogas o de la inmigración), la relevancia de la región después de la Guerra Fría estaba lejos de haberse establecido.[33]

Además, la mayoría de las opciones políticas de los Estados Unidos y del mundo industrializado tienen contrapartes desafortunadas, o sea efectos perversos, negativos, no deseados y no buscados. Así pues, si se percibe el estancamiento económico como la causa principal de la inmigración y el tráfico de drogas, el crecimiento económico proveerá la solución a tales problemas. Si los modelos de crecimiento tradicionales ya no son viables, se recomiendan nuevas políticas de mercado libre orientadas hacia las exportaciones e impulsadas por la inversión privada y extranjera. La premisa básica de estas políticas, por lo menos a corto plazo, es un bajo nivel salarial, que atrae la inversión extranjera, lo que a su vez crea empleos y transfiere tecnología. Sin embargo, el bajo nivel salarial estimula también la emigración como no lo hace ningún otro factor. De igual modo, como puso en claro el éxito (relativo) de la Fuerza Especial del Sur de Florida en contra de los narcotraficantes, el cierre de una ruta de las drogas (el Caribe) incrementa automáticamente la atracción de otras (México). Esto se aplica también al cultivo de hojas de coca: la erradicación de las cosechas de coca en el Alto Huallaga genera nuevos campos en Perú, y el éxito en la reducción de la siembra peruana inspira la nueva producción de hojas de coca en Brasil.

Además, el tipo de preocupación estimulado por las drogas y la inmigración en la conciencia estadunidense no garantiza necesariamente un consenso interno en los Estados Unidos sobre la provisión de ayuda o de atención a América Latina, o sobre el involucramiento en sus asuntos.

---

[33] Por ejemplo, Abraham Lowenthal defendió elocuentemente una nueva forma del interés estadunidense en América Latina a mediados de 1990, dado que la "presunta importancia de la región para la lucha bipolar se evaporó virtualmente de la noche a la mañana [...] y se percibe que las tendencias latinoamericanas ya no tienen gran impacto en los Estados Unidos [...] La seguridad militar de los Estados Unidos ya no se ve verosímilmente amenazada por un ataque proveniente del hemisferio occidental, pero la seguridad en un sentido más amplio [...] es vulnerable ante muchos acontecimientos latinoamericanos [...] el impacto económico, la influencia de la migración, el peso de la región en importantes problemas comunes [cuyo ejemplo más claro es el de las drogas], y su importancia para los valores fundamentales de la sociedad estadunidense"; véase Abraham F. Lowenthal, "Rediscovering Latin America", *Foreign Affairs,* otoño de 1990, pp. 33-36.

Las drogas y la inmigración pueden generar la reacción exactamente contraria: introspección, exclusión, barreras en las fronteras y rechazo de todo lo que emane del Sur. En lugar de estimular el interés y la preocupación, pueden conducir a la indiferencia o a la hostilidad. Por último, mientras que el concepto del riesgo geopolítico era aplicable a todas las naciones del hemisferio, aunque en grados variables, no ocurre lo mismo con las preocupaciones por la inmigración y las drogas. En efecto, los problemas de la inmigración y de la droga podrían constituir una base para la política estadunidense sólo en el caso del país para el que es menos necesaria tal política, dado el poder de esa nación para generar el interés y atraer la atención por otros canales: México.

Paradójicamente, después de tantos años de preocuparse por la excesiva injerencia de Estados Unidos en la región, es posible que América Latina sufra pronto la indiferencia estadunidense, agravada por el relativo desinterés tradicional del resto del mundo. Italia se preocupa todavía por Argentina y Uruguay, porque persisten los recuerdos de la emigración anterior. La izquierda europea en general expresó su indignación, o por lo menos su preocupación, por las violaciones de los derechos humanos en el Cono Sur mientras existió, pero la democratización condujo al aburrimiento. Y la comunidad Nisei en São Paulo —la más grande del mundo fuera de Japón— todavía puede generar cierto interés japonés en Brasil, pero no es suficiente.

El surgimiento de lo que varios autores llamaron un circuito de inversión, crédito y comercio Norte-Norte, que incluiría a las antiguas economías socialistas —quizá incluyendo a la antigua Unión Soviética y a China, y con la exclusión del Tercer Mundo, y específicamente de América Latina, aparte de unos cuantos "Estados-colchón" como México, Marruecos y posiblemente Irán—, está lejos de ser imposible.[34] El comercio, la inversión y el crédito podrían concentrarse —no por entero, pero sí en una proporción mayor que antes— en el hemisferio norte. El temor de "quedarse afuera", expresado tan a menudo por líderes e intelectuales latinoamericanos, reflejaba esta posibilidad. De esta perspectiva derivaba también el desvanecimiento del interés en América Latina por parte de las universidades, la prensa, las empresas y los políticos del mundo desarrollado.

Sin embargo, a pesar de las tendencias y los sentimientos superficiales, la transformación del mundo moderno (incluido el hemisferio occidental) en compartimientos separados, cerrados, privados de toda influencia significativa entre sí, dista obviamente de ser una situación hipotética viable para el futuro.

---

[34] Véase, por ejemplo, Peter Smith, "La nueva relación entre México y Estados Unidos", *Nexos,* febrero de 1990.

El interés económico directo de los Estados Unidos en América Latina podría ser ahora menos importante que nunca antes, aunque incluso esto es discutible, dada la permanencia de la dependencia energética de los Estados Unidos y lo precario de las fuentes del Medio Oriente. Pero el efecto no económico o "paraeconómico" de los asuntos latinoamericanos sobre los Estados Unidos —el surgimiento de los llamados problemas "interméstricos"— parece ahora mayor que nunca, y es probable que aumente antes que disminuir. El síndrome Norte-Norte podría ser válido en términos estrictamente económicos, pero desde un punto de vista social, político y cultural es ilusorio. El que los Estados Unidos se hayan mostrado siempre mucho menos capaces para abordar y mostrarse sensibles a las tendencias económicas que a otros tipos de transformaciones volverá más complicado el proceso del manejo de esta nueva interdependencia americana. Pero no lo eliminará. Ni el proceso mismo incrementará el peso de América Latina: aunque sus naciones, sus líderes y sus pensadores se han mostrado en el pasado más hábiles para jugar sus cartas no económicas, muchos líderes latinoamericanos parecen creer ahora que "el negocio de América Latina es el negocio".

Trágicamente, esta convicción salió a la superficie precisamente en el momento en que las élites latinoamericanas estaban más dispuestas que nunca a pagar cualquier precio para pasar a formar parte de la economía mundial moderna, así sea como "el más pobre [país] de los ricos", según dicen que dijo Salinas de Gortari, o como "un país moderno del Primer Mundo que deja atrás el capitalismo bárbaro de Brasil", en las palabras de Collor de Mello. A medida que se desvanecía la justificación geopolítica de la política estadunidense hacia América Latina y se olvidaba la motivación humanitaria europea, a medida que se consolidaban los ricos bloques comerciales y Japón miraba hacia China y la antigua Unión Soviética, se reducía el componente económico de la política latinoamericana de los Estados Unidos y del resto del mundo. En 1980, 17.9% de la inversión extranjera directa de los Estados Unidos se ubicaba en América Latina; hacia 1987 esa cifra había bajado a 13.7%. En 1980, América Latina recibía 16.3% de las exportaciones estadunidenses; hacia 1987 se había reducido esa cifra a 12.4%.[35] Es posible que el hemisferio deba afrontar la perspectiva de la "africanización": condenado a los márgenes de los flujos financieros y comerciales del mundo, e inevitablemente al olvido y la irrelevancia.[36]

[35] Departamento de Comercio de los Estados Unidos, *Statistical Abstract of the United States, 1989*, Washington, Departamento de Comercio de los Estados Unidos, 1989, pp. 779 y 788.
[36] El término y la analogía trágica —como un reflejo del dramático estado de marginación del continente africano— surgieron simultáneamente con la caída de los regímenes de

Así pues, América Latina se encuentra ahora en una encrucijada tristemente paradójica. El final de la Guerra Fría ha generado un margen de maniobra geopolítica mucho mayor, pero la globalización económica y la uniformidad ideológica han vuelto a ese fenómeno por lo menos parcialmente irrelevante. América Latina se ha visto obligada a aplicar políticas económicas que implican el abandono de las metas de desarrollo tradicionales y enormes volúmenes de financiamiento externo, donde sólo lo primero está asegurado y lo último es en gran medida hipotético. En consecuencia, las naciones del hemisferio se superan unas a otras en la búsqueda de financiamiento, pero pronto incurren en rendimientos decrecientes —se requieren mayores concesiones para obtener cantidades decrecientes de financiamiento— y afrontan la dura realidad de que, en el nuevo orden mundial, América Latina importa cada vez menos en la ecuación internacional. Para las naciones de América Latina, el fin de la Guerra Fría ha implicado elevadas expectativas y frustraciones inesperadas.

Europa oriental. Véase Jorge G. Castañeda, "Los efectos del fin de la guerra fría para América Latina", *Nexos,* diciembre de 1989; Alan Stoga, "Poland *vs.* Argentina", *Latin Finance,* abril de 1990; o Helio Jaguaribe, "Latin America Is Increasing Its Marginal Condition and Becoming a Sort of Western Replica of Africa" y "The Double Rejection: A Brief Note on the United States and Latin America in the New International Scenario", ensayo presentado en el seminario de Diálogo Interamericano sobre "The Changing Global Context for U. S.-Latin American Relations", Airlie House, Warrenton, 21-22 de mayo de 1990.

III. EL PANORAMA DESDE EL CONO SUR

Helio Jaguaribe

El colapso internacional del comunismo y el desplome de la antigua Unión Soviética han dejado a los Estados Unidos como la única superpotencia del mundo.

La crisis interna de la Unión Soviética tuvo sus raíces en una antigua disparidad entre las áreas de grandes logros del sistema comunista y la inadecuación de la condición general de la infraestructura del país. Los dos primeros planes quinquenales (1928-1932 y 1933-1937) pudieron convertir una sociedad rural en una sociedad industrial, aunque fuera a un precio humano intolerable. El nuevo desarrollo —después de los enormes sacrificios de la segunda Guerra Mundial— transformó a la Unión Soviética en un país plenamente industrializado. En ese sistema, los militares se vieron altamente privilegiados, lo que permitió logros como la explosión de la primera bomba atómica soviética en 1948 y el afortunado lanzamiento del *Sputnik,* el primer satélite espacial, en 1957.

Sin embargo, el desarrollo del experimento soviético se caracterizó por una brecha grande y siempre creciente entre sus logros principales y las condiciones generales del país. Fuera de los militares, grandes sectores permanecían subdesarrollados. Era mala la calidad de la mayoría de los bienes de consumo, y para muchos productos había problemas permanentes de abasto y distribución. El sistema burocrático y totalitario no pudo crear los incentivos necesarios para la mayoría de las actividades, y era incompatible con los esfuerzos innovadores y con cualquier evaluación crítica de los resultados. La esperanza de Jruschov, de superar a los Estados Unidos en un par de decenios, resultó ilusoria, y la era de Leonid Brezhnev (1964-1984) fue un período de estancamiento. Cuando llegó al poder Mijaíl Gorbachov, en 1985, este gran estadista decidió que había llegado el momento de enfrentar las realidades.

En sus primeros años en el cargo, Gorbachov logró terminar con la Guerra Fría y ganar para la Unión Soviética el reconocimiento internacional como un país pacífico. Luego inició cambios internos amplios y profundos que trataban de transformar un régimen centralizado, autoritario y burocrático en una federación democrática de repúblicas autónomas, basada en una economía de libre mercado. Sin embargo, estos esfuerzos tuvieron menos éxito. Las fuerzas perturbadoras desatadas por la liberalización política, junto con la dramática declinación de la producción que acompañó a los cambios económicos, llevó a la nación a una condición casi caótica. El resultado final fue la fragmentación de la Unión Soviética y su división en 15 repúblicas independientes, lo que terminó con el mandato presidencial de Gorbachov.

Tarde o temprano, un grupo de nuevos países democráticos sucederá a la antigua Unión Soviética. Rusia, como el mayor de tales países, seguirá desempeñando un papel internacional. Sin embargo, apenas es concebible que esta nación cobre gran relevancia internacional en los próximos años. Mientras tanto, los Estados Unidos conservarán su posición como la única superpotencia efectiva.

Esta situación se vio claramente confirmada por la Guerra del Golfo Pérsico. La violenta anexión de Kuwait por las tropas de Saddam Hussein provocó una inmensa indignación internacional y, con la excepción de unos cuantos Estados árabes, el consenso de que no podía tolerarse la conquista de Irak. Pero en ese momento histórico, sólo los Estados Unidos, respaldados por un mandato del Consejo de Seguridad, tenían el arrojo y la capacidad necesarios para armar una intervención rápida y eficaz. La amplia alianza creada por los Estados Unidos y la participación de varias naciones —incluidos Egipto y Siria— en la acción militar pusieron de relieve el nuevo e indisputado papel de liderazgo de los Estados Unidos.

EL NUEVO ESCENARIO INTERNACIONAL

Los Estados Unidos alcanzaron esta posición de primacía mundial en un momento histórico caracterizado por muchos cambios en el escenario internacional. El primero, por supuesto, fue el colapso mundial del comunismo y la declinación de la Unión Soviética. Con las nuevas políticas y reformas de Gorbachov, los regímenes comunistas de Europa oriental perdieron sus cimientos ideológicos y el poder de disuasión que encerraba anteriormente la doctrina Brezhnev: la intervención militar soviética en apoyo de los regímenes comunistas. En su lugar, las economías de mercado están construyendo ahora un marco institucional, democrático.

Otra característica relevante del escenario actual es el surgimiento de sociedades postindustriales, a medida que los países más avanzados adquieren una capacidad cibernética creciente. La tecnología se ha convertido en el factor más decisivo de la producción, basada en un uso extenso de la informática y la robótica. Las ventajas comparativas conferidas por las materias primas locales baratas están disminuyendo con rapidez. Una fuerza de trabajo bien educada y un número adecuado de científicos, tecnólogos y administradores altamente calificados son los nuevos requerimientos de la competitividad económica.

Una importante consecuencia negativa de la sociedad postindustrial que está surgiendo es una tendencia hacia la imposición de restricciones a la disponibilidad y el uso del conocimiento. Desde el Renacimiento, y particularmente desde la Ilustración, se ha entendido el conocimiento como un bien universal, disponible para todos los hombres instruidos. Los científicos se han considerado a sí mismos como miembros de una "communauté des savants" abierta, internacional. Hace algunos años, un estudioso de un país subdesarrollado que fuera admitido por uno de los más altos centros de conocimientos, como el MIT o el Cal Tech, habría tenido acceso al conocimiento más elevado disponible en cualquier campo científico y tecnológico. Pero ahora, el acceso al conocimiento aplicado y aplicable se ve restringido a menudo por grandes corporaciones multinacionales, protegidas por patentes y por un hermetismo legalizado. La mercantilización del conocimiento está creciendo de prisa, junto con la creciente importancia económica de la tecnología.

Una tercera característica relevante del nuevo escenario internacional es la formación de megamercados como la Comunidad Europea, el mercado de Estados Unidos y Canadá, y el sistema japonés-asiático. Estos mercados tratan de incrementar la productividad y la competitividad de las economías de sus miembros proveyendo grandes centros de adquisición para sus productos y mejores condiciones para la investigación y el desarrollo experimental. Se utiliza un discurso liberal para argumentar que los beneficios resultantes mejorarán la calidad y reducirán los costos y los precios, con ventajas para los países miembros y no miembros de los megamercados por igual. Sin embargo, no hay duda de que los megamercados adoptarán un liberalismo selectivo cuando esté en juego la protección de sus propios productos.

Un cuarto aspecto importante de la situación internacional actual es la peligrosa carencia de un sistema internacional apropiado para la defensa de los intereses comunes de la humanidad. La protección de la biosfera y todo el complejo de requerimientos ecológicos, la preservación y la defensa de la paz en áreas de conflicto regional (el Medio Oriente, el subcontinente indio, África), la salud, la sanidad, las comunicaciones y transportes libres, la educación básica, el desarrollo humano, el control internacional de las drogas y los delitos, los recursos colectivos: todas estas cuestiones demandan una administración mundial eficaz y equitativa, que trascienda las fronteras y las soberanías nacionales. Aunque se reconoce ampliamente a las Naciones Unidas como la institución apropiada para la atención de los intereses colectivos de la humanidad, esa organización no tiene ni los recursos ni el poder necesarios para la tarea.

Un quinto aspecto prominente del sistema internacional actual es la profundización de la brecha Norte-Sur, un problema que se agrava por la inmensa e impagable deuda externa del Sur. El mundo no puede permanecer indefinidamente dividido entre un grupo decreciente de países educados y prósperos en el Norte y un Sur cada vez más grande, pobre y escasamente educado. Tampoco puede el Sur soportar la carga de su deuda. Los valores culturales y los estilos de vida civilizados y prósperos del Norte no pueden subsistir en medio de un mundo de miseria e ignorancia. Estos hechos se reconocen en general, pero no se toma ninguna medida internacional eficaz para detener el deterioro del Sur.

LOS PROBLEMAS DE LOS ESTADOS UNIDOS

En el contexto de esos cambios importantes, los Estados Unidos deben trabajar en su nueva posición como la única superpotencia restante con grandes restricciones internas.

La primera de tales limitaciones es el contraste existente entre el poderío político-militar de los Estados Unidos y su relativa declinación económica. Durante muchos años, los Estados Unidos han debido afrontar grandes déficit fiscales y comerciales. De acuerdo con un informe del Banco Mundial de 1990, el déficit fiscal para 1988 era del orden de 155 000 millones de dólares, lo que equivalía al 2.9% del PIB. Estas cifras han mejorado un poco desde entonces, pero reflejan todavía un conjunto complejo de condiciones que ha contribuido a una declinación larga y paulatina en la competitividad internacional de la economía estadunidense.

Una segunda restricción es la ausencia de un consenso interno en lo que se refiere a importantes problemas colectivos en los campos de la política, las relaciones sociales y raciales, la inmigración, la educación y los asuntos internacionales. La Guerra de Vietnam es responsable del surgimiento de la mayoría de las divisiones surgidas en los Estados Unidos desde la segunda Guerra Mundial. Y algunos cambios importantes ocurridos en la estructura social —como el aumento de la distancia existente entre los estratos superiores y los inferiores, los nuevos patrones de distribución territorial y de la población urbana, y la concentración de la población poco educada y pobre en los centros de muchas ciudades— han contribuido considerablemente al desgaste del consenso estadunidense. Los disturbios ocurridos en Los Ángeles, en 1992, ilustraron dramáticamente esta situación.

En gran medida por esta desintegración del consenso nacional, el gobierno de los Estados Unidos se ha visto privado de suficiente apoyo interno para un activo papel internacional. Los ciudadanos se regocijan ante el espectáculo de las demostraciones internacionales del prestigio o la fuerza de los Estados Unidos, pero no están dispuestos a pagar un precio adicional por la realización de hazañas que lo sustenten. El gobierno de los Estados Unidos debe desempeñar un papel de líder mundial —una demanda que a menudo requiere recursos enormes, como vimos recientemente en la Guerra del Golfo Pérsico— sin la posibilidad de recibir contribuciones adicionales de la ciudadanía.[1]

Otra limitación interna del ejercicio de la primacía internacional de los Estados Unidos es la persistente ausencia de una visión global y equitativa del mundo. Los Estados Unidos desarrollaron iniciativas globales, como la Alianza Atlántica, en respuesta a las amenazas soviéticas efectivas o percibidas, pero la rápida desaparición de estas amenazas dejó a la nación sin un proyecto global coherente. En virtud de que los intereses estadunidenses en el mundo son definidos primordialmente por los grupos de presión internos, tienden a entenderse fragmentariamente. Por carecer de un entendimiento adecuado de los intereses globales o de los costos de su desatención, le resulta difícil a los Estados Unidos ajustar sus intereses a un marco global para un orden mundial razonable y equitativo.

Todas estas restricciones se reflejan en la propensión actual de los Estados Unidos a maximizar las ventajas internacionales que puedan ganar a un costo muy bajo o a expensas de socios más débiles: un patrón que a través de la historia ha caracterizado a las potencias declinantes. Episodios como las invasiones de Granada y Panamá, y peor aún su celebración interna como hazañas nacionales, son indicaciones de esta tendencia. El victorioso talante nacional que siguió a la Guerra del Golfo Pérsico, donde una tecnología estadunidense devastadora provocó la muerte de más de 100 000 iraquíes, es otra señal preocupante.

LOS ESTADOS UNIDOS Y AMÉRICA LATINA

El doble rechazo

Algo que tienen en común los Estados Unidos y América Latina, en los años noventa, es que ambos están siendo rechazados por Europa, aunque por razones diferentes y en formas diferentes. Europa valoraba a los Estados Unidos como el gran protector contra las amenazas soviéticas,

---

[1] Ésta es una razón importante para que los Estados Unidos hayan recibido contribuciones externas, sobre todo de Alemania, Japón, Arabia Saudita y Kuwait, por un valor cercano a los 40 000 millones de dólares, destinadas al financiamiento de la Guerra del Golfo Pérsico.

pero soportaba la superioridad estratégica y tecnológica de los Estados Unidos con abierto resentimiento. Una vez desaparecida la amenaza soviética, y cuando el europesimismo provocado por el relativo estancamiento del Viejo Mundo cedió el lugar a la euforia de una nueva Europa cada vez más próspera y competitiva, muchos europeos empezaron a considerar innecesaria la presencia estadunidense; la vieron como una interferencia indeseable en sus asuntos nacionales y regionales.

En el caso de América Latina, el rechazo europeo se relaciona con un sentimiento creciente de que los países latinoamericanos son un fracaso histórico. Estos países parecían en cierto momento la tierra prometida del futuro, la que podía servir como un campo para la expansión de la influencia, la inversión y la diplomacia cultural de Europa. Crecientemente, sin embargo, Europa ve ahora a estos países como sociedades mal administradas, corruptas, propensas a la inflación, abrumadas por la deuda, estancadas: una especie de África occidental en situación apenas mejor.

Ese doble rechazo, entre muchos otros factores, podría inducir una cooperación más estrecha entre las dos Américas. Los Estados Unidos entienden que su predominio mundial, todavía significativo en términos político-militares, está declinando en términos económicos y culturales. Las exportaciones estadunidenses a Europa bajarán a medida que se expande la Comunidad Europea, y en otros mercados mundiales los Estados Unidos afrontarán la superior competencia japonesa. En vista de estos hechos, los Estados Unidos considerarán cada vez más importante la consolidación de su superioridad regional en el área latinoamericana, y para alcanzar esta meta se requerirá una nueva política del buen vecino. Desde el punto de vista latinoamericano, el rechazo europeo, la incapacidad de Japón para superar sus propias limitaciones etnocéntricas, la terminación del conflicto Este-Oeste, y la pérdida de la oportunidad para maniobrar las ventajas propias de América Latina, significan que los Estados Unidos serán la única fuente importante de inversiones y transferencias tecnológicas.

En este contexto, la Iniciativa de Empresa para las Américas, del presidente Bush, parecía atractiva para las dos Américas. Algunos países latinoamericanos están manifestando su acuerdo entusiasta con la iniciativa. México había decidido ya, independientemente de la iniciativa de Bush, unirse al mercado común de Estados Unidos y Canadá, y ahora está dando los pasos necesarios. Chile cree que su economía está ajustada ya al mercado mundial y está dispuesto a unirse a un mercado común encabezado por los Estados Unidos. Venezuela se inclina a seguir el mismo camino, aunque sigue cuidando sus relaciones con el Cono Sur. Uruguay, profundamente comprometido con el Mercosur, se interesa también, sin embargo, por una relación abierta con el mercado estadunidense.

Por su parte, los cuatro países del Mercosur elaboraron en junio de 1991 un acuerdo que ajustaba su proyectado mercado común a la iniciativa de Bush.

Sin embargo, la iniciativa afronta graves dificultades, derivadas de las profundas diferencias que separan a las dos Américas y de la escasa disposición de los Estados Unidos a compensar tales diferencias.

Un vistazo a la Comunidad Europea y a la forma como ha abordado sus propios desequilibrios internos resultará muy útil para entender los problemas surgidos entre las dos Américas. Una dificultad importante para la integración de la Comunidad Europea era la solución de las diferencias sustanciales de avance económico que separaban a Grecia, Portugal y España de los miembros ricos de la comunidad. La respuesta de la Comunidad Europea a ese problema ha sido la adopción de dos modelos a los que llamaremos el modelo de la movilidad de los factores y el modelo de la restructuración de los sistemas.

El modelo de la movilidad de los factores se está aplicando en Grecia y Portugal. Ambos países tienen poblaciones pequeñas, y una parte sustancial de su fuerza de trabajo desempleada emigra consuetudinariamente para buscar empleos en otros países. Dentro de la Comunidad Europea, dos efectos resultaban inevitables. Por una parte, la integración con Europa aumentará el desempleo en Grecia y Portugal, aunque eleve sus niveles económicos en conjunto. Algunos bienes que antes se producían en esos países se importarán de las naciones europeas más avanzadas, a mejores precios y niveles de calidad, o se producirán en Grecia y Portugal por sucursales de grandes empresas europeas que operen con mayores niveles de productividad y menores niveles de mano de obra. En ambos casos, habrá más desempleo. Sin embargo, los trabajadores desempleados emigrarán hacia los países europeos más ricos. Allí conseguirán empleos y finalmente sustituirán a los trabajadores provenientes de Turquía y el Maghreb, en beneficio de todos los países europeos involucrados.

En el caso de España, un país cuya población es demasiado grande para una emigración masiva de sus ciudadanos hacia el norte de Europa, se aplica el modelo implicado de la restructuración de sistemas. España está recibiendo enormes cantidades de capital y tecnología de los países europeos más avanzados, y algunas industrias españolas muy importantes se desarrollan ahora a tasas dos o tres veces mayores que las del promedio europeo. Los españoles estiman que para el año 2000 alcanzarán un nivel de competitividad comparable al de Italia.

En principio, estos dos modelos podrían trasladarse a América Latina. Si los Estados Unidos abrieran sus puertas a los trabajadores provenientes de los países latinoamericanos más pequeños y transfirieran enormes cantidades de capital y tecnología a los países más grandes como

Argentina, Brasil y México, los efectos serían similares a los que está produciendo el Mercado Común Europeo en Grecia, Portugal y España.

Sin embargo, no es probable que los Estados Unidos apliquen los modelos europeos en América Latina. Las razones se relacionan con tres diferencias principales entre Europa y las Américas. Primero, la relación existente entre la riqueza y la pobreza es diferente en las dos regiones. En Europa, la mayoría de los ricos puede ayudar a una minoría de los pobres, pero en las Américas constituyen los pobres la gran mayoría. En segundo lugar, los nativos de los países ricos de Europa ya no realizan los trabajos serviles. Estos trabajos se encargan a los trabajadores provenientes de Turquía y de los países árabes, quienes pueden ser remplazados por inmigrantes provenientes de otras naciones de la Comunidad Europea. En los Estados Unidos, en cambio, ya hay problemas para encontrarle ocupación a la fuerza de trabajo no calificada, tanto nacional como extranjera. Por último, la poderosa tercera razón es que los europeos están unidos por una cultura común. Grecia es la cuna de la civilización occidental, y los países ibéricos se encuentran entre las grandes fuentes de la cultura europea, desde Miguel de Cervantes hasta José Ortega y Gasset, desde Luiz Vaz de Camoëns hasta Fernando Pessoa. Hay una solidaridad paneuropea suficiente para absorber a griegos y portugueses en lugar de los desagradables turcos y árabes, y hay suficiente capital excedente para invertir en España. En cambio, no hay solidaridad entre los Estados Unidos y Centroamérica y el Caribe. Además, para los Estados Unidos está fuera de su alcance transferir factores de producción escasos a la Argentina, Brasil y México en grandes cantidades.

Un enfoque pragmático

Por supuesto, la iniciativa del presidente Bush no se propuso en un vacío. Independientemente de la propuesta, ya estaban presentes importantes tendencias en la región.

Todas las pequeñas sociedades centroamericanas y caribeñas, a excepción de Cuba, impulsadas por el peso social y económico de los Estados Unidos, están operando como una especie de Puerto Rico informal. Los Estados Unidos dominan su comercio internacional, sus inversiones extranjeras y su turismo, y constituyen el destino principal de sus emigrantes legales e ilegales. Bush realizó un ejercicio de estadista cuando proveyó un marco institucional para estas tendencias indudables.

Casi se han acordado los términos de la participación de México en un mercado común con los Estados Unidos y Canadá. En este caso, también, el Tratado de Libre Comercio (TLC) norteamericano representa la formalización de una situación preexistente. Dado que el río Bravo es tanto una frontera como un puente entre dos sociedades y economías que son más bien complementarias, el problema difícil es la inmensa presión migratoria creada por los mexicanos que quieren unirse a la fuerza de trabajo de los Estados Unidos. En general se reconoce que la inmigración de un número limitado de trabajadores mexicanos, sobre todo para empleos agrícolas, beneficia a ambas partes. Pero los Estados Unidos afrontarían graves problemas —incluido el desplazamiento de muchos trabajadores nacionales— si tratara de absorber a los muchos millares de mexicanos que desean cruzar la frontera. Si, como se espera, un mercado común de México, los Estados Unidos y Canadá acelera el desarrollo económico de México y canaliza hacia este país un flujo importante de capital y de tecnología proveniente del Norte, el consiguiente crecimiento del empleo en México reduciría sustancialmente la presión migratoria. En este supuesto se basa la disposición de los mexicanos a aceptar cláusulas que restrinjan la migración como una condición de su participación en el mercado común con los Estados Unidos y Canadá.

En Chile, que ha abierto su economía al mercado mundial y diversificado sus exportaciones de los productos tradicionales basados en el cobre hacia líneas nuevas,[2] como los alimentos naturales procesados, hay un definitivo consenso en favor de la iniciativa de Bush. Y Venezuela está tratando de seguir la ruta chilena. Sin desatender sus relaciones con el Sur, sobre todo en vista del enorme mercado brasileño, Venezuela se inclina a aceptar la propuesta de Bush y a unirse a un mercado común panamericano.

CUADRO III.1. *Perfil del Mercosur*

País	Población (millones)	PIB	Exportaciones	Importaciones	Comercio total
Argentina	32.7	76.5	11.0	7.0	18.0
Brasil	153.3	402.8	31.9	23.1	55.0
Paraguay	4.4	4.8	1.2	1.6	2.8
Uruguay	3.1	7.9	1.6	1.6	3.2
TOTAL	193.5	492.0	45.7	33.3	79.0

FUENTE: Helene Arneud *et al.*, *L'Etat du monde, 1993*, París, La Découverte, 1993.

[2] Las exportaciones de Chile aumentaron de 6 900 millones de dólares en 1970 a 12 900 millones en 1989.

El Mercosur

Esencialmente, el Mercosur es una extensión del mercado común de Brasil y Argentina a los otros países del Cono Sur (véase el cuadro 1). Uruguay, que ya es miembro de ese mercado, es uno de los signatarios del tratado de Asunción, y Paraguay se ha unido también. Chile está interesado en unirse al Mercosur, sobre todo en vista del gran mercado brasileño para sus exportaciones de alimentos, pero no desea hacerlo si ello implica la elevación de sus barreras a la importación, lo que impediría la formación de un mercado común con los Estados Unidos. Los cuatro signatarios del tratado del Mercosur han aceptado otorgar a Chile un plazo, que vence en 1994, para que tome su decisión.

Aunque el Mercosur es un mercado relativamente pequeño y está fuertemente dominado por Brasil, otorga ventajas importantes a sus miembros.[3] El nivel actual del intercambio comercial, incluso entre Argentina y Brasil, es pequeño en relación con su potencial inmediato. En efecto, un estudio concluido recientemente, coordinado por el Instituto de Estudos Politicos e Sociais (IEPES), el "Proyecto Alvorado", realizado por el IEPES en Río, en 1991, indicaba que las cifras comerciales actuales se multiplicarían por tres en pocos años si los países del Mercosur adoptaran una política preferente hacia las importaciones provenientes de los proveedores del Mercosur.

Un segundo beneficio del Mercosur es el incentivo que provee para que se lleven a cabo empresas conjuntas entre sus miembros. Las empresas conjuntas fronterizas entre los vecinos, como la gigantesca planta hidroeléctrica de Itaipú entre Brasil y Paraguay y la interconexión de las redes eléctricas de Argentina y Brasil, ya han cobrado importancia en la región.

Es posible que la dimensión más importante del Mercosur sea su eficacia en la promoción de la cooperación científica-tecnológica entre sus miembros. Tal cooperación es particularmente relevante entre Brasil y Argentina, países poseedores de establecimientos científicos grandes y avanzados. Sin embargo, cada uno de estos países carece a menudo de una cantidad suficiente de expertos e investigadores. Además, cada uno padece la escasez de fondos adecuados y otras limitaciones. Una cooperación estrecha entre los dos países podría resolver con frecuencia tales problemas y dotar de eficacia crítica a los esfuerzos de investigación, por ejem-

---

[3] La Comunidad Europea tiene una población de 323 millones de habitantes y un PIB cercano a los 3.3 billones de dólares; el mercado de los Estados Unidos y Canadá tiene una población de 272 millones de habitantes y un PIB cercano a los 4.3 billones de dólares, mientras que el Mercosur tiene 193 millones de habitantes y un PIB de 492 000 millones de dólares.

plo en el conocimiento teórico y aplicado en campos como la energía nuclear, la informática y la biotecnología.

La importancia de la eficacia crítica en la investigación científica y tecnológica es algo más que una expresión de la nueva relevancia de la tecnología como el factor principal de la producción. También es necesaria para compensar el secreto legalmente protegido que rodea cada vez en mayor medida a los avances de la ciencia aplicada. Los Estados Unidos están presionando a los países latinoamericanos para que firmen tratados que aseguren una protección a largo plazo para las patentes y la "propiedad intelectual" legalmente protegida de los Estados Unidos, es decir, para toda clase de innovaciones en el campo de la ciencia aplicada. Sin discutir los aspectos legales de tales políticas aquí, añadiré que su efecto obvio sería la perpetuación de la dependencia tecnológica del Sur.

Desde el punto de vista de los miembros del Mercosur, el requisito más importante para el desarrollo tecnológico es un aumento sustancial de sus propias capacidades de investigación. Incluso en ausencia de toda restricción legal, los países que carecen de una eficacia crítica en la investigación científica y tecnológica no pueden hacer absolutamente nada. Y como lo demuestra el reciente ejemplo japonés, el desarrollo de una capacidad de investigación fuerte y autónoma genera efectos positivos que no pueden frenarse ni siquiera por una legislación internacional restrictiva. Por supuesto, la limitación de tal legislación a un grado razonable es un requisito complementario, pero mucho dependerá siempre de la capacidad de un país para realizar una investigación autónoma.

Un cuarto aspecto relevante del Mercosur es que incrementa hasta cierto punto la capacidad de negociación internacional de los países miembros. En un mundo de megamercados regionales apoyados por una poderosa tendencia internacional hacia la liberalización comercial, los países aislados tenderán a sufrir aunque se encuentren territorialmente protegidos por políticas esencialmente mercantilistas. Incluso un mercado regional relativamente pequeño como el Mercosur puede proveer el mínimo de protección mercantilista que se requiere en el mundo de hoy. También proveerá de un refuerzo considerable a sus miembros en la renegociación de su deuda externa.

El Mercosur y los Estados Unidos

La nueva moda liberal prevaleciente en el mundo de hoy está reviviendo la antigua discusión sobre las ventajas y desventajas del liberalismo económico para los países en desarrollo. No hay duda de que, en términos generales, el liberalismo económico optimiza el uso de los recursos a escala mundial. También se acepta en general que el otorgamiento de una ayuda estatal considerable a los sectores económicos menos productivos, y el esfuerzo por preservar tales sectores detrás de elevadas barreras arancelarias, significa más un perjuicio que un beneficio para los países en desarrollo. Los sectores ineficientes desvían recursos relativamente escasos hacia usos menos productivos, reduciendo así la proporción de producción del país, y de ordinario contribuyen a generar una inflación elevada y el déficit público.

Por otra parte, sin embargo, las experiencias históricas y contemporáneas de los países en desarrollo demuestran que cierto margen de proteccionismo durante cierto periodo de su desarrollo es necesario para la creación, expansión y consolidación de nuevas industrias. El arancel Hamilton, el *Zollverein* alemán, las prácticas japonesas antes y después de la segunda Guerra Mundial y la experiencia de Brasil entre los años cincuenta y setenta son algunos ejemplos del proteccionismo afortunado.

En este sentido, como en muchos problemas sociales y económicos, debemos considerar el grado, la oportunidad y el matiz. En vista de las diferencias de rendimiento, amplias y crecientes, que separan a las actividades primarias y secundarias —una brecha que se está ensanchando a una velocidad extraordinaria por el factor tecnológico—, resulta prácticamente imposible que un recién llegado a las actividades industriales construya un sistema industrial que pueda competir con el de los países industrializados bien establecidos. La tarea resulta más difícil aún ante la existencia de las patentes y los secretos de la producción legalizados. Así pues, una política proteccionista oportuna y de magnitud adecuada es indispensable para la creación y consolidación de una nueva sociedad industrial. La meta fundamental consiste en impedir que un exceso de protección genere la ineficiencia económica y la obsolescencia tecnológica.

Los países latinoamericanos, en particular los socios del Mercosur, afrontan ahora la tarea de coordinar dos requerimientos opuestos: abrir sus economías al mercado internacional y a la iniciativa de Bush, y proteger selectivamente sus sistemas industriales y su capacidad para la innovación tecnológica.

El primer requerimiento se refiere a la necesidad que tienen los países latinoamericanos de alcanzar un nivel de competitividad internacional suficiente por razones que tienen que ver con sus sectores de exportación, su atracción para el capital y la tecnología extranjeros, y el mejoramiento de su eficiencia interna. El segundo requerimiento se refiere a la necesidad de alcanzar un nivel adecuado de industrialización y desarrollo tecnológico, para que estos países puedan mantener una tasa satisfactoria de crecimiento endógeno y aproximarse a un estado de empleo total.

El vínculo existente entre el proteccionismo selectivo y el empleo total se ilustra claramente en los subsidios agrícolas y en las cuotas de importación adoptados por los miembros de la Comunidad Europea y los Estados Unidos. Tales países enfrentan la situación contraria a la de los países en desarrollo. Los europeos no pueden competir con la productividad agrícola de las dos Américas; de igual modo, los Estados Unidos no pueden competir con los países latinoamericanos en ciertas áreas agrícolas (por ejemplo, el trigo argentino y los pollos brasileños), y tratan de proteger a sus industrias menos competitivas con cuotas de importación. A la inversa, Brasil no puede competir en general con la productividad industrial de los Estados Unidos. La diferencia principal entre las dos situaciones es la cantidad de mano de obra necesaria en cada caso. Europa gasta una cantidad de dinero inmensa, a expensas de sus propios contribuyentes y de sus socios extranjeros agrícolas, para mantener artificialmente el empleo de menos del 10% de su fuerza de trabajo total. En los países en desarrollo, como los miembros del Mercosur, la fuerza de trabajo industrial que necesita protección representa más del doble de esa cifra.

El acuerdo firmado en Washington en junio de 1991 por los representantes de los países del Mercosur y los Estados Unidos fue un primer paso cauteloso hacia la combinación de los dos imperativos de la apertura y la protección. La ventaja de ese acuerdo es que establece un mecanismo para la consulta, lo que permite un enfoque institucional y racional para el arreglo de los conflictos de intereses que surjan en el futuro entre el Mercosur y los Estados Unidos. La desventaja del documento es que oculta la naturaleza y la extensión de los conflictos que deberán arreglarse.

La consulta institucionalizada es un procedimiento racional para la preservación de un espacio para la cooperación sin olvidar la inevitabilidad de los conflictos de intereses. Sin embargo, el ocultamiento inicial de la naturaleza de los conflictos que probablemente surgirán refleja una falta de sensatez de ambos lados. Los Estados Unidos están confiando en la superioridad de su poderío, suponiendo implícitamente que podrán imponer condiciones poco favorables a los socios del Mercosur. Mientras tanto, los países latinoamericanos están operando bajo el supuesto implícito de que podrán violar las reglas del juego si se volvieran intolerables. Desde luego, ésta no es una base sensata para un entendimiento a largo plazo entre las dos Américas.

Los miembros del Mercosur y los Estados Unidos deben iniciar una discusión general seria acerca de las condiciones a las cuales deberán ajustarse a través del tiempo los imperativos opuestos de la apertura internacional y la protección interna selectiva. Sólo sobre la base de un tratamiento sensato y justo de esa cuestión podrán establecerse relaciones estables y equitativas.

IV. AMÉRICA LATINA Y LOS ESTADOS UNIDOS EN UNA ECONOMÍA MUNDIAL CAMBIANTE

ALBERT FISHLOW

ÉSTE es un mundo nuevo no sólo por la vasta restructuración de las relaciones políticas ocurrida en los cinco años anteriores a 1993, sino también por los drásticos cambios económicos que se han observado. Dicho en una forma directa y simple, el capitalismo ha triunfado. Lo que subsiste son diferencias importantes en la dirección y el estilo —por ejemplo entre las variantes europea, japonesa y estadunidense—, pero el socialismo está muerto. Esto lo aceptan hasta los partidarios del modelo chino cada vez más exitoso.

Para América Latina, el triunfo del capitalismo ha reforzado la necesidad de reducciones sustanciales en la magnitud y las funciones del Estado. En efecto, este requerimiento estaba ya definido en 1982, cuando se presentó por primera vez la crisis de la deuda. En el último decenio ha habido cambios drásticos en la región. Los ingresos han declinado más que en cualquier periodo comparable —incluida la depresión de los años treinta—, y en los años ochenta bajó efectivamente el ingreso per cápita agregado por primera vez durante la posguerra.

La primera parte de este capítulo contiene un breve resumen de las modificaciones internas que se hicieron gradualmente en la región durante los últimos años. Las modificaciones se han concentrado en el incremento de la disciplina fiscal, hasta el punto de que, en 1993, sólo un país latinoamericano —Brasil— afrontaba una inflación mensual de dos dígitos. Otros resultados importantes han incluido el crecimiento sin precedente de Chile en 1992, cercano al 10%, y la sustancial entrada de capital extranjero a la región. Ambos hechos apoyan las nuevas esperanzas de que en el futuro próximo aumente sostenidamente el ingreso de la región.

En la segunda parte me ocupo de los drásticos cambios ocurridos en las relaciones económicas internacionales de la región. Fuera de la exitosa conclusión del Tratado de Libre Comercio de Norteamérica en 1992, virtualmente todos los países han reducido considerablemente sus aranceles y aflojado otras restricciones proteccionistas. Por primera vez, América Latina en conjunto ha dado la espalda a la sustitución de importaciones y está buscando una mayor participación en el comercio mundial. Inevitablemente, esto ha implicado una atención mayor al comercio con los vecinos inmediatos. Una cuestión crucial es la consistencia a largo plazo de la política económica argentina y brasileña con la estrategia de una integración hemisférica más estrecha.

En la tercera parte se discute la probable respuesta del gobierno de Clinton ante estos nuevos avances. Los Estados Unidos tienen cuatro opciones. Primero, pueden tratar de fortalecer una política económica global y destacar la importancia del GATT. Segundo, puede haber un nuevo hincapié sobre el regionalismo, con la formación de un área de libre comercio americana que se extienda desde el Yukón hasta el estrecho de Magallanes, como lo propuso el presidente Bush. Tercero, puede profundizarse y persistir un regionalismo modificado —un área norteamericana de libre comercio que incluya a México, al Caribe y a Centroamérica—. Y cuarto, el TLC puede extenderse a Asia, incluyendo a Corea, Taiwán y las economías en rápido crecimiento del sureste asiático. Esta última opción ha recibido escasa atención hasta ahora.

En la base de todo se encuentra la cuestión de si los cambios económicos globales de los años noventa incluirán y vigorizarán a América Latina como un todo, o si predominarán las nuevas divisiones regionales. ¿Pertenecerá el siguiente decenio a Chile y México, así como el periodo de 1950 a 1980 perteneció a Brasil? Los próximos años serán decisivos. En un mundo donde los ingresos per cápita de Asia han venido creciendo a tasas de 5% anual, hay pruebas claras de que en efecto es posible la aceleración del crecimiento dentro de la región.

LA RESTRUCTURACIÓN INTERNA

América Latina surge de la crisis de la deuda como un continente muy diferente del que fue hace un decenio. Cuando México dejó de pagar (por supuesto en viernes, el 13 de agosto de 1982), los países del hemisferio se hundieron en enormes dificultades que en ciertas naciones han persistido hasta el presente. El crecimiento cesó, y lo que algunos decían que era un ajuste temporal de la balanza de pagos se convirtió en el periodo de desarrollo negativo más prolongado de la región durante el siglo XX. A fines de 1992, el ingreso nacional por persona, incluidos los efectos negativos de los declinantes términos de intercambio, estaba a menos del 90% de su valor de 1980.[1]

---

[1] Naciones Unidas, *Estudio económico de América Latina y el Caribe, 1991*, 1, Santiago, CEPAL, 1992, p. 18; CEPAL, "Preliminary Overview of the Latin American and Caribbean Economy, 1992", *Notas sobre la economía y el desarrollo*, núms. 537/538, diciembre de 1992, p. 39.

El proceso de ajuste atravesó por cuatro etapas.[2] Inicialmente hubo una fase de drástica corrección de la balanza de pagos entre 1982 y 1984. Esto reflejaba un periodo de fuerte reducción del valor de las importaciones latinoamericanas: entre 1981 y 1984, tal reducción se aproximó al 45%. En efecto, la declinación fue tan rápida que el *World Financial Markets* pudo hablar de una "resolución duradera del problema de la deuda del PMD [país menos desarrollado]".[3] Pero lo cierto es que tal dificultad empeoró, desatando la segunda fase. Esta fase, asociada al empeoramiento de los precios internacionales y el decremento de los ingresos derivados de las exportaciones, revelaba una realidad fundamental: los bancos no estaban dispuestos a prestar más, sino que trataban de reducir su exposición en el exterior, sobre todo en América Latina. Por lo tanto, la región se vio obligada a afrontar la crisis mediante un reajuste mucho más radical que el imaginado.

La tercera fase del reajuste se inició con el Plan Baker en 1985. Ésta era una estrategia tripartita que recurría a los bancos, a las instituciones internacionales y al ajuste por países. Pero en ausencia del apoyo bancario tan necesario, finalmente fue sustituido por el Plan Brady, el cual por primera vez permitió una reducción sustancial del endeudamiento de cada país con los bancos. Tal política se volvió realidad en 1988, cuando el Citibank redujo independientemente su balanza de préstamos con varios países, y se confirmó al año siguiente con el arreglo de la deuda mexicana vigente a un precio cercano a 65 centavos por dólar. Otros países se arreglaron pronto con descuentos paralelos, mucho mayores para las naciones pequeñas como Bolivia y Costa Rica y comparables para los países con grandes deudas. A principios de 1993 sólo subsistía el caso importante de Brasil, para el que se había alcanzado un acuerdo en 1992, antes de la renuncia del presidente Collor.

Siguió una cuarta fase, con un repentino flujo de capital externo hacia la región, inesperado y grande, en la segunda mitad de 1991 y durante 1992. El cambio ha sido sustancial. Las estimaciones para 1992 mostraban un movimiento neto de capital muy por encima de los 50 000 millones de dólares en 1991-1992, equivalente a más que el total otorgado en el periodo de 1983 a 1989.[4] América Latina es de nuevo un destino de los fondos extranjeros, pero no del todo para proyectos de inversión a largo

---

[2] Véase un resumen de la bibliografía anterior al nuevo compromiso con la reducción de la deuda en mi ensayo "From Crisis to Problem: Latin American Debt 1982-1987", en R. Wesson, comp., *Coping with the Latin American Debt*, Nueva York, Praeger, 1988, pp. 7-18. Por lo que toca a la evolución subsecuente a los acuerdos Brady, véase Fondo Monetario Internacional, *International Capital Markets: Developments and Prospects*, Washington, FMI, 1991 y 1992. Argentina y Brasil son los últimos adherentes.

[3] *World Financial Markets*, octubre-noviembre de 1984, p. 1.

[4] CEPAL, "Preliminary Overview, 1992".

plazo. La motivación dominante ha sido más bien una combinación de altas tasas de interés en América Latina y muy bajas en los Estados Unidos, junto con la perspectiva de nuevas oportunidades mexicanas que surgirán con la conclusión de las negociaciones del TLC.

Esta progresión de un excedente de importación a un gran excedente de exportación, y de nuevo a un excedente de importación, traza la evolución de la balanza de pagos. Pero se ha dejado fuera algo fundamentalmente importante: el reajuste de la economía interna de la región. Esto ha quedado demostrado en tres cambios importantes. Primero, ha habido un cambio estructural en la capacidad fiscal del gobierno, y por ende una declinación de la tasa de inflación interna.[5] Brasil es el único país de la región con continuos aumentos de precios de tres dígitos, y su alejamiento ha empezado a tener ciertas repercusiones. Segundo, ha habido un cambio de la propiedad de las manos públicas a las manos privadas. Y tercero, ha habido una reducción considerable de los aranceles externos y de las cuotas protectoras de la industria nacional y una dependencia mucho mayor de la capacidad productiva interna.

El cambio de la capacidad fiscal y de las tasas de inflación es una gran alteración de los patrones regionales. Lo que ha ocurrido en la mayoría de los países es un proceso continuo, sobre todo durante los tres primeros años del decenio en curso, cuando ha aumentado el control gubernamental de los ingresos y los gastos. Otra consecuencia benéfica ha provenido de la reducción de los costos de intereses internacionales: la declinación de las tasas, aunada a los resultados favorables de la reducción de la deuda, ha generado importantes beneficios. El efecto neto ha sido drástico. El balance fiscal pasó de −7.8% del PIB en 1987-1989 a 0.7% en 1992 para los países de la región que emprendieron programas de estabilización formales. Incluso para otros países, esa proporción bajó de −5.1 a −2.8 por ciento.[6]

Tal mejoría se debió principalmente al aumento de los ingresos del sector público. Sin embargo, se debe reconocer la posición escéptica de la Comisión Económica para América Latina (CEPAL) de la ONU:

Sin embargo, sólo en pocos países podrá decirse que se balancearon estructuralmente las cuentas fiscales. Para que esto ocurra, el ingreso corriente deberá estar sólidamente respaldado por una base impositiva estable, lo que a su vez sea consistente con un nivel de gasto corriente que pueda apoyar el funcionamiento normal de la administración gubernamental y la provisión de servicios sociales básicos. La base impositiva deberá ser capaz de sustentar

---

[5] Véase, por ejemplo, "Fiscal Adjustment in Developing Countries", *World Economic Outlook*, Washington, FMI, mayo de 1992, Anexo V e informes subsecuentes.
[6] *Ibid.*

también la inversión pública requerida para modificar y desarrollar la infraestructura necesaria para el crecimiento económico y el fortalecimiento de la equidad social.[7]

Desde luego, todavía es demasiado temprano para sacar conclusiones definitivas. Sin embargo, si continuaran los grandes esfuerzos de estabilización de los últimos años, responderían a una necesidad importante de los países del hemisferio. No es por accidente que la inflación se haya reducido extraordinariamente. En efecto, si se excluye a Brasil, la inflación general de América Latina bajó a sólo 22% en 1992, menos de la mitad de su valor de 1991 y sorprendentemente menor que la cifra de 900% registrada en 1990.[8]

Así pues, América Latina ha empezado a surgir del decenio de 1980 con una disciplina fiscal y monetaria mucho mayor. A esto ha contribuido la disposición a otorgar mayor responsabilidad y control al sector privado. Las ventas de empresas previamente nacionalizadas han significado considerables ingresos fiscales, los cuales han equivalido a un aumento de 1 a 4% del total de los ingresos gubernamentales en los últimos años. Las aerolíneas, las operaciones telefónicas y telegráficas, las fábricas siderúrgicas y muchas otras empresas han regresado a las manos privadas. En contraste con el patrón de los años setenta, cuando la deuda externa ayudó en gran medida al gobierno a financiar sus necesidades, a fines de los años ochenta surgió un modelo radicalmente diferente. Sin embargo, es esencial que la inversión privada se sostenga y racionalice en las nuevas áreas de responsabilidad. También es indispensable que haya incrementos regulares en la formación de capital. Si el cambio a manos privadas es simplemente una transacción de una sola vez, no se obtendrán los beneficios esperados.

La privatización no debe verse simplemente como parte del proceso de la reforma fiscal, ya que abarca una concepción más amplia del papel del Estado. Las empresas que deberán venderse no son sólo las que puedan generar un rendimiento inmediato para las autoridades públicas. El objetivo debe ser más bien el de una eficiencia económica mucho mayor y continua. La ganancia financiera inmediata es pequeña en comparación con los beneficios potenciales a largo plazo. Si se confunden las dos metas se repetirá un error cometido ya en los años setenta. En esa época, el Estado amplió innecesariamente su papel, esgrimiendo como razón su capacidad para obtener el financiamiento de la deuda. A fin de evitar este error, en el futuro deberán destacarse los incrementos de la productividad.

La tercera modificación importante de la política se ha dado en la es-

[7] CEPAL, "Preliminary Overview, 1992", p. 2.
[8] *Ibid.*, p. 8.

trategia gubernamental para la protección de la producción nacional. América Latina comenzó el periodo posterior a 1950 comprometida con la industrialización para la sustitución de importaciones. Se erigieron barreras al libre intercambio, a fin de permitir que los sectores nacionales crecieran y desarrollaran su eficiencia. Hacia 1960 era evidente que la protección no estaba funcionando bien; sólo Brasil y México, con su gran tamaño y sus límites naturales para el comercio, habían crecido. Pero fue sólo después de la crisis de balanza de pagos de los años ochenta cuando todos los países de la región se abrieron a un comercio más libre. En los últimos años ha habido reducciones espectaculares de los aranceles. Virtualmente en todas partes se ha reducido sustancialmente el valor de la producción nacional sujeta a restricciones. Lo mismo ha ocurrido con el valor promedio de los aranceles: ahora asciende a poco más de 20%, mientras que antes de la reducción arancelaria se aproximaba a 50 por ciento.[9]

Este cambio ha contribuido al gran aumento de las importaciones. Entre 1990 y 1992, por ejemplo, las importaciones de la región crecieron desde 94 400 millones de dólares hasta cerca de 132 000 millones, a una tasa anual por encima de 18%. (La elevación de los precios cancela sólo poco más del 1% de la expansión anual.) El único país grande cuyo comportamiento se aleja de este patrón es Brasil; si se excluye su ligera declinación, la región en conjunto aseguró ganancias reales muy por encima de 20% en 1991 y 1992.[10]

Así pues, América Latina es un continente económicamente diferente de lo que era hace un decenio. Su situación fiscal ha mejorado mucho y la inflación se encuentra bajo control, virtualmente por primera vez desde los años cincuenta. Su abultado sector público ha sido comprimido, lo que en el proceso ha generado, para las autoridades públicas, los ingresos que tanto necesitaban. Sus barreras al comercio exterior se han eliminado sustancialmente en los últimos años, y ha surgido un compromiso con el incremento de la competitividad. Estos cambios se deben a la fuerza bruta del reajuste impuesto a la región. Se ha desvanecido la fe en la capacidad de planeación de los administradores nacionales. Por el contrario, como ha ocurrido también en otras partes del mundo, una nueva utilización de los mercados se ha convertido en la regla general.

Los líderes de la región deberán determinar cuál estrategia de integración internacional podrá ser más eficaz para estimular el crecimiento en los años futuros. En general, pero no unánimemente, la respuesta ha sido la búsqueda de una mayor asociación con los Estados Unidos. Por

[9] CEPAL, *Estudio económico, 1991,* cuadro 13.
[10] *Ibid.,* cuadro 15.

primera vez desde la segunda Guerra Mundial, los lazos económicos más estrechos se vuelven una clara posibilidad en América.

UNA NUEVA ESTRATEGIA PARA LA INTEGRACIÓN REGIONAL

El 27 de junio de 1990, el presidente Bush anunció su Iniciativa de Empresa para las Américas, abriendo formalmente la perspectiva de un acuerdo de libre comercio que abarcara desde el Yukón hasta los estrechos de la Patagonia.[11] Esta medida, como su antecedente muy anterior (1982), la Iniciativa de la Cuenca del Caribe, tenía tres bases: la promoción de la inversión, la ayuda acompañada de una reducción de la deuda y la eliminación de las barreras comerciales. La pieza central de la nueva iniciativa, y su mayor alejamiento de la política anterior, eran sus provisiones comerciales.

Primero, Bush ofrecía una cooperación más estrecha con los países latinoamericanos en la Ronda Uruguay, incluida la promesa de buscar reducciones arancelarias más profundas para los productos especialmente importantes. Segundo, Bush anunciaba que "los Estados Unidos están dispuestos a celebrar acuerdos de libre comercio con otros mercados de América Latina y el Caribe, particularmente con grupos de países que se hayan asociado para los fines de la liberalización comercial".[12] Por último, en vista de que tal paso sería probablemente demasiado drástico para algunos países, Bush ofrecía también la negociación de acuerdos "marco" bilaterales que permitieran discusiones más graduales en relación con problemas particulares de importancia.

A finales de 1990, siete países habían negociado tales acuerdos marco con los Estados Unidos —Bolivia, Chile, Colombia, Costa Rica, Ecuador, Honduras y México—. En 1991 se concluyó un acuerdo que añadía un primer agrupamiento regional, el Mercosur, que abarcaba a cuatro países como una unidad: Argentina, Brasil, Paraguay y Uruguay. Hacia 1993 había un total de 15 acuerdos marco que cubrían a 30 países, incluido uno con los 13 miembros del Caricom (el Mercado Común del Caribe). Pero la atención se concentró realmente en el primer caso de un acuerdo de libre comercio con México. El acuerdo para seguir adelante se firmó en septiembre de 1990, cuando Bush notificó al Congreso su intención de negociar un acuerdo de libre comercio con México.

[11] Esta discusión se basa en Albert Fishlow y Stephan Haggard, *The United States and the Regionalization of the World Economy,* Centro de Publicaciones de la OCDE, 1992, pp. 25 y ss.

[12] George Bush, "Remarks Announcing the Enterprise for the Americas Initiative", comunicado de prensa de la Casa Blanca, p. 1011.

Se requirieron dos años de negociaciones, no sólo con la participación de los Estados Unidos y México, sino también con la de Canadá, un país con el que los Estados Unidos habían concluido un pacto anterior que entró en vigor a principios de 1989. En agosto de 1992 se llegó a un acuerdo definitivo, sujeto a la aprobación de un nuevo Congreso en 1993. Las perspectivas de la aprobación se fortalecieron con la decisión del presidente Clinton, anunciada durante su campaña, de aceptar tal pacto, a condición de que se abordaran simultáneamente los problemas del ambiente y de las normas laborales. Lo que se necesita es un comité conjunto para los nuevos gastos a lo largo de la frontera, así como un programa para auxiliar a los trabajadores estadunidenses que queden desempleados como resultado del pacto.

La decisión de México de presionar por una asociación más estrecha con los Estados Unidos fue motivada por tres factores. A pesar de que el comercio entre los dos países era relativamente libre —sobre todo después de que México empezó a liberalizar el comercio en 1985—, una acumulación de decisiones estadunidenses adversas, que afectaban el intercambio bilateral, se inició en los años ochenta. Además, un acuerdo consolidaría diversas reformas económicas muy variadas que Salinas deseaba continuar y reforzar. La integración significaba la permanencia de un modelo económico mexicano más liberal. Pero había también una tercera motivación: influir positivamente sobre las percepciones y expectativas del sector privado, tanto externo como interno.

La inversión extranjera aumentó después de 1987, pero no respondió tan positivamente para el acuerdo de la deuda mexicana y otros cambios de las políticas como lo había esperado el gobierno. Salinas se vio también desalentado tras su visita a Europa a principios de 1990, cuando observó la preocupación de esa región por el nuevo reto de la Europa central y una correspondiente falta de interés en México. Sin embargo, algunos creían que la perspectiva de libre comercio podría estimular un necesario incremento de la inversión interna al alentar nuevos flujos de capital (provenientes en su mayor parte, pero no exclusivamente, de los Estados Unidos). La corrección de tal evaluación, por lo menos en términos de los flujos externos, se demuestra con una simple comparación de las entradas de capital subsecuentes: en 1991 y 1992 crecieron los flujos externos de capital hasta más de 20 000 millones de dólares, lo que permitió un aumento de las importaciones cercano a 50 por ciento.

El resto de la América Latina tendrá que decidir ahora su respuesta a las perspectivas de nuevos lazos comerciales; no está claro si se unirán otros países latinoamericanos. Chile ha indicado ya su deseo de establecer un libre comercio con los Estados Unidos y ha sido aceptado como un segundo socio potencial; las pláticas esperarán una decisión sobre el TLC.

Pero a pesar del interés aparente de otros países, la adhesión al TLC es todavía una cuestión muy debatible, porque hay tanto costos como beneficios potenciales.

Las ganancias se asocian a la posibilidad de un acceso asegurado al mercado de los Estados Unidos y a la perspectiva de un incremento de la inversión, a fin de aprovechar este nuevo auge de la ventaja comparativa. Destaco este efecto dinámico porque, dada la reducción ya sustancial de los aranceles y las limitaciones comerciales por todo el hemisferio, las ventajas estáticas representan un porcentaje trivial del ingreso nacional. Tales ventajas derivan de un incremento comercial de una sola vez creado por la reducción de las barreras. Pero en realidad debemos mirar al futuro y a una expansión continua. Precisamente porque América Latina ofrece la perspectiva de costos menores, y dado su ingreso sustancialmente menor, debe ser el mayor beneficiario de un comercio continuamente creciente.

Por otra parte, los países de la región enfrentan tres costos principales. Primero, toda alianza estrecha limita automáticamente a la política macroeconómica nacional. La renuncia al uso de los instrumentos del comercio y la tasa de cambio inhibe la capacidad para operar independientemente. No es por accidente que México y Chile están avanzando rápidamente hacia tasas de inflación más bajas, hasta volverlas comparables con los valores estadunidenses, ni que Argentina haya adoptado un patrón oro para fijar las tasas de cambio. Estas adaptaciones se vuelven un componente necesario de la política económica. Y los partidarios de este enfoque consideran tales limitaciones como ventajas y no como costos.

Segundo, es posible que los beneficios de una asociación más estrecha no se distribuyan uniformemente. Es la probable atracción de inversiones futuras lo que será decisivo para los miembros individuales. En efecto, es esta realidad la que actúa como un instrumento disciplinario, limitando la autonomía económica nacional. No hay seguridad de que todos los países obtendrán beneficios considerables. En efecto, al revés de lo que ocurría con el realce en los mercados internos, lo que cuenta ahora es la posibilidad de exportaciones efectivas.

Tercero, los niveles de la protección en América Latina tendrán que cambiar más radicalmente para adecuarse a los valores estadunidenses más bajos. Pero la participación mucho mayor del comercio estadunidense en las importaciones latinoamericanas, antes que la inversa, simplemente destaca el ajuste mucho mayor que será necesario en estos países. Y plantea el interrogante de si habrá fuentes de financiamiento adicionales que ayuden a enfrentar la carga. En ausencia de nuevas inversiones, el acuerdo sólo significará la entrada masiva de importaciones provenientes de los Estados Unidos.

Los cálculos preliminares apoyan este hincapié en la dinámica y la adaptabilidad como los factores cruciales determinantes del éxito futuro. Un estudio reciente demuestra que el incremento de una sola vez de las exportaciones latinoamericanas a los Estados Unidos sería menor de 10% si se eliminaran todas las restricciones comerciales.[13] La ganancia máxima implícita para el ingreso latinoamericano sería entonces menor que 2%. Además, los únicos dos grandes beneficiarios serían México y Brasil. Adviértase también que el efecto positivo obtenido por los Estados Unidos es menor por un orden de magnitud: cerca de 0.1 por ciento.

Verdaderamente, una reacción ante tales cálculos es la conclusión de que, "en vista del limitado potencial del enfoque del área de libre comercio (TLC), los países latinoamericanos deberían asignar una importancia relativamente mayor a los esfuerzos de liberalización multilateral dentro del GATT".[14] Esta evaluación hace que una parte mucho mayor de la decisión dependa correctamente de la capacidad de los países latinoamericanos para obtener ganancias, a través del tiempo, mediante la atracción de inversiones y el incremento de su comercio. La elección depende de que una nueva asociación con el mercado estadunidense pueda generar un compromiso con la política efectiva más riguroso que el de una reducción del GATT. Recuérdese que la participación latinoamericana en las exportaciones mundiales ha disminuido dos tercios desde 1950. El atractivo de una opción de comercio regional reside en su potencial para definir y disciplinar una nueva estrategia económica que pueda revertir esa desafortunada historia.

En la elaboración de la respuesta latinoamericana, los países del Mercosur, en particular Brasil, desempeñarán el papel central. Estos países se apartan del resto de la región, diferenciados por la limitada extensión de su integración al mercado estadunidense y, en el caso de Brasil y Argentina, por las elevadas tasas de inflación a las que han estado sujetos en los últimos años. No es enteramente accidental que estos dos países hayan sido los últimos en aceptar una renegociación de la deuda, mientras que México la aceptó desde 1988 y Chile está dispuesto a asumir plenamente sus obligaciones. Además, en la ronda del GATT, Brasil se ha opuesto muy activamente a las posiciones estadunidenses y ha tratado de seguir un camino más independiente.

Como indicamos antes, los cálculos de las ganancias estáticas derivadas de la expansión de las exportaciones revelan que Brasil podrá incrementar sus exportaciones por un porcentaje mayor que el de cualquier

---

[13] Refik Erzan y Alexander Yeats, "U. S.-Latin America Free Trade Areas: Some Empirical Evidence", en Sylvia Saborio *et al., The Premise and the Promise: Free Trade in the Americas,* Washington, ODC, 1992.

[14] *Ibid.,* p. 129.

otro país, precisamente porque está comerciando productos manufacturados sujetos a aranceles mayores. Pero el valor absoluto de tales beneficios es todavía 50% mayor para México. Adviértase también que estos dos países captan entre ellos cerca de 90% de las ventajas totales de la región. Pero esto se refiere a la ganancia inmediata; los efectos dinámicos derivados de la inversión continua y del aumento del crecimiento son mucho más significativos.

Winston Fritsch y Roberto Bouzas convienen en este punto, pero ambos adoptan una postura más independiente. Fritsch destaca las negociaciones del GATT y la continuación efectiva del arreglo subregional, mientras que Bouzas va más allá, pero sólo hasta el punto de "promover un mecanismo de acceso transparente como parte del TLC".[15] Sin embargo, está por verse si los efectos del acceso mexicano y de una entrada acelerada de Chile se difundirán mucho más allá de las ganancias inmediatas de un comercio más eficiente. Si ello empezara a ocurrir, no hay duda de que Argentina y Brasil revisarían sus posiciones iniciales y buscarían más pronto su inclusión. Esto requeriría, a su vez, la estabilidad macroeconómica, lo que se convertiría en una presión nueva y considerable sobre las políticas internas de ambas naciones. Argentina tendría que afrontar la sobrevaluación de su tasa de cambio, mientras que Brasil tendría que ocuparse de su elevada inflación.

Así pues, lo que vemos dentro de la región es la incertidumbre, pero también una confianza mayor en la posibilidad de un comercio más libre. Lo que vemos en los Estados Unidos es menos claro, sobre todo después de la elección del presidente Clinton. No es evidente ninguna estrategia general, más allá del compromiso de apoyar al TLC.

LAS OPCIONES ESTADUNIDENSES

El giro hacia el regionalismo en la política comercial estadunidense tuvo algo de accidental, resultado de dos circunstancias independientes. En primer lugar, ese giro formaba parte del esfuerzo estadunidense para impulsar las negociaciones de la Ronda Uruguay del GATT hasta una conclusión satisfactoria. No hay razón para creer que un gran avance nuevo, concentrado exclusivamente en el hemisferio, haya sido un resultado esperado de la iniciativa de Bush. Además, la temprana disposición de México a avanzar se debió más al temor de que la nueva libertad de

[15] Winston Fritsch, "Integración económica: ¿conviene la discriminación comercial?", en Roberto Bouzas y Nora Lustig, comps., *Liberalización comercial e integración regional*, Buenos Aires, FLACSO, 1992, pp. 37-53. Roberto Bouzas, "U. S.-Mercosur Trade", en Saborio *et al.*, *The Premise and Promise*, p. 267.

Europa oriental desviara la necesaria inversión estadunidense que a una creencia en las virtudes de la integración. Pronto se unieron otros socios hemisféricos potenciales. Pero esta nueva dirección de la política económica, en conjunción con la Europa de 1992 y con los esfuerzos de Japón por estimular un alineamiento más estrecho con las naciones asiáticas, plantea el interrogante de su futuro.

¿Hay todavía alguna esperanza para la Ronda Uruguay? Y aun si se concluyera, ¿podría continuar sirviendo como el foco principal de las nuevas iniciativas comerciales de los Estados Unidos? Cada vez más, estas dos preguntas conducen a conclusiones negativas. Dentro de los Estados Unidos hay una presión creciente en favor del mayor proteccionismo y una búsqueda más vigorosa de objetivos específicamente nacionales. Esta inclinación se agudiza por el hecho de que esté creciendo de nuevo el déficit de la balanza comercial de los Estados Unidos con Japón. Y están proliferando las tensiones comerciales con Europa. Todo esto parece indicar el final de un modelo de libre comercio global.

Pero ese análisis olvida dos realidades. Primero, es improbable la formación de un tercer bloque asiático. Los países de la ASEAN, y otros de la región, entienden bien que su futuro económico será más prometedor si mantienen a los Estados Unidos y a Japón como fuentes activas y posibilidades de mercado activas. Para tales países, los patrones del comercio reciente confirman el fuerte interés y compromiso de los Estados Unidos en esta parte del mundo. Segundo, el creciente papel de la inversión extranjera es crucial. La movilidad del capital promete asegurar la consistencia entre la integración regional y las metas de la liberalización global. Lo que se olvida en ocasiones es que la mitad de la inversión estadunidense en el extranjero se encuentra en Europa occidental, y que durante los años ochenta igualó Asia oriental a América Latina en términos del volumen de capital recibido.[16] El regionalismo no equivale a un rechazo de intereses externos importantes.

Persiste un interés global por parte de los Estados Unidos, pero es posible que ahora se persiga mediante un enfoque más regional y no mediante la ruta tradicional del GATT. Independientemente de que concluyan o no satisfactoriamente las actuales negociaciones globales, es probable que los intereses comerciales tengan ahora una dimensión regional más deliberada. El TLC abre un camino nuevo. Pero surge de inmediato otro interrogante: ¿qué clase de enfoque regional se utilizará? ¿Sólo se incluirá a México, a México junto con Centroamérica y el Caribe, o a todo el hemisferio occidental?

Aquí, la respuesta parece clara. Los Estados Unidos han convenido en

---

[16] Véase Fishlow y Haggard, "The United States and Regionalisation", pp. 18-19.

negociar con Chile en seguida, no con el grupo de países más pequeños de Centroamérica y el Caribe. Estas naciones siguen en la lista de solicitantes, pero sin gran atractivo para una acción rápida. Ya tienen las ventajas de la Iniciativa de la Cuenca del Caribe, concluida en 1982: una medida motivada inicialmente sobre todo por los intereses de la seguridad antes que por los económicos. En consecuencia, se vio afectada por la exclusión del libre comercio de algunos productos esenciales y por la eliminación de los incentivos de la inversión. Pero la ausencia de las fuertes presiones políticas que fueron su motivación inicial y la falta de intereses económicos poderosos que debieran atenderse sugieren que es improbable la evolución de esta ruta modificada. Si hubiera tal evolución, ello sugeriría una disminución del interés estadunidense por seguir una ruta hemisférica, antes que un medio para ese fin. Para los Estados Unidos —pero no para los países de la región, por supuesto— el comercio y la inversión son demasiado pequeños para ser importantes. Ahora que ya no se considera a Centroamérica como el siguiente campo de la expansión comunista, es probable que la economía domine en la definición de la política.

Así pues, esto convierte a un área hemisférica de libre comercio en el foco de la política central, suponiendo que el Congreso apruebe el TLC. Aquí, un tema central es la forma que podría asumir tal estructura ampliada. ¿Será ésa la estructura de "eje y rayos"* [hub and spoke], centrada en los Estados Unidos y extendida individualmente a nuevos miembros? ¿O asumirá la forma del "regionalismo plurilateral" ideal de Richard Lipsey?[17] Los economistas se muestran virtualmente unánimes en sus preferencias por la última forma o, más exactamente, en su oposición a la primera.[18] Un modelo de eje y rayos, donde los Estados Unidos negociarían por separado un tratado con cada miembro sucesivo, otorgaría a ese miembro el acceso libre a todos los demás; sin embargo, cada uno de los socios enfrentaría continuas limitaciones en sus relaciones con otros miembros, lo que crearía posibilidades para la desviación del comercio. Además, la inversión en los Estados Unidos recibe una ventaja relativa por la vía del acceso libre a todos los demás países, aunque el acceso entre los miembros siguiera siendo limitado. Por último, "en el modelo del eje y rayos se coloca a los Estados Unidos en una posición de negociación superior. Este país negocia acuerdos separados con cada uno de sus socios

---

* Expresión usada para designar una relación multilateral en la cual predomina un país, representado por el "eje" o centro de una rueda de bicicleta; la relación con los demás la representan los "rayos", que van, todos, del centro a la periferia. [E.]

[17] Richard G. Lipsey, "Getting There", en Saborio *et al., The Premise and Promise,* p. 108.

[18] Véase, por ejemplo, Carsten Kowalczyk y Ronald J. Wonnacott, "Hubs and Spokes, and Free Trade in the Americas", Oficina Nacional de Investigación Económica (NBER), ensayo de trabajo núm. 4198, octubre de 1992.

más pequeños, quienes no pueden así hacer causa común en su contra, en las áreas de interés mutuo para ellos".[19]

Por correcto que pueda ser este análisis de las limitaciones, exagera incorrectamente las pérdidas económicas potenciales y olvida importantes ganancias políticas. Los países que se unan a un grupo hemisférico tendrían de ordinario un bloque de comercio mucho mayor con los Estados Unidos que con otros países. Las únicas excepciones a esa regla son Bolivia, Paraguay, Uruguay y Argentina; este último país tiene un comercio mucho mayor y está mucho más cerca de adecuarse a la regla general. Además, todos los países (de nuevo exceptuando a Bolivia, Paraguay, Uruguay y Argentina) tienen ya acuerdos preferentes con un grupo vecino, de modo que la virtual totalidad de los privilegios se extenderían automáticamente. En este sentido, convendrá señalar que Chile, a punto de negociar con los Estados Unidos, ha concluido ya un tratado de libre comercio con México. Otros países harán lo mismo. En consecuencia, incluso sin un tratado de libre comercio idéntico, es probable que el grado de la discriminación sea insignificante.

Los socios podrían preferir un acuerdo de libre comercio multilateral a un sistema de eje y rayos, pero ¿cómo lo lograrían? Parece plausible que, luego de que una serie de países haya negociado su acceso al mercado de los Estados Unidos, seguiría una generalización hacia un acuerdo de libre comercio común. ¿Existe alguna posibilidad real de negociar tal acuerdo común desde el principio? En efecto, es probable que resulte mucho más fácil la obtención de un acuerdo generalizado de libre comercio al final, antes que al principio de la relación. Una vez que los países principales tengan acuerdos con los Estados Unidos, podría pedirse a los ingresantes subsecuentes que firmaran el plan. Tal acuerdo secuencial es sólo una política inteligente, la cual parece dominar a la economía de maximización en este caso. En efecto, imaginemos el mecanismo para negociar el acceso de nuevos miembros, posteriores a Chile, bajo otras circunstancias: encerraría tal sencillez o tal complejidad que se necesitaría un nuevo acuerdo multilateral en cada caso.

Hasta ahora, este capítulo se ha ocupado sólo de un grupo del hemisferio occidental. Ésa no es una posibilidad inevitable, sin embargo. Bien podríamos imaginar que, luego de que México y Chile se unan a un grupo de libre comercio, el siguiente aspirante podría ser Taiwán o Corea. Lipsey es claro sobre este punto: "Para preservar la imagen orientada hacia el exterior y la realidad de la ALCHO [Asociación de Libre Comercio del Hemisferio Occidental], deberá permitirse el acceso de los países de fuera del hemisferio occidental que satisfagan las condicio-

[19] Lipsey, "Getting There", p. 108.

nes".[20] Para Lipsey, tal impulso comercial es inherentemente consistente con la liberalización general del comercio. Pero la extensión del acuerdo en esta dirección implicaría algo muy diferente para el futuro del hemisferio. En lugar de establecer el acceso preferente al mercado como una recompensa potencial y racional por tomar fuertes decisiones internas, se alteraría la situación. El hecho de formar parte del hemisferio no sería ninguna ventaja y no otorgaría ningún privilegio especial.

De nuevo divergen la política y la economía. Si el gobierno de Clinton trata de implantar un modelo del hemisferio occidental, deberá dar clara preferencia a los miembros regionales. De otro modo, el modelo se convierte en una negociación selectiva —como ocurre con Israel— y pierde toda importancia regional. Lo verdaderamente importante es la medida en que una ALCHO pueda convertirse en un mecanismo para asegurar la mejor política interna en toda la región, demostrando la estrecha relación existente entre el paso inicial y el mayor acceso comercial. México y Chile son dos casos obvios. Brasil es otro, donde las ganancias de una política fiscal más adecuada pueden generar recompensas internacionales y no simplemente internas.

Para los Estados Unidos, el modelo del libre comercio podría ofrecer una oportunidad genuina para que las naciones latinoamericanas recuperen su crecimiento y su productividad. En los años iniciales, la economía estadunidense continuaría expandiéndose, impulsada por la reprimida demanda de sus exportaciones en la región. Irónicamente, los cálculos indican ventajas para los países más pobres que dejen de lado su necesidad desesperada y largamente pospuesta de nuevas inversiones. Posiblemente se iniciaría un flujo de retorno de las importaciones, pero no tan pronto como para provocar grandes preocupaciones. Tal política, firmemente implantada, promete generar una amplia participación hemisférica. Desde luego, el gran número de los países interesados en adherirse a tal modelo provee una base para la mayor solidaridad regional que en cualquier otro momento desde la propuesta de la Alianza para el Progreso. Sería trágico que no se promoviera activamente tal modelo. Los Estados Unidos no tienen ninguna razón internacional para no asumir un liderazgo firme. El verdadero problema es el de la consistencia con la política interior.

CONCLUSIÓN

América Latina ha atravesado por un decenio difícil, pero finalmente se advierte una luz al final del túnel. En la cambiante economía mundial

---

[20] *Ibid.*, p. 114.

que ahora está tomando forma, la región deberá escoger pronto sus opciones. Es claro que el éxito futuro requiere una orientación hacia afuera mucho más intensa que la existente hasta ahora: sobre este punto hay una unanimidad virtual. Y se reconoce también que se requiere una estabilidad macroeconómica mucho mayor. La verdadera disyuntiva consiste en saber si deberá buscarse una asociación mucho más estrecha con los Estados Unidos, o bien, como en el pasado, si debe tratarse de diversificar en mayor medida los lazos económicos de la región.

Los Estados Unidos afrontan un momento de decisión igualmente significativo. La política de Reagan y Bush de utilizar los déficit públicos como la base de la expansión económica se ha agotado ya. Los votos del presidente Clinton y de Ross Perot representaron en conjunto una gran mayoría en la última elección. Y las propuestas del gobierno para balancear el presupuesto son temas centrales de la discusión política. Lo que aún no se decide es la política comercial, en los niveles global y regional. Existe acuerdo sobre la necesidad de mejorar la competitividad y la productividad. ¿Pero se logrará tal cosa mediante un proteccionismo mayor y más atención a intereses exclusivamente internos?

Una Asociación de Libre Comercio del Hemisferio Occidental ofrece una dirección común a ambas partes de la región en su búsqueda de nuevos enfoques. Es un instrumento para integrar con mayor eficacia a América Latina y para revivir la necesaria formación de capital en el Norte y en el Sur. Es también un instrumento para frenar las tendencias proteccionistas en los Estados Unidos, al mismo tiempo que se incrementan las exportaciones corrientes de bienes de capital. Ello no implica que el resto del mundo salga perdiendo. No es probable que se dé una división tripartita de los mercados mundiales, tan temida en algunos círculos. Y es posible que se requiera un nuevo hincapié regional para asegurar la continua expansión del comercio global.

Es probable que en los años noventa presenciemos un esfuerzo continuo por conciliar al globalismo con el regionalismo, antes que un compromiso exclusivo con este último. Todo esto es algo bueno. La insistencia en una ruta regional como una opción única es un camino potencialmente peligroso, carente de una base económica firme. No sería algo deseable para los Estados Unidos ni para América Latina, ya que privaría a ambos de papeles importantes y positivos en la economía mundial durante el próximo decenio. El regionalismo debe convertirse en una ruta, antes que en una opción, hacia el globalismo.

SEGUNDA PARTE

LA PERSPECTIVA PARA NUEVOS SOCIOS

V. EUROPA Y AMÉRICA LATINA EN LOS AÑOS NOVENTA

ALBERTO VAN KLAVEREN

CONTRA las afirmaciones de sus admiradores latinoamericanos y de algunos europeos bien intencionados pero excesivamente retóricos, Europa no desempeñó el papel protagónico en América Latina durante los años setenta y ochenta. Sin embargo, Europa sigue siendo uno de los socios extranjeros más importantes de América Latina, sólo superada por los Estados Unidos. Por ejemplo, la participación europea en el comercio latinoamericano se ha estabilizado en alrededor de 20%, una cifra más de tres veces mayor que la de Japón.

A pesar de la alarmante crisis económica de América Latina y de la existencia de otras prioridades geográficas para la mayoría de los países europeos, el continente europeo se convirtió en la fuente principal de las inversiones extranjeras tan requeridas por la región durante la segunda mitad de la década de 1980. Los bancos británicos, holandeses y españoles aprovecharon los generosos programas de conversión de la deuda, la compañía telefónica española se apoderó de algunas de las principales compañías locales de su sector, y las principales aerolíneas europeas —no las estadunidenses— adquirieron varias de las aerolíneas de bandera latinoamericana que se privatizaban. Algunas empresas francesas, alemanas, españolas y de otros países europeos están compitiendo exitosamente ahora con sus colegas estadunidenses por los grandes contratos de obras públicas en la región. Europa posee cerca de la tercera parte de la deuda externa de América Latina, una porción que no se aleja mucho de la de los Estados Unidos. Durante la segunda mitad del decenio de 1980, Europa se convirtió también en uno de los principales proveedores de asistencia extranjera para América Latina. En 1989, la cooperación para el desarrollo recibida de Alemania, Italia y Holanda superó a la recibida de los Estados Unidos. En una tendencia menos alentadora, los proveedores de armas europeos sustituyeron a sus poderosos competidores estadunidenses en los años setenta, aprovechando la política de Washington para controlar y limitar las transferencias de armas avanzadas a la región.

En el campo político, la presencia de gobiernos, partidos políticos y organizaciones no gubernamentales (ONG) de Europa en América Latina

101

ha aumentado considerablemente durante el último decenio. Es claro que estos actores políticos —relativamente nuevos en la región— no constituyen la "tercera opción" o la alternativa para los Estados Unidos tan ardientemente proclamada por algunos políticos (que generalmente no tienen responsabilidades gubernamentales importantes) e intelectuales europeos. Sin embargo, ellos sí representan una influencia permanente en la región, ya sea rivalizando o colaborando con otros actores externos. Madrid, Roma, Bonn y París compiten con Washington, como se requiere, y a veces son los destinos preferidos en las visitas presidenciales y ministeriales latinoamericanas. Y, por supuesto, Europa es todavía una fuente de inspiración para muchos grupos políticos de América Latina que se sienten más cercanos a las tradiciones políticas y los modelos de organización económica y social de Europa que a otros referentes externos.

En realidad, la importancia de América Latina para Europa es más un reflejo de su prominencia global y de lazos históricos que de cualquier compromiso extraordinario de la región con el futuro. Es cierto que América Latina es el área más occidentalizada e incluso europeizada del Tercer Mundo, y ciertamente es la única en la que Europa puede reconocer —hasta cierto punto— sus propios valores políticos y culturales. Sin embargo, la conciencia de esta afinidad tiende a limitarse a países como España e Italia y a algunos sectores políticos particularmente sensibles en otras naciones. Fuera de esas zonas, América Latina recibe escasa atención política en los gobiernos y la opinión pública de Europa, y tiende a verse simplemente como otra área problemática del Tercer Mundo, de la que, además, los Estados Unidos son primordialmente responsables.

En términos económicos, América Latina tiene escasa prioridad para Europa. La participación de la región en el comercio, la inversión y el financiamiento europeos ha disminuido continuamente durante los últimos años. Y el entusiasmo europeo acerca del proceso de democratización en América Latina, manifestado durante los años ochenta, se ha enfriado últimamente debido a los continuos problemas de gobernabilidad que afectan a países como Brasil, Argentina, Perú, Colombia y la mayoría de los centroamericanos. También la atención política a la región se ha reducido en virtud de los procesos de democratización más recientes y seguramente no menos demandantes que se están dando en los países vecinos de Europa oriental y central.

Europa tampoco tiene grandes intereses estratégicos en América Latina. En efecto, incluso España —una nación que tiene tantos lazos con la región— tiene mayores intereses de seguridad y económicos en el norte de África y en el Medio Oriente. Al revés de lo que ocurre con los Estados Unidos, ningún país europeo tiene en la región algún interés vital para su seguridad nacional, aunque cometeríamos un error si negáramos todo interés territorial y de seguridad de Europa en el área.[1]

En conjunto, estas tendencias contradictorias de la presencia continua de Europa en América Latina y de la escasa prioridad de la región para los intereses de Europa en el extranjero reflejan la naturaleza asimétrica de las relaciones interregionales. En los años setenta y principios de los ochenta había grandes esperanzas de reducir esta asimetría, pero no se han materializado las expectativas latinoamericanas —a menudo poco realistas— en lo concerniente a sus socios europeos. No se alteraron las tendencias ni los problemas comerciales; Europa no adoptó una posición más flexible en lo tocante a la crisis de la deuda; la cooperación para el desarrollo proveniente de Europa, si bien sustancial, no era ni podía ser un remedio para los graves problemas económicos de la región; y, en general, Europa no deseaba, y probablemente no podía, enfrentar a su aliado del otro lado del Atlántico en ningún conflicto importante y significativo que afectara a algún país latinoamericano.

Al iniciarse el decenio de 1990, Europa se convirtió otra vez en el escenario central de los cambios más importantes ocurridos en el sistema internacional desde la segunda Guerra Mundial. Por una parte, presenció el desmantelamiento del antiguo bloque soviético y la caída de los aparentemente inconmovibles regímenes comunistas. Por otra parte, los países miembros de la Comunidad Europea están comprometidos en el diseño de una nueva "arquitectura" europea representada por la implantación del Mercado Europeo Único y la adopción del Tratado de Maastricht sobre la Unión Europea, proyectos inconclusos que habían estado pendientes desde la firma del Tratado de Roma en 1957.

En esta situación cambiante surgieron nuevos cuestionamientos. ¿Cómo están afectando a las relaciones europeo-latinoamericanas estas tendencias globales y regionales? ¿Frenarán más aún, los nuevos acontecimientos ocurridos en Europa, el ya débil impulso de las relaciones interregionales? ¿Hasta qué punto harán estos nuevos factores que los europeos dependan en mayor medida aún de las iniciativas estadunidenses en sus políticas hacia la región? ¿Y cómo podrá atraer América Latina mayor atención europea en vista de esta situación?

---

[1] José Miguel Insulza, "Los temas estratégicos en las relaciones entre Europa y América Latina", ensayo presentado al seminario de estudios europeos de la Décima Reunión Anual de los Centros Miembros del Programa RIAL, Montevideo, octubre de 1988, p. 2. Véase también Atilio A. Borón, "Los intereses político-estratégicos de Europa occidental y la cooperación eurolatino-americana", documento de trabajo EURAL núm. 31, Buenos Aires, 1988.

LOS AÑOS OCHENTA: DE LA ILUSIÓN AL REALISMO

A principios de los años ochenta parecía anunciarse un nuevo periodo en las relaciones interregionales. Los gobiernos, los partidos políticos y la mayoría de los sectores de la opinión pública europea apoyaban los procesos de democratización que se estaban llevando a cabo en América Latina, lo que terminaba con una larga tradición de indiferencia hacia el destino político de la región. Si Europa se había mantenido generalmente alejada en lo tocante a la democracia y la protección de los derechos humanos en la región, y si los intereses económicos tendían a prevalecer sobre el compromiso político, en los años setenta empezaron los europeos a mostrar mayor interés por el progreso democrático en la región. Ellos empezaron a denunciar graves violaciones a los derechos humanos, separándose de regímenes autoritarios en países como Chile y Argentina, apoyando a los partidos políticos democráticos, enviando ayuda a las ONG nacionales, y fortaleciendo sus relaciones con los nuevos gobiernos democráticos que estaban surgiendo en la región.[2]

En realidad, esta política se aplicaba con pragmatismo y tomando en cuenta otros intereses europeos en la región, más tradicionales, y la buena voluntad política no se transformaba automáticamente en apoyo económico para las nuevas democracias latinoamericanas. Sin embargo, la nueva actitud revelaba un cambio marcado en los sentimientos europeos hacia el desarrollo político de la región, y lo más importante era que Europa estaba desempeñando un papel valioso en la lucha de América Latina por la democracia.

El compromiso europeo con la democracia y los derechos humanos en Chile contrastaba con la colaboración inicial del gobierno de Reagan con el régimen de Augusto Pinochet. En Argentina, el rechazo europeo del régimen militar no difería sólo de la cooperación militar de los Estados Unidos y Argentina en Centroamérica, sino también de la renuencia soviética a condenar la terrible actuación de la dictadura argentina en el campo de los derechos humanos. Las organizaciones políticas internacionales, dominadas por los europeos, también adoptaron políticas activas hacia la región, apoyando a sus miembros latinoamericanos, reclutando nuevos miembros e involucrándose en los grandes problemas externos e internos que afectaban a la región.

Como resultado de esta nueva participación europea, varios países latinoamericanos prestaron mayor atención a Europa. El gobierno de Raúl

---

[2] Alberto van Klaveren, "Europa y la democratización de América Latina", *Nueva Sociedad,* 85, septiembre-octubre de 1986, pp. 134-140.

Alfonsín en Argentina, un país que tradicionalmente se ha orientado más hacia Europa que hacia otras áreas del mundo, cifraba grandes esperanzas en el desarrollo de una relación especial con países europeos como Francia, España, Italia o Alemania. Aunque las posiciones brasileñas se moderaban por decepciones anteriores, Europa seguía desempeñando un papel importante en la política exterior de Brasilia, en el contexto de la diversificación de sus lazos externos y en vista de sus crecientes problemas con Washington. Los gobiernos socialdemócratas y cristianodemócratas de Venezuela también fortalecieron sus nexos con Europa, colaborando en algunas empresas conjuntas en Centroamérica. Costa Rica, cuyas relaciones exteriores se habían centrado en sus vecinos y en los Estados Unidos, empezó a cultivar nuevas relaciones con varios países europeos. Bajo el liderazgo sandinista, Nicaragua buscó también —con un éxito considerable— el apoyo político y la ayuda económica de Europa occidental. Aun antes de llegar al poder, los principales partidos políticos de Chile tenían grandes esperanzas en el apoyo político y económico de Europa, si se diera una reconstrucción democrática en su país.

Aunque la presencia política europea aumentó considerablemente en la región, no se pudieron satisfacer muchas de las expectativas iniciales. A menudo tan retóricos como sus amigos latinoamericanos, los europeos no pusieron en claro que su preocupación por la región tenía que competir con muchas otras responsabilidades internacionales y que ellos no podían alterar la escasa prioridad otorgada a la América Latina en la mayoría de sus políticas externas. Por la otra parte, los latinoamericanos, siempre demasiado proclives a buscar relaciones especiales con las grandes potencias y a hacer llamados poco realistas a la solidaridad internacional en un sistema mundial gobernado por otras reglas, no hacían ninguna evaluación sobria y sensata de las verdaderas posibilidades de sus relaciones con Europa. Esta situación generaba frustraciones y recriminaciones mutuas, lo que llevaba a algunos observadores externos —especialmente en Washington— a regocijarse, y a muchos observadores de las dos regiones a olvidar el considerable progreso logrado en las relaciones políticas europeo-latinoamericanas.[3] Así pues, aunque América Latina no ascendió significativamente en las prioridades de la política exterior europea, también es cierto que es la única área del mundo en desarrollo con la que Europa mantiene una red sólida y densa de vínculos políticos, a menudo de naturaleza transitoria antes que intergubernamental.

[3] Véase, por ejemplo, Howard Wiarda, "Europe's Ambiguous Relations with Latin America: Blowing Hot and Cold in the Western Hemisphere", *Washington Quarterly*, primavera de 1990, p. 154, quien sostuvo que "lo quieran o no los intelectuales latinoamericanos, la región ha vuelto a caer en las garras de los Estados Unidos".

El papel europeo en el conflicto centroamericano era una demostración clara del potencial y las limitaciones de las relaciones interregionales durante los años ochenta. En octubre de 1984, la conferencia histórica de los ministros de relaciones exteriores de todos los países miembros de la Comunidad Europea (acompañados por representantes de diversos organismos de la CE), y sus colegas de Centroamérica y del Grupo Contadora, inauguró un proceso de cooperación interregional que reflejaba la voluntad europea de contribuir a la solución de problemas difíciles y conflictivos.

En efecto, esta voluntad política era menos natural de lo que pudiera pensarse. Después de todo, los países europeos no tenían un interés importante ni una presencia histórica en el área, a la que tendían a ver, con razón, como el patio trasero de su gran aliado atlántico. De hecho, el interés europeo en el conflicto centroamericano surgía de que tal conflicto constituía uno de los pocos casos en los que Europa podía adoptar una postura verdaderamente común, lo que le permitía desempeñar un papel apropiado y más autónomo en un gran conflicto internacional. Este papel parecía también necesario en la medida en que los europeos sentían que su aliado estadunidense estaba aplicando una política errónea y peligrosa que podía agravar las tensiones internacionales y conducir a un conflicto muy costoso.[4]

Durante los años ochenta, la mayoría de los países europeos no ocultaba sus discrepancias con la política de los Estados Unidos en Centroamérica. En el caso de Nicaragua, los europeos en general no estaban de acuerdo con el bloqueo estadunidense contra el régimen sandinista ni con el apoyo a los contras; en consecuencia, buscaban una solución pacífica del conflicto. Aunque tendían a disminuir las diferencias sobre la situación política de El Salvador, convendrá recordar la resolución franco-mexicana de 1981, que reconocía al movimiento rebelde como una "fuerza políticamente representativa" que debería ser incluida en cualquier solución política del país, así como la considerable injerencia de los partidos cristiano-demócratas de Europa en el país.

En términos más generales, Europa participó en el proceso de pacificación de la región —primero a través del Grupo Contadora y después con los acuerdos de Esquipulas—, y su papel se mencionó específicamente en el acuerdo de Esquipulas de 1987. Las fuerzas europeas han desempeñado también un papel prominente en la verificación de los procesos de paz subsecuentes, y colaboran activamente en el área con otros países latinoamericanos como México y Venezuela. Pero el papel europeo en

[4] Sobre este tema véase Wolf Grabendorff, "Central America: A Dilemma for US-European Relations", *Harvard International Review*, núm. 1, noviembre/diciembre de 1986, pp. 37-39.

Centroamérica no fue crucial y podría calificarse incluso de discreto.[5] Ciertamente esta área no revestía un interés primordial para Europa, y las naciones del continente invirtieron escasos recursos políticos y económicos. También se confirmó la aseveración de que Europa occidental no pondría jamás en peligro su alianza con los Estados Unidos en aras de esta confrontación regional o de otra cualquiera.[6]

Sin embargo, Europa tiene ahora una presencia en una región en la que había estado conspicuamente ausente antes, y tanto la CE como varios de sus Estados miembros están proveyendo cooperación para el desarrollo que, aunque limitada, se orienta al desarrollo rural, a la ayuda para refugiados y al fortalecimiento de la integración regional.[7] El papel de apoyo de Europa en el proceso de pacificación regional de los años ochenta tenía también una importante función de legitimación, en el sentido de que los principales aliados de Washington en el mundo ofrecieron una opción diferente para la solución de la crisis regional. Esta opción coincidía con la favorecida por el resto de la América Latina a través del Grupo Contadora y, más tarde, su Grupo de Apoyo.

En efecto, fueron precisamente estas coincidencias externas las que establecieron las bases de un nuevo diálogo político entre los Estados miembros de la CE —que actuaban a través de la Cooperación Política Europea— y el Grupo de Río, que finalmente se institucionalizó en diciembre de 1990 mediante la Declaración de Roma. Está claro que estos contactos regulares entre los ministros de relaciones exteriores de ambos grupos derivan todavía de llamados más bien retóricos al "papel conjunto que deberán desempeñar la CE y América Latina en la sociedad internacional del futuro",[8] pero este marco provee un foro útil para la discusión de los principales problemas internacionales afrontados por ambas regiones.

Aunque los intereses de la seguridad europea en América Latina no han sido nunca muy grandes y no son comparables con los de los Estados

[5] Véase, por ejemplo, Abelardo Morales, "El discreto encanto por Centroamérica en el Viejo Mundo", en Atilio Borón y Alberto van Klaveren, comps., *América Latina y Europa occidental en el umbral del siglo XXI*, Santiago, PNUD/CEPAL, Proyecto de Cooperación con los Servicios Exteriores de América Latina, 1989.

[6] José Miguel Insulza, "Europa, Centroamérica y la Alianza Atlántica", *Síntesis*, 4, 1988, pp. 264-279.

[7] Véase un análisis sólido de la cooperación de la CE para el desarrollo de América Latina, que se concentra especialmente en Centroamérica, en Guido Ashoff, "La cooperación para el desarrollo entre la Comunidad Europea y América Latina: experiencias y perspectivas", documento de trabajo IRELA núm. 20, Madrid, 1989.

[8] Esta frase se ha tomado de "Conclusions of the Council and the Representatives of the Governments of the Member States on the Development of Relations between the European Community and Latin America", 22 de junio de 1987. La versión española se reprodujo en *Síntesis*, 4, 1988, pp. 350-353.

Unidos, la ampliación de los intereses de la seguridad a áreas como la protección ambiental y el narcotráfico ha añadido nuevas dimensiones a la relación. Los problemas ambientales han alcanzado elevada prioridad en la política europea, y evidentemente están influyendo sobre las políticas exteriores de Europa, sobre todo hacia América Latina. De igual modo, aunque el narcotráfico parecía una obsesión típicamente estadunidense para la mayoría de los europeos a principios de los años ochenta, ahora parece existir en Europa una nueva conciencia de la gravedad y la complejidad de este problema. Por lo tanto, en un alejamiento claro de su política tradicional hacia América Latina, la CE decidió en 1990 otorgar un trato preferente a las importaciones provenientes de las principales naciones productoras de drogas —Bolivia, Colombia, Ecuador y Perú— durante un periodo de cuatro años, suspendiendo la aplicación de aranceles y otras barreras comerciales para alentarlos a diversificar sus exportaciones y a alejarse del narcotráfico.[9] La CE aporta también ayuda de desarrollo para la prevención y el tratamiento del abuso de las drogas. Mientras tanto, varios países europeos están ayudando a las naciones latinoamericanas en su lucha contra el narcotráfico, estableciendo mecanismos regulares para el intercambio de información y para la cooperación internacional y proveyendo equipo y capacitación. Además, los países europeos han estado activos en la promoción de cultivos alternativos en los países andinos. Es muy probable que el desvío gradual pero creciente de las exportaciones de cocaína de los Estados Unidos a los mercados europeos genere una mayor colaboración en este campo.[10]

La evolución de las relaciones económicas europeo-latinoamericanas durante los años ochenta fue menos positiva pero nada decepcionante. Luego de un prolongado periodo de declinación de la importancia relativa del comercio interregional, tal comercio se estabilizó durante los años ochenta; en 1989, América Latina aportó cerca de 6% de las importaciones de la CE y recibió cerca de 3.8% de las exportaciones de la CE.[11] Estas cifras estaban muy abajo de las de los Estados Unidos (11% del total de las importaciones y 12.5% del total de las exportaciones), pero eran mayores que las de Japón (4.2% y 3%, respectivamente). La participación de la CE en las exportaciones latinoamericanas se elevó a 21% (las cifras correspondientes de los Estados Unidos y Japón fueron de 41 y 5.9%), mientras que la CE aportó 17.4% de las importaciones de la región (las cifras para los Estados Unidos y Japón fueron de 17 y 6.4%). Sin embar-

---

[9] *Europe* (Bruselas), 25 de octubre de 1990, y *El País* (Madrid), 31 de octubre de 1990.
[10] William Drozdiak, "Cocaine's New Focus: Europe", *International Herald Tribune,* 12 de abril de 1991.
[11] Estas cifras se obtuvieron en el Instituto de Relaciones Europeo-Latinoamericanas (IRELA), en Madrid.

go, en los últimos años ha crecido considerablemente el comercio entre ambas regiones, mostrando superávit considerables para América Latina. La CE es todavía el mayor socio comercial de varios países latinoamericanos importantes, como Brasil, Argentina, Chile y Colombia. Los dos últimos países y México han tenido también bastante éxito en el desarrollo de nuevos "nichos" en los mercados europeos, lo que contradice los pronósticos negativos acerca de la clausura de los mercados europeos para los productos latinoamericanos. Pero es cierto también que el único instrumento preferente disponible en general para las exportaciones latinoamericanas a la CE —el Sistema General de Preferencias (SGP)— ha venido perdiendo importancia y ahora sólo se aplica a una parte pequeña de los productos latinoamericanos, con exclusión de las materias primas agrícolas y las exportaciones sensibles para la CE, precisamente a causa de su gran competitividad con la producción europea. La Política Agrícola Común (PAC) de la CE no sólo ha representado una formidable barrera comercial para los principales productos de exportación de varios países latinoamericanos, sino que también ha conducido a la pérdida de terceros mercados, altamente subsidiados por Europa.

Aunque Europa estaba directamente involucrada en la crisis de la deuda latinoamericana, adoptó una actitud bastante distante y más pasiva en general que otros grandes acreedores, como los Estados Unidos y Japón. A pesar de que muchos líderes europeos declararon su preocupación e incluso su solidaridad con América Latina sobre este punto, tales expresiones de simpatía no se tradujeron en políticas, a pesar de que el poder de voto combinado de los países europeos en el FMI (tradicionalmente encabezado por un director general europeo) y el Banco Mundial es mayor que el de los Estados Unidos. En algunos casos específicos, los acreedores europeos condonaron la deuda pública, pero su enfoque hacia los países deudores grandes ha sido muy ortodoxo, si bien las regulaciones bancarias más estrictas han reducido la exposición y la vulnerabilidad ante la falta de pago de la deuda.[12]

Durante los años ochenta, las inversiones directas de Europa en América Latina evolucionaron más favorablemente que el comercio, sobre todo desde una perspectiva latinoamericana. Aunque las inversiones europeas se concentran grandemente en los países de la Organización para la Cooperación y el Desarrollo Económicos (OCDE), su peso relativo en América Latina ha aumentado, sobre todo como resultado de la declinación de las inversiones estadunidenses en la región. El Reino Unido ha sido el país europeo más activo en este campo, el que ha orientado hacia Amé-

[12] Véase un análisis general de la injerencia de Europa en el problema de la deuda en Gunnar Wiegand, "Western Europe's and the Latin American Debt Crisis", IRELA, documento de trabajo núm. 12, Madrid, 1988.

rica Latina una porción mayor de sus inversiones en el mundo en desarrollo, lo que resulta un poco irónico en vista del escaso interés que ha demostrado por la región en otros campos.[13] Otras fuentes de inversión importantes son Alemania, y, como sería de esperarse, España e Italia.

América Latina no ocupa una posición privilegiada en los programas de asistencia al desarrollo de los países europeos y de las organizaciones regionales. De hecho, estas naciones y grupos dedican, en promedio, una porción menor de sus programas de ayuda a la región que la de los Estados Unidos o aun Japón. Sin embargo, el mero tamaño de Europa la convirtió en una fuente de cooperación para el desarrollo de la región muy importante durante el último decenio. Aunque no debe sobrestimarse el efecto de esta ayuda, no se puede negar que aportó un apoyo valioso para algunos proyectos sociales en Centroamérica y el Caribe y en países como Bolivia, Perú y Ecuador.

La cooperación europea para el desarrollo de América Latina ha cambiado considerablemente a través de los años. Durante los años sesenta, tal cooperación se orientaba principalmente hacia el apoyo a los modelos desarrollistas vigentes en ese momento; durante los años setenta, se inclinaba hacia modelos alternativos que favorecían el desarrollo de las clases bajas y de las organizaciones no gubernamentales. En los años ochenta empezó a incluir también al sector privado. En consecuencia, el acento anterior en los programas de asistencia tradicionales, orientados principalmente a áreas como el desarrollo rural y comunitario, la ayuda alimentaria, la transferencia tecnológica y la capacitación, ha sido complementado por la cooperación industrial y económica, dirigida hacia el establecimiento de empresas conjuntas y a la movilización de recursos financieros y de capital de riesgo para el sector privado.[14] Estas formas nuevas de la cooperación no sustituyen a las anteriores, pero tienden a añadir una dimensión nueva, sobre todo frente a los países más avanzados de la región. Eso se refleja en las nuevas directrices de la CE para la cooperación con los países en desarrollo de Asia y América Latina y en los acuerdos de cooperación firmados por la CE con Argentina, Chile, México y Brasil.[15]

[13] Por lo que toca a las inversiones británicas en América Latina, véase el artículo de la economista soviética Olga V. Gridchina, "El capital británico en América Latina: en busca de expansión", *Revista de Estudios Europeos*, núm. 11, julio-septiembre de 1989, pp. 158-169.

[14] Véase un análisis antiguo, pero todavía válido, en Hubert Julienne, "Cooperación económica entre la Comunidad Europea y América Latina", IRELA, documento de trabajo núm. 4, Madrid, 1987.

[15] Véase sobre este punto IRELA, "Relaciones entre la Comunidad Europea y América Latina: Balance y perspectivas, Febrero 1989-Marzo 1991", documento básico preparado para la Décima Conferencia Interparlamentaria entre la Comunidad Europea y América Latina, Sevilla, 2-6 de abril de 1991, capítulo 7; y Guadalupe Ruiz-Giménez, "La construcción de la nueva Europa y sus relaciones con América Latina", ensayo presentado al semi-

De igual modo, las nuevas formas de la cooperación económica se combinan con la promoción de la inversión en los ambiciosos acuerdos marco que Italia y España han firmado durante los últimos años con los países económicamente más avanzados de América Latina. Estos acuerdos han tratado de movilizar grandes flujos de financiamiento europeo para la promoción de inversiones, empresas conjuntas y otras formas de la cooperación industrial.

Aunque la mayoría de estas tendencias y hechos no constituyen un conjunto especial o preferente de relaciones económicas y aunque ha seguido declinando la relevancia de América Latina para Europa, el continente mantuvo una presencia importante en la región durante los últimos años. De hecho, incluso mejoró su posición en campos como las inversiones y la cooperación para el desarrollo. Así pues, en muchos países latinoamericanos puede compararse el peso de Europa al de los Estados Unidos, y en general ha superado al de Japón.

LOS INTERESES Y LOS ACTORES EUROPEOS

Entre todos los países de Europa, España otorga a América Latina la más alta prioridad en su política exterior y en sus relaciones económicas internacionales, aunque su comercio ha declinado como en toda Europa en conjunto.[16] Durante el último decenio, España se ha orientado cada vez más hacia su propio ambiente europeo. Pero esta proyección europea, nueva y muy dinámica, ha permitido en efecto que España incremente su presencia en América Latina, donde, a pesar de algunas recriminaciones emocionales recurrentes, se le percibe como una defensora de los intereses de la región en Europa, sobre todo ante la CE, que por lo común es más distante. Además, Madrid percibe y utiliza la relación especial de España con América Latina como un recurso de su política exterior para mejorar la posición de su país en el mundo, una percepción que parece confirmada por las consultas ocasionales (pero no decisivas) sobre los problemas latinoamericanos que Washington, Moscú y otros países europeos han celebrado con Madrid.

En la CE, España ha desempeñado activamente su papel de defensor de los intereses latinoamericanos, cabildeando para obtener un nuevo marco político de las relaciones con América Latina, contribuyendo decisi-

nario "Políticas europeas hacia América Latina en el nuevo contexto internacional", organizado por AIETI, IRELA, RIAL y CIDOB, Barcelona, 4-6 de octubre de 1990.

[16] José Antonio Alonso y Vicente Donoso, "Perspectivas de las relaciones económicas España-Iberoamérica-Comunidad Europea", en *Pensamiento Iberoamericano,* núm. 13, enero-junio de 1988, pp. 161-177.

vamente a la inclusión de la República Dominicana y de Haití en la nueva Convención de Lomé y obteniendo un modesto incremento en la participación de América Latina en los programas de desarrollo de la CE. Sin embargo, Madrid se ha mostrado considerablemente menos cooperativo en la ayuda a América Latina para contender contra el proteccionismo europeo.

En términos bilaterales, España lanzó una ofensiva diplomática durante los últimos años, que culminó durante el año casi mítico de 1992.[17] Esta ofensiva incluyó frecuentes visitas a la región por parte del rey Juan Carlos I, el presidente Felipe González y otras autoridades, así como intensos contactos políticos y acuerdos de cooperación especiales. España ha otorgado también un tratamiento especial a algunos de sus deudores latinoamericanos no sólo perdonando una parte de la deuda de Bolivia, sino también otorgando algunas concesiones en la renegociación de la deuda mexicana. El comercio no ha seguido a la vanguardia, pero sí lo han hecho las inversiones. Los grandes bancos y las pocas empresas españolas que tienen pretensiones multinacionales están tomando posiciones estratégicas en los países latinoamericanos más avanzados. En 1990, el gobierno español estableció el Fondo del Quinto Centenario en el Banco Interamericano de Desarrollo (BID), destinando 500 millones de dólares para proyectos de desarrollo en América Latina.

España ha desempeñado también un papel diplomático activo como mediadora política en Centroamérica, contribuyendo al proceso de pacificación en la región y facilitando el diálogo político para la resolución de conflictos internos en El Salvador, Nicaragua, Guatemala y Colombia.[18] Aunque sus programas de cooperación para el desarrollo tienden a ser modestos y no se igualan a los de un país como Holanda (para el cual América Latina no tiene una gran prioridad), sí tienen un buen trazo, ya que se benefician de ciertas ventajas culturales y políticas y de ciertas campañas de buenas relaciones públicas.

Alemania no ha otorgado jamás a la región una importancia tan grande como la otorgada por España, pero es la primera potencia económica europea. Por esa razón y por los vínculos políticos establecidos anteriormente por Alemania con diversos sectores latinoamericanos, este país ha tenido durante varios años una importancia primordial en la región.[19] Alemania es, con mucho, el socio comercial más importante para América Latina y la fuente principal de la cooperación para el desarrollo en Eu-

[17] *El País,* 8 de enero de 1990.
[18] Por lo que toca a la política española en Centroamérica, véase Francesco Bayo y Aníbal Iturrieta, comps., *Las relaciones entre España y América Central (1976-1989),* Madrid, CIDOB y AIETI, 1989.
[19] Respecto al papel de Alemania en América Latina, véase Esperanza Durán, *European Interests in Latin America,* Londres, Royal Institute of International Affairs, 1985, pp. 24-26, 43-46, 71 y 88-91.

ropa, y aunque es menos prominente su papel en los sectores financieros y de inversión, ha conservado su posición como la principal potencia económica europea en América Latina. Es bien conocida la intensa actividad de las fundaciones políticas alemanas en la región, así como la presencia de numerosas ONG. Durante la primera mitad del decenio de 1980, Alemania era la fuerza principal detrás de la cooperación económica y política entre Europa y Centroamérica, la cual era promovida personalmente por Hans Dietrich Genscher, el ministro de Relaciones Exteriores. Este interés ha tendido a declinar en los últimos años, como resultado de las prioridades más urgentes en Europa central y oriental, pero Bonn es todavía un actor relevante. Tradicionalmente, Alemania ha tenido también fuertes relaciones con Brasil, el gigante económico de América Latina y uno de los principales destinatarios de la emigración alemana, y ha sido considerable su presencia en países del Cono Sur, como Chile, Paraguay y Argentina (donde hay también importantes colonias de ascendencia alemana).

El surgimiento de Italia como una de las potencias económicas de Europa ha sido visible en América Latina, un área que recibió grandes oleadas de emigrantes italianos hasta bien entrado el decenio de 1950. Italia es ahora uno de los socios comerciales europeos más importantes para la región; las multinacionales italianas están extendiendo sus operaciones en América Latina; una parte considerable de las exportaciones italianas de armas se dirige hacia la región; y la ayuda italiana se ha convertido en una de las fuentes principales de la cooperación para el desarrollo.[20] Aunque menos activos, ricos y organizados que sus colegas alemanes, los partidos políticos italianos han fortalecido también sus lazos con los demócratas cristianos y los socialistas de América Latina. Como antes vimos, Italia inició una serie de ambiciosos acuerdos bilaterales de cooperación, diseñados para establecer relaciones de asociación especiales, que en la práctica han tenido resultados modestos.

Los intereses británicos en América Latina han declinado considerablemente durante los últimos decenios, pero algunos de ellos son todavía relevantes a pesar de una reducción de la atención política de Downing Street y Westminster.[21] Los bancos londinenses poseen la mayor parte

[20] Por lo que toca a la política de Italia en América Latina, véase Massimo Micarelli, "Las relaciones entre Italia y América Latina", IRELA, documento de trabajo núm. 20, Madrid, 1989.

[21] Thatcher no es la única responsable de esta falta de interés en América Latina, una región que ella visitó sólo una vez durante su larga estancia en el poder, en un viaje ubicado en el contexto global del diálogo Norte-Sur en Cancún. En efecto, el 23 de agosto de 1988 informó el *Financial Times* de la celebración, el día anterior, del primer debate general sobre las cuestiones latinoamericanas en la Cámara de los Comunes en 38 años, añadiendo que no se había llegado a ninguna conclusión importante. En cambio, el primer ministro Major visitó en 1992 Colombia y Brasil, convirtiéndose en el primero en funciones que visitara Sudamérica.

de la deuda de América Latina con acreedores europeos, y el comercio con la región es todavía considerable, especialmente para América Latina. A pesar del escaso interés político y de una oposición casi constante hacia las iniciativas de la CE en favor de América Latina, el nivel de la experiencia y la actividad académica de Gran Bretaña en relación con la región está todavía muy por encima del promedio europeo.[22] La larga experiencia del Ministerio de Relaciones Exteriores de Gran Bretaña en América Latina es también evidente en la actividad diplomática británica en la región, a pesar de que no pudo prever la escalada del conflicto de las Malvinas a principios de los años ochenta. Gran Bretaña tiene incluso algunos intereses estratégicos secundarios en América Latina, centrados en la defensa de las Malvinas y en la protección de Belice en Centroamérica.

Al igual que otros países europeos, Francia no otorga gran prioridad a América Latina en su política exterior. La mayor parte de los recursos económicos y políticos enviados a las áreas en desarrollo tiende a favorecer a las ex colonias francesas de África, una preferencia que también ha sido evidente en la CE, donde Francia ha mostrado ocasionalmente una actitud negativa hacia el fortalecimiento de las relaciones de la CE con América Latina. Durante los años ochenta, sin embargo, Francia siguió siendo un socio comercial importante para la región, las multinacionales francesas conservaron su presencia y las ventas de armas crecieron considerablemente. Además, algunos grupos franceses han tenido un interés importante en grandes obras públicas de la región, desde los sistemas de trenes subterráneos hasta las estaciones eléctricas. La cooperación para el desarrollo ha tendido a disminuir, pero todavía es importante. Francia tiene incluso algunos intereses estratégicos en el área, centrados en la protección de sus territorios en el Caribe y la Guayana Francesa, con su centro espacial en Korou. Siempre inclinada a los grandes gestos políticos y a los diseños ambiciosos de política exterior, Francia desempeñó un papel activo en la injerencia inicial de Europa en Centroamérica, criticando fuertemente la intervención estadunidense en Nicaragua y promoviendo activamente el proceso de pacificación. Sin embargo, los cambios políticos ocurridos en Francia a mediados de los años ochenta condujeron a una reducción del perfil en la región. El presidente Miterrand ha mostrado también una preocupación especial por la crisis de la deuda en la región y, en términos más globales, por la necesidad de reanudar el

---

[22] El mejor de los volúmenes recientes sobre las relaciones bilaterales existentes entre un país europeo y América Latina es el de Victor Bulmer-Thomas, comp., *Britain and Latin America: A Changing Relationship,* Cambridge, Cambridge University Press/Royal Institute of International Affairs, 1989. No existen estudios equivalentes para países como España, Alemania o Francia.

diálogo Norte-Sur, pero estas expresiones de solidaridad no han conducido a políticas concretas.[23]

Los países europeos más pequeños han mantenido también cierta presencia en América Latina. Como uno de los principales puertos de entrada a la parte más rica de Europa, Holanda es uno de los principales socios comerciales de Brasil y Argentina, y algunas multinacionales holandesas mantienen una presencia importante en América Latina. La decisión del gobierno de La Haya de aumentar la asistencia al desarrollo de América Latina ha convertido a Holanda en una de las principales fuentes de la cooperación para el desarrollo. Y los antiguos lazos coloniales son todavía relevantes en el problemático Surinam.

Durante los años ochenta, los países escandinavos —Suecia en particular— alcanzaron relevancia en el campo de la asistencia para el desarrollo y en la provisión de apoyo político a los regímenes revolucionarios como el de la Nicaragua sandinista y, en menor medida, el de Cuba. Pero los cambios políticos ocurridos en esos países, y en la propia Escandinavia, han reducido su importancia recientemente.

Los países de Europa oriental y central han desempeñado papeles menores en América Latina, a excepción de la ahora extinta República Democrática Alemana, cuyos programas sustanciales de cooperación con Cuba no han sido asumidos por el gobierno de Bonn, dada la naturaleza del régimen de Castro. Al otro lado del Atlántico, los latinoamericanos han mostrado algún interés en el fortalecimiento de sus relaciones con las nuevas democracias que están surgiendo en esa parte de Europa. México se convirtió en uno de los miembros fundadores del Banco Europeo de Reconstrucción y Desarrollo (BERD), y los ministros de Relaciones Exteriores del Grupo de Río se reunieron con sus colegas de la Europa oriental y central en Budapest, en 1990, y establecieron un programa de trabajo conjunto para intensificar las relaciones mutuas.[24] Las prioridades más urgentes de ambos bandos, y las débiles relaciones previas, no les han impedido lograr un avance significativo.

Las relaciones europeo-latinoamericanas han tenido también protagonistas no tradicionales. En primer lugar, por supuesto, está la CE, que incrementa gradualmente su presencia directa en la región. Los programas de cooperación directa de la CE son particularmente relevantes en Centroamérica, como consecuencia del proceso de San José, pero también han sido visibles en los procesos de apoyo de la CE a la integración de Sudamérica.[25] Es obvio que la CE es ya el socio de negociación obliga-

---

[23] Véanse, por ejemplo, las declaraciones de Miterrand durante su visita a Venezuela, Ecuador y Colombia en 1989, según el informe de *Le Monde,* 14 de octubre de 1989.

[24] *El País,* 13 de abril de 1990.

[25] Véase una evaluación general de las relaciones existentes entre Europa y Centro-

toria en los problemas del comercio y en las pesquerías. Fuera de eso, la CE está buscando también un papel más prominente en las cuestiones políticas, tratando de articular alguna forma de consenso europeo acerca de la región. Estas nuevas funciones requerirán una revisión fundamental de los servicios latinoamericanos del órgano ejecutivo de la CE, que son modestos y no muy eficientes. Tomando en cuenta el interés europeo en los procesos de democratización de América Latina y los fuertes lazos partidistas existentes entre las dos regiones, no resulta accidental que el parlamento europeo haya sido la institución de la CE más sensible respecto de la América Latina. Sin embargo, su área de responsabilidad dentro de la comunidad es todavía bastante modesta.

La segunda categoría de los actores no tradicionales está integrada por partidos políticos y la multitud de ONG que están metidas en muchos aspectos de las relaciones interregionales, incluidas las instituciones religiosas, las instituciones de beneficencia, las fundaciones políticas, los sindicatos, los grupos de presión, los cabilderos especiales y los académicos.

En el pasado, las políticas europeas para América Latina se han concentrado en dos grupos diferentes de países latinoamericanos. El primer grupo está integrado por los países de áreas particularmente conflictivas, como Centroamérica y, en menor medida, algunos países de la subregión andina. Cuba podría caber también en esta categoría, aunque representa un caso especial y ha recibido menos atención europea que Centroamérica. (Esta diferencia no es tanto resultado de la falta de interés europeo en la situación política de la isla como de la relativa carencia de peso de, Europa en este país, así como de la renuencia de Cuba a discutir su futuro político con cualquier socio europeo.) El segundo grupo está integrado por los países más grandes de América Latina, como Brasil, México y Argentina. A pesar de sus dimensiones más limitadas, Chile podría añadirse también a esta categoría, en vista de su trazo relativamente elevado en las relaciones políticas europeo-latinoamericanas.

Las percepciones, los objetivos, las políticas y los instrumentos europeos tienden a variar de un grupo a otro. Por ejemplo, en lo tocante al primer grupo de países, las políticas europeas asumen un contenido político mayor y, hasta cierto punto, se dirigen hacia situaciones de crisis. En el segundo grupo prevalecen los intereses más tradicionales y permanentes, centrados a menudo en problemas económicos.

Durante los años ochenta, el conflicto centroamericano representaba una de las prioridades más importantes de Europa en América Latina. Sin

américa en Roberto López, "Las relaciones económicas entre la Comunidad Europea y América Central durante los años ochenta: balance y perspectivas", ensayo de trabajo núm. 5/90, Madrid, IRELA, 1990; y Klaus Bodemer, *Europa occidental-América Latina: Experiencias y desafíos*, Barcelona, Alfa, 1987, especialmente el cap. 2.

embargo, el proceso de pacificación del istmo ha desplazado los intereses y las necesidades del campo político al económico, y ese cambio requiere que los europeos traduzcan su interés político inicial en un compromiso económico comparable. El área andina ha sido una prioridad europea en términos de la cooperación para el desarrollo, y también está recibiendo gradualmente mayor atención política. Sin embargo, el tamaño de los Estados andinos, la naturaleza intratable de sus crisis, y cierta ausencia de involucramiento histórico previo, han desalentado un papel europeo mayor. En realidad, la cooperación con Colombia está aumentando significativamente; Bolivia ha sido especialmente afortunada en su atracción de ayuda europea para el desarrollo; la difícil situación económica y social de Perú es motivo de preocupación pública en Europa, y la Comisión de la CE (su órgano ejecutivo) está apoyando el Pacto Andino. Pero los compromisos son limitados y existe cierto pesimismo acerca de las posibilidades de recuperación en países como Perú.

Aunque los europeos no se sienten muy optimistas acerca de las perspectivas de los países más grandes, sus políticas e intereses tienden a ser más estables y sustanciales en estos casos. Las relaciones con Brasil siguen representando una parte considerable de las relaciones de Europa con América Latina, a pesar de la perpetua crisis económica y los malos manejos políticos en ese país. En menor medida, lo mismo ocurre en Argentina, un país que está atrayendo un flujo considerable de nuevas inversiones europeas y que está ligado a Europa incluso por nexos familiares. Por lo que toca a México, es probable que sea el país latinoamericano que ha atraído el mayor interés económico en los últimos años, en virtud del mejoramiento de su economía y de su inminente integración a un área norteamericana de libre comercio. Las relaciones con Venezuela están guiadas por intereses económicos convencionales, los cuales podrían incrementarse en el futuro, pero hay también algunos elementos políticos, imputables principalmente a los vínculos partidistas. En el caso de Chile, los fuertes lazos políticos previos con Europa, y el efecto combinado de su proceso de democratización y de su buena situación económica, lo convierten en un objetivo privilegiado de consideración europea especial.

Los instrumentos políticos utilizados por Europa varían de acuerdo con estas dos grandes categorías de países. En el primer caso hay cierta tendencia a la utilización de programas y medidas de emergencia y a contribuir directamente a la administración de la crisis. Por ejemplo, la presencia europea en Centroamérica ha sido especialmente visible en términos de la supervisión y verificación del proceso de pacificación, mientras que la cooperación para el desarrollo ha tratado de mitigar los efectos de la crisis política (digamos la ayuda para los refugiados), la reconstrucción económica y el fortalecimiento de la confianza regional, incluida la restauración de la integración centroamericana. Los lazos existentes entre los partidos políticos europeos y centroamericanos y las ONG han sido también un instrumento importante para el establecimiento y el fortalecimiento de las relaciones entre ambas áreas.[26]

En cambio, el comercio y la inversión han desempeñado un papel secundario, dado el potencial limitado en estas áreas y la ausencia de vínculos anteriores significativos. En el área andina, los europeos han recurrido especialmente a la ayuda para el desarrollo, la cual se ha concentrado en Perú y Bolivia y probablemente ha tenido mayor efecto en el último caso. Los vínculos partidistas han desempeñado un papel secundario, excepto en Ecuador, y algunas ONG participan en áreas como la protección de los derechos humanos. Como se mencionó antes, se están ejecutando programas de cooperación especiales y acciones en el campo de problemas especiales, como la prevención y el control del narcotráfico. Sin embargo, los instrumentos de la política tienden a ser más restringidos, y la presencia europea es menos visible. Por lo que toca a Cuba, los europeos tienen pocos instrumentos de política y, después de cierta participación en los años ochenta, ahora parecen menos capaces y, muy probablemente, menos inclinados a involucrarse en el futuro incierto de la isla. Sin embargo, considerables inversiones en el sector del turismo podrían dar a España y a otros países europeos una nueva influencia en Cuba.

Por lo que toca al segundo grupo de países, los instrumentos políticos se orientan menos hacia la crisis; la cooperación para el desarrollo es menos relevante, y la presencia europea tiende a involucrar a un conjunto de actores más amplio, principalmente en el sector privado. Sobre todo en los países más grandes de Sudamérica, el comercio desempeña un papel muy importante, aunque controvertido (por las acerbas quejas de los latinoamericanos contra el proteccionismo europeo). Las inversiones son significativas, por lo menos desde la perspectiva latinoamericana. La crisis de la deuda es todavía un obstáculo para las relaciones financieras normales con Brasil, pero no plantea ningún problema en lo tocante a otros países grandes. Como antes mencionamos, en el caso de los grandes países sudamericanos y de México existe también cierta tendencia a establecer acuerdos marco especiales para la promoción de las inversiones; tales acuerdos son favorecidos especialmente por los países europeos del sur, pero resistidos por Alemania, Gran Bretaña y Holanda, los que prefieren depender del libre juego de las fuerzas del mercado.

---

[26] Véase un análisis interesante y balanceado del papel de los partidos socialistas europeos en Centroamérica en Eusebio Mujal-León, *European Socialism and the Conflict in Central America,* Nueva York, Praeger/Center for Strategic and International Studies, 1989.

Las ONG están particularmente activas en el campo de la ecología brasileña, mientras que los vínculos partidistas son relevantes en Chile en virtud de la naturaleza simbólica de su proceso político.[27]

INTERESES Y ACTORES LATINOAMERICANOS

Los intereses latinoamericanos en Europa son similares en general a los intereses europeos en América Latina. La diferencia no reside tanto en la naturaleza de los intereses como en su peso y su relevancia relativos para cada región. Desde la perspectiva latinoamericana, Europa occidental es importante como un socio comercial, como una fuente de inversiones extranjeras, como una contraparte financiera y como un proveedor de cooperación para el desarrollo. Desde el punto de vista de la política interna, los actores políticos de Europa occidental han sido percibidos como apoyadores (y ocasionalmente como aliados valiosos) en la lucha por la democratización. Las instituciones y las prácticas políticas europeas en campos como la descentralización de las relaciones laborales, las relaciones entre civiles y militares, o incluso el parlamentarismo, se consideran a veces como modelos a imitar. Desde una perspectiva de la política exterior, Europa ha desempeñado un papel importante en la búsqueda de América Latina por una diversificación de sus relaciones internacionales. Aunque Europa no ha podido ni deseado convertirse en una verdadera opción frente a los Estados Unidos en la región, ha sido y continúa siendo un componente crucial en cualquier diseño latinoamericano de un conjunto más balanceado de relaciones económicas y políticas externas.

Naturalmente, el peso relativo de cada uno de estos factores varía de un caso a otro. Para Brasil, Europa es especialmente importante en términos de sus intereses económicos y de política exterior, pero no lo es menos en su política interna. Para Centroamérica, Europa es todavía un socio económico bastante secundario, pero su relevancia política y aun estratégica en el proceso de pacificación no debe subestimarse. En Argentina, la importancia de Europa como un socio comercial supera a la de los Estados Unidos, y los intereses estratégicos están presentes también en el área del Atlántico sur. Las relaciones chilenas con Europa no incluyen sólo importantes intereses económicos, sino también una dimensión política interna, en vista de las afinidades históricas existentes entre los partidos políticos chilenos y europeos. En cambio, a pesar de

---

[27] Me he ocupado más detalladamente de este aspecto en "Chile y Europa occidental: Entre el apoyo a la democracia y el realismo económico", en Heraldo Muñoz, comp., *Chile: política exterior para la democracia*, Santiago, Pehuén, 1989, pp. 189-206.

haber adquirido una posición de asociado respecto de la CE, las relaciones de la República Dominicana con Europa son todavía débiles.

Varios países latinoamericanos a veces han tratado de desarrollar activas políticas europeas. Brasil, por ejemplo, buscó una opción europea en los años setenta, tratando de establecer una relación especial con Alemania.[28] Además de fuertes lazos de comercio e inversión, la relación incluiría una dimensión estratégica consistente en un ambicioso programa de cooperación nuclear que provocó fuertes reservas en Washington. La opción europea no funcionó como estaba planeado y, sobre todo en el área nuclear, se convirtió en una fuente de frustración permanente; sin embargo, durante los años ochenta Europa siguió siendo un factor importante en las relaciones externas ya diversificadas de Brasil.[29] A pesar de las tendencias proteccionistas en Europa, las relaciones comerciales europeo-brasileñas han seguido siendo muy sustanciales; representan cerca de 30% del comercio total entre las dos regiones. Los inversionistas europeos han aumentado también sus actividades, formando a menudo empresas conjuntas con inversionistas brasileños. Sin embargo, las recientes percepciones brasileñas acerca de las relaciones futuras con Europa tienden a ser pesimistas, y su política es más defensiva que ofensiva, y se centra en el posible impacto negativo del Mercado Europeo Único y en las discrepancias existentes con las políticas ambientales brasileñas.[30] La mala prensa de Europa acerca de la actual situación económica y política de Brasil alimenta también esta postura defensiva, lo que contrasta con su perspectiva tradicionalmente dinámica y optimista hacia Europa.

La orientación histórica de Argentina hacia Europa ha sido menos obvia durante los últimos decenios, pero todavía es visible. Aunque el resultado de la guerra de las Malvinas condujo a una revisión profunda de las prioridades exteriores de Argentina, esta reorientación no implicaba necesariamente un distanciamiento de Europa. Por el contrario, Buenos Aires pudo aislar hasta cierto punto el conflicto con la Gran Bretaña de sus otras relaciones europeas. La convicción de la mayoría de los demás socios europeos, de que la posición de Londres sobre las Malvinas era ca-

---

[28] Wolf Grabendorff, "Brazil and West Germany: A Model for First World-Third World Relations?", en Wayne Selcher, comp., *Brazil in the International System: The Rise of a Middle Power*, Boulder, Westview Press, 1981, pp. 181-200.

[29] Por lo que toca a la frustración acerca de la "opción europea" durante el gobierno de Geisel, véase Miriam Gomes Saraiva, "A Opção Européia e o projeto de Brasil potencia emergente", en *Contexto Internacional*, 11, enero-junio de 1990, pp. 95-117.

[30] Véase Geraldo Holanda Cavalcanti, "O Brasil e a Comunidade Economica Européia", *Síntesis*, núm. 12, septiembre-diciembre de 1990, pp. 185-208; y Sergio Sobrinho y otros, *Al Europa de 92: Possíveis consequencias do proceso de unifição*, Brasilia, Cuadernos de IPRI, 1990.

racterísticamente rígida y obstinada, contribuyó a este resultado. Por lo tanto, durante la transición de Argentina a la democracia Europa occidental ocupó un lugar importante en el diseño de la política exterior del país. Según Roberto Russell, Europa era percibida como un actor crucial en la búsqueda de relaciones internacionales más diversificadas y como un contrapeso de la influencia estadunidense en la región.[31]

En efecto, bajo el liderazgo del presidente Alfonsín y de Dante Caputo, el ministro de Relaciones Exteriores, Argentina buscó insistentemente una relación especial con países europeos como España, Italia, Alemania y Francia. No fue por coincidencia que España e Italia hayan iniciado sus series de acuerdos marco de cooperación en América Latina con Argentina, y en ambos casos hay referencias explícitas a relaciones especiales. Buenos Aires trató también de convencer a Alemania de la necesidad de un gran acuerdo de cooperación con Argentina, pero las autoridades alemanas descartaron explícitamente esta posibilidad, explicando que Bonn prefería utilizar otros mecanismos para el desarrollo de relaciones mutuas.[32] Las visiones románticas de Alfonsín y Caputo, acerca del papel europeo en Argentina y América Latina, han sido atemperadas por la realidad, pero el país ha continuado desarrollando sus vínculos con Europa, sobre todo en las áreas del comercio, la inversión y las finanzas. En contraste con su antecesor, el presidente Carlos Menem ha hecho más hincapié en la economía que en la política en lo tocante a Europa, y ha concentrado su búsqueda de alianzas políticas en Washington.

En el pasado, los vínculos de México con Europa no eran tan fuertes como los de los países del Cono Sur. El comercio, las inversiones y el financiamiento se concentran aplastantemente en los Estados Unidos, y el tradicional nacionalismo político y la extrema sensibilidad a las opiniones extranjeras acerca de la política del país han impedido una relación política más estrecha con Europa. Sin embargo, a partir de los años setenta, México (al igual que otras naciones latinoamericanas) ha percibido a Europa (y a Japón) como un parcial contrapeso económico y político de los Estados Unidos. Con el gobierno de Salinas, México se ha convertido efectivamente en uno de los socios latinoamericanos de Europa más activos y dinámicos, atrayendo nuevas inversiones y permitiendo cierta diversificación de los abastos petroleros de Europa. La conclusión de un acuerdo de libre comercio entre México, los Estados Unidos y Canadá podría impulsar paradójicamente las relaciones mexicanas con Europa, que ve a México como una plataforma para obtener acceso al

---

[31] Roberto Russell, "Argentina y Europa", ensayo presentado en el seminario "Políticas europeas hacia América Latina en el nuevo contexto internacional", organizado por AIETI, IRELA, RIAL y CIDOB, Barcelona, 4-6 de octubre de 1990.
[32] *Ámbito Financiero*, 22 de julio de 1988.

mercado estadunidense. En consecuencia, las percepciones mexicanas acerca del futuro de sus relaciones con Europa tienden a ser más positivas, aunque subsisten ciertos temores del proteccionismo creciente y la imagen de "Europa como fortaleza".[33]

Con su relativa concentración de las exportaciones en los mercados europeos, sus estrechas relaciones políticas con el continente, y sus relaciones a menudo difíciles con los Estados Unidos, Chile ha buscado a veces relaciones especiales con Europa. Sin embargo, aunque el gobierno de Eduardo Frei hizo esfuerzos especiales para establecer tales relaciones y sólo Europa occidental aportaba al gobierno de la Unidad Popular la ayuda económica que se necesitaba con urgencia, las relaciones con Europa se veían afectadas por momentos de frustración.[34] No se satisficieron las expectativas en la ayuda para el desarrollo, en parte porque eran excesivas y no tomaban en cuenta los indicadores sociales y económicos relativamente mejores de Chile en el contexto del Tercer Mundo y de América Latina. Por otra parte, a medida que este país desarrollaba su capacidad de exportación, también surgían quejas por el proteccionismo europeo, a pesar de que una parte del saldo positivo de la balanza comercial de Chile es imputable precisamente a su comercio con la CE. Como quiera que sea, el gobierno de Patricio Aylwin está aplicando una política europea concentrada en la promoción del comercio, la lucha contra el proteccionismo europeo, la atracción de inversiones europeas y la obtención de cooperación para el desarrollo en áreas sociales especialmente sensibles. Los lazos políticos se reforzaron durante las giras europeas del presidente Aylwin en 1991, 1992 y 1993.

Los otros países andinos tienen menores ventajas que Chile, pero todos ellos están interesados en el fortalecimiento de sus lazos europeos. La CE es el segundo socio comercial más grande de Colombia y, a largo plazo, este país ha tenido una de las experiencias latinoamericanas más exitosas en la exportación a mercados europeos. Una sana administración económica y financiera de sucesivos gobiernos en Bogotá ha contribuido también a esta actuación bastante buena. Pero el gobierno colombiano ha tratado también insistentemente de incrementar la participación de Europa en su lucha contra el narcotráfico. Fue Colombia la que indujo á la CE a aprobar un régimen especial para sus importaciones provenientes del área andina. Y la cooperación con España, Italia y Gran Bretaña

---

[33] Véase Esperanza Durán, "Memorándum sobre la política de México hacia Europa", ensayo presentado al seminario "Políticas europeas hacia América Latina en el nuevo contexto internacional", organizado por AIETI, IRELA, RIAL y CIDOB, Barcelona, 4-6 de octubre de 1990), e IRELA, "Las relaciones entre México y la Comunidad Europea", informe de conferencia núm. 5/90, Madrid, IRELA, 1990.

[34] Manfred Wilhelmy, *Chilean Foreign Policy: The Frei Government, 1964-1970*, tesis de doctorado, Universidad de Princeton, 1973, especialmente pp. 247-251.

en sus esfuerzos por controlar el narcotráfico también se ha incrementado. Perú y Bolivia comparten el interés de Colombia por comprometer a Europa más activamente en esta tarea. En efecto, estos dos países han obtenido en fuentes europeas la mayor parte de su ayuda para el desarrollo, tan necesaria en los últimos años.

Centroamérica también ha sido muy receptiva a una presencia europea gradualmente creciente en el istmo. Se han abandonado las esperanzas iniciales de los partidos socialdemócratas y otros círculos de la izquierda en el sentido de que Europa fuese una alternativa ante la presencia estadunidense. Sin embargo, los gobiernos centroamericanos han asignado gran importancia a su diálogo con la CE y sus países miembros en el contexto del proceso de San José, y están coordinando sus posiciones con mayor eficacia que en el pasado. Varios gobiernos han iniciado también ciertos programas de cooperación bilateral con países europeos específicos, cubriendo un gran conjunto de actividades que abarca desde el mejoramiento del nivel de vida de las clases más pobres hasta la construcción de instituciones y el adiestramiento de la policía.

En un contexto muy diferente, Cuba ha mirado también hacia Europa como un socio útil en su intento casi desesperado de diversificar sus relaciones económicas internacionales. Durante muchos años, Cuba pudo mantener relaciones pragmáticas y normales con la mayoría de los países europeos, a pesar del bloqueo estadunidense. Sin embargo, los cambios que se han presentado en la esfera internacional y el creciente desencanto de muchos sectores de la izquierda europea que tradicionalmente habían simpatizado con la Revolución cubana han empañado las relaciones. Inexplicablemente, a pesar de este contexto desfavorable, Cuba no sólo permitió sino que también contribuyó al escalamiento de una crisis diplomática bilateral en 1990 con España, el país de Europa occidental con el que antes había mantenido sus relaciones más amistosas. En consecuencia, la CE, respondiendo a una petición de España, suspendió sus programas de cooperación con la isla, fundamentalmente simbólicos, hasta que se normalizaran las relaciones bilaterales.[35] Nunca se han explicado satisfactoriamente las razones de la actitud cubana, pero el hecho es que La Habana perdió terreno en Europa occidental justo cuando sus aliados tradicionales estaban titubeando.

Los países latinoamericanos están tratando también de fortalecer la acción colectiva frente a Europa occidental, especialmente frente a la CE. Aunque está claro que hay una asimetría profunda entre las débiles y poco eficientes instituciones regionales latinoamericanas y sus contrapartes europeas, se han hecho algunos progresos. Por ejemplo, sobre todo

[35] *El País* y *El Independiente,* Madrid, 20 de junio de 1990.

en el campo político, el Grupo de Río ha sido un foro importante para los contactos políticos entre ambas regiones. Para América Latina, su institucionalización en diciembre de 1990 fue un éxito que no tiene ningún marco comparable para las consultas regulares y la cooperación política con otra región u otro grupo de países en el mundo.

Aunque se está consolidando el diálogo político entre ambas regiones, no se puede observar ningún progreso similar en las negociaciones económicas. Sin embargo, es discutible que el diálogo económico interregional comprensivo sea tan importante para América Latina como pretenden muchas de sus instituciones regionales. Los principales problemas económicos de la región con Europa son comerciales, y es obvio que tales problemas sólo pueden resolverse en negociaciones globales. En tales negociaciones, la región deberá crear alianzas tácticas con bloques y agrupamientos económicos más poderosos, como el Grupo Cairns o los Estados Unidos en el campo de la liberalización del comercio agrícola. Por otra parte, no son uniformes los intereses económicos de América Latina en muchas áreas, por la creciente diversidad y heterogeneidad de la región. Colombia y Brasil tienen percepciones diferentes acerca de la liberalización de los servicios, y los intereses de Bolivia en la cooperación para el desarrollo contrastan con la insistencia de Chile en la liberalización comercial. Y el tratamiento especial de la CE para los países andinos no sólo ha afrontado las críticas de los países asociados a la Convención de Lomé, sino que también ha sido calificado de discriminatorio por los países centroamericanos, por Chile y Argentina.

LA PERSPECTIVA FUTURA

Europa está atravesando por un periodo de cambios profundos, pero es posible que estos cambios no tengan un impacto muy decisivo sobre sus relaciones con América Latina. En primer lugar, no se alterará ningún "gran diseño" para la región, por la simple razón de que este diseño nunca existió en realidad. Varios cambios de acento son evidentes en las esferas económica y política, pero no parecen generar un cambio cualitativo en las relaciones interregionales, ni para mejorar —como quieren hacernos creer algunos europeos y como esperaban muchos latinoamericanos durante los años ochenta— ni para empeorar —como han prevenido algunos críticos particularmente negativos y derrotistas de ambas regiones—. Es muy probable que las relaciones europeo-latinoamericanas experimenten apenas un cambio marginal.

Es cierto que la atención política de Europa se concentra ahora mucho más en Europa central y oriental que en América Latina; además, el permanente estado de crisis en el Medio Oriente y la creciente inestabilidad de los países estratégicamente sensibles del Maghreb están presionando también a las políticas exteriores de Europa. Pero no es en modo alguno evidente que esta atención se haya desviado de América Latina, una región que nunca ha sido particularmente prominente en las prioridades europeas. Pero desde el punto de vista latinoamericano, no es realmente tan importante saber la posición de la región en las prioridades europeas (aunque esa cuestión obsesionaba a muchos políticos y estudiosos de la región); lo importante es saber cuál es la relevancia de Europa para la región, y en particular qué tan útil ha sido el continente para la diversificación de las relaciones internacionales de América Latina. Desde esta segunda perspectiva, el saldo es más positivo que negativo.

En términos económicos, es de esperarse que la culminación del Mercado Europeo Único genere una desviación adicional de las exportaciones latinoamericanas, aunque sólo sea porque históricamente cada profundización de la integración europea ha afectado de esa forma a América Latina. Sin embargo, esta dimensión negativa podría contrarrestarse por la probable expansión de la demanda provocada por la unificación económica. Es evidente que los efectos variarán de un sector a otro. Algunos estudios preliminares están diferenciando ya entre las posibles áreas de crecimiento, las cuales podrían incluir la mitad del comercio total; las áreas marginales representarían cerca de 22% de ese comercio, mientras que las áreas problemáticas incluirían cerca de 28%.[36] Desde luego, todas las estimaciones hechas en este campo son muy tentativas, pero la imagen general no confirma la amenaza de una Europa como fortaleza, por lo menos para América Latina. Pero el resultado de la Ronda Uruguay podría afectar el comercio interregional en medida mucho mayor que el Mercado Europeo Único. Y, por supuesto, resulta difícil prever la capacidad de América Latina para adaptarse a los cambios ocurridos en Europa. Pero si consideramos las experiencias de Colombia, México o Chile (pero sólo durante los últimos años), el resultado podría ser bastante positivo.

Es probable que la culminación del Mercado Único refuerce la tendencia de la inversión europea a concentrarse en su propio mercado interno, pero no es probable que esto afecte a las inversiones realizadas en América Latina, en vista de su carácter marginal para Europa. De igual modo, no se han confirmado los sombríos pronósticos acerca de la desviación de la inversión de América Latina hacia Europa oriental y central.

---

[36] "A Test of Partnership: The Impact of the Single European Market on Latin America in the 1990s", Instituto de Relaciones Europeo-Latinoamericanas, estudio preliminar, Madrid, julio de 1990. Véase un análisis más detallado y autorizado en *El mercado único europeo y su impacto en América Latina,* Madrid, Instituto de Relaciones Europeo-Latinoamericanas, 1992.

Más bien, las condiciones económicas y políticas prevalecientes en esta última área no parecen más favorables que las de América Latina, y la mayoría de los antiguos países comunistas apenas empiezan a ajustar sus economías para introducir mecanismos de mercado.

Hay muchas posibilidades de que disminuya la importancia del problema de la deuda en las relaciones de América Latina con Europa, al igual que con otras potencias o regiones. En opinión de la comunidad financiera europea, el ajuste interno, no el apoyo externo, está permitiendo ya que algunos países que son deudores importantes salgan de la crisis. Por otra parte, los mercados monetarios europeos están desempeñando un papel importante en la provisión de dinero fresco para la región.

Parece estable la cooperación europea para el desarrollo de América Latina. No parecen vislumbrarse grandes incrementos, pero deberían mantenerse los niveles actuales. Lo que podría esperarse es un desplazamiento mayor de los programas de ayuda tradicionales hacia las nuevas formas de la cooperación en los sectores industrial, tecnológico y educativo. La construcción de instituciones podría representar otra área de crecimiento, siempre que continúen consolidándose los procesos de democratización.

A largo plazo, una Europa más fuerte en lo económico y lo político buscaría ineludiblemente un papel más prominente en la región en desarrollo con la que tiene más afinidades históricas y políticas. Individualmente, el peso de algunos actores europeos en América Latina podría cambiar gradualmente en los próximos años. Por ejemplo, parece obvio que Alemania está concentrándose más en sus problemas internos y mirando más hacia sus vecinos orientales. Algunos cambios de las prioridades regionales son ya evidentes en los fundamentos políticos y en las ONG de Alemania, pero sería una exageración decir que están abandonando la región. Por otra parte, es probable que subsista y aun aumente el involucramiento de España en América Latina, si no en el comercio sí en los flujos de inversión igualmente importantes. La presencia italiana en América Latina no depende sólo de las prioridades exteriores del país, donde América Latina ocupa un lugar intermedio, sino también de las capacidades de su Estado, las cuales podrían requerir una gran restructuración durante los años noventa. Para Francia, Gran Bretaña, Holanda, Bélgica y Escandinavia no parecen probables grandes cambios en el futuro próximo en lo que concierne a América Latina. Y respecto de Portugal, aparte de su relación especial con Brasil, es probable que sus recursos limitados no permitan un cambio significativo de su bajo trazo en el resto de América Latina.

También están cambiando las prioridades europeas en la región. Los cambios ocurridos en la situación política de Centroamérica han disminuido la atención sobre esa área, aunque la ayuda económica aumentó ligeramente y los europeos continúan supervisando el proceso de pacificación y participando en esfuerzos de mediación en países como El Salvador y Guatemala. Entre los países más grandes de América Latina es muy probable que México continúe atrayendo la atención europea, mientras que el fortalecimiento de las relaciones con socios tradicionales como Brasil y Argentina dependerá en gran medida de las condiciones que prevalezcan en esos países. Es probable que las relaciones con Chile permanezcan en su actual nivel positivo, pero no hay esperanzas de constituir ninguna clase de relación especial.

Es probable también que Europa occidental aumente su colaboración con otros socios de la OCDE en América Latina. Han disminuido considerablemente las antiguas discrepancias existentes entre los Estados Unidos y sus aliados europeos acerca de los problemas latinoamericanos. Durante los años ochenta, Washington veía con desconfianza y escepticismo el involucramiento europeo en Centroamérica; pero en los años noventa, las potencias europeas están siendo invitadas a participar en algunos aspectos de la Iniciativa de Empresa para las Américas y en algunos programas internacionales para la reconstrucción de Centroamérica. Los contactos políticos entre algunas naciones europeas y los Estados Unidos, que cubren agudas situaciones internas en los países de la región, también se están fortaleciendo. Así pues, el triángulo del Atlántico sigue siendo una dimensión de las relaciones europeo-latinoamericanas, en un mecanismo que incluye también a Japón cuando están involucradas empresas económicas.[37]

No es probable que los cambios ocurridos en Europa modifiquen sustancialmente las relaciones interregionales, pero las condiciones internas de América Latina sí podrían hacerlo. En efecto, la mayoría de los países de la región seguirán manteniendo su interés en Europa, como parte de su búsqueda de una mayor diversificación de sus lazos externos. Las esperanzas de relaciones especiales y las apelaciones a la solidaridad europea serán gradualmente remplazadas por evaluaciones más realistas y concretas del potencial de las relaciones interregionales. Sin embargo, el progreso sustancial en áreas específicas dependerá más de las condiciones económicas y políticas prevalecientes en América Latina que de la mera voluntad política. Podrían fortalecerse significativamente los intereses de Europa en la región si América Latina recupera el dinamismo que mostró durante los últimos decenios y si puede preservar y profundizar sus procesos de democratización. Es obvio que Europa puede ayudar a América Latina para que enfrente esos tremendos desafíos, por sí sola o en unión de los Estados Unidos y otros socios extranjeros im-

---

[37] Wolf Grabendorff y Riordan Roett, comps., *Latin America, Western Europe, and the U. S.: Reevaluating the Atlantic Triangle*, Nueva York, Praeger/Hoover Institution, 1985.

portantes de la región. Pero el éxito dependerá de los propios latinoamericanos, no de sus amigos extranjeros. No es que América Latina haya sido "abandonada" o "dejada sola".[38] Más bien, lo que debe abandonarse son las ilusiones y los espejismos acerca de benefactores externos inexistentes y de relaciones especiales que nunca se llevaron a cabo con Europa y ni siquiera con los Estados Unidos.

[38] Véase, por ejemplo, el título melodramático y algo inadecuado compilado por Álvaro Tirado Mejía, *América Latina se ha quedado sola,* Bogotá, Fundación Santillana para Iberoamérica, 1989. El título ha sido tomado de Gabriel García Márquez en su discurso de aceptación del Premio Nobel de Literatura en Estocolmo, 1982.

VI. RUSIA Y AMÉRICA LATINA EN LOS AÑOS NOVENTA

Sergo A. Mikoyan

¿Cuál será la importancia de Rusia para América Latina durante el resto de los años noventa? Tras un periodo que se extendió desde el triunfo de Fidel Castro en La Habana hasta el final de los años ochenta, cuando se argumentaba a menudo que la Unión Soviética era un factor y una influencia importantes en América Latina, ¿terminarán por completo con esa influencia los acontecimientos de Moscú en 1991? ¿Son todavía América Latina y Rusia relevantes recíprocamente en alguna forma significativa? ¿O están ambos ahora completamente libres de una asociación aparente que fue producto de la paranoia y las presiones de Washington, así como de sus propias iniciativas? Éstos son los interrogantes que abordaré en este capítulo, con la esperanza de que mis impresiones y opiniones provean luces y perspectivas que hacen falta en muchas explicaciones contemporáneas de las relaciones ruso-latinoamericanas.

Como un especialista ruso sobre América Latina, cuyo interés por la región se inició con una visita a La Habana hace más de 30 años, trabajo ahora desde una atalaya en Washington. Ese hecho mismo refleja nuestro mundo cambiante, y creo que me ha ayudado a comprender las concepciones erradas y los mitos existentes acerca de las relaciones ruso-latinoamericanas, así como algunas de las verdades a medias que influyeron tanto en Moscú. Trataré de evitar tales mitos y de colocar las relaciones ruso-latinoamericanas en una perspectiva realista. Primero haré una breve reseña de los antecedentes históricos y luego me ocuparé de las relaciones actuales y futuras, tal como están surgiendo después de un periodo de gran cambio internacional, especialmente las sísmicas transformaciones ocurridas en mi país. Todavía no pueden determinarse las implicaciones internacionales completas de lo ocurrido en Moscú en agosto de 1991, porque los cambios no han terminado en Rusia. Sin embargo, se ha aclarado lo suficiente para permitir ciertas evaluaciones ordenadas, aunque tentativas.

Mitos y realidades del pasado

La Rusia soviética fue concebida originalmente como una entidad internacional con una misión histórica para determinar el futuro, no sólo de la propia Rusia sino también el de Europa y en efecto el de todo el mundo. Y ciertamente lo hizo, aunque no como lo querían Vladimir Lenin y su cohorte comunista.

El fracaso del comunismo en Rusia, en los años noventa, no debería llevarnos a subestimar su influencia sobre el mundo de los 74 años transcurridos desde la Revolución de octubre de 1917.

América Latina fue una de las áreas del globo menos influidas por "el Octubre Rojo", pero empezó a sentir algo nuevo y significativo en su conciencia social y política después de 1917. En la superficie, poco cambió. Pero entre más profundizamos en el examen, más vemos que las semillas de tormentosos acontecimientos futuros habían sido sembradas. Cierto efecto ideológico, sutil y misterioso (misterioso porque estamos hablando de países geográficamente remotos, poblados por masas de personas atrasadas y a menudo analfabetas), se inició mucho antes y fue más profundo que cualquier influencia derivada de las subsecuentes maniobras diplomáticas o acciones de la política exterior soviética.

Es por ello que resulta difícil convenir en que "en efecto, sólo los miembros del Partido Comunista de la Unión Soviética y sus interesados seguidores consideraron los hechos de octubre de 1917 como una experiencia monumental, excepto en la determinación de los gobernantes del Imperio ruso".[1] Si esto fuese cierto, el rompimiento del sistema soviético no sería tampoco un acontecimiento monumental, aparte de determinar a los gobernantes de Rusia y de otros Estados sucesores. Pero pocos defenderían esta clase de interpretación de la perestroika y los acontecimientos subsecuentes en la URSS, Europa oriental y central, y muchas otras áreas del mundo. Por supuesto, lo que hemos visto no es el fin de la historia, sino el fin de una era y el inicio de otra. Y no podemos descartar la importancia de la experiencia de la URSS.

Muchos que no fueron jamás comunistas o seguidores de los comunistas estarían de acuerdo con Abbot Gleason, quien señaló que fue educado con la convicción de que "la Revolución rusa fue el acontecimiento más importante del siglo xx"; todavía cree que "en cierto sentido, todas las transformaciones progresistas del siglo xx estuvieron estrechamente relacionadas con lo que ocurrió en 1917".[2] Pero esto no quiere decir que el

[1] Jack Perry, "The Russians Aren't Coming", en Wayne S. Smith, comp., *The Russian Aren't Coming*, Lynne Rienner, Boulder y Londres, 1992, p. VIII.
[2] *The Atlantic*, noviembre de 1992, p. 30.

régimen soviético alcanzara grandes triunfos en lo tocante a la democracia o el bienestar del pueblo, sobre todo cuando se le compara con el capitalismo.

Ciertamente, la existencia misma del autodeclarado Estado socialista durante más de siete decenios tuvo un efecto enorme sobre el resto del mundo, en virtud de su naturaleza y de sus relaciones con otros países. La irradiación de ideas o ideales desde Moscú podría compararse con la luz de una estrella de otra galaxia, cuyos rayos estuvieran iluminando todavía objetos distantes mientras que en la fuente misma se estaban agotando el calor y la luz. Es en este contexto que debemos reconocer cuán correcta era la aseveración de Fidel Castro de que sin la Revolución de Octubre en Rusia, no habría habido una Revolución cubana. La Revolución cubana vino a ilustrar más vívidamente que cualquier otra cosa cómo la influencia ideológica de la Unión Soviética duró más que el fervor revolucionario en la propia URSS.

La Revolución cubana; los regímenes militares progresistas de Perú, Panamá, Ecuador y Bolivia (con elementos abortivos de tales regímenes en Honduras y El Salvador); el gobierno socialista encabezado por Salvador Allende en Chile; las guerrillas urbanas y de la selva de Brasil, Perú, Argentina, Bolivia y Colombia; los movimientos revolucionarios en Centroamérica y el Caribe: no había una sola área de América en la que Washington se sintiera libre de la amenaza de sucesos problemáticos ligados de algún modo a Moscú.

Además, Cuba se convirtió efectivamente en un cercano aliado soviético que Moscú apoyaba y toleraba. Un mito muy tenaz era que La Habana se había convertido en un simple peón en el ajedrez estratégico soviético. En realidad, Cuba sabía que Moscú no podía pelearse con La Habana aunque ésta retara muy abiertamente la presunta supremacía de Moscú. Sin embargo, era una alianza, a pesar de todas las dificultades y dolores de cabeza de ambas partes. En suma, el fantasma del comunismo era algo más que un duende: era suficientemente real para recordar cuán caro podría resultar el olvido de los pobres y necesitados de América Latina. Y Fidel Castro hizo cuanto pudo para preservar esta creencia.

Al mismo tiempo, el continente no recibía gran atención de Moscú antes de 1991. No era un campo de pruebas o siquiera una *place d'armes* para el comunismo agresivo y expansionista. Éste es un ejemplo de los perdurables y presuntamente convincentes mitos que sirvieron de base para la elaboración de políticas en muchos países, sobre todo en los Estados Unidos. Seguramente, Moscú deseaba expandirse hasta el hemisferio occidental, pero los gobernantes de Moscú eran suficientemente realistas para no soñar en convertir al Caribe en un lago comunista: se conformaban con tener a la isla socialista de Cuba.

Granada y Nicaragua fueron regalos sorprendentes que provocaron emociones encontradas en el Kremlin. Por una parte, los regalos se recibieron con beneplácito, porque otorgaban ciertas ventajas a Moscú en el marco de la confrontación mundial.

Primero, con la situación en Nicaragua, los gobernantes de Moscú sintieron que habían obtenido algunas ganancias frente a los gobernantes de Beijing. Los esfuerzos chinos por minar la imagen y la influencia soviéticas en el Tercer Mundo, y especialmente entre los movimientos izquierdistas, le parecían a veces al Kremlin no menos importantes que la confrontación con los Estados Unidos. Los analistas occidentales subestiman con frecuencia este factor.

Segundo, Nicaragua resultaba útil en otro contexto. La guerra "sucia" en Afganistán había otorgado a los Estados Unidos un instrumento obvio y muy eficaz para minar la estatura internacional de la URSS. Pero en lugar de reconocer su propia estupidez y retirarse de Afganistán, el Kremlin utilizó la situación de Nicaragua para arrojar el dolor de cabeza al gobierno de los Estados Unidos, equiparando a los contras con los mujaidines; y, de nuevo, los soviéticos trataron de mejorar (esta vez con cierto éxito) la imagen de Moscú en el Tercer Mundo. Pero la ayuda soviética a Nicaragua no reflejaba ningún intento de una expansión real en Centroamérica. Moscú consideraba improbable tal resultado, a pesar de las esperanzas de Castro.

En realidad, si la teoría del dominó hubiese empezado a materializarse en Centroamérica por sí misma, la situación habría sido acogida alegremente en el Kremlin. Pero el interés pragmático dictaba un enfoque moderado para los acontecimientos del hemisferio occidental (Chile en 1970-1973 es un ejemplo convincente). La adopción de una línea agresiva, en lugar de una línea conservadora, habría sido algo demasiado peligroso. Las probabilidades de un fracaso habrían sido grandes, y el fracaso podría haber eliminado toda posibilidad de pláticas bilaterales con los Estados Unidos sobre la carrera armamentista y otras cuestiones. Sólo podría añadir cargas financieras, sin ninguna ganancia significativa. Paradójicamente, Moscú se comprometió tanto como Washington con la idea de "no más Cubas".

En suma, la participación soviética en América no fue nunca tan grande como se hacía aparecer en los círculos políticos estadunidenses. En la medida en que Moscú exportaba la revolución, enviaba poco más que ideología.

Sin embargo, la existencia de la Unión Soviética elevaba todo movimiento de liberación a una escala potencialmente global. En cualquier momento dado, el fantasma del comunismo podría convertirse en un poderoso guerrero. El que los mitos pudieran convertirse fácilmente en realidades para la Unión Soviética era indudablemente un hecho en América Latina, en virtud de su involucramiento y su compromiso en Cuba, sus lazos con el gobierno sandinista en Nicaragua, sus vínculos con los partidos comunistas y los movimientos progresistas, y su utilidad como una palanca frente a los Estados Unidos para los líderes latinoamericanos.

LA PERESTROIKA Y LAS RELACIONES
SOVIÉTICO-LATINOAMERICANAS

La sexta parte del globo cubierta por el Estado soviético no fue el único lugar profundamente transformado por los acontecimientos desatados por el proceso de la perestroika de Gorbachov después de la primavera de 1985. Estos sucesos obligaron a revaluar los intereses y los valores nacionales del régimen soviético, el fin de la Guerra Fría y, finalmente, el funeral de la ideología misma en su hogar de Moscú. La Europa central y oriental, y algunas partes periféricas de Asia, se vieron sacudidas por la explosión que estremeció al mundo entre 1989 y 1991. América Latina, tan distante de Moscú, también se vio afectada por los estragos de esa explosión.

Estos estragos tuvieron efectos variados en diferentes partes del continente latinoamericano y en diferentes estratos de su población. El fracaso de la ideología fue tal vez el golpe más importante para las fuerzas izquierdistas y la sorpresa más agradable para los conservadores.

Sin embargo, el derrumbe de la URSS y los extraños zigzagueos de la política exterior rusa también afectaban a los gobiernos centristas. Es claro que estos gobiernos y las fuerzas que los apoyan perciben el final de la Guerra Fría como un desarrollo generalmente positivo: ya no existe el peligro de una guerra nuclear global ni hay peligro de una actividad subversiva dirigida o alentada por Moscú.

Pero al mismo tiempo, muchos países han perdido la oportunidad de beneficiarse con la confrontación existente entre las dos superpotencias. En la medida en que algunos países pudieran demostrar que pertenecían a la "zona gris" por la que ambos bandos —pero en particular los Estados Unidos— consideraban necesario luchar, de ordinario obtenían un "trato especial": ayuda económica, préstamos, concesiones en la deuda externa y los aranceles, precios preferentes, ayuda militar, apoyo político y otros beneficios estaban potencialmente disponibles. Por supuesto, todo esto no llegaba automáticamente. Sin embargo, era mucho más fácil esperar un "entendimiento" favorable de parte de Washington cuando existía del otro lado del océano un adversario poderoso, peligroso, imprevisible y misterioso.

Ahora parece haber pocas de tales oportunidades en el horizonte, y la influencia de Rusia sobre América Latina ha disminuido y se ha vuelto más compleja. En tales circunstancias, ¿se preocupa ahora alguien por lo que ocurra en Sudamérica e incluso en Centroamérica?

Además, una situación hipotética futura podría hacer que los intereses de Rusia y de América Latina entraran en conflicto, en lugar de ser más o menos compatibles. Las dos áreas podrían volverse competidoras por la ayuda financiera, los préstamos y otra asistencia de los Estados Unidos. En tal situación, por lo menos tres consideraciones prometen dar la ventaja a Rusia: la creencia de Washington de que la democracia es estable e irreversible en América Latina, la confianza de Washington en que puede influir sustancialmente sobre los procesos internos de Rusia, y el hecho de que Rusia sea todavía una superpotencia nuclear que debe ser reconocida y auxiliada. Una consideración contraria podría ser que América Latina está más cerca que Rusia y, por supuesto, México será siempre un "caso especial". Como dice Michael G. Wilson, "después de Rusia, México es probablemente el país más importante para la política exterior de los Estados Unidos".[3]

En todo caso, nadie puede esperar un estancamiento general del horizonte sociopolítico latinoamericano como resultado de los acontecimientos de Rusia. Zbigniew Brzezinski reconoció en cierta ocasión que América Latina, especialmente Centroamérica, era la región para la que resultaban más apropiadas la teoría y la práctica marxistas.[4] Esto sigue siendo cierto ahora. Por supuesto, bajo el disfraz del izquierdismo, o por una concepción errónea de la esencia del término *izquierdismo*, diversas clases de fanáticos, cínicos y aun elementos corrompidos pueden ser muy activas. Sendero Luminoso es un ejemplo. No deberíamos hacernos ilusiones: no hay ninguna garantía de que se esfumen las tendencias izquierdistas a causa de las ráfagas calientes de la explosión ocurrida en Moscú en agosto de 1991. Por el contrario, no dejarán de surgir aquí y allá nuevos activistas de la izquierda, y no porque "no hayan leído en la prensa el triste final del totalitarismo comunista", como dijo César Gaviria, el presidente de Colombia.[5] El otro lado de la historia es que Rusia no tendrá ninguna importancia para la nueva izquierda en el continente latinoamericano. Jorge Castañeda hizo un análisis excelente de las perspectivas de los movimientos izquierdistas en América Latina, que ya no están vinculados con "el Gigante Rojo".[6]

[3] "Agenda for Latin America and the Caribbean, Memo to President-elect Clinton", Washington, Heritage Foundation, 13 de enero de 1993.

[4] Zbigniew Brzezinski, *The Grand Failure: The Birth and Death of Communism in the Twentieth Century,* Nueva York, Scribner, 1989.

[5] *Washington Post,* 9 de noviembre de 1992.

[6] *Latin America,* núm. 12, 1990, pp. 52-61.

Es obvio que Reagan estaba errado desde el principio cuando suponía que las crisis o el desasosiego sociopolítico del mundo estaban relacionados con las actividades subversivas tramadas en las capitales comunistas. Pero lo más curioso es que esta explicación simplista, surgida en la mente de un antiguo actor cinematográfico aconsejado por los autores del "manifiesto de Santa Fe", haya sido aceptada en la antigua URSS. Ahora resulta casi imposible escribir o hablar persuasivamente en Rusia (excepto ante una pequeña comunidad de especialistas latinoamericanos) en defensa de los sandinistas, de la Revolución cubana, del gobierno de Allende (¡muchos creen que Allende usurpó el poder al estilo castrista!), o de cualquier persona o cualquier cosa que se presentara positivamente en Rusia antes del 19 de agosto de 1991. "El brazo de Moscú" se ha vuelto una obsesión para muchos habitantes del propio Moscú, y los críticos tratan de descubrir en los archivos del Partido Comunista algunas pruebas de que todo movimiento de liberación en el Tercer Mundo fue provocado, organizado y dirigido por la KGB.

Un resultado inmediato del golpe de Moscú fue una especie de revolución en la conciencia de muchas personas, especialmente aquellos de los círculos oficiales y de los medios de comunicación masiva. Estar en contra de todo lo que se hubiera elogiado antes se convirtió en un imperativo para casi todos los políticos o periodistas, a excepción de los muy recalcitrantes. Esta tendencia era visible aun antes del golpe, en 1989-1990.[7] Lo ocurrido en agosto de 1991 volvió casi irresistible esta tendencia.

Sin embargo, esta atmósfera de Moscú no durará mucho. Debe considerarse como una reacción natural contra la propaganda oficial del pasado: agobiante, mentirosa, abiertamente sesgada o contradictoria. Con el tiempo surgirá un enfoque más meditado e imparcial, basado en el sentido común y en interpretaciones generalmente reconocidas, liberales y democráticas, de los procesos y los sucesos mundiales. Y este avance afectará seguramente los problemas de la política exterior, incluidos los que están relacionados con América Latina.

Las reformas internas de Gorbachov y su "nuevo pensamiento político" global tuvieron su impacto más directo y visible sobre las relaciones de la Unión Soviética con Cuba. Sin embargo, incluso este desarrollo ineludible fue inicialmente minimizado y demorado por la inercia burocrática y política y por los compromisos internos, como se reflejó en la conferencia cumbre de Gorbachov-Castro, a principios de 1990, y en el tratado cele-

---

[7] Una ilustración de este enfoque "invertido" es la visita a Chile, en 1990, de una delegación soviética que incluía a un miembro del Soviet Supremo. La delegación visitó al general Pinochet y lo elogió por los éxitos económicos de su país. Esos demócratas no entendían siquiera que esto era como felicitar a Stalin por los éxitos de la industrialización en la URSS, o como elogiar a Hitler por haber eliminado el desempleo en Alemania.

brado entre la URSS y Cuba. En efecto, el tratado de mayo de 1990 parecía redactado a principios de los años sesenta o fines de los años setenta. Sin embargo, después de 1989 era ya algo extraño. Pero esto no ocurría porque la Guerra Fría hubiese terminado para Cuba. Lamentablemente no era así.

Sin embargo, podía advertirse una discrepancia ideológica entre los líderes de la Rusia soviética y ciertas fuerzas izquierdistas de América Latina en la actitud del comandante Fidel Castro hacia la perestroika desde su inicio: primero cautelosa y luego abiertamente negativa. En vista de la situación mundial, la conferencia cumbre de La Habana, en mayo de 1990, estaba condenada al fracaso. Sorprendentemente, surgió de allí un tratado polifacético que parecía forjar una relación más fuerte y estrecha que la conocida por los dos países con Brezhnev. Pero ésta era ilusión engañosa, involuntariamente creada por los dos líderes.

El tratado era una realización de planes concebidos por lo menos dos años antes en el aparato del Comité Central del Partido Comunista de la Unión Soviética (PCUS) y del Ministerio de Relaciones Exteriores. Los burócratas que "preparaban" la visita estaban ansiosos por hacer su contribución a "una nueva etapa" de las relaciones existentes entre los dos países; estaban mucho más interesados en alcanzar sus propias metas que en evaluar los rápidos cambios que estaban ocurriendo en la URSS y considerar cómo podrían verse afectadas las relaciones soviético-cubanas por tales cambios. Era todavía fuerte el sentimiento de que el aparato todopoderoso podría seguir funcionando a su modo. Fue por ello que la conferencia cumbre produjo uno de los tratados aparentemente más productivos entre la URSS y Cuba, aunque desatara un grave enfriamiento de las relaciones efectivas. En efecto, el tratado se volvió obsoleto en el momento mismo de su firma. Fue así como otro mito sustituyó a la realidad.

La incompatibilidad personal entre Mijaíl Gorbachov y Fidel Castro era sólo la primera señal de tensión en el romance soviético-cubano en la esfera gubernamental. Ciertamente era inevitable un enfriamiento de la relación en vista de la dirección general de las reformas de Gorbachov. Las "líneas generales" de los dos liderazgos se volvieron irreconciliables. Sin embargo, Gorbachov no habría roto por completo las relaciones soviético-cubanas, sino que habría conservado por lo menos algunas partes de las obligaciones y los tratados anteriores si los acontecimientos internos se hubieran desenvuelto en una forma más ordenada. Creía Gorbachov que la relación con Cuba, aunque sustancialmente modificada, seguía siendo importante en el marco de la política mundial.

Sin embargo, el golpe de agosto de 1991 lo alteró todo. Regresando de su detención en Foros, el presidente Gorbachov se vio tan desmoralizado por su vengativo rival, Boris Yeltsin, que olvidó seguir las reglas de comportamiento básicas en el campo diplomático y ético. Unilateralmente, sin molestarse siquiera en informar previamente a Castro, declaró el 12 de septiembre de 1991, en presencia del secretario de Estado de los Estados Unidos, James Baker, que retiraría la brigada militar soviética de Cuba.

Esta declaración era evidentemente forzada y prematura. Primero, no estaba claro el tamaño efectivo de la brigada militar soviética. Segundo, todavía en enero de 1993 había en Cuba casi 1 500 soldados. Obviamente, los militares no estaban dispuestos a cooperar con una retirada tan apresurada. Por último, el presidente Yeltsin programó el retiro total para la segunda mitad de 1993.[8]

Durante 30 años, la presencia de estas tropas en la isla ha sido poco más que un símbolo de la amistad establecida entre los dos países en 1962, inmediatamente después de la crisis de los misiles. En efecto, ya no eran necesarias para proteger a Cuba de una invasión estadunidense. Moscú, por lo menos, no creía que tal invasión fuese plausible, aunque las incursiones en Granada y Panamá llevaron a los líderes cubanos a creer que su país podría ser el siguiente.

En 1991, Cuba tenía todavía el presupuesto de defensa más elevado del hemisferio en términos per cápita. En 1992, después de la reducción de todas las expediciones africanas, sus fuerzas de defensa eran las más poderosas en América, con 175 000 soldados.[9] Por supuesto, Cuba no se hacía ilusiones acerca de que pudiera derrotar a las fuerzas estadunidenses, pero sus líderes querían asegurarse de que cualquier invasión potencial fuera tan prolongada y sangrienta que resultara incosteable. Fidel Castro nunca consideró como una posibilidad seria la ayuda militar directa de la Unión Soviética, ni siquiera cuando Nikita Jruschov prometió "enviar la flota del Báltico".

1991 y después: el nuevo papel de Rusia en América Latina

¿Qué podría esperarse ahora, tras la terminación de la Guerra Fría, el derrumbe de la ideología comunista en Moscú y la declinación de la URSS como una superpotencia?

Gorbachov y Eduard Shevardnadze tenían una visión sobre la dirección estratégica de la política exterior soviética. La terminación de la

---

[8] Véase el apéndice al final de este capítulo, en la p. 151.

[9] *Latin American Weekly Report* (Londres), núm. 43, 5 de noviembre de 1992, p. 8.

Guerra Fría era su meta primordial, la que dictaba muchas de sus decisiones. No puedo decir que América Latina ocupara un lugar importante en su mente, aunque la conexión cubana no podía descartarse simplemente. Pero inmediatamente después de agosto de 1991 surgió un obvio vacío de pensamiento estratégico. Esto era muy entendible: ni siquiera los Estados tradicionales, estables, pueden presumir siempre de tener una visión estratégica de su política exterior; y cuando un país basado en una ideología dogmática perdía tal ideología tan abruptamente, cierto periodo de desorden y confusión resultaba inevitable. Además, el primer gobierno ruso después de 1991 era un gobierno de aficionados, incluido el ministro de Relaciones Exteriores, Andrei Kozyrev. Aquí estaba un ejemplo de libro de texto del "principio de Peter".[10] En consecuencia, al nuevo gobierno le resultaba difícil pensar con claridad acerca de la preservación de sus propios intereses.

Por lo que tocaba a Cuba, el ministro de Relaciones Exteriores de Rusia dejó en claro su intención de aniquilar todo rastro de las anteriores relaciones ruso-cubanas. Incluso trató de introducir una actitud hostil hacia Cuba, lo que se consideraba necesario para una solución final de las diferencias existentes con la visión mundial de la Casa Blanca. El ejemplo más escandaloso fue el voto de Rusia en la resolución de las Naciones Unidas para levantar el embargo estadunidense contra Cuba en noviembre de 1992: Rusia se abstuvo, mientras que la mayoría de los países, incluidos muchos aliados de los Estados Unidos, votaban en favor de la medida.[11] Después del primer choque, esta clase de políticas provocaba objeciones porque contradecía los intereses básicos de Rusia como una gran potencia y olvidaban las obvias ventajas diplomáticas de la relación con Cuba como un instrumento para balancear la presión de Washington contra la debilitada posición internacional de Rusia.

¿Cuáles situaciones hipotéticas podrían pronosticarse para los años noventa? Si Kozyrev continúa en su puesto por mucho tiempo (lo que es muy improbable), su política de "infantil proamericanismo" podría continuar durante algún tiempo.[12] Pero Kozyrev podría sentirse presionado

---

[10] Durante muchos años había sido un excelente funcionario con los auspicios y la dirección de Vladimir Petrovski (viceministro con Shevardnadze y ahora secretario general adjunto de las Naciones Unidas). Luego se dio a conocer publicando un artículo "revolucionario", en el que revaluaba diversos aspectos de la política exterior soviética de acuerdo con el nuevo pensamiento político, en *The Mezhdunarodnaya Zhizn,* una pálida sombra moscovita del *Foreign Affairs* de Nueva York.

[11] *Washington Post,* 9 de noviembre de 1992.

[12] La cita pertenece al embajador ruso ante los Estados Unidos, Vladimir Lukin, quien no se refirió directamente a Kosyrev. Por supuesto, la responsabilidad es enteramente mía. Véase un artículo muy profundo de Stephen S. Rosenfeld, *Washington Post,* 13 de noviembre de 1992.

para hacer algunas correcciones en esta área, y las consideraciones políticas podrían interpretarse de manera diferente. Mucho dependerá de la correlación de fuerzas en los organismos donde se toman las decisiones.

Sin embargo, las realidades económicas son más fuertes que las fluctuaciones de cualquier funcionario oportunista. Por una parte, la situación económica de Rusia ha terminado con las condiciones comerciales preferentes que se dieron a Cuba en los años sesenta. No sólo se mostrará Rusia incapaz o poco motivada para otorgar ayuda económica o precios preferentes a Cuba, sino que la continua disminución de la producción petrolera que se ha observado durante varios años negará a Cuba toda esperanza de un incremento de las importaciones petroleras provenientes de Rusia. En el mejor de los casos, Rusia cumplirá sus obligaciones comerciales, pero toda interrupción podría significar para Cuba mucho más de lo que pudieran imaginarse los zares de la industria petrolera rusa.

Por otra parte, las necesidades económicas dictarán la continuidad de relaciones comerciales normales. Rusia no tiene suficiente azúcar para su población, y la perturbación de sus relaciones económicas con Ucrania, que siempre ha producido más remolacha que Rusia, significa que la escasez de azúcar se sentirá cada vez más profundamente. La falta de azúcar ha sido también aguda en algunas otras repúblicas. Es por ello que las delegaciones de comercio exterior cubanas no afrontaron grandes dificultades para firmar acuerdos comerciales con Rusia y otras repúblicas.

Ésta era la esencia de lo que le contestó el presidente Yeltsin a George Bush cuando éste le preguntó por qué Rusia no cesaba de inmediato sus importaciones de Cuba. No era ésa toda la respuesta, pero el presidente ruso evidentemente deseaba dar una respuesta neutral, puramente económica, que dejara de lado los aspectos políticos del problema. En realidad, sin embargo, Rusia y Cuba podrían conservar su cercanía política, aunque su relación no será lo que antes fue.

Ninguno de los dos países deseaba que los militares rusos cortaran sus relaciones con Cuba. En enero de 1992, un grupo de representantes estadunidenses —Robert McNamara, Raymond Garthoff, Raymond Cline, Arthur Schlesinger—, acompañados por Jruschov y por mí, fue invitado por el ministro de la Defensa de Cuba, Raúl Castro, a visitarlo en sus oficinas de La Habana. Entre otras cosas curiosas, Raúl nos mostró un teléfono rojo que lo conectaba con el ministro de Defensa en Moscú. Incluso levantó la bocina y de inmediato estaba hablando con alguien que dominaba el español en el Estado Mayor ruso.

Evidentemente, nadie en Moscú deseaba privarse de una oportunidad para usar los puertos cubanos en beneficio de la armada rusa y de las flotas comerciales y pesqueras en el Atlántico. Y en efecto, los Estados Unidos deseaban de Rusia más de lo que habrían deseado de sus aliados más cercanos. Las primeras repercusiones de la Ley Torricelli —la "ley para la democracia cubana" que trataba de aumentar las presiones estadunidenses sobre Cuba, firmada por George Bush el 27 de octubre de 1992— demostraban que la Fundación Estadunidense-Cubana había hecho sentir su creciente influencia sobre el Congreso de los Estados Unidos, pero ninguno de los aliados cercanos de Washington deseaba tomar en consideración a esa ley.[13]

Muy importantes avances de las relaciones ruso-cubanas se presentarán en relación con la planta nuclear cercana a Cienfuegos. Meses antes del acuerdo de noviembre de 1992 con Rusia (que comentaremos más adelante), Castro declaró que la construcción de la planta se detendría por razones financieras. Todos entendían la importancia de la decisión: no se mencionaban los problemas relacionados con la seguridad y el ambiente general de las relaciones, pero es claro que desempeñaban un papel. A fines de 1992, Rusia celebró ciertas pláticas con Cuba, en las que proponía continuar la construcción. Los argumentos eran los siguientes: *1.* casi 90% de la obra había sido realizada ya; *2.* si se detuviera la construcción, gran parte de la obra terminada se perdería, y todo esfuerzo futuro de continuación costaría mucho más; *3.* Cuba necesita de todos modos nuevas fuentes de energía porque no puede importar todo el petróleo que necesita (la estación de energía ahorraría un millón de toneladas de petróleo); *4.* podría invitarse a otros participantes, a fin de minimizar los problemas de seguridad y financieros (se había pedido la contribución de algunas compañías francesas, y presuntamente habían otorgado su acuerdo preliminar). Finalmente, Cuba reaccionó favorablemente. Está claro que tal cambio no habría podido ocurrir jamás sin la aprobación de Castro y, del mismo modo, la propuesta sólo pudo provenir de las más altas autoridades de Moscú.

El acuerdo de noviembre de 1992 resolvió varios problemas, proveyendo un mercado estable para el azúcar cubano y asegurando un abasto continuo de refacciones para los militares soviéticos y otra maquinaria. Por último, el acuerdo cambió el ambiente psicológico para la relación ruso-cubana en los años noventa. El acuerdo señalaba algunos cambios en la política cubana de Moscú, impuestos por círculos ubicados fuera del ministerio de Asuntos Exteriores.

El acuerdo, firmado por parte de Rusia por el viceprimer ministro Aleksandr Shojin, un representante del antiguo complejo militar industrial, creaba la Comisión Intergubernamental para la Cooperación Comercial, Económica y Científico-Tecnológica. Se supone que la comisión "dará un impulso" a las relaciones económicas ruso-cubanas. Las dos partes con-

---

[13] *Latin American Weekly Report* (Londres), núm. 39, 8 de octubre de 1992, p. 9.

vinieron en la creación de un grupo especial de trabajo para que abordara las "obligaciones mutuas", lo que ciertamente significa, entre otras cosas, el problema de la deuda cubana con Rusia.

Es especialmente importante para el futuro la decisión de Rusia y Cuba de fortalecer la base legal sobre la cual establecieron sus relaciones bilaterales. El acuerdo otorga también un carácter legal y permanente para el centro radioelectrónico ruso en Lourdas. Se ha asegurado a Washington que las funciones de espionaje del centro serán estrictamente limitadas; tal centro se usará para otros propósitos, incluidas las transmisiones de radio a América Latina, el monitoreo meteorológico y la información.

Quizá no haya sido por accidente que el acuerdo se haya concluido pocos días después de que Bush firmara la Ley Torricelli sobre Cuba, y días antes de las elecciones presidenciales en los Estados Unidos, cuando parecía asegurada la victoria de Clinton.

Tales variaciones de la política rusa son muy explicables. El presidente Yeltsin, muy inexperto en asuntos exteriores, escucha a cualquiera de sus allegados que pretenda entender de tales cuestiones. Y son muchos los que pretenden saber. Por extraño que parezca, un oscuro profesor de "comunismo científico" de Sverdlovsk (la ciudad de los Urales llamada ahora por su antiguo nombre de Yekaterimburgo) se convirtió en el responsable de la supervisión de todas las relaciones exteriores, en nombre del propio presidente. Luego empezó a declinar la estrella de Guenadi Burbulis. Kozyrev fue designado ministro ruso cuando ese cargo carecía totalmente de importancia porque Eduard Shevardnadze era todavía el ministro de la Unión, y su supervivencia en el timón de los asuntos internacionales de la nueva Rusia ha sorprendido incluso a algunos de los que lo recomendaron para el puesto.

Está claro que la situación podría continuar cambiando en muchos sentidos. Los grupos que la prensa de Occidente considera simplemente como conservadores (independientemente de sus opiniones sobre muchos problemas internos), pero que se proclaman más patrióticos que los líderes actuales, podrían extender su influencia desde el desarrollo económico hasta los problemas de la política exterior. Ya pueden advertirse algunas señales de tal expansión. Muchas de sus visiones internacionales son compartidas por "demócratas probados". Además, algunos de estos grupos reconocen la importancia del Tercer Mundo, y esto conducirá indudablemente a una revaluación de la política cubana del Kremlin en favor de un enfoque más moderado. El acuerdo de noviembre de 1992 podría ser justamente la primera señal de tal cambio.

Los contactos culturales de Rusia con Cuba y otros países latinoamericanos revelan que podría desarrollarse una situación de este tipo. El papel del "espionaje creativo" en la política ha sido siempre muy destacado en Rusia, aunque los extranjeros tienen a veces problemas para apreciar su verdadera importancia. Ni siquiera la tendencia temporal a dejar de lado los campos cultural y académico, prevaleciente entre los nuevos ricos de la nueva Rusia, podrá hacer desaparecer las viejas tradiciones culturales. En consecuencia, los intelectuales de diversos campos contribuirán en gran medida a lo que suele llamarse un enfoque "civilizado" para diversos problemas. Por lo que toca a las relaciones ruso-cubanas, ello significará que los treinta y tantos años de lazos culturales seguirán trabajando en favor de una actitud amistosa permanente hacia Cuba. La misma tendencia definirá en gran medida las relaciones con todo el continente latinoamericano.

No creo que dependa mucho de los acontecimientos internos de Cuba. La personalidad de Fidel Castro podría ser una dificultad si persiste en su línea dura contra los disidentes y contra las demandas de un sistema multipartidista. Pero Cuba no está experimentando graves disturbios, como las guerras civiles de la antigua Unión Soviética y la antigua Yugoslavia, o la masacre de la Plaza de Tiananmen en China. Y los rusos entenderán mejor que los occidentales cuán difícil puede ser la transición de la dictadura a la democracia.

Aunque Yeltsin pueda fortalecer su propia mano autoritaria, se sentirá presionado para desarrollar una política exterior más sana y meditada, que contenga ciertas direcciones estratégicas y metas en los asuntos mundiales. Tal política ha estado ausente sin duda desde agosto de 1991 y especialmente desde la desaparición de Mijaíl Gorbachov y Eduard Shevardnadze en las posiciones decisivas de ese campo.

Por supuesto, Rusia necesitará ayuda occidental durante mucho tiempo. En teoría, esta necesidad debería volverla obediente a las exigencias estadunidenses respecto de Cuba. Pero tal obediencia es contraria a las tradiciones rusas, y en Rusia la ayuda real de los Estados Unidos no se siente muy directamente. La opinión pública está advirtiendo que esta ayuda es más de palabra que de acción, y no se espera que el gobierno de Clinton, que podría dominar el escenario político de los Estados Unidos hasta fines del siglo, haga más que George Bush y James Baker en el pasado. Por el contrario, la Casa Blanca y el Congreso tendrán que prestar más atención a las necesidades internas. Las actividades del Banco Mundial en Moscú son bastante limitadas, y los países de Europa occidental, que están muy activos en Rusia, jamás harán de Cuba un problema. La consolidación de Europa hará que estos países se sientan menos dispuestos aún a imitar la obsesión de los Estados Unidos en contra de Cuba. Los líderes rusos saben que la ayuda y las inversiones de Europa occidental han sido y probablemente seguirán siendo más importantes que la ayuda estadunidense.

Es por ello que existen buenas razones para esperar por lo menos un retorno parcial a las relaciones relativamente amistosas (¡pero ya no fraternales!) con Cuba. Sin embargo, la relación no tendrá el antiguo matiz antiestadunidense; por el contrario, podría asemejarse a la relación española-cubana.

Rusia y el continente europeo
hasta el fin del siglo

Las relaciones rusas con cada uno de los países latinoamericanos se verán afectadas por los cambios ocurridos en la antigua URSS. México es un buen ejemplo. La amistad tradicional entre los dos países, que data casi de 1917, se basaba parcialmente en ideas románticas acerca de las dos revoluciones que en el mismo año originaron imágenes nuevas de cada uno de los dos Estados. Ambas imágenes se contemplaban a través de lentes rosados, pero el concepto funcionaba: la opinión pública se desentendía de los resultados efectivos de las "revoluciones inconclusas" por lo que se refería a las relaciones existentes entre los dos países. Además, muchas figuras culturales rusas, bien conocidas y respetadas, han visitado México desde los años veinte, y muchos muralistas, escritores, cantantes, bailarines y otros líderes culturales mexicanos han visitado Rusia. Este factor depende poco de los cambios políticos ocurridos en Rusia, por espectaculares que hayan sido.

Sin embargo, la relación especial tenía también una base política en términos de las confrontaciones de ambos países con los Estados Unidos. La confrontación era abierta y peligrosa para la URSS, mientras que para México era encubierta y no declarada. En el último caso se trataba más bien de una animosidad "defensiva" que surgía de agravios antiguos y presentes. En cualquier caso, el mantenimiento de una amistad con el Kremlin servía a los intereses nacionales mexicanos.

Resulta interesante señalar que el presidente Salinas de Gortari parecía en problemas cuando, en su discurso a la Asamblea General de las Naciones Unidas del 11 de enero de 1992, dijo que el fin de la Guerra Fría condujo a la dominación militar de *una* sola potencia, mientras en América Latina todavía existen antiguas fuentes de inestabilidad.[14]

Cuando México invitó a la delegación del Soviet Supremo de la federación rusa, en octubre de 1992, parecía esforzarse por mantener relaciones con el principal de los Estados sucesores de la Unión Soviética. Era claro que México no estaba usando una "carta comunista", pero su gobierno ve a Rusia como una potencia semejante a Japón, Francia o Alemania:

[14] *New York Times*, 12 de enero de 1992.

todavía importantes desde el punto de vista político, pero casi insignificantes desde el punto de vista económico. La delegación fue recibida muy afectuosamente y sostuvo reuniones con los departamentos industriales y agrícolas. El jefe de la delegación, el vicepresidente del Soviet Supremo, Serguéi Filatov, hizo un pronunciamiento optimista acerca del desarrollo de las relaciones ruso-mexicanas.[15] Incluso declaró que el presidente Yeltsin visitaría México en la primera mitad de 1993.

Los "vecinos distantes", como llamó justamente Alan Riding a los Estados Unidos y a México, se están volviendo menos distantes ahora.[16] Y, por supuesto, ya no hay ninguna confrontación entre Moscú y Washington. El mercado común norteamericano y la cooperación política ruso-estadunidense parecen destinados a minar los intereses positivos basados en la animosidad común. Esto debería considerarse como un adelanto positivo en la era posterior a la Guerra Fría.

Pero el verdadero talón de Aquiles de las relaciones mexicano-soviéticas es la ausencia de serios intereses económicos mutuos. Por ahora, Rusia no tiene nada que ofrecer a la economía mexicana, que se encuentra estrechamente ligada al capital y la tecnología estadunidenses. Las exportaciones de productos mexicanos se dirigen en su mayor parte hacia los Estados Unidos, y su capital no podría estar activo en Rusia cuando México debe prepararse para afrontar el mercado común del TLC y la competencia del Norte. En efecto, el optimismo de Filatov parece muy realista. Pero posiblemente el capital mexicano podría encontrar en Rusia un mercado nuevo sin la competencia norteamericana.

Por extraño que parezca, los países centroamericanos tienen perspectivas ligeramente más brillantes, tanto en lo económico como en lo político. Sus exportaciones tradicionales —plátano y café— están llegando a Rusia en cantidades crecientes, gracias a las nuevas condiciones económicas que existen allí. En el antiguo "sistema de comando administrativo", que mantenía fija la mayoría de los precios del país, el precio del plátano era extremadamente bajo: un rublo, 10 kópecs por kilo (más barato que la manzana, que se producía en la propia URSS o se importaba de las vecinas Hungría o Polonia). Esto hacía que la importación de plátano no resultara rentable para los burócratas del ministerio de Comercio Exterior. Dado su enfoque básico —"el coeficiente" entre los precios en dólares y en rublos—, esa clase de importación no merecía un desarrollo serio. La situación del café se "corrigió" cuando se duplicó el precio fijo de la URSS de cuatro a ocho rublos en los años sesenta, y aumentó a más del doble en 1972, entre 18 y 20 rublos por kilo. Ahora que existe un pequeño co-

---

[15] Tass, 22 de octubre de 1992.
[16] Alan Riding, *Distant Neighbors: Portrait of the Mexicans*, Nueva York, Knopf, 1985.

mercio privado y que los precios de los productos tropicales ya no están controlados centralmente, la importación de plátano y de café resulta rentable todas las épocas del año.

Estos cambios ayudan a los países centroamericanos, a Colombia (que exporta 84% de su cosecha de café) y a Brasil (que exporta 60% de su café), en forma directa e indirecta. Algunas empresas alemanas, austriacas, suizas y de otras nacionalidades venden a los pequeños comerciantes de Rusia más café que las empresas colombianas o brasileñas; y no hay en Rusia una sola empresa centroamericana, pero es de esperarse que en consecuencia esos países europeos incrementen sus propias importaciones de café. Lo mismo se aplica al plátano. Es muy conveniente el establecimiento de contactos comerciales directos con Costa Rica, Nicaragua, Honduras, Colombia y Brasil, porque disminuirían los precios excepcionalmente elevados si se elimina toda una cadena de intermediarios.

El proceso se está acelerando en forma gradual pero sólo se volverá verdaderamente importante cuando grandes corporaciones dentro de la antigua URSS acumulen capital y adquieran la capacidad necesaria para transportar y preservar los productos tropicales. Rusia necesita varios años para elaborar la logística del comercio privado de productos alimentarios tropicales.

¿Cuáles son los factores políticos que operan ahora en los países al sur de México? Extrañamente, el fin de la ayuda militar soviética a Nicaragua y el repudio del gobierno del Partido Comunista en Moscú no disminuyó el papel de Rusia en Centroamérica. Por ejemplo, la misión rusa a las Naciones Unidas siguió participando activamente en todo el proceso de las pláticas de paz en El Salvador. Y el Frente Farabundo Martí, de la izquierda insurgente salvadoreña, se inclina a confiar en la delegación rusa en Nueva York mucho más que en cualquier otro mediador en las pláticas con el gobierno de los Estados Unidos. El Frente se ha puesto también en contacto con Moscú a través de la embajada de Cuba en Nueva York.

Para el futuro previsible, es de esperarse para Rusia lo siguiente:

1. Relaciones estables con Nicaragua, a pesar de todos los cambios ocurridos en ambos países (la cancelación, por parte de Rusia, de 2 400 millones de dólares del total de 3 000 millones de la deuda nicaragüense es un buen ejemplo);

2. Relaciones relativamente confiadas y fáciles con las fuerzas izquierdistas en el área, incluidos los movimientos armados como el Frente Farabundo Martí. Incluso después de que se resuelvan todas las dificultades de El Salvador —como la incapacidad del presidente Alfredo Cristiani para satisfacer las demandas de las Naciones Unidas en lo que se refiere al ejército salvadoreño—, estos movimientos seguirán siendo importantes para que los sandinistas permanezcan en Nicaragua.

3. Una buena oportunidad para continuar la participación en el proceso de pacificación en Guatemala, porque también es probable que las guerrillas guatemaltecas confíen en Rusia.

El proceso paralelo de democratización en Rusia y en varios países latinoamericanos ha eliminado graves obstáculos anteriores para su cooperación política. El final de la Guerra Fría llegó con cierto retraso a América Latina; el clima psicológico para las relaciones con la Unión Soviética y con Rusia no podía dejar de cambiar radicalmente después de los acontecimientos de 1989 y 1991. El anticomunismo, como una base para la política hacia Moscú, tuvo que morir cuando el comunismo se derrumbó como la ideología dominante en la capital rusa. Además, algunos gobiernos latinoamericanos que todavía están luchando contra la ideología izquierdista —como Colombia, Chile y Guatemala— están ávidos por utilizar sus relaciones con Rusia para minar las tendencias revolucionarias o radicales en su propio país.

Las relaciones entre Rusia y Brasil tienen indudablemente un futuro importante en diversos campos. La demorada explosión de la computación en Rusia indica que la industria de las computadoras podría ser un campo muy amplio para la cooperación, en el que podría acumularse una buena cantidad de capital. Brasil ha venido buscando la asistencia científica y tecnológica rusa en el campo de las grandes computadoras, y al mismo tiempo podría ayudar a Rusia a saciar su enorme apetito por las computadoras personales baratas.

Es cierto que a principios de 1993 sólo había en Rusia unas cuantas docenas de compañías brasileñas, sobre todo como empresas comerciales o conjuntas. (La industria hotelera dominaba en las inversiones brasileñas.) Pero hay numerosos campos de la actividad empresarial que podrían ser mutuamente benéficos. Un ejemplo podría ser la asociación de la oficina de diseño Mig de Moscú, que tradicionalmente ha producido aviones de combate, y una compañía brasileña para la producción de un pequeño jet ejecutivo. También podría surgir alguna cooperación en la industria militar entre empresas rusas y compañías brasileñas. Éste no sería un desarrollo enormemente exitoso, pero las consideraciones económicas podrían impulsarlo.

En noviembre de 1992 se establecieron por fin las comunicaciones aéreas entre Rusia y Brasil (luego de muchos años invertidos para obtener de Brasilia el permiso necesario para el aterrizaje de Aeroflot en Río de Janeiro, en camino a Buenos Aires). Ahora, Aeroflot y Transbrazil conectarán a Moscú y San Petersburgo con Río, São Paulo, Salvador y

Porto Alegre, en vuelos de carga y de pasajeros.[17] Estos vuelos facilitarán indudablemente las relaciones directas.

En el terreno político no hay ya obstáculos para una relación más estrecha. El interés por tal relación era obvio desde antes, cuando ambos países tenían sistemas autoritarios. Ahora, cuando ambos están esforzándose por construir sociedades democráticas, estos países tienen razones adicionales para buscar la cooperación. Como dijo el ministro de Relaciones Exteriores de Brasil en noviembre de 1992: "Brasil se interesa por mejorar sus relaciones con los Estados de la Comunidad de Estados Independientes. Con algunos de ellos podríamos tener un comercio bastante activo".[18]

Irónicamente, más y más investigadores, periodistas y aun funcionarios públicos de Rusia llegan a la conclusión de que los países grandes del Tercer Mundo, como la India y Brasil, son modelos mejores para el desarrollo ruso que el modelo de los Estados Unidos. La práctica brasileña de invitar a las corporaciones transnacionales a invertir, que antes era criticada en la Unión Soviética, parece ahora un modelo que convendría adoptar. La capacidad de Brasil para adquirir algunas de las características de un país desarrollado y para competir en los mercados mundiales de materias primas y productos industriales es algo que impresiona a los rusos, cuyos productos industriales tienen una calidad demasiado baja para ser competitivos (excepto en el campo militar y en unos cuantos más).

A veces, por supuesto, el comercio libre de control estatal genera dificultades que son muy normales en los países con mercados libres. Por ejemplo, la exportación incontrolada de recursos naturales desde la antigua Unión Soviética causaba problemas no sólo para los gobiernos de la mancomunidad, sino también para los productores brasileños. Durante 1992, por ejemplo, Brasil importó cerca de 3 000 toneladas de ferrocromo de Rusia, Ucrania y Kazakstán, a precios 33% por debajo de los niveles locales. En consecuencia, los productores brasileños pidieron a su gobierno que los protegiera contra semejante *dumping*.[19] En suma, entonces, hay ciertos caminos viables para el fortalecimiento de la relación comercial existente, con un intercambio económico significativo, incluido el flujo de capital de Brasil a Rusia y de alta tecnología de Rusia a Brasil.

También podría haber relaciones económicas más estrechas con otros países latinoamericanos más desarrollados cuyas economías son compa-

[17] *O Estado de São Paulo*, 2 de noviembre de 1992.
[18] Tass, 18 de noviembre de 1992.
[19] Tass, 5 de enero de 1993.

tibles con la de Rusia, entre ellos Argentina, Colombia y Perú. Este último país coopera ya con la Unión Soviética en el campo del equipo militar, y no hay duda de que la cooperación continuará. En primer lugar, los lazos de esta clase continúan inevitablemente por la necesidad de obtener refacciones y hacer renovaciones. En segundo lugar, los armamentos rusos seguirán teniendo precios competitivos y serán suficientemente refinados para las necesidades peruanas.

Venezuela nunca tuvo relaciones comerciales promisorias con la URSS. Como un exportador de petróleo, sin embargo, Rusia no puede mostrarse indiferente a este país latinoamericano. Como declara Armando Durán, ministro de Relaciones Exteriores de Venezuela:

> Venezuela tiene un claro interés por el futuro de estas naciones nuevas [las de la Comunidad], sobre todo porque constituyen la base del principal país productor y exportador de petróleo del mundo. Todo desarrollo en esta área crítica de la economía internacional nos afecta directamente y nos sentimos impulsados a asegurarnos de que los crecimientos futuros preserven la estabilidad y transparencia del mercado energético mundial.[20]

El ministro tenía buenas razones para sentirse en problemas, pero ciertamente no podía influir en la situación. Durante todo un año, la exportación de petróleo por parte de Rusia estuvo fuera de control y, en consecuencia, los precios mundiales bajaron considerablemente (de 24 a 18 dólares por barril a principios de 1993).

Las relaciones con Argentina fueron siempre normales, a pesar de la cruel dictadura militar de este país. Ésta era una prueba más de la política oportunista de Moscú, que consideraba las importaciones de grano y de carne más importantes que la solidaridad política con las fuerzas democráticas o aun izquierdistas. Mientras la reforma agraria de Rusia no logre incrementar la cosecha de granos (lo que es poco probable que ocurra en el futuro cercano), Rusia podría importar granos de Argentina, al igual que de los Estados Unidos y Canadá. Un campo de cooperación que se ha abierto por los cambios políticos de Rusia es el de los contactos militares. En octubre de 1992 visitó Moscú el ministro de Defensa de Argentina, Antonio Herman González, quien se reunió con el vicepresidente Aleksandr Rutskoi, el presidente del Soviet Supremo Ruslan Kasbulatov, el ministro de Defensa Pavel Grachev, y el presidente del Tribunal Constitucional Valery Zorkin. González visitó también la Academia del Estado Mayor y el poderoso Sindicato de Industriales y Empresarios, e invitó al ministro Grachev a que visitara Argentina en abril de 1993. Las declaraciones de González en su almuerzo con la prensa en el hotel

[20] *Venezuelan News & Views,* febrero de 1992, Washington, p. 8.

Metropol de Moscú fueron algo contradictorias, pero todavía significativas. A pesar del deseo expresado por su gobierno de unirse a la OTAN, dijo González que "Argentina no seguirá a alguien que está buscando la hegemonía mundial". Declaró que el objetivo de su visita no era la compra de armamentos, pero no descartó la cooperación comercial en el campo técnico-militar: "Se estudiará el intercambio o la compra de tecnología militar", dijo el ministro.[21] Evidentemente, los cambios políticos de ambos países allanaron el camino para intercambios que no habrían parecido posibles antes, ni siquiera inmediatamente después de la Guerra de las Malvinas. Como en el caso de México, podemos suponer que Argentina considera ahora sus relaciones con Rusia como una diversificación importante de su entorno internacional.

Las perspectivas de Chile como socio económico de Rusia no son muy brillantes, desafortunadamente. El rápido desarrollo de la economía de este país se basa en sus exportaciones orientales hacia los Estados Unidos, y se está discutiendo un acuerdo de libre comercio entre Chile y los Estados Unidos. En consecuencia, Chile no se interesará en vender nada a Rusia o comprarle; incluso los pocos productos que pudieran constituir una base para tal comercio encajan perfectamente en las relaciones económicas del país con su vecino norteño.

Sin embargo, en otras partes de América Latina hay buenas perspectivas para el desarrollo de la tradicional importación rusa de granos, carne y cueros de Uruguay, Argentina y Brasil. Ecuador y Colombia han sido proveedores importantes de plátano a Rusia, y Bolivia vendió siempre algunos metales a la Unión Soviética. Colombia importaba automóviles y trolebuses soviéticos, y una compañía panameña compraba automóviles soviéticos como los Lada y los Niva, y los vendía por todo el continente a precios muy bajos. Todos estos socios comerciales podrían continuar o reanudar sus operaciones en poco tiempo.

Sin embargo, contra las expectativas de la mayoría de los observadores de Occidente, no se estabilizaría el rublo. Ha sido muy difícil toda interacción económica normal y estable. Los cambios en el gobierno ruso y en el enfoque a las reformas a fines de 1992 daban al país una verdadera oportunidad de desarrollar una base más sólida para su política económica interna y, por lo tanto, para sus intercambios económicos externos. Es probable que la situación catastrófica creada por la inflación no sea superada en el futuro próximo, pero es de esperarse una recuperación económica rusa en la segunda mitad de este decenio. Ese "milagro económico ruso" es posible en vista de los ricos recursos naturales del país y de sus elevados niveles educativos y tecnológicos.

---

[21] Tass, 15 de octubre de 1992.

ALGUNAS CONCLUSIONES SOBRE
LAS RELACIONES RUSO-ESTADUNIDENSES

Es posible que las fuerzas izquierdistas latinoamericanas puedan superar pronto el choque de la derrota del régimen comunista en la URSS. La ideología comunista se ha ido, pero los círculos gobernantes de Moscú están recuperando su simpatía por los movimientos de liberación y las luchas del Tercer Mundo en pro de los derechos nacionales elementales. Aquí debo aclarar que entre estos círculos gobernantes hay diversas facciones. Es por ello que tal supuesto deberá entenderse sólo dentro del contexto de la lucha interna de los propios organismos que toman decisiones en Rusia. Como siempre, esta lucha por el poder es más visible en cuestiones concretas de la política interna o exterior.

La lucha no conducirá en ningún caso a una reanudación de la Guerra Fría o a un nuevo enfrentamiento con los Estados Unidos. Lo más probable es que Rusia modele su postura internacional siguiendo los lineamientos del ejemplo francés: en el "peor" de los casos, desde el punto de vista de los Estados Unidos, la postura de la época de Charles de Gaulle.

¿Cómo podrían influir estas tendencias del enfoque ruso para América Latina sobre las relaciones ruso-estadunidenses? Éste es un interrogante importante porque la confrontación soviético-estadunidense por América Latina era un elemento sustancial de la Guerra Fría. Aunque esto se debía sobre todo a las erróneas percepciones recíprocas, el asunto envenenaba todo intento de arreglo. Incluso después de la terminación de la Guerra Fría en 1989, el conflicto por el papel de Rusia en América Latina se vio afectado por las políticas de distensión aplicadas audazmente por Gorbachov y Reagan, Gorbachov y Bush, Yeltsin y Bush.

Si el "proamericanismo infantil" no sigue dominando la política exterior rusa, sino que se ve sustituido por una mente sobria e independiente en Moscú, el gobierno de los Estados Unidos tendrá que enfrentarse a hechos diferentes, no todos los cuales serán agradables o fáciles de vender a los conservadores. Las relaciones comerciales y económicas con Cuba, en particular el centro radioelectrónico ruso en la isla, serán sin duda problemas difíciles para el gobierno de los Estados Unidos, en vista de las presiones ejercidas por los cabilderos cubano-estadunidenses.

La continuación del papel político de Rusia en Centroamérica debería ser más fácil de aceptar. Con la terminación de la Guerra Fría no sólo debería tolerarse toda contribución rusa a la pacificación, sino incluso recibirse con beneplácito. Todos los celos que subsistan en esta área no son más que una reliquia de la actitud de la Guerra Fría. Y la relación rusa con los países sudamericanos no debe provocar ninguna incomodidad: tal vez debería ser tan aceptable para los Estados Unidos como la participación de cualquier otro país europeo.[22]

APÉNDICE: COMUNICADO
[TRADUCCIÓN NO OFICIAL]
ANUNCIO CONJUNTO DE LOS RESULTADOS DE LAS NEGOCIACIONES
INTERGUBERNAMENTALES RUSO-CUBANAS, 3 DE NOVIEMBRE DE 1993*

Las negociaciones intergubernamentales ruso-cubanas se celebraron los días 2 y 3 de noviembre en Moscú. La delegación rusa estuvo encabezada por el vicepresidente del gobierno de la federación rusa, A. Shojin, mientras que la delegación cubana estuvo encabezada por el vicepresidente del Consejo de Ministros de la República de Cuba, L. Soto. En el curso de las pláticas se revisaron muchos asuntos. Las dos partes reafirmaron su intención de desarrollar sus lazos sobre una base renovada, de acuerdo con los principios de soberanía, igualdad, autodeterminación, no interferencia en los asuntos internos, beneficio mutuo, y la balanza de los intereses rusos y cubanos. Se centró la atención en las relaciones comerciales y económicas ruso-cubanas. Las partes convinieron en que estas relaciones descansarían en los principios del comercio internacional universalmente reconocidos. Convinieron en la necesidad de dar un impulso considerable a estas relaciones en interés del desarrollo económico de ambos Estados, en particular mediante la diversificación de la estructura reciente del comercio y el desarrollo de nuevas formas de la cooperación comercial y económica, incluidas las operaciones compensatorias, la cooperación industrial y el establecimiento de empresas conjuntas. A fin de coordinar estos esfuerzos, las partes decidieron establecer una comisión intergubernamental para la cooperación comercial, económica y científico-tecnológica.

Las dos partes discutieron también el problema del cumplimiento de sus obligaciones recíprocas. A fin de elaborar un programa concreto y procedimientos para abordar el problema, las partes convinieron en la crea-

---

[22] Durante las audiencias del Senado para la confirmación de Warren Christopher como secretario de Estado, el senador Jesse Helms trató de presionar al futuro secretario con demandas extremas acerca de Cuba, las cuales podrían poner en peligro las relaciones con Rusia. Sus cuestionamientos aludían a la presencia de asesores rusos en Cuba e incluso a la planta nuclear en Cienfuegos, que en opinión del senador Helms tenía un carácter dudoso y supuestamente podría tener una importancia militar. Sin embargo, Christopher resistió la presión de Helms. Convino con el senador Paul Sarbanes en que la presencia de asesores rusos podría considerarse como un "factor de contención"; véase la Audiencia del Comité de Relaciones Exteriores del Senado, 14 de enero de 1993.

* Tomado de *Izvestia* (Moscú), 5 de noviembre de 1993.

ción de un grupo de trabajo especial dentro del marco de la comisión antes mencionada.

Las partes consideraron recomendable que se pusiera al día el tratado como la base legal de sus relaciones bilaterales y que se intensificaran sus esfuerzos recíprocos de adaptación a nuevas realidades.

También discutieron otras cuestiones bilaterales y algunos problemas internacionales vitales.

En el curso de las pláticas, las dos partes reafirmaron su interés mutuo en la continuación de la presencia del centro radioelectrónico ruso en el territorio de la República de Cuba. Para tal efecto firmaron un acuerdo.

Como resultado de las negociaciones, las partes firmaron acuerdos intergubernamentales para la cooperación comercial y económica, y para los embarques comerciales, más un protocolo sobre los volúmenes y los pagos comerciales para 1993.

Ambas partes subrayaron que las pláticas sostenidas y los acuerdos resultantes satisfacen los intereses de ambos países, refuerzan el nuevo carácter de las relaciones ruso-cubanas, y han contribuido a darles una naturaleza sostenida y previsible.

Las pláticas se entablaron en una atmósfera constructiva y pragmática, tratando de encontrar soluciones mutuamente aceptables que satisfagan los intereses de ambas partes.

VII. JAPÓN Y AMÉRICA LATINA: NUEVOS ESQUEMAS EN LOS AÑOS NOVENTA

BARBARA STALLINGS
KOTARO HORISAKA

A PRINCIPIOS de los años noventa, la mayoría de los países latinoamericanos había adoptado una nueva apertura económica y política. En consecuencia, las relaciones internacionales se han vuelto más importantes aún que en el pasado, pero las características de tales relaciones distan mucho de estar claras. Los latinoamericanos están más dispuestos a reconocer el decisivo papel de los Estados Unidos en el hemisferio, pero no ha desaparecido su deseo de contrarrestar la hegemonía estadunidense. Con el colapso del bloque soviético y la nueva preocupación de Europa por sus propios problemas, la fuente de diversificación más obvia se encuentra en Asia, y particularmente en Japón.

En efecto, Japón se ha convertido ya en un actor importante en América Latina. Durante los dos últimos decenios se ha colocado en el segundo lugar —después de los Estados Unidos— como un socio comercial de muchos países. Sus bancos son los mayores tenedores de la deuda latinoamericana, y sus corporaciones han invertido fuertemente en los recursos naturales y en algunos sectores industriales. El gobierno japonés se ha convertido en el mayor prestamista de América Latina, tanto en términos bilaterales como mediante sus contribuciones a las instituciones financieras internacionales.

Muchos líderes latinoamericanos han tratado de expandir estas actividades, y Tokio se ha convertido en un destino prominente de los viajes presidenciales. Estos líderes desean incrementar los préstamos gubernamentales japoneses para proyectos de infraestructura, así como interesar a empresas japonesas privadas para que inviertan en América Latina. También están tratando de abrir los mercados japoneses a mayores exportaciones latinoamericanas. Carlos Salinas ha estado particularmente activo en este frente porque el gobierno mexicano considera la expansión de los lazos con Japón como un complemento crucial del área de libre comercio norteamericana. El activo enfoque de Chile hacia Japón obtuvo un importante apoyo presidencial a fines de 1992, cuando Patricio Aylwin encabezó una gran delegación a Tokio.

En cambio, los japoneses se han vuelto extremadamente cautelosos en su participación en América Latina. Ha disminuido el entusiasmo que sentía Japón por la región en los años setenta y principios de los ochenta, a pesar de que se ha expandido enormemente la participación japonesa global en la economía mundial. En consecuencia, ha bajado la participación latinoamericana en las actividades exteriores japonesas, y ha sido sustituida por la participación de los prósperos países asiáticos, del cada vez más integrado mercado europeo y de los Estados Unidos. El cambio se debió en parte a la recesión impulsada por la deuda de América Latina a partir de 1982, pero el problema es más profundo. Las empresas japonesas se sienten traicionadas por América Latina: no se han cumplido las promesas, no se han cumplido los contratos y no se han hecho los pagos. La distancia y la falta de experiencia que siempre han separado a Japón y a América Latina parecen mayores ahora. Las crecientes fricciones con los Estados Unidos —en cuyo "traspatio" se supone que está América Latina— pesan mucho en las decisiones de Tokio acerca de la región. Y persiste la incertidumbre acerca de la capacidad de América Latina para alcanzar la estabilidad económica y política a largo plazo.

Sin embargo, Japón no ha renunciado por completo a América Latina, aunque se ha vuelto mucho más cuidadoso en sus actividades, como se observa en los nuevos focos geográficos y sectoriales. Al mismo tiempo, se ha observado una tendencia creciente a adquirir una "póliza de seguro" mediante la intensificación de la coordinación con los Estados Unidos y las instituciones financieras internacionales. Estas tendencias sugieren que el papel que Japón podría desempeñar en América durante los años noventa tiene límites, pero también implican que los países que satisfagan ciertas condiciones podrán tener acceso al capital e incluso a los mercados de Japón.

EL NUEVO PAPEL DE JAPÓN EN EL MUNDO

Japón, al igual que Alemania, desempeña un papel peculiarmente asimétrico en el mundo contemporáneo. De acuerdo con muchos indicadores, su vigor económico no es superado por nadie, pero su presencia política internacional es ligera, y su papel militar es menor aún.[1] Sólo en Asia se

---

[1] Esta aseveración se aplica al papel internacional de los militares japoneses; de acuerdo con la Constitución japonesa, Japón no puede enviar tropas fuera de sus fronteras. Sin embargo, Japón tiene el tercer presupuesto militar más grande del mundo, detrás de los Estados Unidos y la antigua Unión Soviética. Por lo que toca a los problemas de la seguridad japonesa, véase Mike M. Mochisuki, "To Change or to Contain: Dilemmas of American Policy Toward Japan", en Kenneth Oye, Robert Lieber y Donald Rothchild, comps., *Eagle in a New World*, Nueva York, Harper Collins, 1991.

ha mostrado dispuesto Japón a asumir las responsabilidades de una gran potencia política. En general, continúa reconociendo la supremacía de los Estados Unidos, aunque en menor medida que en el pasado.

Japón es la segunda economía del mundo, con un producto nacional bruto de 3.4 billones de dólares en 1991; esto representa 14% de la producción mundial (mientras que los Estados Unidos aportan 25%). Esta cifra es especialmente impresionante porque hace apenas 25 años aportaba Japón sólo 5% de la producción mundial.[2] Hubo también dos grandes cambios en la estructura de la economía japonesa durante ese periodo. El papel de la agricultura declinó sustancialmente, y los servicios incrementaron su peso. Dentro del sector industrial, las industrias ligeras y básicas se vieron desplazadas por los sectores intensivos en tecnología. Por ejemplo, productos como los textiles, la ropa, el papel, la madera, el acero y la maquinaria no eléctrica cedieron su lugar prominente a los productos electrónicos, el equipo de transporte y los instrumentos de precisión.[3]

Las elevadas tasas de crecimiento se vieron estimuladas por altas proporciones de inversión, las cuales condujeron a su vez a nuevos adelantos tecnológicos e incrementos de la productividad. La robótica, por ejemplo, se inventó en los Estados Unidos, pero se puso a trabajar mucho más rápidamente en Japón. Al mismo tiempo, la investigación y el desarrollo experimental de Japón se han concentrado en mayor medida en la investigación básica, ya no en la adaptación de los inventos para su uso industrial, como ocurría en el pasado. Algunos estudios recientes revelan que Japón está alcanzando a los Estados Unidos en muchos campos; incluso en la tecnología militar de doble uso se ha convertido en un serio competidor.[4]

Dentro de la tendencia creciente del desarrollo económico, dos choques externos provocaron retrocesos temporales: el precio del petróleo, que se incrementó varias veces durante los años setenta, y la enorme apre-

---

[2] Las cifras sobre la división actual de la producción mundial se han tomado del Fondo Monetario Internacional, *World Economic Outlook,* Washington, FMI, octubre de 1992; la estimación para 1965 proviene del FMI, reportada en *Financial Times,* 29 de septiembre de 1989 (Survey on the World Economy). Las dos cifras no son estrictamente comparables porque la primera incluye todos los países y la última sólo a los miembros del FMI. En otras palabras, se subestima el incremento de la participación japonesa en la producción mundial.

[3] OCDE, *Economic Outlook, Historical Statistics* (varios números).

[4] Por lo que toca a la política científica japonesa, véase Steven Vogel, *Japanese High Technology, Politics, and Power,* Mesa Redonda de Berkelley sobre la Economía Internacional, ensayo de investigación núm. 2, Berkeley, California, marzo de 1989. Véase una discusión de las recepciones de patentes por parte de inventores estadunidenses y japoneses en William J. Broad, "In the Realm of Technology, Japan Seizes a Greater Role", *New York Times,* 28 de mayo de 1991. John Dower examina la tecnología militar de uso doble en "Japan's New Military Edge", *The Nation,* 3 de julio de 1989.

ciación del yen después de los Acuerdos de la Plaza en 1985. En ambos casos, sin embargo, aumentó la productividad para superar los problemas. Después de los problemas petroleros se emprendió un gran programa de conservación de energía que finalmente condujo a disminuciones absolutas, al igual que relativas, en la proporción a razón de energía/producción. Lo mismo ocurrió con otros insumos de materias primas. De igual modo, luego de la apreciación del yen, diversas medidas de reducción de los costos volvieron más eficientes a las industrias.[5]

Estos cambios de la producción ayudaron a impulsar las modificaciones de las cuentas externas de Japón. La balanza comercial, tradicionalmente positiva, alcanzó niveles enormes a mediados de los años ochenta y, después de contraerse al final del decenio, volvió a crecer. En virtud de que el superávit comercial japonés refleja el déficit estadunidense, la atención internacional se ha concentrado aquí. A largo plazo, sin embargo, es más importante el incremento correspondiente de las salidas de capital japonés. Durante el periodo de 1984 a 1990, las exportaciones de capital a largo plazo de Japón superaron incluso al superávit comercial, alcanzando en 1989 un pico de 192 000 millones de dólares; los flujos *netos* a largo plazo habían alcanzado en 1987 el nivel máximo de 137 000 millones de dólares. En el último año, Japón se había convertido en el mayor tenedor de activos del mundo, así como en el mayor exportador de capital.[6]

La mayor parte de las exportaciones japonesas de capital se ha destinado a la compra de valores extranjeros, especialmente de certificados de la Tesorería de los Estados Unidos, de modo que han financiado una parte importante del déficit presupuestario estadunidense. En segundo lugar, la inversión extranjera directa (IED) ha visto incrementarse su importancia. La IED se incrementó con la apreciación del yen a mediados de los años ochenta, lo que volvía a la producción interna relativamente más cara que la producción en el exterior, y condujo a la reubicación de importantes instalaciones en países asiáticos. Además, las presiones estadunidenses respecto del desequilibrio comercial provocaron la decisión de establecer plantas en los Estados Unidos en lugar de seguir recurriendo a las exportaciones. Los préstamos constituyeron un tercer tipo de exportaciones de capital. Los bancos privados japoneses siguieron enviando dinero al exterior, pero una porción creciente de los présta-

[5] Sobre los años setenta, véase CEPAL, *La evolución económica del Japón y su impacto en América Latina,* Santiago, CEPAL, 1988, especialmente pp. 9-18. Kotaro Horisaka pone al día los datos para los años ochenta en "La nueva situación japonesa y América Latina y el Caribe", *Integración Latinoamericana,* 15, núm. 153, enero-febrero de 1990.

[6] Los datos sobre flujos de capital se han tomado del Banco de Japón, Tokio, *Economic Statistics Annual,* 1990. Véanse datos sobre los activos internacionales de grandes países industriales en Fondo Monetario Internacional, *World Economic Outlook,* Washington, FMI, abril de 1988.

mos extranjeros se originó en el gobierno, mediante un compromiso mayor con la ayuda oficial para el desarrollo (AOD) y el programa de "reciclaje" de 65 000 millones de dólares.[7]

La importancia económica global de Japón se disparó así durante los años ochenta, pero su presencia política no ha aumentado en la misma medida. En el nivel más general, los japoneses no han elaborado aún una "visión" acerca de la organización del mundo que preferirían. En términos más específicos, los japoneses no han presentado ninguna iniciativa importante, sino que han apoyado las de los Estados Unidos. La impresión general es todavía la de un país que trata de no alienar a nadie, antes que la de una nación proveedora de liderazgo.

Varios factores ayudan a explicar la discrepancia existente entre las posiciones económicas y las posiciones políticas de Japón. En primer lugar tenemos la rapidez de los cambios económicos y especialmente los cambios financieros. En general se esperaba que se requerirían muchos años para superar la apreciación del yen. En realidad, el impacto sobre la producción fue de breve duración, y Japón se convirtió en el mayor exportador de capital casi de la noche a la mañana. En segundo lugar, el Partido Liberal Democrático (PLD), gobernante desde hace mucho tiempo, no ha podido superar sus problemas internos, lo que constituye un requisito para la adopción de una fuerte postura internacional. Los escándalos han arruinado al liderazgo, agravando las luchas intestinas, y el partido perdió el control de la cámara alta de la Dieta. En tercer lugar, la antigua estrategia de subordinar la política a la economía, sobre todo en la esfera internacional, implicaba una escasa acumulación de conocimiento y experiencia en el campo político.

Desde la segunda Guerra Mundial, la política fundamental de Japón ha sido la de aliarse firmemente a los Estados Unidos y eludir así la necesidad de una acción independiente. Esta política funcionó mientras Japón era un actor secundario, pero el incremento de su importancia económica generó nuevas demandas y expectativas que todavía no se satisfacen. En las instituciones financieras internacionales, por ejemplo, Japón ha aumentado sustancialmente sus contribuciones, pero se han frustrado las esperanzas de que usaría su incrementado poder de voto para proponer nuevas direcciones políticas. De igual modo, Japón aceptó "desatar" la mayoría de sus préstamos del requisito de comprar exportaciones japonesas, pero ha utilizado con lentitud su ayuda para promover una agenda política-económica más amplia. Además, a pesar de que Japón tiene obviamente un interés en el mantenimiento de un sistema comercial abier-

---

[7] Sobre la composición de los flujos de capital japoneses véase Banco de Japón, Tokio, *Economic Statistics Annual.*

to, su delegación no ha desempeñado ningún papel importante para impulsar las negociaciones del GATT.[8]

A principios de los años noventa, los japoneses empezaban a articular y a proponer ciertos principios fundamentales. En la reunión cumbre del Grupo de los 7, realizada en julio de 1990, Tokio anunció su intención de renovar la asistencia económica a China y de evitar relaciones más amistosas con la Unión Soviética, a pesar de las opiniones contrarias de sus aliados.[9] Sin embargo, la Guerra del Golfo Pérsico revirtió este proceso. Japón no pudo llegar a un acuerdo para el envío de tropas o incluso de personal no combatiente al Golfo Pérsico, y casi no pudo mantener su posición habitual de aportador de fondos. La decisión final de participar en las operaciones futuras de conservación de la paz fue divisoria.

Estos retrocesos políticos se han visto reforzados por los problemas económicos recientes. La drástica caída del mercado de valores y los precios de la tierra, el debilitamiento consiguiente de los bancos y la recesión más seria que ha habido en la posguerra han disminuido el interés de Japón por todo lo que ocurra más allá de sus fronteras. Esto se aplica en particular a las regiones —como América Latina— que el gobierno y las compañías de Japón no consideran de importancia fundamental.

JAPÓN Y AMÉRICA LATINA: UN BOSQUEJO HISTÓRICO

El interés de Japón por América Latina surgió por primera vez a fines del siglo XIX, cuando se veía a esa región como un lugar propicio para el envío de emigrantes, a fin de combatir la pobreza, la sobrepoblación y el desempleo dentro de Japón. Necesitada de mano de obra, América Latina respondió con cierto entusiasmo y se convirtió en el principal destino de los emigrantes japoneses. Al estallar la segunda Guerra Mundial, más de 200 000 japoneses se habían instalado en América Latina, sobre todo en Brasil, pero también en Perú y México. Las condiciones eran difíciles, sobre todo durante la guerra, pero la mayoría de los inmigrantes se quedaron. Cuando Tokio trató de enviar de nuevo emigrantes después de la guerra, América Latina ofreció la única respuesta positiva. A prin-

[8] Recientemente, Japón ha empezado a adoptar un papel más activo en las instituciones financieras internacionales. Por ejemplo, Tokio ha insistido en que el Banco Mundial realice un estudio del modelo de desarrollo asiático. También ha criticado algunas de las políticas del Banco Mundial; véase OECF, "Issues Related to the World Bank's Approach to Structural Adjustment —Proposal from a Major Partner", OECF, ensayo ocasional núm. 1, Tokio, octubre de 1991.

[9] David E. Sanger, "On Tokyo's International Shopping List: More Clout", *New York Times*, 8 de julio de 1990; Steve Lohr, "At Summit Talks, Japan Displays Confidence Based on Economic Power", *New York Times*, 11 de julio de 1990.

CUADRO VII.1. *Comercio de Japón con América Latina, 1950-1991*[a]
(millones de dólares)

Año	Valor de las exportaciones ($)	Porcentaje[b]	Valor de las importaciones ($)	Porcentaje[b]	Total del comercio[c] ($)	Porcentaje[b]
1950	47	5.7	67	6.9	114	6.3
1955	186	9.2	243	9.8	429	9.5
1960	298	7.4	310	6.9	608	7.2
1965	458	5.4	708	8.7	1 166	7.1
1970	1 112	5.8	1 369	7.2	2 481	6.5
1975	4 667	8.4	2 510	4.3	7 177	6.4
1980	8 572	6.6	5 702	4.0	14 274	5.3
1981	10 119	6.7	6 595	4.6	16 714	5.7
1982	8 726	6.3	6 201	4.7	14 927	5.5
1983	5 902	4.0	6 368	5.0	12 270	4.5
1984	7 899	4.7	7 097	5.2	14 996	5.0
1985	7 753	4.4	6 188	4.7	13 941	4.6
1986	8 716	4.1	6 087	4.8	14 803	4.5
1987	8 151	3.5	6 221	4.1	14 372	3.8
1988	8 673	3.3	8 198	4.4	16 871	3.9
1989	8 837	3.2	8 639	4.1	17 476	3.7
1990	9 731	3.4	9 504	4.0	19 235	3.7
1991	12 221	3.9	9 335	3.9	21 556	3.9

[a] Hemisferio occidental (definición del FMI), más Cuba; Cuba excluida en 1991.
[b] Porcentaje del total (mundial) de las exportaciones e importaciones japonesas.
[c] Exportaciones más importaciones.
FUENTE: Fondo Monetario Internacional, *Direction of Trade Statistics,* Washington, Fondo Monetario Internacional, varios números.

cipios de los años sesenta cesó la emigración casi por completo al mejorar las condiciones económicas en Japón, pero la presencia de descendientes japoneses (que ahora pasan de un millón en América Latina) sigue siendo importante para el gobierno y para la opinión pública. El hecho de que América Latina aceptara más emigrantes japoneses que cualquiera otra región le ha dado una imagen positiva en Japón.[10]

América Latina era también atractiva para Japón como un socio comercial al inicio de la posguerra, primero como proveedor de materias

[10] Véase una discusión breve de la emigración japonesa a América Latina en Iyo Kunimoto, "Japanese Migration to Latin America", en Barbara Stallings y Gabriel Székely, comps., *Japan, the United States and Latin America: Toward a Trilateral Relationship in the Western Hemisphere?*, Baltimore, Md., Johns Hopkins University Press, 1993.

primas y luego, gradualmente, como un mercado para sus exportaciones. En efecto, a mediados del decenio de 1950 estaba en su máximo nivel el papel de América Latina como un socio comercial, cuando la región compraba 9.2% de las exportaciones japonesas y proveía 9.8% de sus importaciones (o 9.5% del comercio total). La cifra del comercio total declinó gradualmente hasta 7.0% en los años sesenta, 6.2% en los setenta y 4.5% en los ochenta (cuadro VII.1). Gran parte de este comercio era manejado por las gigantescas casas de comercio japonesas (sogo shosha). Estas empresas establecieron subsidiarias en los países latinoamericanos más grandes, en los años cincuenta, y gradualmente avanzaron hacia los países medianos y más pequeños.[11]

El tipo de los bienes comerciados ha cambiado poco durante todo el periodo de la posguerra: exportaciones de productos industriales japoneses a cambio de materias primas. Los cambios principales han sido el mayor refinamiento de las exportaciones industriales japonesas y ocasionales movimientos hacia el semiprocesamiento de materias primas latinoamericanas antes de enviarlas a Japón. América Latina exporta a Japón principalmente petróleo, hierro y acero, aleaciones ferrosas, cobre, aluminio, café, sal, productos forestales y pesqueros.[12] También han cambiado poco los socios comerciales de Japón. Si se excluyen los barcos japoneses registrados en Panamá, vemos que Brasil ha seguido siendo el mayor socio comercial. México incrementó su importancia luego del inicio de sus exportaciones petroleras en los años setenta, y Chile se volvió más importante recientemente.[13]

El avance de la inversión directa se relacionaba estrechamente con el comercio, por el deseo de controlar una fuente importante de las importaciones y asegurar un mercado para las exportaciones. Además, muchos países latinoamericanos, pero especialmente Brasil, estaban proveyendo incentivos para que las compañías extranjeras invirtieran allí, a fin de promover la nueva estrategia de industrialización con sustitución de importaciones. Las grandes inversiones japonesas se iniciaron a fines de los años cincuenta y florecieron en los sesenta y setenta. La inversión total ascendió durante los dos decenios a cerca de 6 000 millones de dólares. Los proyectos se concentraban principalmente en los recursos naturales, pero también incluían algunas inversiones industriales, por ejemplo acero y automóviles. Sin embargo, la inversión directa en otras regiones hizo

[11] Barbara Stallings, "Japanese Trade Relations with Latin America: New Opportunities in the 1990s?", en Mark Rosenberg, comp., The Changing Hemispheric Trade Environment: Opportunities and Obstacles, Miami, Florida International University, 1991.

[12] Organización de Comercio Exterior de Japón, White Paper on International Trade: Japan 1990, Tokio, JETRO, 1990.

[13] Fondo Monetario Internacional, Direction of Trade Statistics, Washington, FMI, varios números.

CUADRO VII.2. *Inversión extranjera directa de Japón en América Latina,*
1951-1991ª
(millones de dólares)

Año fiscal	América Latina ($)	Total ($)	Participación de América Latina (porcentaje)
1951-1960[b]	9	29	29.3
	(9)[c]		(28.5)
1961-1965[b]	38	134	28.5
	(37)		(27.9)
1966-1970[b]	57	526	10.9
	(56)		(10.6)
1971-1975[b]	463	2 473	18.7
	(380)		(15.4)
1976-1980[b]	657	4 111	16.0
	(472)		(11.5)
1981-1985[b]	1 894	9 431	20.1
	(521)		(5.5)
1986	4 737	22 319	21.2
	(533)		(2.4)
1987	4 816	33 364	14.4
	(344)		(1.0)
1988	6 428	47 022	13.7
	(801)		(1.7)
1989	5 238	67 540	7.8
	(650)		(1.0)
1990	3 628	56 911	6.4
	(1 193)		(2.1)
1991	3 337	41 584	8.0
	(673)		(1.6)

ª Intenciones de inversión reportadas por el Ministerio de Finanzas.
[b] Promedios anuales para años fiscales (terminados el 31 de marzo del año siguiente).
[c] Las cifras entre paréntesis se refieren a las inversiones fuera de Panamá y los paraísos fiscales del Caribe.
FUENTE: Ministerio de Finanzas de Japón, datos inéditos disponibles con los autores.

que la participación de América Latina en la IED japonesa bajara de cerca de 30% en los años cincuenta y principios de los sesenta a 16% en los sesenta y setenta, y a sólo 4% en los ochenta (si se excluyen los registros de barcos panameños y los paraísos financieros caribeños).[14] Estas tendencias se muestran en el cuadro VII.2.

[14] El gobierno japonés sólo tiene cifras al nivel más agregado sobre la inversión extran-

Una actividad nueva importante en los años setenta incluía los préstamos de bancos privados a los gobiernos latinoamericanos. Los bancos japoneses empezaron a participar en sindicatos (consorcios) formados por
instituciones estadunidenses o europeas. Gradualmente estos bancos adquirieron conocimientos financieros hasta que, a principios de los años
ochenta, algunos de ellos empezaron a administrar sus propios préstamos.
No se dispone de datos oficiales sobre los préstamos japoneses clasifica-
dos por región y año antes de 1983, pero ciertas informaciones no oficiales sugieren que los préstamos bancarios superaron ampliamente a la
inversión directa durante los años setenta. Entre los años de 1972 y 1982
los bancos japoneses acumularon más de 18 000 millones de dólares de
deuda latinoamericana, lo que significa que los préstamos brutos eran
mucho mayores.[15]

El efecto de la crisis de la deuda mexicana, de agosto de 1982, fue por
lo menos tan fuerte en los círculos financieros japoneses como en los Estados Unidos y Europa. Los bancos japoneses se unieron pronto a los
procesos de restructuración de la deuda. También aquí, los bancos japoneses secundaron las iniciativas estadunidenses. Una vez concluido
un acuerdo sobre la restructuración entre un comité asesor bancario y un
país deudor, los bancos japoneses, como un grupo, lo respetaban con la
mayor fidelidad. Cuando los bancos estadunidenses empezaron a buscar
procedimientos para retirarse, los bancos japoneses no los siguieron. En
consecuencia, aunque el peso de los préstamos latinoamericanos dentro
de las carteras de los bancos japoneses disminuyó de 32% en 1982 a 13%
en 1989, el total vigente aumentó de 21 000 a 45 000 millones de dólares en
el mismo periodo (cuadro VII.3).

En 1991, los bancos japoneses cambiaron su política sobre la deuda latinoamericana. Estimulados por las modificaciones de las directrices del
Ministerio de Hacienda, la declinación de la bolsa de valores de Tokio y
las dificultades consiguientes para satisfacer las proporciones de capi-
tal/activo del Banco para Pagos Internacionales (BPI o BIS), los bancos
finalmente empezaron a salirse del mercado siguiendo a sus colegas estadunidenses. En las negociaciones Brady se han seleccionado los bonos
de descuento, antes que el dinero nuevo, y las ventas en el mercado secundario se han combinado para reducir las tenencias japonesas de deu-

jera de las empresas japonesas, como se indica en la balanza de pagos. Las inversiones por
región o país son simplemente *intenciones* de invertir reportadas al Ministerio de Finanzas. Tampoco se dispone de cifras sobre las reinversiones.
[15] Barbara Stallings, "The Reluctant Giant: Japan and the Latin American Debt Crisis",
Journal of Latin American Studies, 22, núm. 1, febrero de 1990, p. 7. Véase también Kotaro
Horisaka, "Japanese Banks and Latin American Debt Problems", *Latin American Studies
Occasional Papers,* núm. 4, Universidad de Georgetown, Washington, 1990.

CUADRO VII. 3. *Deuda latinoamericana vigente a mediano y largo plazos para los bancos japoneses, 1982-1991*[a]
(miles de millones de dólares)

Año fiscal	América Latina ($)	Total ($)	Participación de América Latina (porcentaje)
1982[b]	21.3	67.1	31.7
1983	23.9	77.5	30.8
1984	28.6	94.4	30.3
1985	30.1	107.9	27.9
1986	36.8	152.2	24.2
1987	40.9	213.5	19.2
1988	45.5	282.5	16.1
1989	44.7	336.9	13.3
1990	31.2	360.5	8.7
1991	31.6	381.1	8.3

[a] Incluye los préstamos en yenes, convertidos a dólares a la tasa de cambio de fin de año.
[b] Al 31 de diciembre de cada año.
FUENTE: Ministerio de Finanzas de Japón, datos inéditos disponibles con los autores.

da latinoamericana por primera vez desde el inicio de la crisis en 1982; el efecto puede apreciarse en el cuadro VII.3.[16]

JAPÓN Y AMÉRICA LATINA: DESARROLLOS RECIENTES

A fines de los años ochenta, varios desarrollos nuevos empezaron a surgir en las relaciones japonés-latinoamericanas. Primero, en la medida en que el sector privado japonés conservaba su interés en la región, una nueva concentración geográfica se hacía evidente. Segundo, el gobierno japonés empezó a asumir un papel más activo, actuando por su cuenta en lugar de formar parte de consorcios públicos o privados. Tercero, las actividades japonesas en América Latina se coordinaron más cuidadosamente con los Estados Unidos y las instituciones financieras internacionales. Sin embargo, ciertas continuidades básicas caracterizaban el papel de Japón en la región.

[16] Entrevistas con banqueros japoneses. Véase también Steven Murphy, "The Purge Is On", *Latin Finance*, 25, marzo de 1991.

Los cambios geográficos

Al principio, los intereses japoneses en América Latina se concentraron fuertemente en Brasil; este patrón continuó hasta principios de los años ochenta. Las razones son bastante obvias. Brasil es el país más grande del continente (con una población mayor que la de Japón) y es rico en recursos naturales. Además, tiene la mayor población de ascendencia japonesa fuera de Japón. Brasil tenía también un gobierno militar desde mediados de los años sesenta, con la meta declarada de promover el crecimiento y el desarrollo económicos y la necesidad de capital y tecnología extranjeros.

La mayoría de las inversiones japonesas directas en América Latina se ubicó en Brasil. En 1980 había en Brasil 2 900 millones de dólares, o sea 8% de la inversión directa total de Japón en el extranjero. Brasil era también uno de los dos mayores receptores de los préstamos bancarios japoneses y el primero de los socios comerciales de Japón en América Latina. Las dos economías eran muy complementarias, y el rápido crecimiento de Brasil estimulaba al capital japonés y se beneficiaba con él. A principios de los años ochenta, sin embargo, Brasil inició un periodo de inestabilidad económica y política que todavía no da señales de revertirse. Se derrumbó el crecimiento económico, al mismo tiempo que se disparaban la inflación y los déficit presupuestarios; tampoco se regresaba con firmeza a la democracia.

La respuesta japonesa era previsible. La inversión bajó y los préstamos bancarios privados (distintos de los préstamos involuntarios relacionados con la restructuración de la deuda) cesaron. La incapacidad de Brasil para implantar cualquiera de los numerosos acuerdos firmados con el FMI y sus diversas moratorias al servicio de la deuda hacían que el país no recibiera dinero bajo el programa de reciclaje; también se terminaron otros progamas de préstamos gubernamentales a causa de los retrasos. La privatización de empresas conjuntas gubernamentales, japonesas-brasileñas, como los complejos siderúrgicos de Usiminas y Tubarao, generó nuevas quejas acerca de una política industrial inconsistente. En general, la actitud japonesa hacia Brasil se volvió en extremo pesimista.[17]

Tras retirarse de América Latina durante varios años, las empresas

---

[17] Sobre las relaciones económicas japonesas con Brasil véase Erani T. Torres, "Brazil-Japan Relations: From Fever to Chill", en Stallings y Székely, *Japan, the United States and Latin America;* Mitsuhiro Kagami, "Japanese Business Activities in Brazil", Santiago, CEPAL [ECLAC], marzo de 1989; y Riordan Roett, "Japan and Brazil in the 1990s: On the Road to Nowhere?", en Susan K. Purcell y Robert Immerman, comps., *Japan and Latin America in the New Global Order,* Boulder, Lynne Rienner, 1992. A pesar de las manifestaciones de crítica y pesimismo, Brasil continúa recibiendo la mayor cantidad de IED japonesa en virtud del enorme número de empresas que ya están ubicadas allí.

japonesas empezaron a hacer algunas inversiones cautelosas al final del decenio. Significativamente, estas inversiones incluían a nuevos países. Brasil fue desplazado en gran medida por México, Chile y Venezuela, las tres naciones generalmente consideradas en Japón como las poseedoras de políticas económicas más estables y de actitudes más positivas hacia el comercio y la inversión extranjera.

En efecto, Chile tiene casi dos decenios de experimentar con la implantación de un modelo económico liberal, aunque afectado por una crisis traumática a principios de los años ochenta. Se vendió la mayor parte de las empresas del sector público, y los aranceles se redujeron uniformemente a 10%. Se restructuró el servicio de la deuda, pero los pagos se hacían siempre a tiempo. Durante los últimos años se ha desarrollado un patrón de fuerte crecimiento, con baja inflación y un sector exportador ampliado y diversificado. Ni siquiera la transición del gobierno militar autoritario a la democracia puso en peligro a la política económica, que fue continuada por el gobierno civil.

México tiene una historia más breve en este sentido. Su gobierno ha apoyado la liberalización económica sólo a partir de 1982, y apenas en 1986 se tomaron medidas decisivas para ampliar las políticas de estabilización al campo de la reforma estructural. Aunque México ha sido descrito como un "deudor modelo" desde que estuvo al borde de la moratoria en 1982, los japoneses no se sienten muy impresionados con las numerosas restructuraciones y las posibles cancelaciones; en cambio, se sienten muy preocupados por el gran volumen de las fugas de capital. Sin embargo, se percibe a México como más promisorio que otros países latinoamericanos, fuera de Chile, y tiene obvias ventajas sobre este último país: petróleo, un mercado mucho mayor y su proximidad con los Estados Unidos.

Venezuela es un caso más curioso. Muchos empresarios japoneses mencionan a Venezuela antes que a México como un sitio potencial para la inversión. Cuando se les pregunta la razón, responden que, en virtud de que no se esperaba nada del gobierno del presidente Carlos Andrés Pérez (dada su historia populista de los años setenta), el inesperado viraje de Venezuela hacia la liberalización resultaba especialmente estimulante. Cuando se persuadió a Shoichiro Toyoda, a la sazón presidente de la Toyota Motor Corporation, para que actuara como asesor informal del presidente Pérez, los japoneses se sintieron más tranquilos.[18] Por supuesto, aparte de la primera administración de Pérez, Venezuela ha tenido una historia de administración económica bastante conservadora,

---

[18] Entrevistas con funcionarios empresariales japoneses, Tokio, febrero de 1991.

aunque la reciente inestabilidad política resulta problemática para los japoneses, como lo es para otros inversionistas extranjeros.

La mayor parte de la nueva actividad de inversión de los últimos años se ha dirigido hacia estos tres países. Un gran porcentaje de los préstamos del gobierno japonés se ha concentrado también en los mismos países, aunque la reacción de los bancos privados ha sido menos entusiasta. En las negociaciones del Plan Brady para México y Venezuela, los bancos japoneses se negaron categóricamente a aportar fondos nuevos, y optaron en cambio por los bonos de descuento. Chile, que no intervino en la negociación Brady, sino que optó por restructurar y emitir 320 millones de dólares de bonos a la par, no corrió con mejor suerte. Sólo dos bancos japoneses, el Banco de Tokio y el Banco Tokai, participaron, a pesar de la campaña emprendida por el primero para obtener el apoyo de otros bancos.[19]

La más grande inversión japonesa nueva en América Latina es una expansión de la planta Nissan en México. Nissan está invirtiendo un total de 100 millones de dólares para duplicar la capacidad de su planta de motores y aumentar la producción de camionetas Van y automóviles compactos. Cerca de la tercera parte de las 100 000 unidades nuevas que se producirán anualmente se exportará a Japón, mientras que otra quinta parte se enviará a los Estados Unidos y a Canadá. Lo demás se venderá en México o en el resto de América Latina. A cambio de su nueva inversión, Nissan espera recibir un trato favorable en las reglas que gobiernan el TLC.[20]

Dentro del mismo sector automotriz, Honda estableció una planta ensambladora de motocicletas en Guadalajara, en 1985, mientras que Yazaki, un fabricante de refacciones automotrices, abrió plantas de producción en Monterrey y Chihuahua para abastecer a empresas japonesas. Las dos principales empresas electrónicas de México —Matsushita y Sanyo— ampliaron considerablemente sus operaciones durante los años ochenta. En el sector de los servicios, la Nikko construyó un gran hotel en la ciudad de México; otros dos hoteles se están construyendo en Cancún. Sin embargo, los grandes avances sólo se harán cuando se concrete el TLC y, en particular, cuando se establezcan las reglas de origen.[21]

El gobierno de Japón se ha mostrado también especialmente interesado

---

[19] Entrevistas con banqueros japoneses, Nueva York, junio de 1991.

[20] Entrevistas con funcionarios de Nissan, Tokio, febrero de 1991. Véase también "Nissan to Up Mexico Output as Part of Global Strategy", *Japan Times,* 28 de noviembre de 1990.

[21] Sobre las relaciones mexicano-japonesas véase Gabriel Székely, "Mexico's New International Strategy: Looking to the Far East While Pursuing Integration with the North", en Stallings y Székely, *Japan, the United States and Latin America;* Gabriel Székely, comp., *Manufacturing Across Borders and Oceans: Japan, the United States, and Mexico,* San Diego, Centro de Estudios Mexicano-Estadunidenses, Universidad de California-San Diego, 1991;

por México durante los últimos seis años. En relación con la restructuración de la deuda de 1986, se aportaron préstamos por un valor total de 1 000 millones de dólares; otros 2 000 millones de dólares apoyaron las negociaciones del Plan Brady en 1989, y los proyectos anticontaminantes de la ciudad de México recibieron 1 000 millones de dólares.[22] Como un reflejo de los crecientes lazos entre México y Japón, los dos gobiernos crearon una comisión encargada del examen de las relaciones durante el próximo siglo. La comisión publicó su informe en marzo de 1992, recomendando una intensificación del diálogo y de la ayuda financiera y tecnológica para México.[23]

Al revés de lo ocurrido en México, las recientes inversiones japonesas en Chile se han concentrado en los recursos naturales: cobre y productos silvícolas y pesqueros. La mayor inversión que habrá de completarse es la de una mina de cobre, La Escondida, que es un proyecto de 1 100 millones de dólares. Fuentes japonesas aportaron cerca de la mitad del financiamiento, y 50% de la producción se exportará a Japón. El sector forestal tiene también gran interés para los japoneses, quienes carecen de un abasto de materias primas adecuado para su industria del papel. Varias compañías están exportando ya madera a Japón; recientemente han empezado algunos proyectos de reforestación, a fin de adelantarse a las crecientes preocupaciones ambientales que están surgiendo en Chile. El mayor proyecto de los que ahora se planean es el de la Daio Paper, una compañía que invertirá hasta 600 millones de dólares en la compra de tierras, la reforestación y posiblemente la construcción de una planta de pulpa y/o papel.[24]

La industria pesquera es otra atracción importante para los japoneses. Tres grandes compañías japonesas han venido realizando dos tipos de actividades. Una es el cultivo de salmón en el sur del país; la otra es la pesca en aguas chilenas y el procesamiento en los llamados barcos-factorías frente a la costa. Esto último se ha convertido en un tema muy controvertido en Chile, porque las compañías japonesas pescan con grandes redes que atrapan toda clase de vida marina. El Congreso chileno está debatiendo una nueva legislación que restringiría la pesca con

y Luis Rubio, "Japan in Mexico: A Changing Pattern", en Purcell e Immerman, *Japan and Latin America.*

[22] Entrevistas con funcionarios del Banco de Exportación e Importación de Japón y del Fondo de Cooperación Económica en el Exterior, Tokio, diciembre de 1990.

[23] Comisión Japón-México para el Siglo XXI, *Final Report,* Tokio, marzo de 1992.

[24] Entrevista con un funcionario de la embajada chilena en Tokio, noviembre de 1990. Para los problemas ambientales de las inversiones silvícolas japonesas véase Leslie Crawford, "Too Much of a Chip Feast", *Financial Times,* 19 de diciembre de 1990. Por lo que se refiere a las relaciones chileno-japonesas en general véase Neantro Saavedra-Rivano, "Chile and Japan: Opening Doors Through Trade", en Stallings y Székely, *Japan, the United States, and Latin America.*

redes, razón por la cual se han marchado ya dos de las tres compañías japonesas.[25]

El gobierno de Japón ha tratado de ayudar al nuevo gobierno civil, pero no todo ha marchado bien. Poco tiempo después de la transición, se ofreció un gran préstamo en términos blandos, pero no se ha llegado a un acuerdo sobre la forma como se gastaría el dinero. En consecuencia, los principales préstamos gubernamentales han sido tres créditos otorgados dentro del programa de reciclaje convenido con el régimen anterior: 120 millones de dólares para una planta hidroeléctrica, 150 millones para un proyecto caminero, y 200 millones en relación con el tercer préstamo de ajuste estructural aportado por el Banco Mundial. Durante el viaje del presidente Aylwin a Japón, en noviembre de 1992, se otorgaron otros 190 millones de dólares para obras de agua, ferrocarriles y sanidad.[26]

Venezuela se ubica entre México y Chile en cuanto a los tipos de intereses japoneses en el país. Durante mucho tiempo, la principal exportación a Japón es la del aluminio, y ahora se discuten varios proyectos nuevos de participación japonesa. También se están considerando algunos proyectos petroleros derivados, aunque por ahora no se exporta casi nada de petróleo venezolano a Japón porque los costos del transporte vuelven prohibitivo su precio. Además de los proyectos de recursos naturales, se encuentran en proceso dos proyectos de ensamblado automotriz.[27] Después de México y Chile, Venezuela ha recibido el mayor monto de préstamos del programa de reciclaje: más de 400 millones de dólares para los proyectos de bauxita y aluminio y para las telecomunicaciones. Además, el Eximbank aportó 600 millones de dólares en relación con las negociaciones de la deuda del Plan Brady.[28]

Por último, Perú también interesa a los japoneses; en este caso, esto se da más por razones políticas y culturales que económicas. Al igual que Brasil, Perú recibió de Japón una atención desproporcionada al inicio de la posguerra, con hincapié especial en la minería. También el petróleo era importante: Japón ayudó a construir un oleoducto que transportaría el petróleo peruano a la costa. En los años ochenta, sin embargo, Perú afrontó tiempos difíciles. Empezó a demorar los pagos de sus deudas, y surgió una gran controversia sobre los pagos del oleoducto. Cuando el presidente Alan García rompió las relaciones de Perú con la comunidad financiera internacional, cesó la actividad japonesa en Perú.

Se inició una nueva era con la elección, en 1990, de Alberto Fujimori,

[25] Entrevistas con empresarios japoneses en Santiago, mayo de 1991.
[26] Datos inéditos del Banco de Exportación e Importación de Japón, Tokio. Sobre el viaje asiático de Aylwin véase el *Latin American Weekly Report,* 26 de noviembre de 1992.
[27] Entrevistas con empresarios japoneses, Tokio, febrero de 1991.
[28] Datos inéditos del Banco de Exportación e Importación de Japón.

la primera persona de ascendencia japonesa que llegaba a la presidencia de cualquier país fuera de Japón. La opinión pública de Japón favoreció fuertemente la provisión de asistencia a Perú, pero el temor gubernamental a la crítica internacional por ayudar a un descendiente de japoneses hizo que Tokio esperara a que Washington tomara la delantera. En particular, Perú necesitaba encontrar algún instrumento que le permitiera pagar el gran volumen de retrasos que había acumulado en su deuda con el Banco Mundial y el FMI. El plan consistía en establecer un "grupo de apoyo" de países industriales que proveyera un crédito puente, que se pagaría cuando fluyeran fondos nuevos de las instituciones financieras (IFI). La determinación estadunidense de obtener la participación de Perú en un programa de erradicación de drogas demoró durante cerca de un año la creación del grupo de apoyo, lo que agravaba los problemas económicos ya críticos que afrontaba Perú. En efecto, Perú no había podido reanudar sus préstamos cuando Fujimori renunció a la frágil democracia del país y asumió poderes dictatoriales en abril de 1992.[29]

El autogolpe de Fujimori colocaba a Tokio en una posición incómoda. Los Estados Unidos suspendieron de inmediato la ayuda y presionaron a los japoneses para que los imitaran. Además, Japón ya había declarado que tomaría en cuenta a la democracia en la asignación de su asistencia económica. Pero algunos funcionarios japoneses simpatizaban con la difícil situación de Fujimori, quien trataba de resolver problemas económicos agudos al mismo tiempo que se enfrentaba a la insurgencia guerrillera. Por lo tanto, Japón no suspendió la ayuda y tomó la iniciativa de tratar de resolver la crisis política. El embajador japonés en Lima consultó extensamente con Fujimori y, finalmente, un alto funcionario del Ministerio de Relaciones Exteriores llegó a Lima con una carta del primer ministro Kiichi Miyazawa. Fujimori debería asistir a una reunión de emergencia de la OEA y anunciar medidas de restablecimiento de la democracia. Una vez alcanzadas estas metas, y aliviada la situación en alguna medida, Tokio autorizó varios préstamos nuevos.[30]

[29] Sobre Japón y Perú véase Pablo de la Flor Belaúnde, "Peruvian-Japanese Relations: The Decline of Resource Diplomacy", en Stallings y Székely, *Japan, the United States, and Latin America; Toward a Trilateral Relationship in the Western Hemisphere*, Baltimore, Md., Johns Hopkins University Press, 1993; *Japón en la escena internacional: relaciones con América Latina y el Perú*, Lima, CEPEI, 1991.

[30] *Nikkei Weekly*, 1º de agosto de 1992. En lo que se refiere a los préstamos de Japón a Perú véase Ministerio de Asuntos Exteriores, *Japan's ODA, 1992*, Tokio, Ministerio de Asuntos Exteriores, 1993.

El cambio de lo público a lo privado

Por encima de las particularidades del cambio geográfico latinoamericano, y como un síntoma de cambios políticos y económicos más fundamentales, se presenta el aflojamiento de los lazos existentes entre el sector público y el sector privado dentro de Japón. Esto significa que el
gobierno tiene ahora menos capacidad que antes para influir sobre los
negocios privados, pero el gobierno mismo puede actuar con mayor independencia. En efecto, la mayor parte de las actividades japonesas en
América Latina ha sido iniciada y ejecutada por el gobierno en los últimos
años. Esto incluye la duplicación de la ayuda oficial para el desarrollo, el
programa de reciclaje y la propuesta del Plan Miyazawa que finalmente
se convirtió en el Plan Brady.

La ayuda oficial para el desarrollo (AOD) es el vehículo principal de la
respuesta japonesa a las demandas estadunidenses de "aportación al
sostenimiento de la carga". En vista de las vacilaciones de la población
en cuanto a la expansión militar, el gobierno ha optado por destinar crecientes sumas de dinero a la ayuda económica otorgada a los países en
desarrollo. En la Conferencia Cumbre de Toronto, de 1988, el primer ministro Noboru Takeshita anunció la cuarta meta a mediano plazo de la
AOD, que era una nueva duplicación del monto en dólares y el desembol-
so de por lo menos 50 000 millones de dólares de fondos nuevos entre
1988 y 1992. En los años inmediatamente siguientes podría fijarse la
meta elevada de 75 000 millones de dólares.[31]

La AOD japonesa (donativos, préstamos blandos y asistencia técnica)
para América Latina nunca ha sido cuantitativamente importante. Los
desembolsos netos del año fiscal de 1991 llegaron en total a 846 millones
de dólares. Durante los últimos 20 años, menos de 8% de la AOD de Japón se ha destinado a América Latina, mientras que Asia recibía de 70 a
80%. La razón principal de este fenómeno es que se ha prestado más
atención a los países vecinos, pero además tiene Japón un tope de ingreso per cápita para los préstamos del Fondo de Cooperación Económica
en el Extranjero (OECF), la institución de préstamos blandos, lo que ha
excluido a la mayoría de las naciones latinoamericanas hasta hace poco
tiempo. Por lo tanto, la mayor parte de la AOD japonesa para la región
latinoamericana se ha dirigido a los países más pobres, como Bolivia,
Paraguay, Honduras y Perú.[32]

Entre 1989 y 1991 hubo grandes incrementos en los compromisos del

---

[31] *JEI Report*, 8 de enero de 1993.

[32] Toru Yanagihara y Anne Emig, "An Overview of Japan's Foreign Aid", en Shafiqul Islam, comp., *Yen for Development: Japanese Foreign Aid and the Politics of Burden-Sharing*,
Nueva York, Council on Foreign Relations, 1991.

OECF con América Latina. La participación aumentó de 4.9% (1989) a 10.7% (1990) y 14.6% (1991). Grandes receptores fueron México (un préstamo para el combate a la contaminación), Perú (un préstamo para el ajuste del sector comercial) y Brasil (varios proyectos de infraestructura cuyo financiamiento había estado detenido por varios años, hasta que Brasil se puso finalmente al corriente en sus pagos al OECF). No se espera que la participación latinoamericana continúe con niveles tan elevados en los años venideros, pero el total incrementado hará aumentar las cantidades absolutas, aunque no haya aumento en términos porcentuales.[33]

Más importante que la AOD desde la perspectiva latinoamericana es otra iniciativa gubernamental: el programa de reciclaje. Anunciado en 1987, el programa habría de aportar 30 000 millones de dólares, en el término de tres años, a los países más endeudados. El anuncio se hizo con gran fanfarria y provocó mucha expectación: se esperaba que la mayor parte de los fondos se destinara a América Latina. En realidad, el paquete era menos generoso de lo que parecía a primera vista. La cifra de 30 000 millones de dólares incluía 10 000 millones que ya se habían comprometido, en su mayor parte a las instituciones financieras internacionales, y una cantidad sustancial de los 20 000 millones restantes tenía ya otro destino fijo. El paquete de 20 000 millones de dólares se dividía de este modo: *1)* 8 000 millones destinados directamente al Banco Mundial y los bancos de desarrollo regionales, *2)* 9 000 millones como cofinanciamiento con el Banco Mundial, y *3)* 3 000 millones en créditos directos para el Banco de Exportación e Importación.[34] En julio de 1989, el gobierno de Japón anunció una aportación adicional de 35 000 millones de dólares entre abril de 1990 y marzo de 1992. A mediados de 1993, una vez terminados los compromisos de 65 000 millones de dólares, no se había fijado ninguna meta nueva, pero algunas fuentes gubernamentales indicaron que continuarían los préstamos.[35]

La distribución de los fondos de reciclaje fue una decepción para América Latina. Las cifras de los compromisos por la porción geográficamente específica de los 65 000 millones de dólares indican que 27% del Banco de Exportación e Importación y 22% del OECF se destinarán a América Latina, mientras que Asia recibirá 57 y 52%, respectivamente. América Latina recibió cerca de 9 000 millones de dólares del fondo de reciclaje entre 1988 y 1992, pero la suma de 3 300 millones del OECF duplica los

[33] Entrevistas con funcionarios del Fondo de Cooperación Económica en el Exterior, Tokio, febrero de 1991. Véanse también varios números del *OECF Annual Report*, Tokio.

[34] Sobre el fondo de reciclaje, véase Toshihiko Kinoshita, "Developments in the International Debt Survey and Japan's Response", *EXIM Review*, 10, núm. 2, 1991.

[35] Entrevistas con funcionarios japoneses, Tokio, octubre de 1992.

CUADRO VII.4. *Progreso del programa de reciclaje japonés a fines de 1992*
(miles de millones de dólares)

Institución	Meta ($)	Compromisos ($)	Porcentaje
Banco de Exportación e Importación	23.5	23.5	100.9
OECF	12.5	15.0	120.0
Contribuciones y suscripciones a bancos de desarrollo multilaterales	29.0	28.5	98.3
TOTAL	65.0	67.0	103.4

FUENTE: Banco de Exportación e Importación de Japón, datos inéditos disponibles con los autores.

préstamos de la AOD ya mencionados.[36] Los cuadros VII.4 y VII.5 contienen los datos del programa de reciclaje.

Otra iniciativa del gobierno de Japón, importante para América Latina, fue el esfuerzo para trazar una nueva ruta a la política de la deuda. A fines de los años ochenta, algunos funcionarios públicos y privados de Japón se volvieron cada vez más críticos acerca del manejo de la crisis de la deuda por parte de los Estados Unidos. Decían estos funcionarios que el Plan Baker había fracasado porque no había logrado reanudar el crecimiento económico en América Latina. Para tal fin se requeriría un mecanismo que eliminara las transferencias negativas de divisas. A principios de 1988 surgieron los lineamientos básicos de un nuevo plan japonés, y en septiembre se hizo un anuncio público en la reunión anual del FMI y el Banco Mundial. A fin de reducir los pagos del servicio de la deuda, una parte de la deuda latinoamericana sería "valorizada". La idea era un intercambio de los préstamos antiguos por bonos nuevos, a largo plazo, con tasas de interés más bajas. Aunque ganarían menos, los nuevos bonos serían presuntamente activos más seguros, porque estarían garantizados con reservas de los países deudores depositados en el FMI. El resto de la deuda sería restructurado, y las instituciones internacionales y el propio Japón proveerían préstamos nuevos. El marco esencial del plan sería un programa de ajuste estructural para los países deudores, elaborado en consulta con el FMI, para asegurarse de que los fondos resultantes condujeran efectivamente a la reanudación del crecimiento económico.[37]

---

[36] Toshihiko Kinoshita, "End of the Cold War and Japan's New Role in International Development", manuscrito, 1992.

[37] Véase una relación autorizada del origen del Plan Miyazawa, escrita por uno de los economistas que ayudaron a redactarlo, en Haruhiko Kuroda, "Miyazawa Initiative:

CUADRO VII.5. *Distribución geográfica de los compromisos del programa de reciclaje de Japón, a fines de junio de 1992*
(miles de millones de dólares)

Región	Banco de Exportación e Importación de Japón		OECF		TOTAL	
	Cantidad ($)	Participación (%)	Cantidad ($)	Participación (%)	Cantidad ($)	Participación (%)
Asia	11.75	57.4	7.95	52.3	19.6	55.1
América Latina	5.6	27.5	3.4	22.5	9.0	25.3
África, Europa, Medio Oriente	3.1	15.2	3.9	25.2	7.0	19.7
TOTAL	20.5	100.0	15.0	100.0	35.5	100.0
FMI (ESAF)	3.0				3.0	
TOTAL	23.5		15.0		38.5	

FUENTE: Banco de Exportación e Importación de Japón, datos inéditos disponibles con los autores.

El gobierno de los Estados Unidos no recibió con beneplácito el Plan Miyazawa, a pesar de que se presentó como el complemento idóneo del Plan Baker, con su naturaleza voluntaria y casuista. El secretario del Tesoro Nicholas Brady atacó abiertamente el Plan Miyazawa en la reunión del FMI y el Banco Mundial. Seis meses más tarde, como secretario del Tesoro del presidente Bush, ya no del presidente Reagan, Brady adoptó los elementos principales del Plan Miyazawa y los llamó Plan Brady. Sin embargo, este último plan tenía más opciones que el primero para los bancos. En particular, Brady sugirió que podría reducirse la deuda mediante el descuento de los préstamos cuando fuesen intercambiados por bonos. Los japoneses secundaron el Plan Brady y prometieron dinero para respaldarlo. Inicialmente se fijó la suma en 4 500 millones de dólares; como parte de la expansión del instrumento de reciclaje, después se elevó dicha suma a 10 000 millones. Los fondos se usarían para garantizar el pago de los nuevos bonos. Se esperaba que el plan terminara definitivamente con la crisis y reinstalara a América Latina en una ruta de crecimiento que atraería el apoyo autónomo de las empresas.[38]

Attacking Debt", *Tokyo Business Today*, diciembre de 1988. Véanse los detalles de la versión final del Plan Miyazawa en el *JEI Report*, 7 de octubre de 1988, y *Japan Economic Journal*, 1º y 8 de octubre de 1988.

[38] Sobre los diversos planes de la deuda y sus implicaciones para América Latina véase

Coordinación de los planes

A excepción del Plan Miyazawa, todas las iniciativas del gobierno de Japón que acabamos de mencionar eran coordinadas cuidadosamente con el gobierno de los Estados Unidos y/o con las instituciones financieras internacionales. Mediante tal coordinación, los japoneses esperaban obtener el reconocimiento de que estaban asumiendo responsabilidades consistentes con su posición económica internacional y una defensa contra los ataques de políticos y líderes empresariales estadunidenses.

La coordinación con los Estados Unidos en el contexto latinoamericano se ha centrado en la política de la deuda y en otros tipos de ayuda económica. Entre 1982 y 1988, el gobierno y los bancos japoneses siguieron simplemente todas las iniciativas de los Estados Unidos en lo tocante a la deuda, aportando su participación a los fondos adicionales. Durante un breve periodo en 1988, hubo algunas iniciativas independientes alrededor del Plan Miyazawa, aunque los japoneses pensaban aparentemente que sus propuestas correspondían al espíritu de la estrategia estadunidense de la deuda. Y en cuanto el gabinete de Bush y el secretario Brady cambiaron su postura e incluyeron las propuestas de Miyazawa, los japoneses se apresuraron a alinearse detrás del Plan Brady y prometieron una parte del dinero necesario para su funcionamiento. En efecto, parecieron muy aliviados de retornar a su papel de apoyo, antes que de liderazgo.[39]

Otro tipo de coordinación con los Estados Unidos se centra en los países a quienes se ayuda primordialmente por razones políticas. Éstos son países que en otros tiempos habían recibido grandes sumas de dinero de la Agencia de los Estados Unidos para el Desarrollo Internacional (USAID) porque eran considerados amigos de los Estados Unidos; en su mayor parte se encuentran en Centroamérica y el Caribe. El gobierno de los Estados Unidos solicitó la ayuda para Jamaica, Guatemala, Honduras, Nicaragua y Panamá. Para los tres últimos de la lista, la petición era que se ayudara a proveer un crédito puente destinado a pagar los atrasos de estos países con el FMI y el Banco Mundial, a fin de que pudieran recibir nuevos préstamos. Los japoneses aceptaron participar, a condición de que los Estados Unidos tomaran la iniciativa y de que también contribuyeran otros países.[40]

Los japoneses también han venido trabajando estrechamente con las instituciones financieras internacionales. Japón ha asignado tradicionalmente más importancia que los Estados Unidos al hecho de trabajar por

Economic Comission for Latin America and the Caribbean (ECLAC) [CEPAL], *Latin America and the Caribbean: Options to Reduce the Debt Burden,* Santiago, ECLAC, 1990.

[39] Entrevistas con funcionarios públicos japoneses, Tokio, junio de 1989.

[40] *Ibid.,* febrero de 1991.

canales multilaterales. Luego de que se dispararon los superávit comerciales de Japón, este país incrementó sus contribuciones a las IFI. Al principio se hacían estas contribuciones adicionales mediante fondos especiales, a fin de evitar el problema de los derechos de votación, pero finalmente decidieron los japoneses que querían obtener el reconocimiento formal de su poderío económico representado en votos. Sin embargo, para que Japón obtuviera más votos tendría que bajar la participación de los Estados Unidos. En 1988 se llegó a un acuerdo dentro del Banco Mundial para elevar la participación japonesa al segundo lugar; en consecuencia, se redujo el porcentaje necesario para un veto, de modo que los Estados Unidos no perdieran ese privilegio. Negociaciones similares dentro del FMI llevaron a Japón y a Alemania a compartir el segundo lugar.[41]

Los japoneses suelen cofinanciar sus préstamos con el FMI, el Banco Mundial o los bancos de desarrollo regionales. El cofinanciamiento resuelve diversos problemas desde el punto de vista de Japón. Primero, ayuda a compensar su carencia de capacidad operativa derivada del pequeño número de operadores de la ayuda económica en relación con el rápido crecimiento de sus presupuestos. Segundo, el cofinanciamiento es útil, en vista de la limitada experiencia de Japón con los países en desarrollo fuera de Asia. Tercero, permite que Japón eluda la controversial tarea de imponer condiciones económicas a las IFI. Cuarto, el cofinanciamiento ofrece cierta comprobación de que los préstamos de reciclaje no son "atados", es decir, se pueden gastar en cualquier parte, en lugar de restringirlos a las compras en Japón.

Continuidades en medio de los cambios

A pesar de estos cambios —nuevos esquemas geográficos, un papel más fuerte para el sector público y mayor coordinación internacional—, el estilo japonés para relacionarse con los países en desarrollo ha mostrado ciertas continuidades básicas. En particular, hay tres de tales continuidades que vale la pena mencionar: el requerimiento de la estabilidad, la alianza con los Estados Unidos y la separación de la economía y la política.

La estabilidad, tanto económica como política, es un requisito para la inversión o los préstamos. En términos económicos, esto se ha referido a la estabilidad macroeconómica; en términos políticos se ha referido al mantenimiento del orden. Antes se veía a los gobiernos autoritarios como el mejor mecanismo para la implantación del orden. Pero más recientemente Japón, como los Estados Unidos, ha decidido que la democracia podría ser

[41] Julia Chang Bloch, "A U. S.-Japan Aid Alliance?", en Islam, comp., *Yen for Development*.

mejor garante de la estabilidad a largo plazo. Este requisito de la estabilidad ha sido una de las razones principales del nuevo hincapié en México, Chile y Venezuela, porque estos países han sido los más exitosos en conservar el orden tanto económico como político en América Latina.

Otra continuidad es la que lleva a Japón a tratar de mantenerse en buenos términos con los Estados Unidos. A principios de la posguerra, éste era un proceso menos complejo porque la relación estadunidense-japonesa era más unilateral. A medida que Japón se fortalecía en términos económicos, las tensiones se incrementaron considerablemente, sobre todo en cuanto al superávit comercial japonés. El incremento de la ayuda, incluido el fondo de reciclaje, era estimulado en parte por el deseo de apaciguar a los Estados Unidos. En efecto, una concepción de la relación de Japón con América Latina sugiere que tal relación existe sólo para este propósito: que Japón no tiene ningún interés real en la región.[42] Por supuesto, no hay necesidad de adoptar una postura tan extrema para aceptar que los intentos de coordinación tienen sus raíces en la relación estadunidense-japonesa.

Por último, los japoneses siguen prefiriendo una separación de la política y la economía en sus negociaciones internacionales. La intervención en los asuntos internos de sus socios económicos nunca ha tenido el atractivo que tiene para los Estados Unidos, aunque los japoneses han anunciado recientemente que tomarán en cuenta tendencias, como el avance hacia la democracia y contra los grandes gastos militares para determinar sus asignaciones de ayuda externa. El hecho de operar por medio de las agencias internacionales es claramente un mecanismo para eludir el involucramiento político.

CONCLUSIONES

En resumen, Japón se ha convertido en el primer exportador de capital del mundo, pero la mayor parte de sus fondos se dirige hacia Asia y los Estados Unidos. Japón se ha convertido en un líder tecnológico, pero una consecuencia de esto es que sus productos usan menos materias primas por unidad de producción. Japón se ha convertido también en un creciente importador de productos industriales, pero Asia oriental ha sido la única área del Tercer Mundo capaz de irrumpir en su mercado.

[42] Para este argumento véase Susan Kaufman Purcell y Robert Immerman, "The U. S., Japan, and Latin America: Prospects for Cooperation and Conflict", en Purcell e Immerman, *Japan and Latin America*. Peter Smith formula un argumento similar en *Japan, Latin America, and the New International Order*, Instituto de Economías en Desarrollo, Serie VRS, núm. 179, Tokio, 1990.

América Latina ha perdido el favorable lugar que tenía en los años setenta como destino de las inversiones japonesas y como fuente de abastecimiento de los mercados japoneses. El comercio con esa región es ahora insignificante desde el punto de vista japonés (aunque todavía se obtienen allí algunas materias primas importantes), la inversión "real" ha declinado aceleradamente y los bancos han empezado a vender sus valores latinoamericanos.

Al mismo tiempo, se han anunciado algunos proyectos nuevos de inversión directa que incluso han empezado a ejecutarse en países dotados de una relativa estabilidad política y de políticas económicas satisfactorias (especialmente México, Chile y Venezuela). Estas inversiones podrían incrementar el comercio de exportación e importación con Japón. Además, el gobierno japonés ha abierto o reforzado varios canales mediante los cuales podría obtener fondos un grupo de países diferente pero yuxtapuesto. El capital desembolsado a través del fondo de reciclaje tiende a favorecer a los países antes mencionados porque deben tener programas económicos aprobados por el FMI a fin de calificar para los préstamos japoneses. Hay también otro grupo de países —más pobres y pequeños que los anteriores— que tienen acceso a los fondos de la AOD. Esto incluye aquí algunos países escogidos por Japón (por ejemplo, Bolivia, Paraguay y Perú) y otros de particular interés para los Estados Unidos (por ejemplo, Panamá, Nicaragua, Honduras y Jamaica). Por último, Japón está aportando cantidades considerables de financiamiento indirecto a través del FMI, el Banco Mundial y el Banco Interamericano de Desarrollo.

Suponiendo que estas tendencias continuarán durante el resto de este decenio, se tiene dos clases de implicaciones diferentes: prescripciones de políticas para los actores que deseen expandir las relaciones existentes entre Japón y América Latina, y proyecciones analíticas acerca del efecto probable de obrar así.

Para América Latina, dos prescripciones de políticas son relevantes. Primero, a fin de tener acceso al capital japonés, público o privado, los gobiernos latinoamericanos deberán "poner sus casas en orden". El "orden" tiene características específicas: poner bajo control la inflación y los déficit presupuestarios; promover las exportaciones y quizá liberalizar las importaciones; recibir amistosamente a la inversión extranjera. En términos más generales, los japoneses desean que se establezcan reglas claras para la operación del capital extranjero, reglas que se mantengan a través del tiempo y por encima de los cambios de gobierno. También habrá necesidad de crear una historia de cumplimiento de los acuerdos celebrados.

En segundo lugar, además de implantar y mantener políticas aceptables, los latinoamericanos tendrán que obtener un conocimiento especializado sobre la forma como opera el sistema japonés, en términos culturales y de política económica.[43] Esto implica la producción de especialistas que hablen japonés y hayan pasado algún tiempo en el país. De acuerdo con el estilo japonés, es necesario también que América Latina asuma una mayor iniciativa. Al revés de lo que ocurre en los Estados Unidos, el sistema japonés opera sobre "una base de peticiones". Otro aspecto del estilo japonés que difiere significativamente del estilo estadunidense es el del horizonte de tiempo; deberá esperarse que nada ocurra abruptamente, sobre todo tomando en cuenta la reputación que ahora deberá superar la región.

Destacan dos probables consecuencias de las tendencias. Primero, los países latinoamericanos tendrán escaso margen de maniobra porque afrontan un conjunto unificado de acreedores en los años noventa, como lo hicieron en los ochenta. El "dulce" puede ser cada vez más el de los fondos de inversión, antes que la restructuración de la deuda, pero el "garrote" sigue siendo la necesidad de un conjunto particular de políticas económicas. La actual insistencia japonesa en el cofinanciamiento de sus préstamos con el Banco Mundial o el FMI, o por lo menos tener en operación programas del Banco y el Fondo como un requisito de los préstamos independientes, aprieta considerablemente la condicionalidad de los préstamos japoneses en comparación con la situación del pasado. La coordinación con los Estados Unidos y las instituciones internacionales coloca a Japón en la posición incómoda de requerir políticas inconsistentes con las que usó el propio Japón con gran éxito, pero se está haciendo hincapié en políticas como la liberalización de las importaciones y la venta de empresas estatales.

Segundo, en virtud de que algunos países no podrán o no desearán adoptar el tipo de políticas requerido por el grupo de acreedores, es probable que en el próximo decenio surja una diferenciación creciente dentro de América Latina. Los pocos países que han implantado ya políticas económicas liberales y que han reanudado su crecimiento económico obtendrán un acceso desproporcionado a fondos adicionales y quizá a los mercados. Los países que no quieran o no puedan implantar políticas favorables —incluso un país rico y grande como Brasil— se quedarán más atrás aún. Unos pocos países pequeños podrán mantener su posición gracias a los intereses especiales de los Estados Unidos, pero este proceso es menos probable después de la Guerra Fría.

---

[43] El Instituto Iberoamericano de la Universidad Sophia en Tokio publicó recientemente un estudio de la imagen que tienen ahora los latinoamericanos de Japón y el pueblo japonés. Véase un resumen de los resultados en Kotaro Horisaka, "Japan's Image in Latin America and the Future of Japanese-Latin American Relations", *Iberoamericana*, 13, núm. 2, primer semestre de 1991.

Para los Estados Unidos, las implicaciones de todas estas tendencias son positivas y negativas. Si el gobierno continúa siendo el principal actor japonés en América Latina, y si continúa la estrategia de usar la cooperación en América Latina para aliviar las tensiones bilaterales con los Estados Unidos, los beneficios de una incrementada presencia japonesa superarán a sus costos. La determinación del gobierno de Japón de coordinar sus políticas con los Estados Unidos y secundar las iniciativas estadunidenses debería frenar los conflictos potenciales. En la medida en que los Estados Unidos puedan inducir a Japón a que provea capital para el restablecimiento del crecimiento económico por lo menos en algunos países latinoamericanos, deberán aumentar las posibilidades de las exportaciones y las inversiones estadunidenses.

Sin embargo, incluso con un gobierno japonés básicamente amistoso, Washington deberá hacer algunas señas para mantener el apoyo japonés. En particular, los Estados Unidos —no sólo Japón— deberán mostrarse dispuestos a discutir y coordinar sus políticas, y quizá también a permitir cierta injerencia japonesa significativa en la formulación de las políticas. La creciente visibilidad de las políticas de ayuda japonesa está provocando cierta oposición interna, y no será viable durante mucho tiempo la idea de continuar proveyendo dinero sin ningún derecho a opinar sobre la forma como se gaste. Los Estados Unidos deberán aceptar que la repartición de la carga requiere en última instancia la repartición del poder.

En virtud de que las empresas estadunidenses y japonesas tienen puestos los ojos en los mismos países, es probable que en México, Chile y Venezuela aumente la competencia por las oportunidades de comercio e inversión. Además, la creciente separación entre el sector público y el sector privado de Japón significa que el gobierno tendrá menor poder para restringir a las corporaciones y alinearlas con la política exterior en el futuro. Pero hay escasos indicios de un interés japonés en América Latina suficiente para que las empresas estadunidenses afronten una competencia seria a corto plazo. En efecto, las compañías japonesas han cerrado algunas de sus operaciones de ensamblado porque la reducción de los aranceles en América Latina ha vuelto más rentable el abasto de los mercados latinoamericanos desde Japón.

Estas tendencias sugieren también que Japón necesita mejorar sus conocimientos sobre América Latina. La dependencia de los Estados Unidos y de las agencias multilaterales será insuficiente para comprometer en la región grandes cantidades de fondos públicos japoneses. En el pasado, el gobierno japonés consultaba a las empresas y a las compañías del comercio exterior para aprovechar su experiencia, pero la naturaleza liberada de los nuevos fondos vuelve menos viable esta estrategia. La observación común acerca del pequeño número de administradores para el programa japonés de ayuda, muy grande y creciente, se aplica a América Latina con especial vigor.

Como un corolario, Japón deberá desarrollar más contactos bilaterales con América Latina, en lugar de recurrir a los intermediarios de los Estados Unidos, el FMI o el BID. Si se quiere que América Latina sea algo más que un peón en el tablero de ajedrez de los Estados Unidos y de Japón, los japoneses deberán formular juicios más independientes y matizados acerca de la región. También deberán saber cómo se está usando su dinero y tener una idea sobre sus consecuencias. Por ejemplo, los japoneses hablan a menudo del problema de la gran desigualdad de América Latina como una causa importante de los problemas económicos, sociales y políticos. Entonces, debería interesarles la determinación de si sus actividades en la región están aliviando o agravando este problema.

En general, el decenio de 1990 promete ser otro decenio difícil en América Latina. Aunque la mayor parte del esfuerzo que se hace para resolver los problemas actuales encerrará decisiones y acciones internas, el ambiente externo no dejará de tener importancia. Japón no será el más importante de los actores externos, pero será una de las pocas fuentes de capital, y podría ser un mercado nuevo para los productos latinoamericanos. El uso de este potencial corresponde principalmente a los latinoamericanos, pero los Estados Unidos pueden ayudar alentando a los japoneses a interesarse y participar más en la región. Y para hacer elecciones inteligentes acerca de cómo acercarse, los japoneses deberán hacer inversiones basadas en su propia experiencia, así como en las de las economías latinoamericanas.[44]

---

[44] Una posible indicación del creciente interés japonés por América Latina es la reciente publicación, en Japón, de *Raten Amerika Tono Kyouzon: Atarashii Kokusai Kanyou No Nakada* (de Kotaro Horisaka, Barbara Stallings y Gabriel Székely, comps., Tokio, Doubunkan, 1991), un volumen sobre Japón, los Estados Unidos y América Latina.

VIII. CHINA Y AMÉRICA LATINA DESPUÉS DEL FINAL DE LA GUERRA FRÍA

FENG XU*

CHINA empezó a mostrar cierto interés en América Latina a principios de los años sesenta: inmediatamente después y como un resultado de la Revolución cubana. Para los años setenta, China había establecido lazos diplomáticos con varios países de la región: Argentina, Brasil, Chile, México y Perú. Pero las relaciones sino-latinoamericanas se han expandido con lentitud y siguen siendo limitadas. El comercio de China con América Latina, por ejemplo, representa sólo 3% del total del comercio chino y 1% del total del comercio latinoamericano.[1] Para la política china, las naciones latinoamericanas han ocupado un distante tercer lugar, después de las naciones de Asia y África, y las relaciones con todos los países del Tercer Mundo han tenido una prioridad menor que las relaciones con el mundo industrial.

Entre los numerosos factores que han inhibido el desarrollo de las relaciones sino-latinoamericanas, los más importantes son el alejamiento geográfico de América Latina, el dominio ejercido por los Estados Unidos sobre la región y, recientemente, la preocupación de China por fortalecer sus relaciones con los países industriales, tratando de adquirir el capital y la tecnología necesarios para su programa de modernización económica. Aunque algunos de estos factores seguirán siendo importantes, es poco probable que las relaciones sino-latinoamericanas permanezcan sin cambio en el futuro, porque el ambiente internacional se ha alterado drásticamente.

Este capítulo examina cómo se han visto afectadas las relaciones sino-latinoamericanas por los cambios internacionales recientes. Se centra en las relaciones de China con cinco países latinoamericanos —México, Brasil, Argentina, Chile y Cuba— que son los focos actuales de la política china hacia la región. Sostendré que las relaciones futuras con estos países tenderán a depender principalmente del efecto residual de otras políticas y

* Estoy muy agradecido con Abraham F. Lowenthal, quien me alentó en todo momento y comentó constructivamente todas las versiones anteriores de este capítulo. También deseo agradecer los útiles comentarios de un revisor anónimo.
[1] Oxford Analytica, *Latin America in Perspective*, Boston, Houghton Mifflin, 1991, p. 296.

sobre todo de las relaciones de cada una de las partes con el Norte industrial. En ambos lados hay ciertos incentivos para el fortalecimiento de las relaciones bilaterales, pero eso podría cambiar si cualquiera de los bandos estableciera lazos más estrechos con el Norte (en el caso de México, Brasil, Argentina y Chile) o redujera su restricción externa (en los casos de China y Cuba).[2]

UN RESUMEN DE LA POLÍTICA CHINA
HACIA AMÉRICA LATINA

En los años sesenta era principalmente *ideológico* el impulso de los líderes chinos para incluir a América Latina en su política exterior. Frente al bloqueo económico y la hostilidad política de los Estados Unidos, China había formulado una fuerte política exterior antiestadunidense. Todos los gobiernos latinoamericanos, excepto el régimen de Castro, parecían colaborar con los Estados Unidos; y en virtud de que negaban a Beijing un asiento en las Naciones Unidas, eran vistos como peones del imperialismo estadunidense y por lo tanto como candidatos a revoluciones futuras. Inspirada por la Revolución cubana, China esperaba ver el modelo cubano (caracterizado por la transformación social a través de la lucha armada desde abajo) extendido a otros países de la región. En consecuencia, China se interesaba más por establecer lazos con partidos, organizaciones y grupos radicales en su ideología, que por activar relaciones estrechas con los gobiernos establecidos. En este sentido, la política china hacia América Latina era muy diferente de sus políticas respecto a Asia y África. Al revés de lo que ocurría en América Latina, la mayoría de las naciones asiáticas y africanas acababan de obtener su independencia de las potencias europeas y estaban menos influidas por los Estados Unidos, de modo que en general se consideraban como aliadas potenciales en un frente unido contra el imperialismo estadunidense.

Sin embargo, a fines de los años sesenta y principios de los setenta se dio un cambio marcado en la política china hacia América Latina, sobre todo por el empeoramiento de las relaciones sino-soviéticas y por el mejoramiento de las relaciones sino-estadunidenses.

El cisma de China con la Unión Soviética se inició en los años cincuenta, pero fue sólo a fines de los sesenta que esta escisión se convirtió en una confrontación política y militar a gran escala. Sumada a las malas relaciones con los Estados Unidos, la hostilidad soviética colocaba a China

[2] El caso de México es ilustrativo. Si el TLC firmado por los Estados Unidos, México y Canadá el 17 de diciembre de 1992 es ratificado por los congresos de los tres países, México estará menos interesado en la promoción de sus relaciones con China.

en una posición de enfrentamiento simultáneo con dos grandes enemigos. Esto también obligaba a China a revisar su lugar en la política mundial y la relación que deseaba con el Tercer Mundo en general, y específicamente con América Latina.

La visión del mundo que tenía China en ese momento se reflejaba parcialmente en la Teoría de los Tres Mundos de Mao Zedong, un modelo simplificado para definir y evaluar las principales contradicciones del sistema internacional. De acuerdo con la teoría, China optó por compartir el destino del Tercer Mundo, pero el cambio ocurrido en el contexto mundial dificultaba la puesta en práctica de tal teoría.

Después del cisma sino-soviético y del cambio resultante en el equilibrio del poder internacional, China empezó a descartar sus tendencias ideológicas, a distanciarse de los movimientos radicales y de las bandas guerrilleras, y a fomentar relaciones con gobiernos nacionales establecidos en América Latina. También mejoró la relación de China con los Estados Unidos, lo que allanaba el camino para relaciones sino-latinoamericanas más cordiales. Tras los viajes de Kissinger y Nixon a China, en 1971-1972, finalmente China fue aceptada en América Latina. La mayoría de los gobiernos latinoamericanos votaron en favor de su ingreso a las Naciones Unidas; por su parte, China apoyó sus reclamaciones de un límite de 200 millas territoriales en las negociaciones del Derecho del Mar. A fines de los años setenta, China había establecido relaciones diplomáticas con varios países latinoamericanos grandes que representaban a la mayor parte del territorio y la población de la región.[3]

Si la política latinoamericana de China estaba motivada ideológicamente en los años sesenta, en adelante se vería más *políticamente* motivada. El cambio de la política sino-latinoamericana parecía detonado por la amenaza soviética y por la necesidad de ganarse más amigos. En su mayor parte, sin embargo, la diplomacia china en América Latina tenía poco que ver con la Unión Soviética. Por la prolongada exclusión y el gran aislamiento de Beijing del sistema internacional de la posguerra y por la falta de una solución para el problema de Taiwán, la búsqueda de legitimidad se convirtió en la meta concreta de la nueva política sino-latinoamericana. China advirtió que esta búsqueda no podría tener éxito sin el apoyo del Tercer Mundo. Comparada con Asia y África, América Latina tenía más países que todavía mantenían relaciones diplomáticas con Taiwán; por lo tanto, este continente se convirtió en la última frontera política para China.

Sin embargo, América Latina estaba todavía lejos de ser una alta prio-

---

[3] China sostiene ahora relaciones diplomáticas con 17 de los 33 países independientes de América Latina, los cuales albergan más de 80% de la población total de la región.

ridad para China. Desde principios de los años setenta, los chinos aplicaron una política exterior de dos vías, con las relaciones del Tercer Mundo en una vía y las relaciones con los países de Occidente en la otra vía. La primera era normativa pero necesaria por razones políticas y de identidad. La segunda era sustantiva y necesaria por razones estratégicas y económicas.

A pesar de la retórica ejemplificada por la Teoría de los Tres Mundos, China pronto trató de alinearse con los Estados Unidos en contra de la Unión Soviética. Cuando mejoraron las relaciones sino-soviéticas, a principios de los años ochenta, esta alianza antisoviética con los Estados Unidos se convirtió convenientemente en una política orientada hacia el fortalecimiento de las relaciones con los países de Occidente, con la esperanza de maximizar los créditos, los préstamos, la inversión, el espíritu empresarial y la ciencia y tecnología necesarios para la modernización económica.

Son evidentes entonces dos esquemas yuxtapuestos en la política exterior china entre 1950 y los años ochenta:

1. Cuando China se ocupa de la transformación del sistema, la ideología es importante (como ocurrió en América Latina en los años sesenta); cuando no se ocupa de la transformación del sistema, sino que trata de tomar ventaja del sistema existente, el pragmatismo predomina (como sucedió desde principios de los años setenta hasta hace poco tiempo).

2. Cuando China se ve aislada o externamente restringida en el sistema internacional, busca la solidaridad con el Tercer Mundo (como pasó en los años sesenta, con la alianza con países del Tercer Mundo en Asia y África); cuando China no se encuentra en esa posición de aislamiento o restricción el Tercer Mundo tiende a ser relegado a un papel periférico (como sucedió desde principios de los años setenta hasta hace poco tiempo).

CHINA DESPUÉS DE LA GUERRA FRÍA

El final de la Guerra Fría, combinado con la reacción internacional ante el "incidente de Tiananmen" de junio de 1989, creó nuevas condiciones para la política exterior china.

Primero, con el final de la Guerra Fría declinó abruptamente la importancia estratégica que China había conseguido anteriormente como resultado de la percepción de que podría influir en la competencia planteada entre Washington y Moscú. En virtud de su tamaño, su autonomía y su ubicación geográfica, China había sido considerada por los Estados Unidos y la Unión Soviética como una carta de triunfo que les daría la delantera en su competencia. Dado que ambas superpotencias trataban de jugar la "carta china", China podía inclinarse hacia cualquiera de las dos y beneficiarse de ambas. Esta posición estratégica terminó con la desintegración de la Unión Soviética.

Segundo, la transformación ocurrida en Europa oriental y en la antigua Unión Soviética ha dejado a China ideológicamente aislada. Los únicos países que además de China pueden proclamar todavía que creen en la doctrina marxista son Corea del Norte, Vietnam y Cuba; todos ellos con graves problemas internos.

Tercero, el incidente de Tiananmen le costó a China la mayor parte de la simpatía que tenía antes en Occidente. Después de Tiananmen se enfriaron las relaciones de China con los países occidentales, a medida que uno tras otro imponían sanciones económicas contra China. La mayoría de estos países —con Japón a la cabeza— abandonaron las sanciones económicas a mediados de 1990, pero queda el amargo recuerdo, aunque al parecer han mejorado las relaciones chinas con la mayor parte de los países occidentales. Sobre todo en los Estados Unidos, China ha sido criticada por los abusos en contra de los derechos humanos desde el episodio de Tiananmen, y su historia de los derechos humanos vuelve a revisarse cada vez que debe renovarse su calidad de nación más favorecida (NMF). Con la elección del presidente Clinton, China temió perder su calidad de NMF, o que por lo menos ésta se condicionara a sus avances en el campo de los derechos humanos.[4] China tiene ahora todavía un largo camino por recorrer para reconstruir su imagen internacional, de modo que sus relaciones con los países occidentales siguen siendo inciertas.

Cuarto, en agudo contraste con la reacción internacional ante el incidente de Tiananmen, la transformación de Europa oriental (sobre todo en Hungría y Polonia) y de la antigua Unión Soviética ha sido aplaudida y alentada por los países occidentales. Es probable que las oportunidades de comercio e inversión que surgen en otras partes de este antiguo bloque socialista, además de las razones políticas e ideológicas, vuelvan a China menos atractiva y así desvíen los negocios occidentales de su territorio continental.

Por tanto, China afronta mayores restricciones externas ahora que en los años setenta y la mayor parte de los ochenta. De acuerdo con el segundo esquema, es probable que China vuelva a identificarse con el Tercer Mundo, a fin de contrarrestar los efectos del cambio internacional reciente, pero no es probable que rompa por completo con el sistema. Si China trata de maximizar sus intereses nacionales dentro del sistema

---

[4] En su discurso de aceptación ante la Convención Demócrata en Nueva York, Clinton comentó que los Estados Unidos necesitaban un gobierno que "no consienta a tiranos desde Bagdad hasta Beijing", con lo que indicaba a China que sería un cliente duro de pelar.

existente, asumirá una actitud pragmática hacia sus relaciones con el Tercer Mundo (segundo esquema). Es decir, al mismo tiempo que fortalezca sus relaciones con el Tercer Mundo, China cultivará sus relaciones con los países occidentales, porque sólo ellos pueden contribuir a su esfuerzo de modernización económica.

Ambas tendencias —los esfuerzos por identificarse con el Tercer Mundo y un hincapié en el mejoramiento de sus relaciones con Occidente— parecen contradictorias, pero se pueden observar en la política exterior china después de la Guerra Fría. Después de 1989, China envió emisarios de alto nivel por todo el Tercer Mundo. Intercambió oficinas de enlace comercial con Israel y Corea del Sur, y en agosto de 1992 había establecido o restablecido relaciones diplomáticas con Indonesia, Singapur, Arabia Saudita, Israel y Corea del Sur. Multilateralmente, China alojó a la cuadragésima octava reunión del Consejo Económico y Social de las Naciones Unidas en Beijing, obtuvo la calidad de observador en el movimiento de países no alineados y asistió a su conferencia cumbre de 1992, y participó en la consulta del Grupo de los 77 de 1992, la asociación de países en vías de desarrollo de las Naciones Unidas.

A pesar de las sanciones económicas, China demostró que estaba dispuesta a cooperar con los Estados Unidos y sus aliados occidentales en los problemas de interés común. Participó constructivamente, por ejemplo, en las negociaciones sobre Camboya. Y durante la crisis del Golfo Pérsico se unió activamente a las consultas en el Consejo de Seguridad de las Naciones Unidas y apoyó la Resolución 660 para que los iraquíes se retiraran de Kuwait. Aunque China se abstuvo finalmente de votar sobre la Resolución 678, que sancionó la aplicación de operaciones militares contra Irak, el que no haya usado su poder de veto contra la resolución indica que no deseaba correr ningún riesgo que hubiera podido conducir a un nuevo deterioro de sus relaciones con Occidente.

En sus relaciones bilaterales con los Estados Unidos, China ha demostrado también su flexibilidad y su disposición al compromiso. El 10 de octubre de 1992, justo antes de la fecha límite, China firmó un memorándum de entendimiento sobre el acceso al mercado con los Estados Unidos, lo que marcó la terminación de la investigación 301 que se prolongó todo un año y permitirá la entrada de más exportaciones estadunidenses. A cambio, China recibió un compromiso estadunidense de apoyar su posición de contraparte en el GATT. Sobre la decisión del gobierno de Bush de vender jets de combate 150 F-16 a Taiwán, China mostró moderación y no es probable que tome medidas concretas de represalia contra los Estados Unidos, a pesar de sus ataques verbales contra la decisión.

Sin embargo, persisten las restricciones de la política exterior china, y en consecuencia es posible que China adopte una política más activa hacia América Latina, en aras de sus propios intereses cambiantes. Los principales intereses de China residen en el desarrollo de su economía. Sus líderes han expresado categóricamente su compromiso con el desarrollo económico desde 1978, cuando empezaron a alejarse de una política de autosuficiencia económica para ensayar una política de puertas abiertas.[5] La nueva política económica ha hecho hincapié en el comercio exterior, la inversión extranjera y la introducción de ciencia y tecnologías avanzadas; y una relación más estrecha con América Latina podría resultar útil en estos sectores.

Los intereses políticos de China se encuentran en dos áreas: 1. el mantenimiento de su integridad territorial, y 2. el establecimiento de un nuevo orden internacional, justo y equitativo. El problema de Taiwán es el tema más importante de la primera área. A medida que Taiwán se fortalecía en lo económico, Beijing se volvía más sensible que nunca a este problema. En casi todos los comunicados conjuntos de los chinos y gobiernos extranjeros, Beijing ha insistido en la inclusión de una cláusula que explícitamente indique que "la República Popular de China es el único representante legítimo de China". Para lograr la reunificación nacional, Beijing no sólo se opone a la independencia de Taiwán, sino que también busca una presencia diplomática en el mayor número posible de países.

Después de la Guerra Fría, China ha renovado su petición de un orden internacional más justo y equitativo, diferente del "nuevo orden mundial" de George Bush. Mientras la visión de Bush se basaba en las actividades transnacionales, los cambios de la polaridad y el papel de las instituciones internacionales (por ejemplo el de las Naciones Unidas), la versión china de un nuevo orden tiene un explícito contenido de Norte-Sur. Pragmáticamente trata de obtener el apoyo de los países del Tercer Mundo en un momento en que China se encuentra externamente restringida.

Según Beijing, el nuevo orden internacional debería basarse en "la observancia universal de los cinco principios de respeto mutuo por la soberanía y la integridad territorial, la no agresión mutua, la no interferencia en los asuntos internos de los demás, la igualdad y mutuo beneficio, y la coexistencia pacífica".[6] El nuevo orden incluiría también las relaciones económicas internacionales. Se harían esfuerzos para fortalecer el diálogo y la cooperación Norte-Sur, "buscando el ajuste y la reforma

---

[5] Véase Deng Xiaoping, *Deng Xiaoping wenxuan, 1975-1982*, Beijing, Renmin Chubanshe, 1983.

[6] Discurso de Qian Qichen, ministro de Relaciones Exteriores de China ante la 47ª Asamblea General de las Naciones Unidas, en *U. S. FBIS Daily Report, China*, 24 de septiembre de 1992, p. 2.

necesarios en los campos de los recursos naturales, el comercio, el fondo, la deuda, los asuntos monetarios, financieros, y otros campos importantes de la economía internacional".[7] En términos de los derechos humanos, Beijing sostiene que "debe asignarse la misma importancia a los derechos civiles y políticos, y también a los derechos económicos, sociales, culturales y de desarrollo". Para Beijing, "el derecho a la subsistencia y el derecho al desarrollo son indudablemente los derechos humanos fundamentales y más importantes de todos".[8]

Dos metas específicas de la política exterior china que ejemplifican estos intereses políticos son la recuperación de la posición de China en el GATT y su participación en el proceso de reforma de las Naciones Unidas, lo que se concibe como un paso hacia el establecimiento de un nuevo orden internacional justo y equitativo.[9]

Los intereses ideológicos de Beijing residen cada vez más en la legitimación internacional de su gobierno comunista. En virtud de que el comunismo ha quedado desacreditado, los regímenes comunistas deben recurrir ahora a ellos mismos. Antiguos clientes soviéticos como Vietnam, Cuba y Corea del Norte han buscado la ayuda de China, y por razones psicológicas y simbólicas, Beijing necesita su apoyo para legitimar su gobierno. A fines de 1991, pocos meses después del fallido golpe de Estado en Moscú, visitaron China el secretario general del Comité Central del Partido Obrero Coreano y presidente de Corea del Norte, Kim Il-Sung, y el secretario general del Partido Comunista de Vietnam, Do Muoi. Se están intensificando también los contactos de alto nivel entre funcionarios chinos y cubanos.

En términos de sus capacidades globales (económicas, políticas y militares), China *no* es una potencia mundial. Más bien es una potencia regional, de modo que sus intereses son especialmente tangibles en el Asia sudoriental. Pero cuando China trate de extender sus relaciones con el Tercer Mundo más allá del sureste asiático, es probable que América Latina sea el candidato más apropiado por varias razones.

Primero, la mayoría de los países latinoamericanos tiene un nivel de

[7] Han Xu, "New World Order: A Chinese Perspective", en *Beijing Review,* 9-15 de septiembre de 1991, p. 34.

[8] Qian Qichen, "Establishing a Just and Equitable New International Order", en *Beijing Review,* 7-13 de octubre de 1991, p. 15; discurso de Qian Qichen ante la 47ª Asamblea General de las Naciones Unidas, en *U. S. FBIS Daily Report, China,* 24 de septiembre de 1992, p. 3.

[9] Durante un debate general en la 47ª Asamblea General de las Naciones Unidas, el ministro de Relaciones Exteriores de China, Qian Qichen, bosquejó la propuesta china de cuatro puntos para una reforma de las Naciones Unidas: *1)* las Naciones Unidas deben contribuir al mantenimiento de la soberanía de sus Estados miembros; *2)* deben alentar la resolución pacífica de los conflictos internacionales; *3)* deben dedicar al problema del desarrollo la misma atención que a los conflictos y las crisis internacionales, y *4)* deben promover un nuevo orden internacional que sea pacífico, estable, justo y racional.

desarrollo económico mayor que el de los países del sur de Asia, el Medio Oriente y África. Sus economías experimentaron un rápido crecimiento durante los años sesenta y setenta, de modo que hay cierto potencial para una cooperación económica más estrecha entre China y estos países.

Segundo, la mayoría de los países latinoamericanos se encuentra ahora en un proceso de transición histórica del gobierno autoritario u oligárquico a la democracia, lo que a largo plazo permite una participación política amplia y por ende reduce la inestabilidad política. Si China trata de maximizar sus intereses nacionales dentro del sistema existente, la estabilidad política y la previsibilidad serán factores importantes en la determinación de las opciones de su política exterior.

Tercero, con el desarrollo de sus economías, la mayoría de los países latinoamericanos, especialmente los más grandes, como Brasil y México, se han vuelto mucho más activos e influyentes en la política mundial. Son actores internacionales importantes que China no puede desatender si quiere alcanzar muchas de las metas de su política exterior.

Específicamente, los intereses chinos están en el comercio, las empresas conjuntas, la cooperación en el campo de la ciencia y la tecnología, la coordinación de la política exterior en ciertas áreas de problemas específicos, y la legitimación mutua, todos los cuales pueden conducir a estrechar sus lazos con América Latina. Al revés de lo ocurrido en el periodo anterior a los años ochenta, la política latinoamericana de China después de la Guerra Fría está motivada por la *economía* y la *política,* aunque la motivación económica parece ahora más potente que la política.

MÉXICO, BRASIL, ARGENTINA, CHILE Y CUBA
DESPUÉS DE LA GUERRA FRÍA

En América Latina, los países que más interesan a China son México, Brasil, Argentina, Chile y Cuba. Los cuatro primeros son los mayores socios comerciales de China en Latinoamérica; la importancia de Cuba para China, en cambio, es más política e ideológica que comercial.

Con la terminación de la Guerra Fría, algunos de estos países se han visto atrapados en una situación muy similar a la de China. Brasil, Argentina, y hasta cierto punto Chile, tenderán a ser desatendidos ahora por los Estados Unidos. Durante la Guerra Fría, la política estadunidense hacia América Latina trataba de impedir la difusión del comunismo y, dada su proximidad, América Latina caía naturalmente en la esfera de influencia de los Estados Unidos. Los países latinoamericanos, más preocupados por el desarrollo económico que por la contención del comunismo, resentían a menudo las actividades de su vecino norteño, pero a veces se beneficiaban de sus relaciones estrechas con los Estados Unidos. Por ejemplo, la Alianza para el Progreso permitió una gran transferencia de recursos hacia América Latina, para los propósitos de la reforma socioeconómica y del desarrollo. Pero después de la Guerra Fría y de la desintegración de la Unión Soviética, desapareció de la noche a la mañana el impulso de otorgar a América Latina una alta prioridad en la política exterior de los Estados Unidos. Los acontecimientos recientes en Europa oriental y en la antigua Unión Soviética han desviado más aún la atención de los Estados Unidos afuera de América Latina. Algunos problemas internos como la recesión económica, el desempleo y los enormes déficit presupuestales también podrían alentar una visión más orientada hacia adentro.

El olvido benigno de los Estados Unidos sería muy perjudicial para América Latina, sobre todo si va acompañado por un continuo problema de la deuda en esos países y por el proteccionismo de los Estados Unidos.

De todos los países deudores del Tercer Mundo, los tres más grandes son Brasil, México y Argentina. En 1989, la deuda externa total ascendía a 111 300 millones de dólares para Brasil, 95 600 millones para México y 64 700 millones para Argentina.[10] Ha habido algunas negociaciones sobre la restructuración y reducción de la deuda, pero las medidas tomadas hasta ahora no bastan para resolver el problema.

Para el servicio de sus deudas, estos países necesitan generar superávit de exportaciones en su comercio exterior. Desafortunadamente, sin embargo, en los Estados Unidos se ha observado una tendencia hacia el proteccionismo comercial desde principios de los años ochenta, debido en gran medida a la declinación de la competitividad económica general de los Estados Unidos y a sus crecientes déficit comerciales. Se dice que Japón y los países de industrialización reciente del sureste asiático son responsables de la mayor parte del déficit comercial de los Estados Unidos, pero el proteccionismo comercial golpea a menudo a cualquier país que intente penetrar en el mercado estadunidense. En los años ochenta el porcentaje de las exportaciones latinoamericanas a los Estados Unidos mostró una declinación constante.[11] Y aunque se ha pedido a Brasil, Argentina, México y Chile que liberalicen su comercio, y en efecto se han esforzado por hacerlo, sus exportaciones se ven todavía discriminadas en el mercado estadunidense.

Mientras tanto, el régimen de Castro en Cuba está experimentando su momento más difícil desde 1959. Se han reducido sustancialmente la ayuda económica y los abastos de petróleo de la antigua Unión Soviética, y

[10] Banco Mundial, *World Development Report, 1991,* Washington, Banco Mundial, 1991, pp. 244-245.
[11] Oxford Analytica, *Latin America,* p. 212.

las tropas soviéticas han sido retiradas. Sin el apoyo económico, político y militar del mundo exterior, el régimen castrista tendrá dificultades para sobrevivir, a menos que encuentre otro protector o haga grandes cambios en sus políticas internas y externas.

Todos estos países latinoamericanos, ya sea que estén olvidados o externamente restringidos, deberán encontrar una solución para sus dificultades. La posibilidad del desarrollo de sus relaciones con China depende de cuáles sean sus intereses y de que tales intereses sean idénticos a los de China o se traslapen con ellos. En términos económicos, los intereses de México, Brasil, Argentina y Chile se centran en la restructuración y reducción de la deuda, la expansión del comercio exterior para generar los superávit comerciales necesarios para el servicio de la deuda, la entrada de dinero nuevo para actividades productivas, y la adquisición de una tecnología avanzada que pueda facilitar el crecimiento económico.

China no puede ayudar a estos países para que resuelvan sus problemas de deuda, pero sí puede aportar cierta cantidad de capital en la forma de empresas conjuntas, y puede ser de alguna utilidad en los campos de la cooperación tecnológica. Es muy importante el hecho de que China sea un enorme mercado de consumo potencial, con una economía industrial que necesita con urgencia materias primas y equipo moderno.

En términos políticos, los intereses de estos cuatro países incluyen la preservación de su independencia y su soberanía nacional. Pero fuera de eso, no es fácil identificar sus intereses políticos específicos en el campo de las relaciones internacionales y cómo se persiguen. Estos países no hablan siempre con una sola voz, como lo hicieron en los años setenta, y a veces compiten por la ayuda financiera multilateral y bilateral y por los acuerdos comerciales preferentes. Sin embargo, la idea de iguales oportunidades de desarrollo no ha muerto. Como países del Tercer Mundo, están preocupados por problemas como la transferencia de recursos de los países ricos a los pobres; por el mejoramiento de las condiciones de sus exportaciones, por la reducción de la deuda y, más generalmente, por la obligación de los países ricos de tomar medidas prácticas para reducir la brecha que los separa del Sur. En otras palabras, sus intereses políticos están también en la búsqueda de caminos para mejorar su situación en las relaciones económicas Norte-Sur.

Es posible que estos países no imiten la petición china de que se establezca un nuevo orden internacional, justo y equitativo, ni sus posiciones sobre los derechos humanos. Pero el aspecto económico del gran plan de China parece satisfacer muchas de sus demandas de un trato justo y favorable en las relaciones económicas Norte-Sur, de modo que sirve a sus intereses en las negociaciones internacionales sobre problemas como la transferencia de recursos, el comercio, la deuda y el dinero. En este sentido, son los problemas del desarrollo los que tienen mayores probabilidades de unir a estos países con China frente a los Estados Unidos y a otros países industriales norteños.

Los intereses actuales de Cuba, centrados en el mantenimiento del tambaleante régimen castrista, encierran la legitimación ideológica, el apoyo político y la asistencia económica. Es evidente que Cuba necesita a China más que los otros cuatro países latinoamericanos, y por razones ideológicas y políticas no es probable que China abandone a Cuba en un momento en que esta última necesita ayuda desesperadamente. Sin embargo, en virtud de la reciente campaña en favor de la modernización económica, el apoyo de China para el régimen castrista tiende a confinarse al intercambio de visitas de funcionarios de alto nivel y a la formulación de pronunciamientos políticos. Cuando está en juego la economía, China insiste en el principio y la práctica de la reciprocidad.

¿MÁS OPORTUNIDADES PARA LA COOPERACIÓN?

Tanto China como los países latinoamericanos han dado algunos pasos para fortalecer sus relaciones. Durante mayo y junio de 1990, el presidente chino Yang Shangkun visitó cinco países latinoamericanos: México, Brasil, Uruguay, Argentina y Chile. La visita pasó inadvertida en los Estados Unidos y otras naciones occidentales, pero recibió una atención relevante en los medios masivos chinos. Se dijo que era "un nuevo capítulo de la amistad sino-latinoamericana", "un hito importante en la historia de las relaciones sino-latinoamericanas amistosas" y "un gran acontecimiento en la historia sino-latinoamericana".[12] Aunque no debemos tomarnos muy en serio tal retórica, ésta era en efecto la primera visita de un jefe de Estado chino a América Latina desde la fundación de la República Popular de China.

Durante la visita del presidente Yang, China y los cinco países latinoamericanos intercambiaron opiniones sobre grandes problemas internacionales y firmaron varios acuerdos de cooperación sobre economía, comercio y ciencia y tecnología. Los convenios incluyen 17 grandes proyectos conjuntos en los campos de la silvicultura, la pesca, la minería, los textiles y la exploración petrolera, con una inversión total de 36 millones de dólares, a la que China aportó 22 millones.[13] Los acuerdos incluyen un arreglo económico y tecnológico con Brasil y un memorándum que define

---

[12] *U. S. FBIS Daily Report, China,* 14 de mayo de 1990, p. 23; 22 de mayo de 1990, p. 15; 4 de junio de 1990, p. 19.

[13] *U. S. FBIS Daily Report, China,* 16 de mayo de 1990, p. 13; 29 de mayo de 1990, p. 30.

la compra, por parte de China, de mineral de hierro brasileño durante un periodo de tres años.[14]

Después del viaje del presidente Yang a América Latina, un número creciente de líderes latinoamericanos visitó China, desde el ministro de Relaciones Exteriores de Brasil, Francisco Rezek (agosto de 1991), hasta el presidente chileno Patricio Aylwin (noviembre de 1992). La mayoría de estas visitas condujo a acuerdos sobre la cooperación económica y la coordinación de la política exterior. También se están fortaleciendo los lazos económicos de China con México, Brasil, Argentina y Chile.

El comercio

En 1989, el volumen total del comercio bilateral entre China y América Latina ascendió a una suma de 2 970 millones de dólares, de la cual China manejó un valor comercial total de 1 200 millones de dólares con Brasil, 576 millones con Argentina, 240 millones con Chile y 190 millones con México.[15] En 1990, el comercio de China con México excedió por primera vez los 200 millones de dólares,[16] y de acuerdo con una fuente esta cifra aumentó a cerca de 300 millones en 1991.[17] En los primeros meses de 1992, el comercio de China con Chile llegó a 174 millones de dólares, lo que constituía casi 73% del valor total del comercio en 1989.[18] Su comercio con Argentina y Brasil también está aumentando.[19]

Hay dos razones para que el comercio de China con estos cuatro países se expanda más. Primero, la economía de China y las de América Latina son mutuamente complementarias. Las principales exportaciones de China a estos países incluyen los textiles y vestidos, los productos industriales ligeros, los productos químicos, el petróleo, la maquinaria y el equipo. Sus principales importaciones de América Latina son básicamente materias primas, como el mineral de hierro, los productos de cobre, la nitroquilita, el trigo, la lana, el azúcar, la pulpa de papel, la urea, la harina de pescado, los fertilizantes químicos y las fibras químicas, que en su mayor parte no están disponibles entre sus socios comerciales del sureste asiático.[20]

Segundo, los países latinoamericanos han obtenido un notable superá-

---

[14] *U. S. FBIS Daily Report, China,* 21 de mayo de 1990, p. 23.
[15] *Ibid.,* 1º de mayo de 1990, p. 11.
[16] *Renmin ribao, haiwaiban* (Beijing), 15 de junio de 1991, p. 4.
[17] *U. S. FBIS Daily Report, China,* 19 de febrero de 1992, p. 15.
[18] *Ibid.,* 31 de agosto de 1992, p. 11.
[19] *Ibid.,* 1º de junio de 1992, p. 16.
[20] *China Daily* (Beijing), 1º de mayo de 1990, p. 2; *U. S. FBIS Daily Report, China,* 1º de junio de 1992, p. 16; 31 de agosto de 1992, p. 11.

vit comercial con China. De la cifra de 1989, las exportaciones chinas ascendieron a 550 millones de dólares, mientras que sus importaciones llegaron a 2 420 millones.[21] Esto ha obligado ya a China a exportar más a América Latina (en lugar de importar menos), a fin de reducir sus déficit comerciales, como ocurría en su comercio con Chile. Pero la favorable balanza comercial podría inducir también a los países latinoamericanos a desarrollar más aún sus relaciones comerciales con China.

Las empresas conjuntas

China ha establecido empresas conjuntas, sobre todo en el sector de los textiles, en ciertos países caribeños (como Jamaica), a fin de penetrar al mercado de los Estados Unidos. Los nuevos proyectos conjuntos que se formalizaron durante la visita del presidente Yang no se limitan ya a los textiles, y se extienden a México y a Sudamérica.

Con el aumento de su inversión en América Latina, China ha firmado también algunos acuerdos para proteger las inversiones bilaterales, evitar la doble tributación e impedir la evasión fiscal sobre el ingreso con Brasil, Argentina y Chile.[22] Si se ratifica el TLC, China estará muy interesada en la creación de empresas conjuntas en México para aprovechar el libre comercio estadunidense-mexicano. Comentando el TLC, un funcionario chino dijo que "inversionistas potenciales chinos están observando el clima de México para el desarrollo futuro en los sectores de textiles, industria ligera y electrónica".[23]

En noviembre de 1992, China compró la mayor mina de hierro de Perú (también la más grande de Sudamérica) por 120 millones de dólares y se convirtió en su propietario único. Hasta ahora, ésta es la mayor inversión de China en América Latina.[24]

La cooperación en ciencia y tecnología

Entre todos los países latinoamericanos, Brasil ha desarrollado los lazos más estrechos con China en lo tocante a la cooperación científica y tecnológica. Los dos países han iniciado varios acuerdos en esta área en agricultura, energía hidroeléctrica, aviación y astronáutica.[25] También

[21] *China Daily* (Beijing), 1º de mayo de 1990, p. 2.
[22] *U. S. FBIS Daily Report, China,* 6 de agosto de 1991, p. 14; 23 de septiembre de 1992, p. 18.
[23] *Ibid.,* 2 de abril de 1992, p. 14.
[24] *Renmin ribao, haiwaiban* (Beijing), 11 de noviembre de 1992, p. 1.
[25] *Liaowang, haiwaiban* (Beijing), 14 de mayo de 1990, p. 7.

han convenido en cooperar en un programa aeroespacial para la producción y el lanzamiento de dos satélites que habrán de ponerse en órbita antes de que termine 1994 y en 1995, respectivamente.[26] Argentina y China están preparando también un programa de cooperación técnica de largo plazo en los campos de la geología y los recursos minerales.[27]

Aunados a los lazos económicos más estrechos entre China y estos cuatro países están sus esfuerzos por coordinar las políticas exteriores en lo que tiene que ver con las grandes cuestiones de la política internacional. Entre las más recientes de estas grandes cuestiones se encuentran la recuperación del asiento de China en el GATT y en el campo de la protección ambiental.

En la búsqueda china de apoyo para su ingreso al GATT, estos cuatro países han brindado su apoyo inequívoco. En la Conferencia de las Naciones Unidas sobre el Ambiente y el Desarrollo, reunida en Río de Janeiro en junio de 1992, Brasil, China y otros países del Tercer Mundo insistieron en que las naciones desarrolladas deberían contribuir más a la protección ambiental mediante la transferencia de tecnologías, en lugar de beneficiarse con su venta; también presionaron para la aprobación del tratado de la biodiversidad, que el gobierno de Bush se negaba a firmar.

China y Cuba han apresurado sus pasos para mejorar sus relaciones en respuesta a los recientes cambios internacionales. En julio de 1991, el vicepresidente del Consejo de Estado y vicepresidente del Consejo de Ministros de Cuba, Carlos Rafael Rodríguez, visitó China por invitación del gobierno de este país. Durante su visita, el secretario general del Partido Comunista Chino (PCC), Jiang Zemin, y el presidente Yang Shangkun se reunieron con él. Pocos días antes de su visita, Fidel Castro había enviado un telegrama a Jiang Zemin, felicitando al PCC por su septuagésimo aniversario. Dos meses más tarde, una delegación del PCC encabezada por Yang Rudai, miembro de la Oficina Política del Comité Central del PCC, llegó a La Habana. Durante su estancia, Castro se reunió varias veces con la delegación; y en una visita de despedida al hotel de la delegación, expresó su aprecio por la visita de Yang en un momento en que "Cuba enfrenta grandes dificultades".[28]

Pero no es probable que China asuma la carga cubana abandonada por la antigua Unión Soviética. Aparte de su mutuo apoyo político y de su legitimación ideológica, China otorgará prioridad al comercio bilateral y no a la ayuda unilateral. Como dijo claramente Yang Rudai durante su reciente visita a Cuba, China "promoverá las relaciones económicas bilaterales y el comercio de acuerdo con los principios de la igualdad y el

[26] *U. S. FBIS Daily Report, China,* 27 de julio de 1992, p. 12.
[27] *Ibid.,* 12 de mayo de 1992, p. 24.
[28] *Ibid.,* 25 de septiembre de 1991, p. 18.

beneficio mutuo".[29] A principios de 1992, China y Cuba firmaron un protocolo sobre el comercio bilateral, y La Habana ha decidido también que enviará personal a zonas económicas especiales de China para que estudien y administren allí empresas conjuntas.[30]

Conclusión

Ahora que ha terminado la Guerra Fría, China podría tratar de volver a identificarse en alguna medida con el Tercer Mundo. Pero en virtud de que todavía opta por maximizar sus intereses nacionales dentro del sistema internacional existente, en lugar de romper con él, China valorará todavía sus relaciones con los países de Occidente más que sus relaciones con el Tercer Mundo: sólo los primeros pueden ayudar sustancialmente en su búsqueda de la modernización económica.

Las oportunidades para la cooperación china con México, Brasil, Argentina, Chile y Cuba son ahora mayores que nunca. Como países del Tercer Mundo, las dos partes tienen intereses compatibles o yuxtapuestos, así como posturas similares sobre muchos problemas internacionales. En la medida en que cualquiera de las partes, o ambas, se vean olvidadas o externamente restringidas, es probable que China y América Latina establezcan relaciones más estrechas.

Sin embargo, si mejoran las relaciones de China o de las naciones latinoamericanas con los países industriales de Occidente, los incentivos se convertirán en desincentivos. En este sentido, México es el ejemplo principal porque el TLC tenderá a desalentar el desarrollo de relaciones más estrechas, especialmente económicas, con otros países del Tercer Mundo. Y en la medida en que las relaciones estadunidense-latinoamericanas se integren mejor, resultará problemático el desarrollo posterior de las relaciones de China con América Latina.

---

[29] *Ibid.*, 20 de septiembre de 1991, p. 20.
[30] *Ibid.*, 19 de febrero de 1992, p. 16.

Tercera Parte

LA ELABORACIÓN
DE RESPUESTAS POLÍTICAS

IX. REGIONALISMO EN LAS AMÉRICAS

ANDREW HURRELL

LA DRÁSTICA transformación del sistema internacional ha dado un nuevo impulso al regionalismo y al crecimiento de la conciencia regional. Para muchos comentaristas, el incremento del regionalismo y el fortalecimiento de la cooperación regional son elementos centrales del orden internacional surgido después de la Guerra Fría.[1] La terminación de la Guerra Fría y la declinación de la Unión Soviética están alentando el surgimiento del regionalismo al reducir los incentivos existentes para la intervención de superpotencias, al eliminar el modelo de alianzas globales de la Guerra Fría, que desbordaban a las regiones, y al crear "espacios regionales" más autónomos, liberados del efecto distorsionante de la confrontación Este-Oeste.

La declinación relativa de la hegemonía estadunidense y la reducción de la capacidad y la disposición de los Estados Unidos para desempeñar un papel global están estimulando y proveyendo un espacio para el desarrollo de sistemas de potencias regionales construidos alrededor de la Comunidad Europea en Europa y de Japón en Asia. También las presiones económicas parecen estar operando en favor del regionalismo: la Comunidad Europea; las dificultades actuales de la Ronda Uruguay; el efecto de los cambios estructurales ocurridos en la economía global que presiona a Estados y empresas hacia una expansión de la colaboración; y el cambio de los entendimientos del desarrollo económico en muchas partes del mundo en desarrollo y la adopción generalizada de las estrategias de desarrollo del mercado liberal. A pesar de que ha variado ampliamente la relación existente entre la retórica y la realidad, pocas partes del mundo han estado inmunes al resurgimiento del interés por las opciones regionalistas.

La nueva oleada de la actividad regionalista abarca desde la discusión de un mundo de bloques comerciales regionales, por una parte, hasta un

---

[1] Véase un argumento claro en favor del regionalismo en W. W. Rostow, "The Coming Age of Regionalism", *Encounter,* junio de 1990, pp. 3-7. Louise Fawcett hace una reseña del resurgimiento del regionalismo en "Regionalism Reconsidered", en Louise Fawcett y Andrew Hurrell, comps., *The New Regionalism and International Order,* Oxford University Press, 1993.

acento mayor en la cooperación y la integración subregionales, por la otra parte. En efecto, una de las características más importantes del nuevo regionalismo se refiere a la relación existente entre el regionalismo de bloques, construido a menudo alrededor de una potencia efectiva o potencialmente hegemónica (los Estados Unidos, Japón y Alemania), y los agrupamientos subregionales, entre lo que pudiéramos llamar macrorregionalismo y microrregionalismo. En muchas partes del mundo, la relación existente entre estas opciones regionalistas diferentes se ha vuelto el tema central, el que define el esquema general de las relaciones internacionales.

Esto ocurre particularmente en las Américas. Para América Latina, el regionalismo ha significado en la historia dos cosas muy diferentes. En primer lugar, ha significado la cooperación regional entre los países de la propia América Latina. Después de más de un decenio de desencantos, en los años ochenta hubo un resurgimiento significativo de esta forma del regionalismo. La primera oleada tenía una naturaleza esencialmente política. Incluía ciertos esfuerzos regionales para promover la paz en Centroamérica bajo la forma del Grupo Contadora y el Grupo de Apoyo a Contadora. También incluía ciertas medidas para incrementar la consulta y la coordinación políticas en foros como el Grupo de los Ocho y su sucesor, el Grupo de Río. Y este movimiento pudo verse en el mejoramiento de la relación política y estratégica existente entre Brasil y Argentina, a partir de 1980 y sobre todo después de 1985.

Más recientemente, el enfoque ha regresado a las propuestas de una mayor cooperación económica regional, o incluso la integración. Muy relevante ha sido la evolución de las relaciones entre Brasil y Argentina. Aprovechando el acercamiento político de principios de los años ochenta, los dos países firmaron en julio de 1986 el Programa de Integración Argentina-Brasil, al que siguieron otros acuerdos formales en noviembre de 1988 y agosto de 1989. En marzo de 1991, Argentina, Brasil, Uruguay y Paraguay firmaron el Tratado de Asunción, que creó el Mercosur y bosquejó el Mercado Común del Cono Sur para 1995. En julio de 1991, los miembros del Mercado Común Centroamericano (MCCA) trataron de extender y fortalecer la organización, y se han firmado acuerdos de libre comercio entre el MCCA y México y Venezuela. En 1991 se hicieron también algunos esfuerzos para impulsar al Pacto Andino, con la adopción de un calendario para los avances hacia un mercado común pleno en 1995. Se ha negociado un acuerdo de libre comercio entre el Grupo de los Tres (México, Colombia y Venezuela). Por último, a principios de los años noventa hubo una explosión de retórica regionalista y de discusiones sobre la cooperación regional que involucraban, en una u otra forma, a casi todos los países de la región.

La segunda forma del regionalismo cubre a todo el hemisferio occidental. Por supuesto, el regionalismo interamericano tiene una larga historia, iniciada en el siglo XIX. En el curso de este siglo, tal regionalismo recibió una estructura institucional, refinada y formal, en la Organización de los Estados Americanos y sus organismos relacionados. Además, este tipo de regionalismo ha adquirido también un impulso nuevo durante los últimos años, sobre todo en términos de las relaciones económicas. La decisión de convertir al área norteamericana de libre comercio en un objetivo de la política comercial de los Estados Unidos data de la Ley de Acuerdos Comerciales de 1979. Un paso notable fue la negociación exitosa del acuerdo de libre comercio entre Estados Unidos y Canadá, que entró en vigor en enero de 1989. Otro desarrollo crucial ha sido la reversión de la política mexicana que, durante la mayor parte del decenio de 1980, se había resistido a las ofertas del gobierno de Reagan para la negociación de un acuerdo de libre comercio. En 1985, sin embargo, los Estados Unidos y México firmaron un acuerdo sobre los gravámenes y los subsidios compensatorios. En noviembre de 1987, estos dos países firmaron un acuerdo-marco que proveía mecanismos para la resolución de las disputas comerciales y para el proceso de liberalización del comercio bilateral. En junio de 1990, el presidente Salinas solicitó formalmente el inicio de negociaciones sobre un acuerdo de libre comercio; en agosto de 1992 se convino y firmó un proyecto de tratado; y en diciembre de 1992 firmaron el acuerdo definitivo los presidentes de México y los Estados Unidos y el primer ministro de Canadá.

La idea de que el área norteamericana de libre comercio podría extenderse hacia el sur se vio impulsada por el discurso que pronunciara el presidente Bush el 27 de junio de 1990 para proponer la Iniciativa de la Empresa de las Américas. Esto apuntaba a un área de libre comercio hemisférica como un objetivo de largo plazo que incluyera tanto negociaciones bilaterales como acuerdos con los diversos agrupamientos comerciales subregionales de América Latina, en un proceso que se iniciaría con la negociación de acuerdos marco generales.[2] La iniciativa hablaba de la importancia de la reducción y restructuración de la deuda, pero hacía gran hincapié en el estímulo a la inversión extranjera, mediante la continuación de las reformas económicas dentro de los países latinoamericanos y la creación de un fondo de inversión multilateral.

La relación entre estas dos formas del regionalismo se ha convertido en el problema dominante de la agenda de la política exterior de América Latina. Aunque las relaciones con los Estados Unidos se han alterado ex-

---

[2] Se han firmado cerca de 29 de tales acuerdos con países latinoamericanos en forma individual, con agrupamientos como Mercosur y, significativamente, con países de fuera del hemisferio, como Singapur.

traordinariamente por toda la región (a excepción de Cuba), varían las actitudes hacia el regionalismo hemisférico. Por supuesto, México avanzó ya decisivamente hacia la integración con Norteamérica. Chile fue el primer país sudamericano en solicitar su inclusión en el TLC, y no ha ocultado su desinterés por la integración subregional. En general, los países del Mercosur adoptaron una actitud de espera, considerando la cooperación subregional como un instrumento de regateo frente a Washington y como una opción secundaria. Este capítulo explora la lógica de estas posiciones diversas y se divide en dos secciones. La primera analiza las fuentes y el vigor de los factores que explican el resurgimiento del interés latinoamericano en alguna forma de bloque hemisférico interamericano. La segunda considera los factores que tenderán a limitar el crecimiento del regionalismo interamericano: ¿para cuáles problemas tiene sentido un enfoque regional interamericano? ¿Cómo tenderán a reflejarse en las políticas estadunidenses las percepciones y las necesidades latinoamericanas? Y si las perspectivas del regionalismo interamericano son limitadas, ¿cuál será el futuro de la cooperación subregional?

LAS PRESIONES SOBRE AMÉRICA LATINA

Presiones políticas y sistémicas por el poder

Un enfoque para el surgimiento del regionalismo destaca la importancia de las configuraciones externas del poder y la dinámica de la competencia política y mercantilista por el poder. Es indudable que los cambios ocurridos en la configuración internacional del poder han sido muy relevantes para el surgimiento del regionalismo en las Américas. En buena medida, la "vuelta a la región" y el resurgimiento del interés latinoamericano en la cooperación hemisférica han reflejado la percibida ausencia relativa de opciones para la política exterior y la política económica externa. Este proceso no es nuevo en modo alguno, aunque se ha fortalecido con los desarrollos recientes.

A principios de los años ochenta se había evaporado la idea de que el movimiento del Tercer Mundo podría servir como una plataforma para la proyección y promoción de los intereses latinoamericanos, y el *tercermundismo* se ha puesto en retirada por todas partes. Durante los años ochenta, América Latina tenía grandes esperanzas en la expansión de sus lazos con Europa occidental, pero se avanzó poco: el involucramiento político europeo aumentó considerablemente en Centroamérica y en efecto se institucionalizó, pero en otras partes se vieron afectadas las declaraciones de apoyo político europeo por el estancamiento de las relaciones económicas y por la inclinación europea a seguir el liderazgo estadunidense en el manejo de la crisis de la deuda. Aunque la participación japonesa en la región creció durante los años ochenta, también se quedó muy lejos de las expectativas latinoamericanas.

Además, este esquema se ha visto reforzado por los notables acontecimientos ocurridos desde 1989, en opinión de muchos latinoamericanos. Aunque se aplaude en público, el colapso del comunismo en Europa oriental y central ha provocado un agudo temor de marginación. Los gobiernos latinoamericanos se han visto obligados a competir con los nuevos Estados democráticos de Europa oriental y central por una cantidad limitada de ayuda, préstamos e inversión y tecnología extranjeras. Temen que el mundo en desarrollo pierda en esta competencia y que, dentro del mundo en desarrollo, América Latina se encontrará al final de la lista de prioridades, incapaz para igualar la importancia geopolítica del Medio Oriente o la atracción humanitaria de África y el sur de Asia. Se teme también que los acontecimientos de Europa oriental y central —coincidentes con el movimiento de la Comunidad Europea hacia la conclusión del mercado interno, con el acuerdo para el área económica europea entre la CE y los países del área europea de libre comercio, y con la renovada discusión de la unión monetaria y política (y la disensión provocada a este respecto)— conduzcan a un periodo de sostenida introspección en Europa. Aunque no signifique un aumento de las barreras comerciales, los latinoamericanos temen que esto provoque una ausencia general de interés en Europa por los problemas de su región. Y se teme en particular que Alemania, preocupada y abrumada por las demandas de la reunificación, ya no pueda desempeñar su papel central en la base de la relación económica entre la CE y América Latina.

La lógica de buscar el equilibrio del poder de los Estados Unidos mediante una activa política de diversificación llegó a su límite a fines de los años setenta y se revirtió durante los años ochenta. Como un contrapunto a esto, en los años ochenta resurgió la centralidad de los Estados Unidos. Se restableció firmemente su posición como el principal socio comercial de la región. La participación de los Estados Unidos en las exportaciones latinoamericanas aumentó de 32.2% en 1980 a 38.2% en 1987. Para Brasil, la participación estadunidense aumentó de 17.4% en 1980 a 29.2% en 1987; para Chile, de 12.1 a 21.5%, y para México, de 63.2 a 69.6%. Algunas decisiones críticas sobre el manejo de la deuda externa se tomaban en los Estados Unidos: en el gobierno mismo, en agencias multilaterales con sede en los Estados Unidos, o en comités de bancos privados presididos por un estadunidense. En efecto, el reconocimiento mutuo de las "esferas de influencia" regional (los Estados Unidos en América Latina, Japón en Asia, Alemania occidental en Europa oriental) era una de las características más notables de la crisis de la deuda en los años ochenta. Además, América Latina se enfrentaba a un gobierno de Estados Unidos que hacía gran hincapié en la recuperación de su poder y autoridad en la región después de lo que en su opinión había caracterizado al gobierno de Carter: debilidad y vacilación. Es cierto que algo de esta "reafirmación de la hegemonía" seguía siendo retórico y que su implantación práctica se concentraba principalmente en Centroamérica, pero su influencia no estaba ausente más al sur, sobre todo en términos de la tendencia cada vez más imperiosa de la política comercial estadunidense y, en un sentido negativo, en la resistencia a hacer concesiones en el manejo de la deuda.

Como en el caso de la diversificación, la hegemonía de los Estados Unidos se ha visto afectada en muchos sentidos por los desarrollos internacionales más amplios de los últimos dos o tres años. Al revés de lo que ocurre en otras partes del mundo en desarrollo, la terminación de la Guerra Fría no ha abierto un "espacio regional" autónomo en América Latina. De hecho, la invasión de Panamá reveló la facilidad con que las justificaciones de la intervención derivadas de la Guerra Fría podrían ser sustituidas por razones históricamente más arraigadas: la necesidad de mantener el "orden", promover la democracia y salvaguardar las propiedades y los intereses económicos estadunidenses. Si la principal característica estructural del nuevo orden mundial es su distribución unipolar del poder político y militar, los problemas que esto origina son especialmente evidentes en América Latina. Resultan difíciles de discernir las opciones a los Estados Unidos, y muchos observadores latinoamericanos creen que las lecciones de los años ochenta sugieren que la oposición directa a Washington es algo costoso y contraproducente. Los partidarios de esta idea citan, por ejemplo, la triste experiencia de las estrategias disidentes sobre la deuda, o la medida en que la negativa de Brasil a alinearse en los campos del comercio y la inversión sólo sirvió para provocar un conflicto costoso y en última instancia infructuoso con Washington.

La necesidad de encontrar una base nueva para las relaciones con Washington ha conducido a una reformulación de la política aplicable a gran número de problemas. Partiendo del apoyo a la acción estadunidense contra Irak, a las políticas sobre la producción de armas y la proliferación de armamento nuclear, a la promoción de la democracia, las políticas latinoamericanas y estadunidenses se han aproximado mucho más que antes. A simple vista, el debate sobre el regionalismo hemisférico se ocupa sobre todo de problemas comerciales y económicos, pero tales problemas forman parte de una revisión más amplia de las relaciones con los Estados Unidos que tiene importantes implicaciones estratégicas y geopolíticas y cuya consolidación institucional llevaría a la creación de un nuevo orden hemisférico. Los estrechos lazos existentes entre los problemas económicos y los no económicos se ilustran bien por la facilidad con la que se desliza el debate latinoamericano entre la discusión de los bloques de libre comercio, por una parte, y los temas mucho más amplios de la "inserción internacional" o las "alianzas dentro de un nuevo orden internacional", por la otra.[3]

La renovada centralidad de los Estados Unidos dio un impulso considerable a la cooperación subregional. Desde luego, el crecimiento de la coordinación política en los años ochenta reflejaba un rechazo común hacia las políticas estadunidenses, sobre todo en lo tocante a Centroamérica y a la crisis de la deuda. De igual modo, la consolidación de la cooperación brasileña-argentina y la decisión de crear el Mercosur era por lo menos en parte una reacción defensiva ante la probable creación del TLC. Como en los periodos anteriores, una opción era el intento de balancear el poderío de los Estados Unidos mediante una renovación de la cooperación subregional. Pero a medida que se han vuelto más evidentes los límites percibidos de las opciones subregionales, los Estados de América Latina han pasado de una estrategia de "equilibrio" de los Estados Unidos a otra de "irse a la cargada", es decir, de buscar el acomodo más productivo y positivo que permitan las restricciones derivadas de la radical desigualdad.

Según esta concepción, la viabilidad de la cooperación subregional forjada alrededor del Mercosur se vio minada por la "defección" de México. Esto no sólo debilitó el poderío colectivo de América Latina, sino que la consolidación del TLC amenazaba con sustanciales costos económicos a países como Brasil. Las exportaciones de Brasil a los Estados Unidos padecerían por la competencia mexicana, así como su comercio con América Latina (especialmente el de manufacturas) padecería por el incremento de la competencia estadunidense. Y sin las ventajas de la proximidad y la eliminación de aranceles, Brasil vería una considerable desviación de la inversión extranjera hacia México.[4]

Ante estas presiones, resulta significativo que el carácter de la "integración" económica de Argentina y Brasil se modificara considerablemente con Menem y Collor, alejándose del anterior acento en la especialización intraindustrial (especialmente en el sector de los bienes de capital) y acercándose a un enfoque más ortodoxo que pudiera integrarse más fá-

---

[3] Es por ello profundamente equívoca la sugerencia de que los acuerdos comerciales de la región no tienen ninguna dimensión estratégica o geopolítica. Véase este punto en John Whalley, "CUSTA and NAFTA: Can WHFTA Be Far Behind?", *Journal of Common Market Studies*, 30, núm. 2, junio de 1992, pp. 125-141.

[4] Véase un examen más amplio de este punto en Roberto Bouzas, "U. S.-Mercosur Free Trade", en Sylvia Saborio *et al., The Premise and the Promise: Free Trade in the Americas,* Washington, Overseas Development Council, 1992, especialmente las páginas 262-264.

cilmente a posibles convenios futuros de libre comercio con los Estados Unidos.[5]

Por rudimentaria que sea esta clase de argumento, tiene la virtud de llamar la atención sobre la continuación de la importancia del poder estadunidense. Dado el mejoramiento de las relaciones estadunidense-latinoamericanas, el discurso político dominante ha tendido a abandonar el lenguaje de la hegemonía en favor de la "asociación" y la "cooperación". Pero ni la asociación ni la cooperación son incompatibles con la continuación de la hegemonía estadunidense.[6] El predominio y la desigualdad entre los Estados pueden asumir muchas formas. En un extremo, la desigualdad se manifiesta en el ejercicio del poder bruto y la coerción recurrente. En el otro extremo, el predominio deriva del liderazgo libremente escogido entre un grupo de Estados que por lo demás son iguales, un verdadero "primus inter pares".[7] Entre ambos extremos existen numerosas variedades de la hegemonía.

De acuerdo con la mayoría de los índices del poder bruto, el predominio de los Estados Unidos sobre el hemisferio es todavía aplastante, y la posibilidad de recurrir al uso de la fuerza permanece en el trasfondo de las relaciones estadunidenses-latinoamericanas. Pero es más importante el hecho de que las potencias hegemónicas han tratado de eludir la fuerza coercitiva directa: primero, mediante la creación y el mantenimiento de regímenes e instituciones que establezcan la agenda y decidan cuáles problemas deberán ser considerados importantes y cómo deberán tratarse; segundo, mediante la provisión de beneficios para los socios más débiles, y tercero, mediante el cultivo consciente de valores comunes destinados a legitimar la autoridad. Por lo tanto, la hegemonía encierra una repartición de los beneficios y cierto grado de acuerdo activo por parte de los Estados más débiles. Desde esta perspectiva, podríamos decir incluso que la renovación del interés estadunidense en las instituciones regionales y la búsqueda de valores comunes presagia un nuevo intento por reconstruir la hegemonía regional estadunidense luego de la cruda utilización de la coerción durante los años de Reagan.[8]

[5] Véase sobre este cambio Claudia Sánchez Bajo, "Argentine-Brazilian Integration in an Historical Perspective", ensayo de trabajo núm. 131, Institute of Social Studies, La Haya, agosto de 1992.

[6] Véase una concepción alternativa que ve al control hegemónico y coercitivo cediendo su lugar a la asociación genuina en Augusto Varas, "From Coercion to Partnership: A New Paradigm for Security Cooperation in the Western Hemisphere", en Jonathan Hartlyn, Lars Schoultz y Augusto Varas, comps., *The United States and Latin America in the 1990s,* Chapel Hill, University of North Carolina Press, 1993.

[7] Véase la distinción que hace Bull entre la dominación, la hegemonía y la primacía en Hedley Bull, "World Order and the Superpowers", en Carsten Holbraad, comp., *Superpowers and World Order,* Canberra, Australia National University Press, 1993.

[8] Véase un argumento sobre el papel de la socialización y la legitimación ideológica como

Así pues, en un nivel de abstracción amplio, esta clase de lógica geopolítica explica mucho acerca de la dinámica del regionalismo en las Américas. Pero por sí misma se olvida de las formas cruciales en que la dinámica competitiva de las relaciones interestatales y la definición de los intereses estatales han sido afectadas por los cambios en el sistema económico global. Los cambios en la tecnología, las comunicaciones, la operación de los mercados globales y el crecimiento de los sistemas de producción globales han tenido un impacto profundo sobre las formas en que los gobiernos latinoamericanos han definido las dos metas más importantes de la política exterior —el desarrollo económico y la autonomía política— y la amplitud de los acuerdos aceptables entre ellas. Los líderes latinoamericanos han perdido cada vez más la fe en las clases de política de desarrollo orientadas hacia adentro y en los planes de autosuficiencia y autonomía que han caracterizado en tan gran medida al pensamiento del Tercer Mundo. En efecto, uno de los cambios más notables de los últimos cinco años ha sido el abandono de las estrategias de desarrollo basadas en la industrialización con sustitución de importaciones (ISI), altos aranceles y un gran papel para el Estado. Más y más gobiernos han adoptado el liberalismo económico, recurriendo en mayor medida a los mecanismos del mercado, tratando de restructurar y reducir el papel del Estado, y haciendo mayor hincapié en la integración con los mercados mundiales.

Este cambio ha sido, en parte, el resultado de la presión externa directa de agencias multilaterales y gobiernos, así como de la creciente tendencia a condicionar la ayuda económica a los avances hacia la liberalización económica y política. Pero los cambios recientes de la política económica no se han impuesto simplemente desde afuera, sino que tienen fuertes raíces internas: en el descrédito y el fracaso de las anteriores políticas de desarrollo basadas en la sustitución de importaciones, donde amplios programas de subsidios y una injerencia estatal extensa y directa en la industria desempeñaban un papel relevante; en el creciente reconocimiento de la necesidad de una estabilización efectiva y, sobre todo, en las crisis del Estado, fiscales, políticas e institucionales, analíticamente distintas pero temporalmente interrelacionadas. Además, como lo ilustran las experiencias de México y Argentina, la implantación de políticas económicas neoliberales ha resultado popular entre el electorado, para sorpresa de muchos.

algo fundamental para el poder hegemónico en G. John Ikenberry y Charles A. Kupchan, "Socialization and Hegemonic Power", *International Organization*, 44, núm. 1 (verano de 1990), pp. 283-315. Véase también la discusión del "poder de cooptación" que hace Joseph Nye en *Bound to Lead: The Changing Nature of American Power*, Nueva York, Basic Books, 1990, especialmente pp. 31-33, 191-195.

Pero estos cambios de la política económica no se pueden entender sin hacer referencia al efecto de los cambios estructurales de la economía global, y especialmente al aumento del ritmo de la globalización de los mercados y de la producción, así como al crecimiento extraordinario del ritmo del cambio tecnológico.[9] Esto ha conducido a una poderosa percepción latinoamericana de que las economías dinámicas son economías internacionalizadas; de que el crecimiento depende de la participación exitosa en la economía mundial; de que el aumento de la inversión extranjera es fundamental para la transferencia efectiva de la tecnología moderna; y de que la aceleración del cambio tecnológico ha minado los proyectos que buscan el desarrollo tecnológico autónomo y de base nacional. Los fracasos y las limitaciones de las políticas brasileñas que trataban de crear industrias de base nacional en los sectores de computadoras, producción de armas e instrumentos nucleares proveen una ilustración gráfica de la forma como las nuevas restricciones internacionales han minado las nociones anteriores del desarrollo autónomo. Los cambios estructurales en la economía global han reforzado también el temor latinoamericano común de que la interdependencia económica esté creciendo con rapidez en un eje Norte-Norte, y de que América Latina y otras partes del mundo en desarrollo estén siendo cada vez más marginadas. Pueden observarse ciertos indicios de esta tendencia hacia la marginación en la sostenida declinación de la participación de América Latina en las exportaciones mundiales (mientras en 1950 llegaba a 10.9%, en 1985 bajó a 5.43%, y en 1990 a cerca de 3%), en la participación de América Latina en el total de la inversión extranjera directa (mientras en 1975 llegaba a 15.3%, en 1985 había bajado a 9.1%), y en la caída de la participación de América Latina en el comercio y la inversión de Europa y de Japón.

¿Cómo afectan estos cambios a los modelos de cooperación regional? Su influencia más importante ha sido hacer que la región se oriente más hacia afuera y dependa más de la economía internacional, precisamente cuando el esquema general de las relaciones internacionales se encuentra en un estado de gran agitación. Los cambios han incrementado los intereses latinoamericanos en la continuación de una economía mundial multilateral, más o menos abierta. Pero también incrementan los riesgos y alteran las opciones cuando parece estar amenazado el multilateralismo global. Una opción ha sido la búsqueda de una integración económica subregional, sobre todo para atraer mayores montos de inversión ex-

[9] Sobre este punto, véase también Thomas J. Biersteker, "The 'Triumph' of Neoclassical Economics in the Developing World", en James N. Rosenau y Ernst-Otto Czempiel, comps., *Governance without Government: Order and Change in World Politics*, Cambridge, Cambridge University Press, 1992, pp. 102-131.

tranjera. En efecto, el hecho de que los países latinoamericanos hayan avanzado (todavía desigualmente) hacia la liberalización económica sugiere una base mucho más promisoria para la cooperación económica subregional que las antiguas prescripciones de la Comisión Económica para América Latina (CEPAL) de la ONU. Pero la importancia de la mayor integración de la economía global significa también que la integración subregional es, por sí misma, de alcance y potencial demasiado limitados, y demasiado afectable por el surgimiento de bloques económicos más grandes y poderosos.

Por lo tanto, en un mundo donde ha estado continuamente en duda el resultado de la Ronda Uruguay, el mantenimiento del acceso a los Estados Unidos ha sido muy importante, lo que refuerza el atractivo de los Acuerdos de Libre Comercio bilaterales (ALC) con los Estados Unidos. Los ALC ofrecen la posibilidad de mantener y garantizar el acceso al mercado más importante de la región y de escapar al crecimiento de las medidas proteccionistas estadunidenses (derechos compensatorios, investigaciones *antidumping* sobre las exportaciones regionales a los Estados Unidos, e investigaciones de la Sección 301 sobre los regímenes comerciales y de inversión propios de América Latina).

Esto es significativo en vista de la importancia obvia del mercado de los Estados Unidos y la contribución de este país al superávit comercial de la región. Es más importante aún porque gran parte del éxito de la reciente expansión de las exportaciones de América Latina se ha dado en las manufacturas, y porque los Estados Unidos han estado mucho más abiertos a estos productos que la CE o Japón. La participación de los Estados Unidos en el total de las exportaciones de manufacturas latinoamericanas aumentó de 21.8% en 1980 a 49.5% en 1987. Las exportaciones de manufacturas mexicanas a los Estados Unidos se duplicaron entre 1985 y 1987, y ahora representan cerca de la mitad de las exportaciones mexicanas, y han sustituido al petróleo como el sector de exportación más importante. En 1990, las manufacturas representaban 76% de las exportaciones brasileñas a los Estados Unidos (una cifra que sólo llegaba a 29% en 1972, con 43% para la CE y 17% para Japón). Estos aumentos de las exportaciones de manufacturas planteaban interrogantes obvios acerca del acceso al mercado a largo plazo, precisamente porque estas clases de productos han sido muy susceptibles al proteccionismo estadunidense. Además, la consolidación de tal acceso al mercado aumenta el atractivo de estos países para los inversionistas extranjeros, sobre todo cuando se combina (como en el caso mexicano) con la proximidad geográfica.

En consecuencia, el cambio del carácter de las metas de la política económica externa latinoamericana explica *por qué* los Estados Unidos se han vuelto tan importantes y también por qué existe un fuerte incentivo para impedir que la fricción sobre problemas no económicos perturbe las relaciones económicas. Pero estos cambios ayudan también a explicar *cómo* se han superado muchas fuentes de las fricciones anteriores. La implantación gradual de las políticas liberales del mercado ha eliminado muchas de las fuentes de fricción existentes entre los Estados Unidos y América Latina.

Así pues, gran parte de la tensión existente en las relaciones estadunidense-brasileñas en los años ochenta se centraba en la fricción económica, y en particular en los esfuerzos de los Estados Unidos por alterar las políticas brasileñas en los campos del comercio y la inversión y en el de la propiedad intelectual (especialmente en los sectores de los productos farmacéuticos y la informática). El programa de reforma arancelaria de Brasil (todavía retrasado), el virtual abandono del régimen proteccionista en la informática y la decisión de solicitar al Congreso una nueva legislación sobre los derechos de propiedad intelectual, con el presidente Collor, cambiaron significativamente el tono y el carácter de las relaciones con los Estados Unidos.[10]

En el caso de México, los costos percibidos de la ausencia de modernización de su economía superaron gradualmente los antiguos temores de que un comercio más libre con los Estados Unidos impusiera costos de ajuste inaceptables, sobre todo en el sector manufacturero, y minara la lucha tradicional por la preservación de la autonomía nacional. Brasil y México ilustran la estrecha relación visible en muchas partes del mundo en desarrollo entre la adopción de políticas económicas más orientadas hacia afuera y una redefinición más general de la autonomía nacional en problemas tan variados como la proliferación nuclear y la administración ambiental.

Regionalismo e interdependencia

Otro enfoque para el surgimiento de agrupamientos regionalistas considera al regionalismo en términos de la respuesta funcional de los Estados a los problemas creados por la interdependencia. Tales ideas tienen cierto valor para la explicación del nuevo regionalismo en América Latina, pero sobre todo en términos de las relaciones estadunidense-mexicanas. Es indudable que las presiones sistémicas de la clase descrita antes han desempeñado un papel importante en la determinación de la política mexicana y estadunidense hacia el TLC. Pero es cierto también que la relación

[10] En 1990, Brasil fue eliminado de la "lista de países prioritarios" de la Sección Super 301, y se canceló la acción 301 contra el régimen de informática de Brasil. Véase Bouzas, "U. S.-Mercosur Free Trade", p. 529.

estadunidense-mexicana corresponde muy de cerca a la imagen de una interdependencia compleja y que la densidad de la interdependencia fronteriza ha creado ciertos problemas que exigen un manejo común.

La interdependencia económica se encuentra ya en un alto nivel. Cerca de 70% del comercio mexicano se hace con los Estados Unidos, y México es el tercer socio comercial de los Estados Unidos. La política mexicana de liberalización unilateral del comercio y la inversión precedió a los intentos de creación de acuerdos económicos regionales en términos formales. Los aranceles han bajado ya significativamente (el promedio de los aranceles mexicanos, que en 1985 llegaba a 30%, bajó a 10%), y existe ya un alto grado de integración de los convenios de producción en la frontera. Además, la migración ha provocado un alto grado de interdependencia humana, lo que incrementa extraordinariamente el interés de Washington por la continuación del desarrollo económico y la estabilidad política de México; también ha empezado a influir sobre la identidad y los valores sociales y económicos de México. La interdependencia ecológica está bien establecida, sobre todo en las regiones fronterizas, y el proceso de negociación del TLC ilustró la dificultad para impedir que las discusiones de la integración económica se desvíen hacia el campo ambiental.

Así pues, la asimetría de la relación general se ve balanceada, por lo menos en parte, por la necesidad que tienen los Estados Unidos de encontrar soluciones para problemas no tradicionales, como el narcotráfico, la migración y el ambiente. Aquí, por lo menos, la interdependencia es algo más que una consigna vacía. Por último, las facultades que habrán de otorgarse a la comisión encargada de poner en práctica las disposiciones del TLC, que son muy amplias y a menudo muy técnicas, hacen concebir esperanzas de que se adviertan las clases de procesos sociales y políticos que han sido fundamentales en la concepción de la integración europea: un proceso de crecimiento institucional y de difusión a diferentes sectores; un papel de liderazgo para las *élites* técnicas y las burocracias internacionales; y la medida en que la estructura institucionalizada del complejo proceso de negociación pueda convertirse en el centro de la movilización de grupos de interés transnacionales.

Más al sur, sin embargo, la situación es mucho menos clara. Desde luego, ciertos elementos de la interdependencia han impulsado a los gobiernos latinoamericanos a revisar sus actitudes hacia los Estados Unidos. La creciente percepción de que el narcotráfico no es simplemente un problema de los Estados Unidos, sino también algo que amenaza a los países productores y consumidores por igual, es un buen ejemplo. Pero en general, existe un contraste notable entre la realidad de una interdependencia compleja entre los Estados Unidos y México y los niveles de interdependencia relativamente bajos entre los Estados Unidos y gran parte de

Sudamérica. Aunque es todavía importante, Sudamérica no es un socio económico de gran cuantía, y las relaciones significativas seguirán siendo las que existen con los países más industrializados. En efecto, ha venido declinando la participación de América Latina en el comercio exterior de los Estados Unidos. En 1989, su participación en las exportaciones estadunidenses llegaba a 13.46% (mientras que en 1980 ascendía a 17.5%), y la región aportaba 12.2% de las importaciones estadunidenses (una cifra que en 1979 llegaba a 15.5%). En el mismo año de 1989, América Latina abarcaba sólo 10.6% del total de la inversión extranjera de los Estados Unidos, y 13.5% de su inversión extranjera en el sector manufacturero. Además, la formación de reservas bancarias y el proceso de restructuración de la deuda ha reducido drásticamente la amenaza de una moratoria latinoamericana contra los bancos estadunidenses. En consecuencia, lo más notable es la forma como la lucha de Sudamérica por su inclusión en los bloques regionales es una respuesta política a los niveles de interdependencia relativamente bajos, y en algunos casos declinantes, entre Norteamérica y Sudamérica.[11]

Los factores internos

Un tercer enfoque para el regionalismo destaca los factores internos. Un tema común, por ejemplo, ha sido el de la gran importancia de la homogeneidad lingüística, cultural, histórica y política como base de lazos más estrechos entre los Estados de una región dada y para la promoción de una nueva identidad regional. De acuerdo con la mayoría de los indicadores, tal homogeneidad es todavía mucho mayor entre los países de Sudamérica que entre Norteamérica y Sudamérica; sin embargo, debemos recordar que, como ocurre con las naciones, las regiones son "comunidades imaginadas" cuyas identidades se ven artificialmente construidas y promovidas para un conjunto específico de fines políticos. No hay regiones "naturales", así como no hay naciones "naturales". Pero aunque no es inconcebible que un proceso dinámico de construcción regional posiblemente pudiera impulsar un sentimiento más intenso de identidad interamericana, tales desarrollos pertenecen al futuro. El efecto del pro-

[11] Como ha sugerido Albert Fishlow: "Antes que la culminación de decenios de creciente integración económica, [los movimientos de la cooperación hemisférica] representan un esfuerzo por revertir un decenio de debilitamiento de los lazos y de depresión económica"; véase su "Regionalization: A New Direction for the World Economy", ensayo presentado a la Asociación de Estudios Latinoamericanos, Los Ángeles, 21-25 de septiembre de 1992, pp. 13-14. Véase una reseña más amplia de la interdependencia Norte-Sur en John Ravenhill, "The North-South Balance of Power", *International Affairs*, 66, núm. 4, octubre de 1991, pp. 731-748.

ceso de democratización en América Latina es más importante, aunque todavía es ambiguo.

Podría argumentarse que la democratización fue un factor importante para el crecimiento de la cooperación subregional, sobre todo entre Brasil y Argentina.[12] Sin embargo, aunque sin duda es relevante para la posible extensión del regionalismo hemisférico (véase la discusión relacionada que sigue), resulta difícil considerar la democratización misma como un factor explicativo del renovado interés por tales acuerdos regionales. La explicación interna más importante del regionalismo hemisférico no descansa en alguna semejanza general del tipo de régimen, en alguna solidaridad supuesta entre los países democráticos ni en la formación de coaliciones transnacionales entre grupos de *élite*. Más bien descansa en los requerimientos internacionales de regímenes específicos. Sobre todo en el caso de México, la intensificación de la integración económica regional con los Estados Unidos provee un refuerzo externo para las políticas del gobierno de Salinas en el campo político y el económico, ya que por una parte asegura el apoyo externo para las reformas internas y por la otra vuelve mucho más difícil, para cualquier gobierno futuro, la implantación de un proyecto económico alternativo.

LOS LÍMITES DEL REGIONALISMO HEMISFÉRICO

Los dilemas latinoamericanos

Aunque son muy fuertes las presiones ejercidas sobre los gobiernos latinoamericanos, los avances hacia la aceptación de un regionalismo más cohesivo encierran dilemas difíciles y elecciones problemáticas entre las distintas metas.

Dilemas económicos. Se debate mucho sobre los costos y los beneficios precisos del ingreso al TLC de países como Brasil y Argentina, cuyos patrones de comercio e inversión están muy diversificados, pero todavía no se encuentra una respuesta clara.[13] En el mejor de los casos, los beneficios positivos (por oposición a los costos de la exclusión) serán escasos, y existe el temor de que la inclusión en lo que se percibe desde el exterior

---

[12] Véase una elucidación de este argumento y su aplicación a la cooperación regional latinoamericana en Philipe C. Schmitter, "Change in Regime Type and Progress in International Relations", en Emanuel Adler y Beverly Crawford, comps., *Progress in Postwar International Relations*, Nueva York, Columbia University Press, 1991, pp. 89-127.

[13] Véase un análisis de los costos y beneficios en los capítulos sobre Chile, el Pacto Andino y el Mercosur en Saborio *et al., The Premise and the Promise.*

como un bloque hemisférico excluyente dañe las relaciones políticas y económicas con Europa y Asia. Además, mucho dependerá de la durabilidad y la seriedad percibida del Mercosur como un proyecto regionalista alternativo.

Aunque Mercosur representa un logro muy significativo en términos históricos, se están incrementando las tensiones. Se han vuelto más marcados los desequilibrios macroeconómicos entre Brasil y Argentina, de modo que se ha generado una brecha comercial a favor de Brasil, por un valor de más de 1 000 millones de dólares, en los primeros nueve meses de 1992. La política cambiaria, las tasas inflacionarias y el proceso de la liberalización comercial se han desalineado gravemente, de modo que los exportadores argentinos no han podido alcanzar sus cuotas ni siquiera en las áreas del comercio administrado. La continua incapacidad del gobierno brasileño para mantener la coherencia en su política económica ha aumentado indudablemente el número de los argentinos que creen que debería hacerse mayor hincapié en la negociación de un acuerdo de libre comercio con Washington, y ha reforzado las dudas chilenas acerca de la viabilidad de su unión al Mercosur.

Pero quizá más importante que los costos económicos específicos sea la medida en que la inclusión en un acuerdo similar al TLC con los Estados Unidos impondría restricciones significativas al margen de maniobra de las políticas en el campo político y económico. Lo que más desean los países como Brasil es un TLC con los Estados Unidos que preserve el acceso al mercado y actúe como una política de aseguramiento (lo que John Whalley llama un "acuerdo comercial de salvaguardia") contra los desarrollos económicos internacionales negativos, pero que por lo demás no restrinja en modo alguno la libertad de acción dentro o fuera del país.[14] Pero tal opción no se encuentra en la mesa, y la noción de que incluso los países grandes como Brasil tienen el poder de negociación necesario para insistir en ella es una ilusión. La agenda de los Estados Unidos está ya bien establecida, y es casi seguro que los acuerdos futuros cubran todo el campo de las provisiones "intrusivas" relacionadas con el comercio (liberalización de la inversión, protección de la propiedad intelectual, liberalización del comercio de servicios), y presionen aún más en favor de la adopción más amplia de políticas liberales de mercado.

Por lo tanto, mucho depende del progreso futuro de la liberalización económica dentro de la región. De todos los grandes países del área, Brasil ha sido con mucho el más ambiguo en su aceptación de la nueva ortodoxia liberal. Su liberalización del comercio se ha quedado muy atrás de la de sus vecinos, y su programa de privatización se ha pospuesto una y otra

[14] Whalley, "CUSTA and NAFTA", p. 139.

vez, lo que sigue siendo una fuente de controversia política interna. Y el derrocamiento de Collor llevó al poder al gobierno de Itamar Franco, cuyo compromiso con la reforma económica sigue siendo incierto, y cuyo apoyo político depende de un proceso continuo de delicada formación de coaliciones dentro del Congreso. Además, esta ambigüedad sobre la política interna tiene su contrapartida en las actitudes internacionales: en continuas dudas brasileñas acerca de si los Estados Unidos podrían estar seriamente interesados en acuerdos de libre comercio más allá de México y (quizá) Chile; y en la creencia de que, a pesar de la profundidad de la crisis, Brasil tiene opciones que no tiene el resto de la región. Por esta razón, todavía hay voces poderosas que aconsejan a Brasil continuar con su política de presionar en favor del multilateralismo global, al mismo tiempo que promueven activamente el Mercosur y otros arreglos subregionales (como el Pacto Amazónico) dentro de Sudamérica.

Sin embargo, los dilemas que enfrenta América Latina no son sólo económicos. Como antes vimos, la renovada centralidad de los Estados Unidos y el modificado carácter de las metas de la política exterior latinoamericana han mejorado las relaciones en varios campos no económicos. ¿Cuán probable será la continuación de esta relación mutuamente reforzante entre los problemas económicos y los no económicos?

Democratización. La promoción de la democracia ha reaparecido como un tema importante del debate sobre el regionalismo interamericano. Podría sostenerse que la democratización ha surgido como un factor que revivirá los intereses estadunidenses en la región y actuará como una fuente de valores comunes que sustentarán y fortalecerán el crecimiento de lazos económicos. Una vez más, los gobiernos de Occidente han otorgado a la democratización un lugar preponderante en la agenda internacional, y es significativo que la promoción de la democracia haya sido un elemento importante en la retórica de la campaña de Clinton. Con la terminación de la Guerra Fría, el papel de la democracia como un principio de la legitimidad internacional se ha vuelto más relevante.[15] La participación en las elecciones y la actividad política se han convertido en un elemento más central del derecho internacional de los derechos humanos, y el monitoreo internacional de las elecciones se ha difundido y aceptado más.

Se han hecho algunos esfuerzos para condenar los ataques a la democracia (en Haití, Perú, y el golpe de Estado de agosto de 1991 en la

---

[15] Véase un argumento reciente en el sentido de que la legitimación democrática está cambiando de una prescripción moral a una obligación legal internacional, en Thomas Franck, "The Emerging Right to Democratic Governance", *American Journal of International Law*, 86, núm. 1, enero de 1992, pp. 46-91.

Unión Soviética), y para convertir a la democracia y al respeto de los derechos humanos en un elemento de la política de reconocimiento (sobre todo en el caso de la política de la CE hacia las antiguas repúblicas yugoslavas). Además, hay en América un extenso marco institucional interamericano alrededor del cual podría construirse un apoyo regional para la democratización. En efecto, como resalta Heraldo Muñoz en su capítulo, la política de la OEA hacia Haití y Perú demuestra la medida en que el compromiso formal de la Carta de la OEA con el gobierno democrático se ha convertido en un catalizador de la política actual.[16] La capacidad de la OEA para coordinar las respuestas regionales ante el golpe militar ocurrido en Haití y el "golpe palaciego" de Perú y, sobre todo, la disposición de los Estados Unidos a establecer su propia política dentro de un marco multilateral, podrían constituir pruebas sólidas de una convergencia creciente de las actitudes hacia la democratización.

Además, la democratización ha surgido ya como un tema importante en la posible expansión de los acuerdos regionales. Aunque la persistencia de la democracia plural no es un criterio explícito para la admisión (como en el caso de la CE), el crecimiento del interés estadunidense por la promoción de la democracia y el continuo surgimiento de formas institucionalizadas de la condicionalidad democrática volverían mucho menos probable (y mucho más difícil de vender en lo interno) la expansión del regionalismo económico hacia un Estado latinoamericano que no sea democrático. Pero hay tentaciones obvias de dar un paso adelante y hacer de la democracia un criterio formal para la participación en un bloque hemisférico. Al revés de lo que ocurre con los esfuerzos que se hacen para apoyar la democratización subregional (por ejemplo, mediante el Grupo de Río o los acuerdos de integración entre Brasil y Argentina), tal vínculo impondría costos reales a algunos actores internos y, junto con las disposiciones de la OEA sobre los derechos humanos, ofrece la perspectiva de una acción internacional eficaz.

Sin embargo, siguen siendo inmensos los problemas para encontrar medios eficaces en apoyo de la democratización y para integrar a la democratización en la agenda regional más amplia. En primer lugar, la relación problemática entre la consistencia y la credibilidad, que afectó las políticas de derechos humanos de los Estados Unidos a fines de los años setenta, está complicando otra vez el apoyo internacional para la demo-

---

[16] El artículo 5 de la Carta de la OEA establece la obligación de los miembros para promover "el ejercicio efectivo de la democracia representativa", y la resolución sobre Haití del 5 de junio de 1991 establece que los principios de la organización "requieren que la representación política de los Estados [miembros] se base en el ejercicio efectivo de la democracia representativa". Véase Franck, "The Emerging Right", pp. 65-66, y Tom Farer, "The United States as Guarantor of Democracy in the Caribbean Basin: Is There a Legal Way?", *Human Rights Quarterly,* 10, 1988.

cratización. Gran parte de la acción internacional se ha concentrado en Estados débiles y dependientes (Zaire, Kenia, Malawi, Haití), mientras se olvidan o consienten los abusos de los derechos humanos en Estados grandes e importantes (China e Indonesia, en particular). Al igual que en los años setenta, América Latina tendrá que integrarse a un conjunto creíble y consistente de políticas *globales*.

En segundo lugar, no debe exagerarse la capacidad de los actores externos para influir sobre algunas políticas internas específicas. Sin duda pueden esperarse dificultades en el apoyo a la democracia rusa. ¿Pero podremos considerar realmente como un éxito la respuesta de la OEA a los sucesos de Haití? En tercer lugar, es probable que los costos de una acción internacional eficaz (en términos de premios y de castigos) sean muy elevados y, a pesar de toda la retórica, nada indica que los Estados Unidos (o la CE o Japón) estén dispuestos a sufragar tales costos. En cuarto lugar, cuando se otorga una alta prioridad a la democracia, es muy probable que sean afectados otros intereses y objetivos estadunidenses. Por supuesto, éste era un elemento central en el periodo de la Guerra Fría, cuando el temor a la radicalización arrojaba siempre a los Estados Unidos a las manos de regímenes militares indudablemente antidemocráticos. Pero subsiste una dificultad potencial, por ejemplo en la cuestión del narcotráfico, cuando la creencia de los Estados Unidos en la militarización podría afectar las necesidades de la democratización (desarrollo económico, negociación y reincorporación social). Más difícil aún sería una situación en la que el proceso de la liberalización política no puede marchar al paso de la reforma económica y donde Washington afrontaría una elección entre sus intereses económicos y sus preferencias políticas.

En quinto lugar, hay un interrogante por lo que toca a la eficacia de los esfuerzos puramente regionales en apoyo de la democracia, sobre todo en términos de un apoyo a las sanciones económicas. (Véase, por ejemplo, la ambivalencia de los Estados que no son miembros de la OEA en apoyo a las sanciones acordadas contra Haití y Cuba.) Pero, en términos más generales, la democratización y el regionalismo no coinciden enteramente. No es en modo alguno obvio que el interés común, democrático o ideológico, impulse a América Latina hacia la posición de los Estados Unidos. Para que la democracia se convierta en un elemento central de los alineamientos internacionales, los intereses comunes, políticos e ideológicos aparecerán así mucho más fuertemente con Europa que con los Estados Unidos. Esto se aplica sin duda a los partidos políticos y las ideologías, como lo ilustra el hecho de que 95% de los miembros de uniones internacionales de partidos políticos sean grupos de Europa y América Latina.

En sexto lugar, como lo demuestra el ejemplo de Perú, no siempre se puede definir e identificar con facilidad el retroceso democrático, y diferentes elementos de la definición general de "la democracia y el buen gobierno" pueden entrar en conflicto entre sí. Si ha de haber criterios democráticos para la admisión a un bloque hemisférico, ¿cuáles deberán ser tales criterios y quién decidirá esa cuestión? Veamos un ejemplo emotivo: el gobierno brasileño podría ser elegido en una forma democrática, pero ello no impediría las violaciones generalizadas de los derechos humanos, incluidas las cometidas por sus propias fuerzas de seguridad. Finalmente, la "naturalidad" percibida de la democracia podría desaparecer con gran rapidez si en algún país grande de América Latina se presentara algún golpe contra la democracia. Así pues, la búsqueda de la democratización *podría* convertirse en el cemento ideológico para el fortalecimiento del regionalismo interamericano. Pero los avances en esa dirección están erizados de dificultades, y es igualmente posible que la democratización se deteriore silenciosamente, o que surja como una fuente de fricciones y frustraciones.

El ambiente. Otra importante área de controversias es la del ambiente.[17] Los problemas ambientales se han convertido en un tema central de la agenda interamericana y son particularmente importantes para América Latina por tres razones. La primera es su importancia intrínseca y el daño directo que probablemente sufrirá América Latina si no se abordan los problemas de la deforestación, la erosión de los suelos y el deterioro del ambiente urbano. Hay también considerables costos internacionales si no se toma en serio al ambiente, como lo descubrió Brasil con la campaña internacional contra la deforestación amazónica.[18] Además, el ambiente global otorga a América Latina oportunidades potencialmente importantes porque es la única área donde la interdependencia Norte-Sur se basa en una realidad sólida, antes que en una retórica vacía. El manejo efectivo del ambiente global es un tema en el que probablemente resulte esencial la cooperación y la participación activa de los países en desarrollo, en términos de la negociación de acuerdos internacionales y, lo que es más importante, por lo que toca a la garantía de que tales acuerdos se cumplirán efectivamente.

Existen claramente algunos problemas ambientales que pueden abordarse mejor, ya sea regionalmente o en toda el área interamericana. Ha

---

[17] Véase una discusión de los problemas ambientales en las relaciones interamericanas en Heraldo Muñoz, comp., *Environment and Diplomacy in the Americas,* Boulder, Lynne Rienner, 1992, y Steven E. Sanderson, "Policies without Politics: Environmental Affairs in OCED-Latin American Relations", en Hartlyn, Schoultz y Varas, comps., *The United States and Latin America,* pp. 235-261.

[18] Sobre este punto véase Andrew Hurrell, "The International Politics of Amazonian Deforestation", en Andrew Hurrell y Benedict Kingsbury, comps., *The International Politics of the Environment,* Oxford, Oxford University Press, 1992, pp. 398-429.

habido muchas iniciativas ambientales regionales (el proyecto de mares regionales del Programa Ambiental de las Naciones Unidas [UNEP], el régimen ambiental de la CE), y la OEA ha elaborado recientemente su propio programa de acción ambiental interamericana como una secuela de la Conferencia de las Naciones Unidas sobre el Ambiente y el Desarrollo (UNCED).[19] La contaminaciópn a lo largo de la frontera de México y los Estados Unidos es un ejemplo obvio de un problema ambiental fundamentalmente bilateral, cuyo manejo se ha convertido ya en el tema de negociaciones detalladas dentro del movimiento hacia un acuerdo de libre comercio (pero técnicamente separado de tal movimiento). Es cierto también que la UNCED no provocó ninguna confrontación abierta entre Norteamérica y Sudamérica. Los Estados latinoamericanos encabezaron la moderación del Sur en Río, en parte debido a las ganancias, así fuesen limitadas, que se obtuvieron (sobre todo, la aceptación de la relación existente entre el ambiente y el desarrollo); en parte porque los conjuntos de negociaciones en proceso significan que todavía hay mucho por qué luchar (negociaciones para dotar de sustancia a las convenciones marco sobre el cambio climático global y la biodiversidad y sobre la estructura de la Comisión para el Desarrollo Sostenible); y en parte por la renuencia a provocar una confrontación con el Norte en general y con los Estados Unidos en particular.

Sin embargo, no está claro que el regionalismo interamericano sea el foro más lógico o políticamente más eficaz para alcanzar los objetivos latinoamericanos en negociaciones ambientales. Las alianzas estratégicas más obviamente importantes se establecen entre América Latina y otras partes del mundo en desarrollo (aunque el propio mundo en desarrollo está profundamente dividido en lo que se refiere al ambiente y aunque tales alianzas variarían grandemente de un problema ambiental a otro). El poder de negociación potencial del mundo en desarrollo es considerable, aunque puede exagerarse fácilmente, y América Latina tiene un interés fundamental en el uso de este potencial para obtener una distribución justa de los costos y beneficios del manejo ambiental global, y como una palanca para obligar al Norte a ocuparse de la cuestión más amplia de la desigualdad.

Además, aunque los Estados Unidos han aceptado el principio de las transferencias de recursos relacionadas con el ambiente desde la Conferencia Cumbre de Houston celebrada en julio de 1990, se han mostrado

[19] OEA, "The Organization of American States and the Issues of Environment and Development", informe preliminar, OEA/Serie G., mayo de 1992, especialmente el cap. 3. Véase una reseña de las opciones regionalistas en Peter H. Sand, "International Cooperation: The Environment Experience", en Jessica Tuchman Matthews, comp., *Preserving the Global Environment: The Challenge of Shared Leadership*, Nueva York, Norton, 1991.

menos dispuestos que los demás países industrializados a avanzar significativamente en esa dirección. En general, Europa se ha mostrado consistentemente más dispuesta a considerar los mecanismos adecuados para la provisión de recursos adicionales. Y es Japón, a menudo censurado por su actuación en el campo ambiental, quien ha prometido la mayor cantidad de ayuda extranjera para los proyectos ambientales. Por lo tanto, la lógica de las negociaciones ambientales no sólo empuja a América Latina hacia el mundo en desarrollo, sino que también sugiere que la región más probablemente obtendrá concesiones de Europa y de Japón, mientras que los Estados Unidos serán un oponente antes que un aliado. Las profundas divisiones todavía existentes entre el Norte y el Sur se reflejan dentro de América: divisiones por la distribución de los costos de la administración del ambiente global, por la elección de las prioridades ambientales, por las formas en que tendría que afectarse la soberanía en aras de la administración ambiental, y por el control político de las instituciones dentro de las cuales se negociarán o impondrán estas decisiones.[20]

Además, la traducción de la retórica ubicua del desarrollo sostenible en acciones concretas podría revelar ciertas tensiones dentro de las ideas dominantes ahora acerca del desarrollo latinoamericano. Tomar el ambiente en serio significa otorgar una prioridad mucho mayor a las cuestiones de la distribución y la justicia social, a las definiciones de la democracia que hagan hincapié en el poder de los grupos y comunidades locales y no en las meras elecciones regulares, y a la necesidad de erigir estructuras estatales más fuertes y eficaces. También significará inevitablemente la consideración de las relaciones muy difíciles y políticamente traicioneras entre la agenda ambiental, las prescripciones económicas preferidas y las relaciones internacionales globales y regionales.

La seguridad. Otro importante conjunto de problemas se refiere a la seguridad. Después de todo, la consolidación de un orden de seguridad regional era el elemento más importante del regionalismo hegemónico de principios de la posguerra. ¿Cuáles son las probabilidades de que la seguridad pueda resurgir como un foco del regionalismo hemisférico? Hay algunos indicios de convergencia. Los Estados Unidos han hecho considerable hincapié en la proliferación nuclear y en los controles de las ventas de armas convencionales como elementos de su nuevo orden mundial proclamado.

El problema de la proliferación en América Latina se ha transformado

[20] Véase una reseña de estas divisiones en Andrew Hurrell y Benedict Kingsbury, "The International Politics of the Environment: An Introduction", en Hurrell y Kingsbury, comps., *The International Politics of the Environment.*

por dos factores relacionados. El primero es el fortalecimiento de las relaciones argentino-brasileñas y el papel que en esto han desempeñado las medidas tomadas para el fortalecimiento de la confianza nuclear y el bajo nivel de la cooperación. El segundo factor es el cambio operado en la política nuclear brasileña, revelado por el discurso que pronunció Collor ante las Naciones Unidas, en septiembre de 1990, e ilustrado por el abandono público del llamado programa paralelo de investigación nuclear. También se ha avanzado en la resolución de las disputas con Brasil y Argentina a propósito de la venta de armas al Medio Oriente y la transferencia de la tecnología de misiles. Estos cambios allanan el camino para la consolidación, demorada pero muy importante, del régimen de Tlatelolco. En términos más generales, el apoyo sólido, aunque no totalmente inequívoco, de América Latina hacia la política de los Estados Unidos y de las Naciones Unidas durante la Guerra del Golfo Pérsico fue otra señal de convergencia de las perspectivas de la seguridad.

Pero nos equivocaríamos si pintáramos un cuadro tan brillante. La transferencia de una tecnología sensata sigue siendo una cuestión problemática (como lo revelan las continuas diferencias surgidas entre los Estados Unidos y Brasil por la transferencia de la tecnología de supercomputadoras). Gran parte del cambio público de actitud hacia estas cuestiones ha tratado de agradar a los Estados Unidos, con lo que se esperan beneficios futuros, pero también se ha basado en un cambio fundamental de la mentalidad de los organismos políticos y militares de estos países. Las naciones latinoamericanas están claramente desalentadas por el surgimiento de controles sobre el gasto militar y las ventas de armas en relación con la ayuda económica de los Estados Unidos. Y detrás del apoyo público en muchos lugares de América Latina encontró eco la idea de que los Estados Unidos habían manipulado a las Naciones Unidas para sus propios propósitos durante la Guerra del Golfo Pérsico y sólo habían buscado la aplicación selectiva del derecho internacional. Es probable que la aparente disposición del gobierno de Clinton para considerar la reforma de la participación en el Consejo de Seguridad de las Naciones Unidas revele algunas tensiones sobre esta cuestión, especialmente con Brasil y México.

¿Qué diremos de la agenda más amplia de la seguridad? La cooperación mutua contra las amenazas extrahemisféricas se ha vuelto casi totalmente obsoleta con la declinación del poderío soviético. Sin duda hay numerosos casos de fricción interestatal potencial dentro de la región. Pero sobre todo por comparación con otras partes del mundo en desarrollo, el modelo general de los años ochenta era positivo, caracterizado por la solución de varias tensiones antiguas (sobre todo entre Brasil y Argentina y entre Chile y Argentina). Esto sugiere que, cualesquiera que sean las tensiones que sigan existiendo o que resurjan, se aliviarán mejor con un aumento de la clase de medidas bilaterales de fortalecimiento de la confianza que se han desarrollado en Brasil y en Argentina, y quizá más tarde con alguna forma de acuerdo de seguridad subregional. Resulta difícil advertir alguna justificación militar o política para la injerencia estadunidense en tal arreglo. Al igual que en otras partes del mundo en desarrollo, los problemas de seguridad más apremiantes son internos: la inestabilidad resultante de las tensiones sociales, la polarización política, la violencia relacionada con el narcotráfico, o la degradación ambiental. Los problemas de la seguridad y un resurgimiento de las antiguas disputas fronterizas podrán aparecer como un resultado de la fragilidad fundamental de las estructuras sociales, políticas y económicas internas. Pero la naturaleza misma de los problemas, aunada a la asimetría del poder entre los Estados Unidos y América Latina, se opone al resurgimiento de un sistema efectivo de seguridad en América. Por una parte, América Latina sigue siendo muy sensible a cualquier cosa que pueda facilitar o legitimar la intervención estadunidense. Por otra parte, ha habido una divergencia clara sobre la respuesta apropiada a estas clases de amenazas, ya que los Estados Unidos tienden a favorecer a la contrainsurgencia y la militarización, mientras que América Latina busca más la reconstrucción social y económica. Hay razón para creer que esta clase de divergencia reaparecerá en el futuro.

Estos tres problemas son típicos de la "nueva agenda interamericana", porque su ataque afectará inevitablemente, en forma muy profunda, los asuntos internos. El conflicto no es inevitable, y la cooperación ofrece ventajas muy sustanciales. Pero todos estos problemas plantean dilemas muy graves, lo que sugiere que no puede suponerse una relación mutuamente reforzante entre diferentes cuestiones, y señala modelos de alineación que en modo alguno tienden a coincidir con un sistema regional hemisférico.

Los intereses de los Estados Unidos

A pesar de que sin duda existe un margen para la acción creativa de los gobiernos latinoamericanos (sobre todo en un momento en el que no está clara la definición exacta de los intereses estadunidenses en muchas áreas), en última instancia el factor más importante para determinar hasta dónde y en qué forma tenderá a avanzar el regionalismo hemisférico será la respuesta de Washington.

Como se discute en otros capítulos de este volumen, en los últimos cinco años ha aumentado significativamente el interés de los Estados Unidos por el regionalismo en América. En parte esto responde a la percepción de tendencias crecientes hacia el regionalismo excluyente en otras áreas del mundo. En parte ha seguido a un creciente desencanto con el GATT: con sus debilidades institucionales, con los problemas que ha afrontado para abordar las complejidades de los problemas comerciales después de la Ronda de Tokio, y con la dificultad para alcanzar ciertos objetivos fundamentales para los Estados Unidos durante la Ronda Uruguay, sobre todo en el comercio de servicios, los derechos de la propiedad intelectual y el comercio agrícola. En vista de la erosión del GATT, los acuerdos de libre comercio estructurados ofrecen a los Estados Unidos beneficios económicos (acceso al mercado, la capacidad para asegurar la aplicación de un régimen de inversión favorable y de una protección adecuada de las patentes, y un instrumento para la promoción del ajuste microeconómico y el incremento de la competitividad internacional) y un marco político para el manejo eficaz de otros problemas (narcotráfico, migración y ambiente).[21]

Además, aunque se mantenga unido el sistema del GATT, no son promisorias las perspectivas del incremento de las relaciones económicas con otras regiones. Cada vez se pone más en claro cuán intratables son las dificultades de la reforma política y económica en Europa oriental; la Unión Soviética sigue en el caos económico; y las relaciones económicas con China se ven restringidas por las fricciones políticas. Sobre esta base, los Estados Unidos necesitan a América Latina como un mercado en un mundo donde ya no puede darse por sentado el libre comercio. Después de todo, se trata de un mercado en el que los Estados Unidos tienen obviamente una fuerte posición histórica. También tiene un potencial enorme (una población cercana a 430 millones de habitantes, mientras que Europa oriental sólo tiene 110 millones), y es un mercado donde el proceso de la liberalización económica ha hecho ya un progreso considerable. Además, está retornando lentamente a este mercado la confianza de empresarios e inversionistas, como lo revelan el retorno de algunos capitales fugados, la renovación de los flujos de capital extranjero, el resurgimiento de algunos préstamos bancarios y las impresionantes tasas de crecimiento de varios países (la nueva confianza es muy evidente en México, Chile y Venezuela, pero todavía está ausente en Brasil).

La opción regional se ve fortalecida por el hecho de que puede ser implantada —aunque en formas diversas— por liberales y conservadores, y puede adaptarse sin dificultad en la tesis de la hegemonía declinante y

---

[21] Paul Krugman ha argumentado que las áreas de libre comercio regionales permiten que los vecinos negocien en un nivel de detalle y de injerencia mutua que se ha vuelto cada vez más difícil globalmente. Véase Krugman, "The Move to Free Trade Zones", ensayo presentado en el simposio "Policy Implications of Trade and Currency Zones", Jackson Hole, Wyoming, 22-24 de agosto de 1991, p. 35.

en la idea de los Estados Unidos como el poder hegemónico en el mundo posterior a la Guerra Fría. Para la escuela de la hegemonía declinante, América Latina se convierte en el refugio de un mundo cada vez más hostil. Para la escuela del resurgimiento de la hegemonía, América Latina es una prueba de la capacidad de los Estados Unidos para materializar en forma concreta su visión todavía difusa de un nuevo orden mundial, para actuar decisivamente en apoyo de sus valores, y para afirmar su autoridad sobre los Estados recalcitrantes o incumplidos.

Pero también está claro que hay algunos factores importantes que se oponen a la promoción estadunidense de un regionalismo cohesivo y de base amplia en las Américas. Primero, los intereses económicos de los Estados Unidos no apuntan hacia la creación de un bloque regional cerrado, excluyente. Los socios comerciales de los Estados Unidos son fuertemente multilaterales (en 1989, 26% del comercio total de los Estados Unidos se hacía con Canadá y México, 35% con Asia y 20% con la CE). No hay pruebas fehacientes de una tendencia de largo plazo hacia un regionalismo económico incrementado en las Américas o en Asia y, como ha señalado Fred Bergsten, "la vecindad geográfica ya no es fundamental para los esquemas comerciales".[22] Un avance hacia los bloques regionales pondría a los Estados Unidos en peligro de cortar sus lazos con los mercados más dinámicos del mundo y favorecería a los productores latinoamericanos menos eficientes en varios sectores, a costa de sus colegas asiáticos más eficientes, lo que a largo plazo minaría la competitividad de la industria estadunidense. Además, resulta difícil creer que un bloque regional americano aumentaría considerablemente el poder de negociación de los Estados Unidos en las negociaciones del comercio internacional.

Segundo, la retórica del regionalismo deberá cotejarse con las tendencias contrarias hacia la globalización económica, donde las estructuras de la interdependencia económica global han derivado de la consolidación de los mercados globales y de la producción global: una red densa y compleja que sólo podría alterarse a un costo muy elevado. En particular, los bloques regionales frenarían el surgimiento de los complejos acuerdos de producción interregional que se han establecido entre compañías, y dentro de ellas, así como el volumen rápidamente creciente del comercio exterior basado en la producción transnacional.[23]

Tercero, la atención económica de los Estados Unidos en América se ha fijado firmemente en México, y es probable que esta situación continúe. En efecto, México ha dominado cada vez más las relaciones econó-

[22] C. Fred Bergsten, "Policy Implications of Trade and Currency Zones", manuscrito, 23 de agosto de 1991, p. 8.

[23] Véase un examen de estas tendencias en DeAnne Julius, *Global Companies and Public Policy: The Growing Challenge of Foreign Direct Investment*, Londres, Printer for RIIA, 1990.

micas de los Estados Unidos con América Latina. Su participación en el total de las exportaciones estadunidenses a América Latina creció de 39.4% en 1980 a más de 50% en 1991, y su participación en las importaciones aumentó de 32.3% a cerca de 50% en el mismo periodo. Como hemos visto, la interdependencia social, política, económica y ambiental de los Estados Unidos es mucho mayor con México que con el resto de la región. Además, la insistencia del gobierno de Clinton en la necesidad de negociar acuerdos complementarios del tratado existente tenderá a complicar y a demorar el proceso de ratificación.

Fuera de México, no está claro que los países sudamericanos que solicitan su admisión se encuentren en mejor posición que, por ejemplo, Singapur o Nueva Zelanda. El área norteamericana de libre comercio tiene un nombre equívoco por cuanto los accesos futuros al tratado no se limitan a las Américas en términos políticos ni legales (al revés de lo que ocurre con los límites geográficos de la CE).[24] Es probable que se siga utilizando el regionalismo interamericano como parte de la política más amplia de las negociaciones comerciales multilaterales. Sin embargo, es posible que Washington crea que puede alcanzar sus objetivos políticos y económicos sin otorgar una alta prioridad al regionalismo o a la construcción de nuevos acuerdos económicos. Si los Estados latinoamericanos están alterando ya sus políticas en formas que corresponden a los intereses estadunidenses, y si las desviaciones de las preferencias estadunidenses pueden abordarse adecuadamente en un nivel bilateral, ¿para qué negociar un tratado de libre comercio? En otras palabras, podría considerarse que la hegemonía vuelve innecesario el regionalismo institucionalizado.

Conclusión

El carácter hegemónico de las relaciones interamericanas, unido al poder de las presiones políticas y sistémicas sobre América Latina y a la modificación generalizada de las actitudes latinoamericanas hacia los Estados Unidos, crea una situación en la que los Estados Unidos *podrían* presionar en favor del surgimiento de algo parecido a un bloque regional cohesivo. A pesar de los dilemas bosquejados antes y del alcance de problemas generalizados, resultaría muy difícil que incluso los grandes Es-

---

[24] La cláusula de acceso al TLC (artículo 2205) no hace referencia a las Américas y permite las solicitudes de admisión extracontinentales. La libertad de los Estados Unidos para negociar acuerdos similares al TLC con terceros, sin el consentimiento de México y Canadá, destaca la voz predominante de Washington en la determinación de las formas como podría extenderse el TLC. Véase una discusión de los problemas del acceso en Laurence Whitehead, "Requisites for Admission", ensayo presentado a la conferencia de IRELA "The Politics of Regional Integration: Europe and the Western Hemisphere", 15-16 de octubre de 1992.

tados latinoamericanos optaran por rechazar tal plan. Si hay un liderazgo firme desde Washington, la posición de los países renuentes, incluso de los más grandes, como Brasil, se volvería cada vez más insostenible, y el regionalismo de bloques "triunfaría", minando la cooperación subregional.

Sin embargo, siguen siendo importantes los límites de alcance y extensión del regionalismo interamericano. El regionalismo hemisférico es cada vez más importante para América Latina y, en menor medida, para los Estados Unidos, y es probable que esta situación subsista. Hay mucho que ganar en la cooperación regional, y hay algunos problemas, como los de la migración, la polución fronteriza o el narcotráfico, que sólo pueden abordarse con eficacia regionalmente. Pero incluso en el campo económico, la expansión de los acuerdos de libre comercio hacia el sur tenderá a seguir siendo esporádica y peculiar, además de lenta. Y aunque es probable que surjan algunas iniciativas hemisféricas, las perspectivas del regionalismo interamericano definido en términos de un bloque regional cerrado, cohesivo y excluyente, se ven reducidas por: *1*. la balanza de los intereses y las preocupaciones estadunidenses, en la que seguirán operando el globalismo y el regionalismo al mismo tiempo; *2*. las continuas ambigüedades de las relaciones estadunidense-latinoamericanas acerca de muchos problemas; *3*. el gran alcance de los intereses latinoamericanos; *4*. el mayor pluralismo del sistema internacional, aunque no se haya sentido todavía todo el efecto de ese pluralismo (sobre todo en términos de las políticas exteriores de Europa y de Japón); *5*. el surgimiento y la consolidación de los mercados globales de la producción, el financiamiento y la tecnología, y *6*. el crecimiento de problemas globales que no pueden encerrarse dentro de un marco puramente regional.

Tal situación hipotética sugeriría que hay espacio para diversos acuerdos regionales, algunos hemisféricos y otros subregionales. Estos acuerdos reflejarían la diferenciación de los intereses estadunidenses acerca de diversos problemas y con diversos Estados latinoamericanos, así como la heterogeneidad de la región y la variación y complejidad de los problemas de la política exterior latinoamericana. Pero el ejemplo europeo actual sugiere que el "regionalismo de sopa de letras", donde muchos organismos diferentes tratan de asumir una responsabilidad por diversas áreas de la política, es una fuente de debilidad y de conflicto potencial, no de vigor; y que la fusión de diferentes regionalismos es, en la práctica, algo complejo. Para Sudamérica, el peor de todos los mundos posibles sería aquel en que los Estados Unidos se resistieran a comprometerse claramente con la región, un mundo donde la incertidumbre prolongada acerca de las futuras intenciones de los Estados Unidos tendiera a complicar, si no es que a minar, el movimiento reciente que trata de fortalecer la integración subregional.

X. UNA OEA NUEVA PARA LOS NUEVOS TIEMPOS

HERALDO MUÑOZ

LA ORGANIZACIÓN DE LOS ESTADOS AMERICANOS fue creada al final de la segunda Guerra Mundial, pero pronto se vio reducida a la impotencia por la Guerra Fría. Por razones muy diferentes, tanto los estadunidenses como los latinoamericanos llegaron a la conclusión de que la organización servía para poco, y durante muchos años tendieron a desentenderse de ella. Ahora, un poco paradójicamente, el fin de la Guerra Fría ha abierto nuevas perspectivas para la organización. Y sus acciones en las áreas del gobierno democrático y los derechos humanos, el narcotráfico, el ambiente y el comercio han generado gran interés público.

Sin embargo, podríamos preguntarnos si la renovada atención gubernamental y de los medios de comunicación masiva hacia la OEA señala en efecto su reforzamiento, y si la organización sirve realmente a propósitos importantes en un contexto de posguerra fría donde tantos supuestos, acuerdos e instituciones surgidos de la segunda Guerra Mundial han desaparecido o ya no son válidos.

Este capítulo trata de contestar tales interrogantes y de examinar y evaluar las áreas principales de la actividad actual de la OEA. El argumento central es que la agenda de la OEA está cambiando para reflejar transformaciones mundiales más amplias, pero que, independientemente de las contribuciones positivas que podría proveer la organización en áreas específicas, como el narcotráfico o el ambiente, la promoción y preservación de la democracia es el tema principal que define el perfil público de la OEA; es también el tema que determinará su futuro como una organización política hemisférica viable.

EL FINAL DE LA GUERRA FRÍA Y LA NUEVA AGENDA DE LA OEA

Los profundos cambios de la situación internacional han creado nuevas oportunidades para la renovación de la OEA y han puesto de relieve algunas de sus limitaciones permanentes.

Está claro que el final de la Guerra Fría ha tendido a eliminar uno de los factores principales detrás del estancamiento y la crisis de credibilidad de la OEA: esto es, la percepción de que la organización hemisférica era un instrumento de una de las superpotencias en el conflicto Este-Oeste. Aunque la OEA porta todavía la imagen histórica negativa de su alineamiento con los Estados Unidos, ha sido capaz de afrontar nuevos retos y crisis sin la camisa de fuerza ideológica del periodo de la Guerra Fría.

La declinación relativa del antiguo componente militar-estratégico de la seguridad se ha reflejado en la OEA. Es muy importante el hecho de que un Grupo de Trabajo sobre la Seguridad Hemisférica, creado por la Asamblea General en 1991, ha empezado a revisar el papel de la Junta Interamericana de Defensa (JIAD) y del Colegio Interamericano de Defensa (CIAD), y a redefinir sus vínculos con la OEA. Hay un fuerte argumento en favor de que ambas entidades militares se pongan bajo el control de la diplomacia civil de la OEA, para limitar su campo de acción al apoyo técnico en cuestiones militares específicas o relacionadas con la seguridad, para que sirvan como un foro a los funcionarios civiles y militares de América, y en general para que cambien tales entidades, y así reflejen las transformaciones ocurridas en los asuntos regionales y mundiales.

En esta perspectiva, la JIAD ha abierto sus puertas a todos los países miembros de la OEA, no sólo a los signatarios del Tratado de Río. A solicitud de los órganos políticos de la OEA, la JIAD está realizando ahora una tarea de remoción de miles de minas terrestres a lo largo de la frontera de Nicaragua y Honduras, resultado de los conflictos armados que asolaron el istmo centroamericano durante los años ochenta.

De igual modo, aunque la OEA tiene una larga historia de cooperación técnica en cuestiones relacionadas con los recursos naturales y la administración ambiental, sólo hasta 1991 llevó al ambiente —considerado como un nuevo "problema de seguridad"— al nivel político. Se aprobó el Programa Interamericano de Acción para la Protección Ambiental, se creó un Comité Permanente para el Ambiente dentro del Consejo Permanente, y se iniciaron diversas actividades —desde las publicaciones hasta los seminarios y los talleres de adiestramiento— para tomar las medidas recomendadas por el Programa Interamericano de Acción.[1]

La economía internacional también ha cambiado radicalmente en los últimos años. Ha aumentado enormemente la interdependencia, al igual que el grado de globalización de los asuntos económicos. La nueva revolución tecnológica nos ha llevado a cuestionar la noción de las economías "nacionales" y ha alterado la naturaleza misma de la producción, de modo que los "insumos de conocimientos" cobran más importancia que el capi-

[1] Véase Heraldo Muñoz, comp., *Environment and Diplomacy in the Americas*, Boulder y Londres, Lynne Rienner, 1992. Véase también "The Organization of American States and the Issues of Environment and Development", AG/DOC.2834-92, Washington, OEA, 11 de mayo de 1992.

tal, la mano de obra y los recursos naturales. Pero los argumentos en favor del comercio administrado, en lugar del libre comercio y la formación de bloques comerciales regionales, han llevado a algunos a sostener que las guerras comerciales podrían remplazar a la Guerra Fría.[2]

A pesar de la multitud de instituciones —públicas y privadas— que participan en la economía internacional, la OEA ha venido desempeñando cierto papel en esta área. En 1991 creó un Grupo de Trabajo del Consejo Permanente sobre la Iniciativa de Empresa para las Américas, que vigila la tendencia hacia el libre comercio en América y funciona como una cámara de compensación para poner al día la información sobre cuestiones comerciales. Es más importante aún el surgimiento de un proceso de reforma que ha empezado a transformar radicalmente a la antigua Comisión Especial para Consulta y Negociación de la OEA (Cecon), que durante los años sesenta y setenta fue un foro de confrontación sobre problemas económicos entre América Latina y el Caribe, por una parte, y los Estados Unidos, por otra, lo que condujo a su gradual inactividad e irrelevancia política.

La OEA y sus predecesores tienen una larga historia de enfrentamiento del problema del narcotráfico. Pero a mediados de los años ochenta, cuando se intensificaba el problema, introdujo nuevos programas y nuevas iniciativas. En 1986 se creó la Comisión Interamericana para el Control del Abuso de las Drogas (CICAD) para elaborar, coordinar, evaluar y vigilar el Programa de Acción de Río de Janeiro contra el Uso Ilícito, la Producción y el Tráfico de Drogas Narcóticas y Sustancias Sicotrópicas. El objetivo principal de la CICAD es la eliminación del tráfico ilícito de drogas y del abuso de las drogas en la región interamericana, mediante la cooperación hemisférica. Un rasgo interesante es el hecho de que la CICAD tiene una secretaría ejecutiva dotada de considerable autonomía. Aunque no es una agencia policiaca, la CICAD ha definido cinco áreas de acción principales: el desarrollo legal, la educación para la prevención, la movilización de la comunidad, la armonización de los sistemas estadísticos y el acceso a la información.

Con la terminación de la Guerra Fría ha surgido una validación mundial de las elecciones libres, la política democrática y los mercados abiertos.[3] Esto es evidente desde Sudáfrica hasta Polonia y desde el colapso final y la desaparición de la Unión Soviética hasta las crecientes demandas de democracia en varios países africanos y asiáticos. Se han vuelto muy cuestionables el atractivo de las economías de planeación

---

[2] C. Fred Bergsten, "From Cold War to Trade War?", *International Economic Insights*, 1, julio-agosto de 1990.

[3] Véase Diálogo Interamericano, "A World in Ferment", *The Americas in a New World*, Washington, The Inter-American Dialogue Report, 1990, pp. 7-8.

central y la noción misma de la dictadura (de derecha o de izquierda por igual).

América Latina no ha sido inmune a esta tendencia. Por primera vez en decenios, a lo largo de toda la región prevalecen los gobiernos libremente elegidos. Y, como sería de esperarse, la promoción y la defensa de la democracia representativa se ha convertido en el eje central de las acciones de la OEA después de la Guerra Fría.

En efecto, la mayoría de los problemas críticos (como el libre comercio y el narcotráfico) son ahora asuntos transnacionales y regionales que sólo se pueden resolver mediante esfuerzos cooperativos y de alcance hemisférico. Por lo tanto, muchos países ven a la OEA como un foro potencialmente útil para la discusión y solución de tales problemas.

Este nuevo papel y esta oportunidad para la organización se han fortalecido con la adhesión reciente de Canadá, Guyana y Belice como miembros plenos. De igual modo, la mayor importancia de la diplomacia multilateral[4] y —en opinión del secretario general de la ONU, Boutros Boutros-Ghali— de las organizaciones regionales en particular[5] después de la Guerra Fría ha destacado más aún las nuevas posibilidades de la organización hemisférica.

Algunos países preferirían una OEA débil y menos preponderante para tratar en forma directa, bilateralmente, con los Estados Unidos. Pero en el actual contexto mundial, de supremacía indisputada de los Estados Unidos, por lo menos en términos convencionales, o de "unipolaridad", como algunos lo han llamado, la mayoría de los Estados nacionales de América parecen preferir la preservación de un foro hemisférico. Esto permitiría un diálogo colectivo entre América Latina, el Caribe y los Estados Unidos, para abordar la agenda común interamericana de los años noventa.

Ya ha surgido en la OEA un acuerdo tácito sobre esta nueva agenda común, como se advierte en los nuevos comités, programas y actividades que se ocupan de problemas que van desde el narcotráfico y el ambiente hasta la promoción de la democracia y la Iniciativa de Empresa para las Américas. Sin embargo, la OEA como una organización eminentemente *política* será juzgada por los gobiernos y la opinión pública de acuerdo con lo que haga o deje de hacer en la promoción y preservación de la democracia en América. En efecto, la organización ha venido atrayendo

---

[4] De acuerdo con un informe de 1992 elaborado por la Escuela de Servicio Exterior de la Universidad de Georgetown: "Multilateral Diplomacy will Increasingly Eclipse Bilateral Diplomacy". Véase *The Foreign Service in 2001*, informe del Institute for the Study of Diplomacy, Georgetown University, Washington, agosto de 1992, p. 2.

[5] Véase el informe del secretario general, "A Program for Peace", A/47/277-S/2411, Nueva York, Asamblea General de las Naciones Unidas/Consejo de Seguridad, 17 de junio de 1992.

una renovada atención pública, hasta el punto de que ha reformado decisivamente su compromiso doctrinal para promover y defender el ejercicio de la democracia representativa,[6] un componente fundamental de la Carta de la OEA que apenas se mencionaba hace pocos años.

LA OEA Y LA PROMOCIÓN Y DEFENSA DE LA DEMOCRACIA: ACCIONES RECIENTES Y ALGUNAS SUGERENCIAS

La terminación de la Guerra Fría ha fortalecido la promoción y la defensa de la democracia en la región, al eliminar las connotaciones ideológicas y estratégicas que durante muchos años la acompañaron. En otras palabras, ahora se percibe que la democracia representativa puede defenderse en el hemisferio occidental sin correr el riesgo de verse atrapado en la lógica de la confrontación Este-Oeste.

En el pasado, cuando navegaban entre las reclamaciones de soberanía y no intervención, por una parte, y de respeto a los derechos humanos y democracia representativa, por la otra, los líderes hemisféricos y la OEA se veían obviamente influidos por el clima de la Guerra Fría. A veces, ese clima los sacaba de su camino, hasta el punto de minar, en lugar de reforzar, los regímenes democráticos, como ocurrió en Guatemala en 1954. En nombre de la democracia la OEA se metió también en la crisis interna de la República Dominicana, y más tarde, cuando menguaba la Guerra Fría, se manifestó claramente a favor del derrocamiento del régimen de Anastasio Somoza en Nicaragua. A principios de los años noventa, al vigilar las elecciones y promover el diálogo interno en Nicaragua, Paraguay, Surinam, Haití y El Salvador, la organización hemisférica expandió su papel en nombre de la democracia.

En la vigesimoprimera sesión regular de la Asamblea General de la OEA —reunida en Santiago, Chile, en junio de 1991—, la organización dio un paso importante al codificar los abundantes precedentes de la acción internacional en aras de la democracia y los derechos humanos. En una declaración formal titulada el "Compromiso de Santiago con la Democracia y la Renovación del Sistema Internacional", los ministros del exterior, después de reconocer la necesidad de una renovación de la organización a la luz de los nuevos desafíos y las nuevas demandas internacionales, ampliaron el compromiso hemisférico a la promoción y la defensa de la democracia representativa. Al día siguiente adoptaron una

---

[6] Véase, por ejemplo, el extenso informe titulado "OAS Displays New Vitality in Bid to Restore Haiti's Ousted Leader", *Christian Science Monitor*, 20 de noviembre de 1991, pp. 1-2.

resolución que creaba un mecanismo automático para reaccionar ante los golpes de Estado que se produjeran en cualquier Estado miembro del hemisferio.[7]

En una cláusula que contenía la justificación de la creación del mecanismo contra los golpes de Estado, los Estados miembros invocaron el preámbulo de la Carta de la OEA. Citaron la premisa de la carta de "que la democracia representativa es una condición indispensable para la estabilidad, la paz y el desarrollo de la región", y afirmaron la necesidad de que tal premisa se volviera operativa en vista de la generalización de los gobiernos democráticos en la región.

¿Por qué decidieron los países miembros de la OEA tomar esta gran iniciativa para proteger la democracia representativa? Seguramente, como se sugirió antes, tenía algo que ver con la terminación de la Guerra Fría. La eliminación de ese conflicto reducía marcadamente el riesgo de que las resoluciones que apoyaran la acción hemisférica en nombre de la democracia se trataran como licencias para la persecución de fines políticos relacionados vagamente, si acaso, con la consolidación y preservación del gobierno representativo.

El 30 de septiembre de 1991, cuando las fuerzas militares de Haití derrocaron al presidente Jean-Bertrand Aristide, detonaron el mecanismo creado en Santiago. Al cabo de pocos días, los ministros de relaciones exteriores reunidos en Washington resolvieron reconocer al presidente Aristide y los funcionarios designados por él como el único gobierno legítimo de Haití; también recomendarían que todos los Estados miembros tomaran medidas específicas para aislar en términos económicos y diplomáticos al grupo que había tomado el control. Además, enviaron a Haití una misión especial, integrada por ministros de Relaciones Exteriores y por el secretario general, con el mandato de que presionaran en favor de la restauración del gobierno democráticamente elegido. Cuando esa misión no pudo alcanzar su objetivo, los ministros volvieron a reunirse y fortalecieron sus recomendaciones para incluir el congelamiento inmediato de todos los activos del Estado haitiano que se encontraran en cualquiera de los Estados miembros de la OEA. También bosquejaron planes de cooperación que se pondrían en operación una vez que se resta-

---

[7] Véase "The Santiago Commitment to Democracy and the Renewal of the Inter-American System", AG/Doc. 2734-91, Washington, 4 de junio de 1991, y Resolución 1080, "Representative Democracy", 5 de junio de 1991. La Resolución instruye al secretario general de la OEA para que convoque de inmediato a una reunión del Consejo Permanente cuando haya cualquier interrupción irregular o ilegal del proceso institucional democrático en cualquiera de los Estados miembros y, de ser necesario, para que convoque a una reunión especial de los ministros del exterior o a una sesión especial de la Asamblea General que pueda adoptar "cualesquiera decisiones que se estimen apropiadas" en los términos de la Carta y del derecho internacional.

bleciera el gobierno del presidente Aristide, y se exploraron algunos medios para la consolidación de la democracia constitucional en Haití.

Más de un año después del golpe militar, todavía no se había encontrado ninguna solución para la crisis haitiana. Pero aunque habían fracasado los esfuerzos de la OEA —a la que se unieron las Naciones Unidas a finales de 1992—, el gobierno de facto no pudo eludir el aislamiento diplomático y financiero. La ausencia de un progreso real fue imputada por algunos observadores a la historia antidemocrática de Haití y a la falta de una amenaza de fuerza creíble para restablecer el *statu quo*. Sin embargo, dentro del esquema tradicional de aquiescencia hemisférica (aunque fuese a regañadientes) ante los golpes de Estado militares, el caso haitiano señalaba por lo menos la firme voluntad de América de resistir a los enemigos del gobierno democrático.

El mecanismo de Santiago se activó por segunda vez el 5 de abril de 1992, cuando el presidente Alberto Fujimori de Perú, democráticamente electo, clausuró ilegalmente el Congreso, intervino el Poder Judicial, arrestó a varios congresistas y líderes políticos y sindicales, y suspendió varios derechos civiles, incluido el de la libre expresión. Pocos días después, los ministros de Relaciones Exteriores se reunieron y anunciaron que "deploraban profundamente" las acciones del presidente Fujimori; al mismo tiempo, instaron a la restauración del gobierno democrático en Perú y pidieron a las autoridades peruanas el pleno respeto a los derechos humanos. Además, los ministros designaron una misión diplomática especial para que viajara a Perú y promoviera negociaciones entre el gobierno y las fuerzas de la oposición con el fin de restablecer la democracia plena.

Algunos países —incluidos los Estados Unidos— cesaron su ayuda económica a Perú, y el Grupo de Río prohibió que Perú asistiera a sus sesiones. En este contexto, la presencia de Fujimori en la reunión de ministros de Relaciones Exteriores de la OEA, celebrada en Nassau, Bahamas, en mayo de 1992, fue algo inesperado; contra sus declaraciones anteriores, Fujimori se comprometió a restaurar la democracia en su país mediante un proceso que culminaría en la elección de un congreso constitucional democrático.

Las elecciones para el congreso constitucional se celebraron a fines de noviembre de 1992. Participaron algunas fuerzas de la oposición, mientras que otras se abstuvieron, alegando una ausencia de garantías suficientes para unas elecciones libres y limpias. La OEA vigiló el proceso electoral. Es indudable que las elecciones representaban un paso en la dirección de la restauración democrática, pero por sí mismas no aseguraban el retorno pleno del gobierno democrático al Perú.

Los magros resultados de las acciones de la organización en los casos de Haití y de Perú sugieren que, a fin de volver operativa la premisa democrática de la carta y de las declaraciones de Santiago, quizá sería necesario que la OEA adoptara instrumentos y medidas adicionales.[8] En realidad, podría afirmarse que la teoría legal no demanda tales adiciones, sino que en lugar de palabras exista más voluntad.

Sin embargo, ésa sería una simplificación excesiva. En primer lugar, no basta que se sienta la voluntad, sino que también debe demostrarse para que tenga el efecto de disuasión deseado. La resolución de Santiago no enumera las medidas que la organización está dispuesta a emplear, aunque las resoluciones sobre Haití aprobadas por la reunión especial de ministros de Relaciones Exteriores listan todo un conjunto de medidas recomendadas para su aplicación contra la dictadura haitiana. Quizá se requiera ahora una sistematización de tales medidas para los casos futuros.

En segundo lugar, la enumeración de medidas en unión de planes operativos para su implantación fortalece el compromiso de los Estados miembros, transmite un mensaje de disuasión y, si falla la disuasión, incrementa la eficacia de la acción de dichos Estados. Por ejemplo, todos los Estados miembros deberían tener una legislación nacional que permitiera la acción de cumplimiento imperioso cuando lo autoricen los órganos políticos de la OEA. Y deberían elaborar planes para la imposición escrupulosa de sanciones. En algunos casos, por ejemplo, quizá sea más eficaz el ataque a los recursos económicos de los individuos infractores, como los de los ciudadanos que financiaron el golpe de los soldados haitianos. Por supuesto, el ataque preciso requiere el conocimiento o los medios necesarios para conocer rápidamente la ubicación de los activos de los infractores.

¿Es probable que se forme un consenso sobre la amenaza o el uso de la fuerza como un recurso de última instancia en cualquier situación hipotética imaginable ahora? La respuesta colectiva al derrocamiento de la democracia en Haití genera algunas dudas.

Las sanciones económicas —en particular el embargo comercial— no han sido aceptadas por ningún país fuera del hemisferio; además, tales sanciones aparentemente han afectado al ciudadano medio sin amenazar el control de los golpistas. Y, en realidad, el resultado poco claro de las sanciones económicas en el caso haitiano no garantiza que tales medidas no fueran eficaces en otros casos. Es probable que las sanciones funcionen menos bien cuando se apliquen a economías donde predomine una agricultura de subsistencia. Los países con grandes poblaciones urbanas y una clase media numerosa serán en general más vulnerables.

[8] Algunas de las sugerencias bosquejadas en este capítulo se presentaron originalmente en Tom Farer y Heraldo Muñoz, "Reinforcing the Collective Defense of Democracy", ensayo presentado en la Sesión Plenaria de 1992 de Diálogo Interamericano, Washington, abril de 1992.

Sin embargo, como lo demostrara la situación de Panamá, un gobierno militar de facto podría mantener el control incluso en medio de sanciones que lesionen ampliamente a la población civil.

No deja de haber razón para que los Estados miembros sean muy renuentes a emplear las armas en defensa de la democracia. Dejando de lado importantes objeciones derivadas del derecho internacional,[9] deberá considerarse que —aunque logre su objetivo inmediato— la acción militar puede causar graves daños secundarios a individuos inocentes y a sus propiedades. Además, si las instituciones democráticas son precarias en el país donde se aplica la fuerza, su consolidación podría requerir tiempo y protección. Por lo tanto, para que la acción colectiva alcance su objetivo más amplio, la organización podría tener que sostener su presencia más allá del tiempo requerido simplemente para remover a un régimen ilegal. El costo y las complicaciones de un involucramiento prolongado son factores muy reales que se oponen a la acción directa contra los gobiernos antidemocráticos.

Por otra parte, si se descartan las medidas violentas tomadas a solicitud de los gobernantes legítimos desplazados, la OEA podría perder un instrumento importante para la disuasión y la acción. Pero es probable que el uso de la fuerza para desplazar a un gobierno de facto siga siendo inaceptable para gran número de gobiernos y entidades no gubernamentales del hemisferio. Una razón es el problema de la determinación de quién habrá de ejercer y controlar el uso de la fuerza en un contexto hemisférico asimétrico. El peligro de una aplicación selectiva por efecto de las motivaciones ligadas a la política del poder es claramente otra razón.

Dentro de la OEA no existe ningún consenso sobre el uso de la acción militar contra un gobierno dictatorial. Y es probable que no haya ningún consenso acerca del valor del mantenimiento de la paz para ayudar al restablecimiento de la democracia. Pero algunos países, en particular los miembros más pequeños del área caribeña, están preocupados por la posibilidad de que el poder sea tomado por un puñado de asesinos que luego sean subrepticiamente armados, adiestrados e influidos por elementos extranjeros, no necesariamente gubernamentales. Un procedimiento para conciliar las dudas de algunos de los miembros de la OEA acerca de las acciones militares autorizadas por la organización con las legítimas preocupaciones de otros de los miembros podría ser un pacto entre los Estados que estén dispuestos a ayudarse mutuamente para garantizar la supervivencia de la democracia. Por supuesto, entre mayor sea el número de los Estados participantes en tales pactos, menor será el peligro de una intervención por otros motivos.

---

[9] Véase Heraldo Muñoz, "Haiti and Beyond", *Miami Herald,* 1º de marzo de 1992.

La importante reforma de la Carta de la OEA, aprobada en diciembre de 1992, proveyó un fundamento más sólido para la acción colectiva pacífica en apoyo de la democracia y de la disuasión de los golpes de Estado. Esa reforma —el Protocolo de Washington— introdujo la suspensión temporal de los Estados miembros en los cuales se interrumpiera ilegalmente el proceso democrático por el uso de la fuerza.[10]

Sin embargo, la identificación e implantación de una respuesta apropiada ante el derrocamiento de un gobierno democráticamente elegido (o la amenaza inminente de tal derrocamiento) es una tarea difícil y costosa. En este punto, la OEA no tiene más remedio que improvisar una respuesta. Eso no bastará, porque la misión es demasiado compleja y exigente. Una complicación deriva del hecho de que las amenazas para el gobierno democrático no siempre se originan en las guarniciones de las fuerzas armadas.

Se sigue de aquí que la organización requiere un cuadro de personas al que pueda recurrir para conocer los hechos relevantes. También necesita una capacidad interna para formular una estrategia total, a fin de enfrentar una amenaza inminente contra cualquier gobierno democrático o restablecer al gobierno si la amenaza se ha ejecutado.

La Unidad para la Promoción de la Democracia dentro de la OEA podría asumir tal responsabilidad. La Unidad, creada por una decisión de la Asamblea General de 1990, podría agregar ésta a las tareas ya establecidas, incluyendo la provisión de asistencia técnica a los gobiernos para vigilar las elecciones y facilitar el intercambio de ideas y experiencias en el fortalecimiento de las instituciones democráticas. Como un nuevo paso hacia la implantación del Compromiso de Santiago, los Estados miembros de la OEA podrían elevar la Unidad al rango de una subsecretaría y, en cualquier caso, podrían proveerla de recursos materiales proporcionales a sus tareas. La misma clase de apoyo requiere la Comisión Interamericana de Derechos Humanos, un órgano de la OEA que sigue desempeñando un papel importante en la defensa de la libertad y la dignidad humana.

Un compromiso serio con el fortalecimiento de la democracia debe incluir medidas positivas en la esfera económica. Prominente entre aquellas medidas que han sido ampliamente discutidas en los últimos años es el alivio de la debilitante deuda de América Latina. Aunque ya no es un problema tan grave de la agenda regional como lo fue en los años ochenta, la enorme carga de la deuda (superior a los 420 000 millones de dólares)

---

[10] Véase "Texts Approved by the OAS General Assembly in Its Sixteenth Special Session in Reference to Charter Reforms of the Organization", AG/DOC. 11 (XVI-E/92), Washington, OEA, 14 de diciembre de 1992. Los nuevos artículos recomiendan que se realicen negociaciones antes de la posible suspensión, una decisión que deberá tomarse por una mayoría de dos tercios.

y los pagos de intereses (por un valor cercano a los 35 000 millones de dólares anuales) han impedido el crecimiento económico en muchos países. También han obligado a la adopción de medidas de austeridad que han reducido el potencial de crecimiento a largo plazo, han arrojado a millones de personas al pozo de la pobreza extrema, han asociado a los gobiernos democráticos con la privación, y han inhibido sus esfuerzos para profundizar la democracia mediante la transformación de estructuras sociales y económicas rígidas y muy poco equitativas. En nombre de la consolidación de la democracia, una coalición de países encabezada por la OCDE instrumentó una reducción de 50% en la deuda externa de Polonia. La lógica de la reducción de la deuda es aplicable también a los países de América Latina, los cuales podrían beneficiarse de un plan de "deuda para la democracia" que se extienda más allá de los programas actuales. Tal plan podría incluir también la compra de pequeñas cantidades de deuda privada y su intercambio por proyectos de promoción de la democracia en los países pertinentes.

Las democracias de la región se enfrentan también a la renuencia de los grandes Estados industriales —Estados que defienden la acción irrestricta de las fuerzas del mercado— a unir la acción a la retórica. En circunstancias muy difíciles, los Estados latinoamericanos han reducido el tamaño de sus sectores públicos, han suavizado las regulaciones económicas, y en general se han orientado hacia la participación en la economía global. El proteccionismo frustra sus esfuerzos por competir y amenaza su estabilidad económica y política.

Al emprender las negociaciones del TLC y la Iniciativa de Empresa para las Américas se dieron los primeros pasos para la creación de una comunidad hemisférica de libre comercio. Cuando la Comunidad Europea se expandió más allá de su núcleo original, la democracia fue un criterio indispensable para la participación, lo que afectó a España y a Portugal hasta que se volvieron democráticos, y a Grecia hasta que regresó al gobierno democrático. De igual modo, cuando Argentina y Brasil firmaron en 1986 el acuerdo económico de largo alcance que condujo al convenio de integración del Mercosur, hicieron hincapié en que su propósito era "la consolidación de la democracia como una forma de vida y un sistema de gobierno", y sus presidentes declararon que un "requerimiento básico" para la participación de terceros sería su condición de países democráticos. A medida que la zona norteamericana de libre comercio avance hacia el sur, podría servir a un propósito similar. Los líderes gubernamentales y las organizaciones no gubernamentales de todo el hemisferio podrían establecer criterios para estimular el mantenimiento y la consolidación de la democracia a medida que se consolide la integración económica.

Sin embargo, a pesar de que la comunidad internacional pueda desempeñar un papel en la promoción y la salvaguardia del gobierno democrático, debemos tener en mente que la democracia de cualquier país se encuentra, en última instancia, en manos de sus propios ciudadanos y depende de la existencia de una sociedad civil que pueda usar eficazmente los instrumentos que aporta la democracia.

Conclusiones

Habiendo resurgido parcialmente de un prolongado periodo de estancamiento e irrelevancia política, la OEA se encuentra en un proceso de renovación para adaptarse a los nuevos tiempos de la era posterior a la Guerra Fría.

La mayoría de los analistas y los funcionarios gubernamentales parecen convenir en la conveniencia de mantener una organización hemisférica fortalecida que afronte los desafíos de la nueva agenda interamericana; por su naturaleza regional, la mayor parte de esos desafíos demandan un esfuerzo colectivo. Además, parece existir una necesidad permanente de contar con un foro hemisférico donde América Latina y el Caribe puedan dialogar y negociar colectivamente con los Estados Unidos y Canadá los procedimientos que habrán de seguirse para enfrentar los problemas más graves que los afectan. El resurgimiento de la diplomacia multilateral después de la Guerra Fría pone de relieve el papel que podría desempeñar una OEA fortalecida.

Quizá ya puede percibirse una nueva agenda común de temas relevantes en el trabajo actual de la OEA, desde la promoción de la democracia y los derechos humanos hasta el control del narcotráfico y la protección ambiental. Pero dada la convergencia de una antigua tradición de apoyo a la democracia representativa en el sistema interamericano, el ascenso global de la política democrática, y el predominio de los regímenes democráticos en la región, el resurgimiento de la OEA se ha caracterizado por un gran interés en favor del gobierno democrático en América. Los hechos ampliamente reconocidos de que las democracias son todavía muy frágiles en la región y de que no puede darse por sentado el gobierno democrático, han generado una acción colectiva sin precedente para profundizar y consolidar los avances democráticos y para desalentar y frenar las reversiones de la democracia.

Las crisis de Haití y de Perú han demostrado cuán difícil resulta que una organización internacional revierta los golpes de Estado o las interrupciones ilegales del gobierno democrático en los países soberanos. A su vez, esto podría amenazar también el proceso de renovación de la OEA recreando una imagen de incompetencia o de parálisis. Sin embargo, las acciones ya realizadas en ambos casos por la organización de acuerdo con el compromiso de Santiago, así como las recientes reformas a la Carta para suspender a los gobiernos no democráticos, sugieren que la mayoría de los países de la región aceptan que la reacción vigorosa ante los derrocamientos de regímenes democráticos es algo que vale la pena aunque no se alcance la restauración democrática deseada. Tales acciones podrían representar una disuasión para el futuro, y por lo menos señalarían una voluntad colectiva cristalizada dentro de América de resistir a los enemigos de la democracia.

Es importante reconocer el gran potencial de una OEA renovada, pero también debemos estar conscientes de sus limitaciones. Como ocurre en todas las organizaciones internacionales, las decisiones de la OEA serán más eficaces cuando los países afectados por sus acciones estén dispuestos a aceptar su asistencia o mediación. Además, la OEA es esencialmente una institución *política* que opera mejor cuando está guiada por el consenso de sus Estados miembros. Por ejemplo, resulta poco realista esperar que la OEA —una organización afectada todavía por un pasado controvertido y constituida por miembros iguales en términos jurídicos, pero desiguales en tamaño y poder— use la fuerza para resolver algún problema. Lo mismo podría decirse de las expectativas excesivas de algunos observadores en cuanto al potencial de la OEA para el desarrollo económico y la cooperación técnica. No puede ni debe competir con otras organizaciones especializadas, regionales o subregionales, como la Comisión Económica para América Latina y el Caribe (CEPAL) o el Banco Interamericano de Desarrollo (BID).

Por lo que toca a la cuestión controvertida del uso de la fuerza (y a otros asuntos), la OEA debe trabajar estrechamente con las Naciones Unidas, organización que tiene los conocimientos y mandatos necesarios para realizar operaciones de conservación de la paz. En los términos de las categorías bosquejadas por Boutros-Ghali, el secretario general de las Naciones Unidas, sería preferible que la OEA actuara en situaciones que tengan que ver con la observación electoral, la diplomacia preventiva y la consolidación de la paz, y que dejara a las Naciones Unidas las operaciones de restablecimiento y conservación de la paz.[11]

La realización de tareas relativamente modestas y de esfuerzos muy concretos podría ser el camino recomendable para la OEA mientras continúa su proceso de renovación. Por lo tanto, la organización debería concentrar su atención política, sus energías y sus recursos financieros en pocas áreas de la mayor importancia política para los Estados miembros, abandonando las cuestiones obsoletas o secundarias.

---

[11] Informe del secretario general, "A Program for Peace", pp. 6-17.

Esto requerirá el fortalecimiento de la secretaría general, de modo que pueda contar con un personal más numeroso, políticamente experimentado y altamente calificado. Al mismo tiempo, se necesitará cierto fortalecimiento en otras áreas de la organización, como la cooperación técnica. El Consejo Económico y Social Interamericano y el Consejo Interamericano para la Educación, la Ciencia y la Cultura, que vieron sus mejores tiempos durante la era de la Alianza para el Progreso, podrían combinarse en un solo Consejo Interamericano para el Desarrollo Integral. Esto conservaría recursos, eliminaría posibles duplicaciones y quizá mejoraría también el volumen y la eficiencia de la cooperación técnica.

Debe reiterarse que la OEA es esencialmente una organización política que funciona como el foro principal para el diálogo y la negociación sobre los problemas más relevantes de interés común para los Estados miembros. Hace algunos años, ni los Estados Unidos ni los países latinoamericanos o caribeños daban gran importancia a este foro hemisférico. Cada país, por sus propias razones específicas, había llegado a la conclusión de que la OEA y el sistema interamericano en general debían hacerse a un lado cuando se trataban asuntos decisivos, como el conflicto centroamericano o el problema de la deuda externa. Esta situación ha cambiado en los años noventa. Se han llevado a la OEA ciertas crisis, como las de Haití y Perú; se han creado nuevos instrumentos para abordar los derrumbes de los regímenes democráticos; regularmente los gobiernos de la región solicitan la observación electoral de la OEA; se han unido nuevos miembros a la organización; la OEA organizó el proceso de desarme interno y el acuerdo de reconciliación de Surinam, y en la OEA se han discutido cuestiones como la Iniciativa de Empresa para las Américas.

El proceso de renovación de la organización hemisférica es todavía incierto y está lejos de haber terminado. Se han presentado muchos cambios positivos, pero se necesitan muchos más. El nuevo contexto internacional ha ayudado al proceso de cambio, pero es inevitable que las transformaciones de las organizaciones internacionales tiendan a marchar detrás de las nuevas realidades. Si las expectativas son razonables en cuanto a su potencial, podríamos ver surgir efectivamente una OEA nueva para la nueva era: una organización que sirva a los propósitos y principios de su carta y a las aspiraciones fundamentales de los pueblos americanos.

XI. CUBA EN UN NUEVO MUNDO

Jorge I. Domínguez

Durante la Guerra Fría, Cuba era un actor importante en el escenario mundial. Pero a principios de los años noventa, su papel internacional había quedado reducido al de un país pequeño y desusadamente aislado que lucha por sobrevivir. Para afrontar estas circunstancias nuevas, el gobierno de Cuba ha revisado su política exterior. Excepto en lo que concierne a la continuación de su relación hostil con los Estados Unidos y a los aspectos residuales de sus relaciones con Rusia, la actual política exterior de Cuba no difiere marcadamente de la de otras islas caribeñas.

La antigua Guerra Fría y su final

En diciembre de 1987, los Reagan y los Gorbachov bailaban en la Casa Blanca para celebrar la terminación de la Guerra Fría en Europa, pero en ese mismo momento, miles de soldados cubanos cruzaban el océano Atlántico en una misión para levantar el sitio de los militares sudafricanos de Cuito Cuanavale en el sur de Angola. Este episodio capta bien varios aspectos del papel de Cuba en el sistema internacional, desde la consolidación de su régimen comunista interno a principios de los años sesenta hasta finales de los ochenta.

1. Los líderes cubanos tomaron la decisión por sí mismos y, en su mayor parte, incluso la pusieron en práctica sin contar con la Unión Soviética. Sin embargo, Cuba no podría haber actuado sin el apoyo militar, económico y político de los soviéticos a largo plazo.

2. Las acciones de Cuba tenían repercusiones importantes para las relaciones soviético-estadunidenses, aunque, en este caso particular, condujeron a la colaboración para arreglar un conflicto sudafricano.

3. La acción militar cubana logró los objetivos que perseguía, o sea, rechazar la invasión sudafricana a Angola. Pero también se obtuvieron otros beneficios inesperados, como la subsecuente independencia de Namibia y el acelerado derrumbe del régimen de *apartheid* en Sudáfrica. La fuerza funcionó.

4. Los éxitos de Cuba reafirmaron su lugar como un actor internacional importante, que demostraba su autoconfianza y valentía.

5. El gobierno de los Estados Unidos estaba irritado y molesto por el éxito internacional de Cuba, aunque hubiera en este caso beneficios importantes para la política exterior estadunidense: después de que las tropas cubanas masacraron a las fuerzas armadas de Sudáfrica, el gobierno sudafricano se volvió mucho más sensible a los esfuerzos estadunidenses para arreglar este conflicto.[1]

Estos cinco temas se repetían a menudo, desde principios de los años sesenta hasta finales de los ochenta, pero han cambiado en algunas formas importantes desde 1989. Cuba es todavía, indudablemente, independiente de la federación rusa, pero también ha perdido el apoyo ruso esencial para sus ambiciosas políticas internas y externas. Las acciones cubanas continúan afectando las relaciones soviético-estadunidenses, aunque esto se debe ahora principalmente a que el gobierno de los Estados Unidos trata de borrar todas las huellas de apoyo externo para el gobierno de Cuba. Mientras tanto, La Habana sigue tan convencida como siempre de la necesidad y utilidad de la fuerza militar para alcanzar fines importantes. Pero Cuba ya no puede reponer sus inventarios de armas gratuitamente ni tiene fondos suficientes para comprar los armamentos que necesite en el mercado mundial, a fin de conservar su capacidad militar en los niveles que estime prudentes. La inseguridad resultante refuerza el sentimiento del gobierno cubano de que el país es una fortaleza sitiada. Ahora que ya no existe la Guerra Fría ni los recursos que aportaba la URSS, Cuba ya no es un actor importante en el escenario internacional. Ciertamente, la única constante que subsiste del periodo de la Guerra Fría es la hostilidad de Washington hacia La Habana.

La terminación de la Guerra Fría y la desaparición de la Unión Soviética han privado así a Cuba de la mayor parte de las oportunidades y de los recursos que le habían permitido conducir una política externa global. Sin la competencia soviético-estadunidense, Cuba carece de la protección y de los recursos necesarios para instalar sus fuerzas en el exterior. Y sin las guerras civiles vinculadas a la competencia de la Guerra Fría, hay menos insurgencias que apoyar y menos Estados revolucionarios que pudieran arriesgarse a buscar el apoyo de las tropas cubanas para alcanzar sus propios objetivos.

En consecuencia, los centenares de miles de soldados cubanos que

---

[1] El exitoso apoyo militar de Cuba a Etiopía, para que repeliera una invasión somalí en 1977-1978, constituyó otra ocasión en que el gobierno de los Estados Unidos estaba irritado ante un éxito militar cubano, a pesar de que coincidía con los objetivos de la política estadunidense: los Estados Unidos se opusieron verbalmente a la acción somalí.

habían luchado valientemente y a menudo con eficacia en los campos de batalla del cuerno de África y Angola han sido repatriados. También han regresado a su casa las decenas de miles de estudiantes y trabajadores huéspedes cubanos que antes fueran a la antigua Unión Soviética y los antiguos países comunistas de Europa oriental.[2] Las misiones de asesoría militar cubana han regresado desde países cercanos y lejanos, y también se ha reducido la ayuda civil a muchos países del Tercer Mundo. Ha cesado virtualmente el apoyo cubano a las insurgencias de todo el mundo.[3]

Algunos de los antiguos activos de Cuba se han convertido en pasivos. Por ejemplo, si Cuba incrementara su ayuda a ciertas insurgencias que subsisten en América Latina, perdería incluso el moderado apoyo que ahora recibe de varios gobiernos latinoamericanos. Si enviara unilateralmente a sus fuerzas armadas al extranjero para ayudar a alguno de sus aliados en apuros (por la acción de enemigos internacionales o por la insurrección interna), se arriesgaría a la intervención militar o las represalias estadunidenses. Sin embargo, el gobierno cubano se siente obligado a conservar un gran establecimiento militar, ahora sostenido enteramente con sus propios recursos tan disminuidos, por temor a los Estados Unidos.

Fuera de estos importantes cambios políticos y militares internacionales, la desaparición de la Unión Soviética y del comunismo en Europa oriental ha tenido un efecto muy adverso sobre la economía cubana. A mediados de los años ochenta, los subsidios soviéticos para la azúcar cubana y el financiamiento del déficit del comercio bilateral cubano-soviético equivalía a cerca de la sexta parte del producto bruto de Cuba (el más importante de los otros subsidios era la continua transferencia de grandes cantidades de armas sin costo alguno); el subsidio otorgado a las exportaciones de azúcar y al déficit comercial por los países comunistas europeos equivalía a otro 2 o 3% del producto bruto.[4]

A principios de septiembre de 1992, Fidel Castro informó al pueblo cubano que su nación había perdido cerca de 70% de su poder de compra internacional (en dólares corrientes de 1992) como resultado de la pérdida de todos los subsidios, esto es, los antes mencionados más otras formas menores de ayuda. Las importaciones cubanas bajaron de 8 139 millones

[2] Por su propia elección, varios centenares no han retornado a Cuba. Muchos iniciaron carreras y familias en tales países. Otros buscaron asilo.

[3] Algunos funcionarios públicos estadunidenses sostienen que Cuba continúa ayudando a ciertas insurgencias. No he podido verificar estas acusaciones independientemente. Es indudable que continúa cierto apoyo residual de Cuba a algunos movimientos que La Habana ha apoyado en el pasado, en ambientes donde no se ha establecido todavía plenamente la paz civil: la Organización para la Liberación de Palestina, el Congreso Nacional Africano y el Frente Polisario del antiguo Sáhara español.

[4] Véanse los cálculos en Jorge I. Domínguez, *To Make a World Safe for Revolution: Cuba's Foreign Policy*, Cambridge, Mass., Harvard University Press, 1989, pp. 87, 95.

de dólares en 1989 a una cantidad estimada en 2200 millones en 1992.[5] En seguida explicó Castro las consecuencias catastróficas de esta contracción de las importaciones para casi todas las actividades económicas. Esto redujo radicalmente los abastos de importaciones de alimentos, ropa y gasolina para la transportación pública y privada, lo que afectaba directamente el nivel de vida de la población.

Ahora, Cuba permanece virtualmente tan dependiente de la exportación de azúcar como lo ha sido durante toda su historia moderna: más de 70% de sus exportaciones proviene de este cultivo. Pero sin los subsidios soviéticos y de otras clases para estas exportaciones azucareras, el precio residual del mercado mundial determina la mayoría de los precios de venta internacionales del dulce cubano. Desde 1982, el precio del mercado mundial ha promediado cerca de ocho o nueve centavos de dólar por libra, aunque en 1985 bajó a cerca de la mitad de ese nivel y en 1989 subió a cerca del doble de ese nivel. Justo cuando se estaba eliminando el subsidio soviético al precio del azúcar, en 1990 y 1991, el precio del mercado mundial estaba bajando desde su nivel máximo de 1989.[6]

En suma, una vez terminada la Guerra Fría, Cuba había perdido gran parte del sustento para su política exterior. Sus principales aliados internacionales habían sido derrotados o incluso habían desaparecido, y su principal enemigo internacional parecía haber triunfado. Sus cimientos económicos estaban hechos trizas; en su mayor parte, sus productos industriales no eran competitivos en el mercado internacional. Su papel en el mundo se había contraído, y de nuevo volvía a ser simplemente un pequeño país del Caribe.

---

[5] *Granma,* 8 de septiembre de 1992, p. 3. Este cálculo encierra varias conjeturas del gobierno cubano. Cerca de un sexto de la pérdida (aproximadamente 1000 millones de dólares) se refiere a los costos económicos indirectos, como la escasa confiabilidad de los abastos. Ésta podría ser una subestimación. El cálculo incluye también una estimación de la pérdida de los subsidios azucareros soviéticos, que asciende a poco menos de 2500 millones de dólares. En virtud de que el cálculo se hace con referencia al llamado precio del mercado mundial (un mercado residual), no a los precios que Cuba había venido percibiendo efectivamente en sus transacciones en el mercado azucarero internacional, es posible que esta cifra sobrestime la magnitud de la pérdida del subsidio. Véase una discusión técnica en Jorge Pérez López, *The Economics of Cuban Sugar,* Pittsburgh, University of Pittsburgh Press, 1991, cap. 9. En total, sin embargo, es probable que sea correcto el orden de magnitud de la pérdida de poder de compra.

[6] Pérez López, *The Economics of Cuban Sugar,* pp. 140, 154. Agencia Central de Inteligencia de los Estados Unidos, Dirección de Inteligencia, *Cuba: Handbook of Trade Statistics* (U), ALA 92-10033, Washington, CIA, 1992, p. 59, citado en adelante como CIA.

LA TRANSICIÓN HACIA UN NUEVO PAPEL INTERNACIONAL

Heredero de una revolución social, el régimen político de Cuba entró al decenio de 1990 golpeado y debilitado pero no vencido. Cuando los regímenes comunistas caían por todas partes y algunos observadores de los Estados Unidos apostaban incluso al momento en que tendría lugar la caída de Fidel Castro, el ritmo del cambio político en Cuba seguía siendo lento, a pesar de algunas innovaciones. Sólo en Cuba y en Asia oriental han sobrevivido regímenes comunistas, y sólo Cuba y Corea del Norte han tratado de conservar casi intactas sus estructuras políticas. Sin embargo, a fin de adaptarse al mundo nuevo, La Habana realizó algunos cambios importantes en su política económica exterior.

Pero antes de describir tales cambios, convendrá señalar algunas continuidades importantes: en general, han continuado las exportaciones de Cuba a sus anteriores socios comerciales de economía de mercado, aunque sus exportaciones a antiguos socios comunistas se derrumbaron. Usaré 1988 como año de referencia (el año anterior al colapso de los regímenes comunistas de Europa oriental) y me centraré en los países a los que exportaba Cuba no menos de 50 millones de dólares, o en aquellos de los que Cuba importaba esa cantidad por lo menos. Entre 1988 y 1991, las exportaciones cubanas a Holanda, España y Japón aumentaron, y las de Canadá se duplicaron; las exportaciones destinadas a Francia e Italia bajaron ligeramente, y las destinadas a Alemania bajaron marcadamente. Tomadas en conjunto, las exportaciones cubanas a estos países aumentaron ligeramente. Del lado de las importaciones ocurrió lo mismo. Las importaciones provenientes de Francia, Holanda y el Reino Unido bajaron ligeramente, y las importaciones provenientes de Canadá y Japón, y quizá también de Alemania, bajaron drásticamente.[7] Por otra parte, aumentaron sustancialmente las importaciones provenientes de Italia, España, México y Brasil, y se mantuvieron firmes los acuerdos cubano-soviéticos para intercambios de petróleo a través de Venezuela. En conjunto, las importaciones cubanas provenientes de estos países de economía de mercado probablemente aumentaron también en forma ligera.[8]

Por lo tanto, a principios de los años noventa no se vio muy afectada la capacidad de Cuba para comerciar con países distintos de los que alguna vez estuvieron gobernados por regímenes comunistas. Resulta intere-

---

[7] En 1991, la antigua Alemania Oriental y Alemania Occidental reportaron como un solo país. Es indudable que las importaciones provenientes de Alemania Oriental habían bajado. Por otra parte, las importaciones provenientes de Alemania Occidental habían aumentado cada año desde 1986 hasta 1990. CIA, *Cuba: Handbook of Trade Statistics* (U), pp. 4-5.

[8] *Ibid.*, pp. 4-7.

sante observar que los patrones del comercio exterior cubano empezaron a parecer "más normales" para un país caribeño: después de todo, la mayoría de los países caribeños no comercian mucho con Rumania, pero sí comercian con Canadá. La declinación del comercio de Cuba con los países comunistas le ha dado un perfil de socios comerciales más parecido al de sus vecinos caribeños, con la excepción obvia pero importante de que Cuba tiene muy escaso comercio con los Estados Unidos.

En mayo de 1990, en la playa de Varadero, el presidente Fidel Castro inauguró dos nuevos hoteles: "[Por] primera vez durante la Revolución... hemos iniciado un proyecto con... capitalistas extranjeros. Es toda una experiencia". Era clara la razón de su entusiasmo; la única novedad era que había necesitado 30 años para concluir que "no sabemos cómo administrar un hotel, cómo manejar el turismo y... cómo ganar dinero con el turismo".[9] En efecto, el número de los turistas extranjeros que estaba recibiendo Cuba había aumentado cada año durante el decenio de 1980, de cerca de 100 000 en 1980 a poco más de 200 000 en 1987, 270 000 en 1989 y 380 000 en 1991. En este último año, el ingreso bruto proveniente del turismo ascendió a cerca de 400 millones de dólares.[10]

La promoción del gobierno cubano a la industria turística por medio de empresas conjuntas con compañías extranjeras era un doble cambio de rostro: la bienvenida al turismo y la bienvenida a la inversión extranjera privada. Poco después de la victoria revolucionaria en 1959, La Habana volteó conscientemente la espalda a muchos aspectos de la industria turística que describía como repulsivos e inaceptables, incluyendo el juego relacionado con el crimen organizado, la prostitución y una mentalidad servil. Por lo tanto, resultaba sorprendente la decisión de buscar la salvación económica del país en el sector del turismo durante los años ochenta. Y aunque no existe ahora ningún papel para el crimen organizado ni se legaliza el juego, han retornado algunos aspectos del turismo que antes le parecieron perturbadores al gobierno. La prostitución, por ejemplo, ha reaparecido. Resulta interesante advertir que el gobierno cubano decidió permitir que un equipo de la revista *Playboy* entrara a Cuba; incluso algunos funcionarios gubernamentales identificaron y persuadieron a algunas mujeres cubanas para que posaran desnudas para esa revista.[11] Esta nueva versión de la planeación central representa todo un cambio en relación con la pelea de guerras heroicas.

[9] *Granma Weekly Review,* 27 de mayo de 1990, p. 2.

[10] Comité Estatal de Estadísticas, *Anuario estadístico de Cuba, 1989,* La Habana, Gobierno de Cuba, 1990, p. 397; presentación del economista cubano José Luis Rodríguez, subdirector del Centro de Investigaciones de la Economía Mundial, Centro Wilson, Washington, 29 de abril de 1992.

[11] Jeff Cohen, "Cuba Libre", *Playboy,* marzo de 1991, pp. 69-74, 157-158.

A fin de mitigar algunos de los posibles efectos adversos del desarrollo turístico, La Habana ha tratado de crear enclaves turísticos y de limitar el contacto entre cubanos y extranjeros. Sin embargo, como se hizo evidente especialmente en mayo de 1992, durante las discusiones del Sexto Congreso de la Unión de la Juventud Comunista, algunos jóvenes han seguido lo que el Informe al Congreso llamó un "comportamiento poco apropiado" (por ejemplo, "mercados negros" de dinero y productos, prostitución, etcétera). Más preocupante era el hecho de que incluso algunos miembros del Partido Comunista incurrieron en tal comportamiento. Las barreras que impedían el contacto con extranjeros y turistas resultaron permeables. Igualmente problemático para los líderes del régimen era el descontento público con los acuerdos que discriminaban a los cubanos dentro del sector turístico: los cubanos no podían disfrutar de ciertas instalaciones y servicios, a menos que los invitara un extranjero.[12]

El régimen estaba arriesgando su sustento político al tratar de resolver algunos de sus problemas económicos. Como dijera Carlos Lage, miembro del Directorio Político: "Algunas personas se enojan y se molestan cuando deben afrontar la necesidad que tiene el país de conceder prioridad a los servicios turísticos para extranjeros". Sin embargo, en aras de la obtención de moneda extranjera y de la creación de empleos dentro del país, Lage argüía que Cuba debía aceptar el "costo social y político" del turismo.[13]

El segundo cambio importante fue la bienvenida otorgada a la inversión privada extranjera directa. En octubre de 1991, el presidente Castro explicó al Cuarto Congreso del Partido Comunista que su motivación era enteramente "pragmática", y añadió: "¡Ojalá que todos los hoteles fueran nuestros! ¿Pero de dónde sacaríamos el dinero?" Insistió Castro en que no pretendía cambiar todo el marco de economía política de la planeación central ni la propiedad de los medios de producción. Pero en efecto ese mismo discurso ponía de relieve la magnitud del cambio de la política.

A fines de 1991, el gobierno cubano recibía con beneplácito la inversión extranjera en casi todos los sectores de la economía, no sólo en el turismo, siempre que Cuba pudiera ganar monedas duras. La inversión extranjera se recibía ahora con los brazos abiertos en la agricultura y la industria, y aun en la perforación petrolera en alta mar con contratos de riesgo. El presidente Castro indicó que la empresa conjunta típica se dividía en 50-50, pero dijo que su gobierno estaba dispuesto a permitir más del 50% de la propiedad de un proyecto. A fin de atraer capital extranjero, señaló Castro que el total de la inversión podría recuperarse en cerca de tres años, lo que era una tasa de rentabilidad muy elevada, aunque los inver-

[12] *Juventud Rebelde,* 22 de marzo de 1992, p. 5.
[13] *U. S.* FBIS *Daily Report, Latin America,* 19 de noviembre de 1992, p. 2.

sionistas correrían sin duda un alto riesgo político por la acción hostil de los Estados Unidos.[14] Para un régimen comunista fundado en parte sobre la expropiación de la propiedad extranjera, ésta era una significativa innovación política.

A principios de 1992, el economista cubano José Luis Rodríguez estimó que estaban en operación cerca de 60 proyectos de inversión extranjera privada, la mitad de ellos en el turismo y el resto en algunos otros sectores. El valor total de las inversiones ascendía a 400 o 500 millones de dólares (con exclusión de una posible inversión canadiense en un proyecto de níquel).[15] Así como iban las cosas en el turismo, se desenvolvían más generalmente en todo el campo de la inversión privada extranjera. Pero algunos cubanos llegaron a pensar que el régimen estaba "vendiendo al país".[16]

El efecto neto de estos cambios de la política aplicable al turismo y a la inversión extranjera privada ha sido, de nuevo, que la política exterior de Cuba se parece ahora mucho más a la de cualquier país caribeño. La mayoría de tales países no envían soldados a pelear en el Ogaden ni despachan asesores militares a Brazavil, pero en cambio reclutan empresas multinacionales para que administren sus hoteles y promuevan la exportación de productos industriales, agrícolas y minerales. La nueva estrategia de desarrollo económico de Cuba no es insólita para un régimen socialista; puede hacer que el régimen actual sea capaz de sobrevivir, o podría ser el embrión de un régimen cuya política se aplicara con mayor energía.

El siguiente paso en la conversión de Cuba en un país caribeño "normal" ha sido el proceso de la retirada militar soviética de la isla. En el verano de 1991, el presidente soviético Mijaíl Gorbachov anunció unilateralmente la retirada de Cuba del personal militar soviético. Las negociaciones se llevaron un año. Al principio, Cuba objetaba que no había sido consultada sobre el retiro de tropas, e indicaba que sólo una retirada simultánea estadunidense de la base naval de Guantánamo justificaría plenamente la repatriación de las tropas rusas; al final, sin embargo, tales objeciones fueron descartadas. En septiembre de 1992, Rusia y Cuba convinieron en que todas las tropas soviéticas restantes se retirarían hacia mediados de 1993.

Sin embargo, a pesar de todos estos adelantos, Cuba no es todavía un país caribeño verdaderamente normal. Esto es así por varias razones, entre las que destacan dos: las relaciones residuales con Rusia y la naturaleza de las relaciones estadunidense-cubanas. El acuerdo ruso-cubano

---

[14] *Bohemia,* 25 de octubre de 1991, pp. 37-38.
[15] Conversación con José Luis Rodríguez, 27 de abril de 1992.
[16] *Juventud Rebelde,* p. 5.

sobre los retiros de las tropas rompió un atascamiento de las negociaciones, lo que también coincidió con el fortalecimiento de los aliados políticos de Cuba dentro de la propia Rusia. Los dos países continuaron las negociaciones, y partes de éstas se hicieron públicas en octubre de 1993, en busca de un nuevo acuerdo comercial basado ostensiblemente en el argumento de que ambos países tienen en común muchos intereses económicos luego de 30 años de íntima colaboración. Cuba reanudaría sus exportaciones de azúcar, níquel y cítricos a Rusia, a los precios prevalecientes en el mercado (por oposición a los precios subsidiados que alguna vez constituyeron un elemento central de las relaciones cubano-soviéticas).[17]

Más notablemente, Rusia anunció que, para su defensa nacional, conservaría sus instalaciones militares en la Bahía de Cienfuegos y su base de espionaje electrónico en Lourdes. Rusia y Cuba también iniciaron detalladas negociaciones para completar la construcción de las instalaciones de energía nuclear de Cuba, también en Cienfuegos. (En diciembre de 1992, la Russian International Airlines, sucesora de Aeroflot, anunció que reanudaría sus vuelos a La Habana y a Managua, y que La Habana sería su base de operaciones en América Latina.) Aunque el documento de posiciones del gobierno ruso hacía hincapié en la "normalidad" de las relaciones que proponía con Cuba, asemejándolas a las de muchos países de Europa occidental, ninguno de estos últimos tiene instalaciones militares o de espionaje en Cuba. Mientras permanezcan tales instalaciones, la relación ruso-cubana hará todavía que Cuba sea considerablemente diferente de sus vecinos caribeños.

Por esas y otras razones, las relaciones estadunidenses-cubanas siguen siendo muy hostiles. A principios de los años noventa, la retórica de la política estadunidense hacia Cuba volvió a su origen: la naturaleza misma del régimen político de Cuba era inaceptable. La dificultad principal era cómo implantar esa política. En 1992, la principal innovación de la política estadunidense hacia Cuba fue la adopción de la llamada Ley de la Democracia Cubana, patrocinada por el diputado Robert Torricelli y firmada por el presidente George Bush. La ley imponía castigos a las empresas estadunidenses cuyas subsidiarias en terceros países comerciaran con Cuba.

Para el gobierno cubano, la Ley Torricelli era una fortuna. Ante su pueblo y el mundo entero, La Habana podía presentar la ley como una demostración palpable de que los Estados Unidos eran verdaderamente un enemigo. La mayor parte del comercio que se eliminaría estaba en el

---

[17] Véase una perspectiva rusa sobre estas negociaciones, interesante y bien informada, en el capítulo de este volumen escrito por Sergo Mikoyan.

sector de alimentos, de modo que el gobierno cubano podría describir a los Estados Unidos como un hambreador. Sin embargo, dado que Cuba podría comprar los mismos productos a otras compañías, el efecto neto sobre el consumo cubano sería insignificante.

El principal resultado de la ley fue la protesta de los socios comerciales de los Estados Unidos por esta extensión extraterritorial de la legislación estadunidense. La mayoría de estas protestas se hacían bilateralmente. Además, el 24 de noviembre de 1992 la Asamblea General de las Naciones Unidas aprobó una resolución introducida por el gobierno cubano, con el título de "La necesidad de terminar el bloqueo económico, comercial y financiero de los Estados Unidos en contra de Cuba". La resolución expresaba una preocupación por leyes y reglamentos cuyas consecuencias extraterritoriales afectan la soberanía de otros Estados, y llamaba a los países miembros a no cooperar con las políticas estadunidenses hacia Cuba. Se aprobó por 53 votos a favor, tres votos en contra y 71 abstenciones. Sólo Israel y Rumania se unieron a los Estados Unidos. Rusia y todos los miembros de la Comunidad Europea, con dos excepciones, se abstuvieron; Francia y España votaron a favor, al igual que Canadá, China y todos los países grandes de América Latina, con la excepción de Argentina y Perú, que también se abstuvieron.

Esta victoria internacional recuerda el apoyo continuo otorgado al gobierno cubano por gran parte de la comunidad internacional, sobre todo los países del movimiento de no alineados (que en alguna ocasión presidió Cuba) y los de América Latina. Pone de relieve la habilidad demostrada por los diplomáticos de La Habana, una y otra vez, en los foros internacionales. Pero es probable que no hubiera podido ocurrir sin la ayuda de Washington.

La principal respuesta del gobierno cubano a los Estados Unidos consiste en resistirse a Washington y a todas las demandas que pueda formular. Aunada a esta concepción insistente y a menudo reiterada se encuentra la afirmación de que Cuba está dispuesta a discutir todos los asuntos con los Estados Unidos sobre la base de la igualdad soberana, lo que significaría el abandono inmediato de las políticas estadunidenses de embargo económico. Sin embargo, el gobierno cubano no dice lo que estaría dispuesto a hacer para complacer a los Estados Unidos. El presidente Castro ha afirmado que Cuba no debería ceder ni una pulgada porque el gobierno estadunidense simplemente aumentaría sus demandas; esta observación sugeriría que el gobierno cubano espera que Washington haga cambios unilaterales en sus políticas hacia Cuba.

Los líderes de La Habana podrían argüir razonablemente que todos los asuntos importantes en disputa entre los Estados Unidos y Cuba —menos uno— se han arreglado a satisfacción de Washington. Ya no hay tropas cubanas en Angola ni en Etiopía; en Nicaragua sólo hay algunos civiles cubanos (personal sanitario). La guerra civil salvadoreña ha terminado, y subsiste el régimen apoyado por los Estados Unidos. Se ha reducido a una insignificancia el apoyo cubano a las insurgencias. El acuerdo ruso-cubano es una sombra de la antigua alianza cubano-soviética. Y las condiciones de Cuba para la inversión extranjera privada son muy aceptables para muchas empresas.

Así pues, sólo la naturaleza misma del régimen cubano sigue siendo un problema. El presidente Castro ha afirmado repetidamente su disposición a morir peleando antes que rendirse —así se quede solo, siempre desafiante— ahora, igual que en los decenios anteriores, como sostiene que lo han hecho los cubanos a través de los siglos, al hacer frente a los imperios extranjeros. La dificultad del actual estancamiento estadunidense-cubano es que se trata justamente de eso: un estancamiento que impide a ambas partes alcanzar sus metas.

RESPUESTAS POLÍTICAS

Para Cuba, una estrategia de supervivencia y resistencia podría fortalecer el espíritu y preservar la dignidad nacional, pero seguramente promete un futuro sombrío si no puede acompañarse de grandes cambios en la política y la economía nacionales. La mera resistencia no ofrece más esperanza que la de las lágrimas, el sudor y quizá la sangre. Las perspectivas del turismo y otras actividades económicas en las que el gobierno cubano cifra sus esperanzas parecen magras si no mejoran las relaciones estadunidense-cubanas, eliminando así los obstáculos que tal hostilidad impone a la colaboración económica o al reingreso de Cuba a la economía mundial.

El espacio político internacional de Cuba seguirá siendo muy estrecho en el futuro previsible. Los principales gobiernos latinoamericanos, constituidos como el Grupo de Río, desde 1991 han tratado de proteger la soberanía cubana, pero también de empujar a La Habana hacia reformas políticas internas. Sus relaciones con tales países latinoamericanos no mejorarán mucho si no hay en Cuba una mayor apertura política. Y aunque las relaciones comerciales de Cuba con los países europeos, Canadá y Japón podrían permanecer en los niveles de principios de los años noventa, eso no sacaría a la nación de su estancamiento económico o de su aislamiento internacional.

Las relaciones políticas y económicas de Cuba con China han mejorado mucho. Las relaciones sino-cubanas se habían enfriado a mediados de los años sesenta, en parte por razones bilaterales y en parte porque La Habana se alineó con el gobierno soviético en medio de las disputas sino-soviéticas de esos años. A finales de los años setenta, Cuba se opuso también al viraje de China hacia las políticas económicas basadas en el mercado. Al avanzar los años ochenta, mejoraron de nuevo las relaciones sino-cubanas, sobre todo a medida que se fortalecía la perestroika de Gorbachov; Cuba llegó a ver a China como el régimen comunista más sólido en lo político.[18]

Las exportaciones cubanas a China y las importaciones cubanas provenientes de China se multiplicaron por 2.5 entre 1987 y 1989, cuando, por cualquiera de esas medidas, China se había convertido en el tercer socio comercial más importante de Cuba (después de la URSS y de Alemania Oriental). En 1991, las exportaciones de Cuba a China habían bajado ligeramente, pero China se había convertido en el mercado de exportación más importante para Cuba, después de la federación rusa; al mismo tiempo, las importaciones de Cuba provenientes de China habían aumentado un poco, llegando a ocupar el tercer lugar después de Rusia y España. Sin embargo, China no deseaba ni podía subsidiar a la economía cubana ni desea enfrentarse a los Estados Unidos a causa de Cuba. El comercio sino-cubano se realiza a precios de mercado.[19] A fines de 1992, Carlos Lage, miembro del Directorio Político, citó públicamente a China como el otro país cuya "experiencia" buscan los líderes cubanos "para estudiar, analizar y tener... en mente".[20]

Para los líderes de La Habana, la mayoría de los cambios ocurridos en los sistemas políticos y económicos internacionales desde el final de la Guerra Fría han sido adversos. Ha disminuido la capacidad de Cuba para proyectar poder en el mundo, para resistir a los Estados Unidos y para mejorar el nivel de vida de sus habitantes. Se han reducido en gran parte sus oportunidades para ejercer una influencia internacional, a medida que terminan los conflictos de las superpotencias y las guerras civiles se convierten en la paz civil. En la época de la Guerra Fría, la influencia pertenecía a quienes tenían los cañones y el valor; en los años noventa, la influencia pertenece a quienes tienen el dinamismo económico. En consecuencia, a principios de los años noventa se enfrentaba Cuba a un gobierno estadunidense envalentonado y más hostil. Además, el colapso de los regímenes comunistas y la evolución de la política en América Latina promovieron la convicción ampliamente compartida de que la de-

[18] Véase una perspectiva recíproca, donde se destaca el interés de China en sus relaciones con Cuba, en el capítulo de este volumen escrito por Feng Xu.

[19] Gladys Hernández, "Las relaciones comerciales entre Cuba y China 1960-1990: evolución preliminar", Boletín de información sobre economía cubana, 1, núm. 4, abril de 1992, pp. 2-9; Anuario estadístico de Cuba, 1989, pp. 253, 255, 257, 259; CIA, Cuba: Handbook of Trade Statistics (U).

[20] U. S. FBIS Daily Report, Latin America, p. 3.

mocracia plural es la forma preferida para la organización de la política interna: incluso América Latina estaba cuestionando la legitimidad misma del régimen político cubano.

Ante esas tendencias adversas, los líderes cubanos respondieron con una sorprendente disposición para alterar sus políticas económicas externas, pero también con una resistencia virtualmente total a cambiar la organización interna de la política. Aunque repatriaron sus tropas y despidieron a los rusos y a otros antiguos soviéticos, a principios de los años noventa también trataron de aplastar a los pequeños grupos de derechos humanos y de oposición que habían operado con algunas libertades limitadas. El perfil económico exterior de Cuba empezó a parecerse más al de los países caribeños, pero su política empezó de nuevo a incluir protestas acerca del turismo y la venta del país.

Curiosamente, la perspectiva de que los líderes de La Habana pudieran ajustarse para convertirse simplemente en los gobernantes de un país caribeño podría sorprender a algunos observadores que han venido escribiendo acerca del futuro de Cuba. Para Susan Kaufman Purcell, por ejemplo, la única situación hipotética plausible es el colapso, no el ajuste, aunque el ajuste (así sea doloroso) haya sido el patrón de Cuba durante los últimos años.[21] Para Edward González y David Ronfeldt, la única circunstancia en la que prevén la supervivencia del régimen cubano actual es un enfrentamiento con los Estados Unidos, aunque las acciones recientes de La Habana hayan eliminado la mayoría de las razones de tales confrontaciones.[22] Pero la experiencia histórica reciente sugiere, por el contrario, que el régimen cubano podría continuar existiendo y, desde la perspectiva de las relaciones internacionales, incluso podría volverse un poco aburrido.

Privada de sus aliados más cercanos, que literalmente desaparecieron, y abrumada por una economía poco competitiva internacionalmente, Cuba enfrenta un futuro sombrío en su casa. Y esta situación persistirá independientemente de todos los cambios que puedan darse en su política interna. Han desaparecido las circunstancias estructurales internacionales que alguna vez trajeron recursos a Cuba, y no es probable que sean sustituidas en la misma escala ahora que ha terminado la competencia entre las superpotencias.

Si el gobierno cubano no desea hacer cambios más allá de los pocos que ya ha realizado, las posibles situaciones futuras son muy reducidas. El régimen ha adaptado sus políticas económicas hasta el punto de que

[21] Susan Kaufman Purcell, "Collapsing Cuba", *Foreign Affairs,* 71, núm. 1, 1992, pp. 130-145.
[22] Edward González y David Ronfeldt, *Cuba Adrift in a Post-Communist World,* informe núm. R-4231-USDP, Santa Mónica, Rand Corporation, 1992, cap. 5.

podría sobrevivir; en efecto, el régimen cubano ha sido ya más resistente que el de sus antiguos aliados comunistas en la Unión Soviética y en Europa oriental. Pero no es probable que esta estrategia haga que el país retorne a una ruta de crecimiento económico. Más bien, es probable que vuelvan los niveles de vida en extremo austeros, junto con la erosión de los avances logrados en la política social durante los últimos tres decenios.

Si el gobierno cubano desea un futuro mejor para su pueblo, deberá asumir algunos riesgos calculados. El comportamiento audaz nunca ha sido ajeno a los líderes cubanos, de modo que la siguiente no es una estrategia impensable: confiado en que conserva el apoyo de la mayoría de los cubanos (o por lo menos en que tiene más apoyo que cualquier gobierno alternativo), el régimen del presidente Castro decide abrir la política interna y liberar más aún los mercados internos. La apertura de los mercados internos podría asemejarse a la ocurrida en la República Popular China. La apertura de la política interna podría empezar primordialmente en los confines de la constitución existente, siempre que las leyes electorales se liberalizaran para facilitar el derecho de la oposición a aspirar a cargos públicos y retar en forma abierta y legal el poder del Partido Comunista. Las circunstancias internacionales de Cuba tenderán a mejorar en la medida en que ocurran estos cambios en la política interna.

En realidad, tan reducida apertura política no satisfaría a los oponentes internos e internacionales del régimen, pero el gobierno cubano habría transformado los términos del debate: un debate que a principios de los años noventa estaba perdiendo claramente en el mundo porque se percibía a los líderes cubanos como recalcitrantes, rígidos y fuera de la realidad. Por supuesto, el riesgo sería que tal apertura marcara el inicio del fin para el régimen. La asunción del riesgo requeriría la confianza de que el régimen conserva todavía el apoyo de una clara mayoría de cubanos: una confianza que podría resultar errada. Por lo tanto, ésta no sería una elección fácil para el gobierno cubano, pero es la única que ofrece siquiera una posibilidad de un futuro mejor en el régimen actual.[23]

Si se sustituyera a los líderes actuales de Cuba, cambiaría indudablemente la naturaleza de sus relaciones con los Estados Unidos; también sería probable la destrucción de todas las instalaciones militares y de espionaje rusas. Sin embargo, importantes elementos de las relaciones internacionales de Cuba subsistirían en gran medida como han permanecido con Castro. La economía del país estaría todavía en quiebra, y

---

[23] Véase una evaluación meticulosa de las duras elecciones enfrentadas por los líderes cubanos en Manuel Pastor Jr., "External Shocks and Adjustement in Contemporary Cuba", ensayo de trabajo, International and Public Affairs, Occidental College, Los Ángeles, 1992.

sus exportaciones serían generalmente poco competitivas y muy dependientes del azúcar. Y no son buenas las perspectivas de una ayuda estadunidense importante para una Cuba no comunista. Es probable que los Estados Unidos tengan un gran déficit presupuestario durante los años noventa, lo que impedirá que comprometan vastas sumas públicas para Cuba. A principios de los años noventa, los Estados Unidos no se distinguían mucho por su apoyo económico a los países que habían sustituido gobiernos que, en los años ochenta, los Estados Unidos habían tratado de derrocar (como el de Nicaragua) o derrocaron (como el de Panamá). No es probable que el gobierno de los Estados Unidos cancele sus políticas proteccionistas internas para permitir que Cuba exporte azúcar a los Estados Unidos; en los años ochenta había endurecido su protección de la industria azucarera nacional a expensas de los exportadores de azúcar caribeños y centroamericanos. Rusia y varios antiguos países comunistas seguirían siendo así los principales mercados de exportación del azúcar cubano.

En una situación hipotética de sustitución completa, el nuevo gobierno cubano aceleraría la búsqueda de inversión extranjera privada, continuando y reforzando las políticas del gobierno de Castro a principios de los años noventa. Cuba expandiría su sector turístico también. Huyendo de las penurias económicas, muchos cubanos tratarían de emigrar a los Estados Unidos, así como lo hacen ahora sus vecinos de otros países caribeños. Estos cubanos se considerarían como emigrantes económicos, ya no como refugiados políticos, y aunque esto no impediría su emigración —así como las barreras estadunidenses no han detenido a los dominicanos—, los nuevos emigrantes cubanos potenciales serían en general ilegales.

Además, Cuba se encuentra al lado de muchas de las rutas del narcotráfico que parten del norte de Sudamérica. Algunos de los empresarios recién liberados de Cuba, y quizá algunos de sus funcionarios públicos mal pagados, podrían colaborar con los narcotraficantes, lo que añadiría otra dimensión a la caribeanización de Cuba: este país plantearía un nuevo problema a la lucha estadunidense contra el narcotráfico. Si el nuevo régimen de Cuba colaborara con los Estados Unidos reprimiendo la emigración y el narcotráfico, en efecto estaría retornando a las políticas del gobierno de Castro: la única diferencia es que la colaboración de Castro con los Estados Unidos sobre estas cuestiones era en su mayor parte implícita, y se rompía de tiempo en tiempo.

Lo importante, por supuesto, es que ahora, más que en cualquier momento de los últimos 30 años, el margen de maniobra de Cuba en el sistema internacional restructurado ha llegado a definirse por su ubicación inalterable en el mapa y por el debilitamiento de su economía. El actual régimen político de Cuba ha empezado a adaptarse a estas circunstancias; un posible régimen sucesor se encontraría con restricciones y oportunidades semejantes. Todo gobierno futuro necesitaría construir sobre la política exterior que el gobierno de Castro formuló y empezó a implantar a principios de los años noventa, es decir, el retorno de Cuba al Caribe. Independientemente de su liderazgo o ideología prevaleciente, esta nación estará indudablemente limitada por su geografía y por las cargas de su historia reciente.

A largo plazo, las perspectivas de Cuba podrían ser mejores. La normalización de sus políticas económicas exteriores se basa en algunas de las ventajas comparativas de la nación en ciertas formas que cualquier gobierno cubano podría desarrollar. En última instancia, el recurso principal de Cuba son sus habitantes. Los cubanos siguen siendo un pueblo bien educado, saludable, extraordinariamente ingenioso en circunstancias muy adversas dentro y fuera del país, dotado de una experiencia internacional amplia y variada. Pero si el gobierno de Castro busca un futuro más brillante para Cuba —un futuro menos marcado por la miseria e incluso la violencia—, tendrá que liberar las energías del pueblo en aras del crecimiento económico, revisar la naturaleza de la política interna de la nación y restructurar las relaciones con sus vecinos de América. Si los líderes actuales carecen del valor y la imaginación necesarios para hacer grandes cambios, los cubanos pasarán tiempos muy difíciles en los años noventa.

XII. FRENTE A UN MUNDO NUEVO: LAS RESPUESTAS POLÍTICAS DE AMÉRICA LATINA

UNA REVISIÓN DEL MUNDO NUEVO

José Octavio Bordón

DESDE la caída del Muro de Berlín en noviembre de 1989, hasta el triunfo de las fuerzas aliadas sobre Irak a principios de 1991, un sentimiento de euforia se apoderó de Occidente, incluso de los países sureños de América Latina. Las frases grandiosas sobre el "final de la historia", el "nuevo orden mundial" y "una Europa unida" dieron paso en el hemisferio occidental a un optimismo ardiente acerca de la consolidación de la democracia y el inicio de un nuevo auge económico basado en las reformas neoliberales. En este ambiente vivaz, el presidente George Bush lanzó su sorprendente y atractiva Iniciativa de Empresa para las Américas. Durante breve tiempo, parecía posible imaginar a la democracia, libre comercio y prosperidad creciente por todas las Américas en un mundo nuevo y en paz.

Este optimismo desbordado resultaba entendible después de tantos años de frustración de la Guerra Fría y luego del devastador "decenio perdido" por el estancamiento económico en América Latina. Pero el entusiasmo positivo se debía también a una flojera intelectual y política, a un poco de buenos deseos, y al mal hábito de aceptar clichés ideológicos sin confrontar las realidades pragmáticas.

Con el paso del tiempo y contando con una perspectiva más amplia, ahora es evidente que no hay ningún orden mundial nuevo, sino un desorden confuso y violento; que la unidad europea se encuentra todavía muy lejana; que la economía mundial se está estancando; que los Estados Unidos, siendo la única "superpotencia" sobreviviente, ha visto reducido su poder por graves problemas internos; que la democracia latinoamericana es muy dispareja, frágil e incompleta; que el "consenso de Washington" sobre la economía de libre mercado y un reducido papel para el Estado no tenderá a aliviar la miseria extrema; que las relaciones estadunidense-latinoamericanas continuarán incluyendo grandes conflictos y tensiones: en suma, que esta historia está lejos de haber concluido.

Todavía no está nada claro cuál será el futuro de América Latina: si se volverá más injusta, represiva y dividida, o si construirá una sociedad civil más fuerte, con mayor equidad y solidaridad social. Tampoco está nada claro cómo evolucionarán los Estados Unidos: si el levantamiento de Los Ángeles es un precursor de otros movimientos violentos o más bien una llamada de alarma oportuna que conducirá a reformas efectivas.

Es en este mundo nuevo tan incierto e inseguro que algunos países, como Argentina, deberán elaborar sus políticas, internas e internacionales. No es este el lugar adecuado para una discusión a fondo de este tema, pero desde una perspectiva argentina yo trataría de establecer una nueva era de cooperación con los Estados Unidos, basada en la apreciación y el cuidado de los intereses y las prioridades comunes.

Tanto los Estados Unidos como América Latina necesitan ahora corregir las injusticias y reducir la pobreza. Ambas regiones necesitan fortalecer la educación y mejorar las habilidades de sus trabajadores. Ambas necesitan hacer frente a los peligros ambientales, salvaguardar la salud pública y controlar el peligro de los narcóticos. Ambas necesitan fortalecer el gobierno democrático, reducir el gasto y la influencia militares, y resistirse al nacionalismo y al racismo. Sobre todo, América Latina y los Estados Unidos necesitan luchar contra el proteccionismo y la autoindulgencia, y mejorar la competitividad en una economía mundial abierta.

A causa de estos desafíos compartidos, hay lugar para una cooperación mucho mayor que en el pasado entre América Latina y los Estados Unidos. Pero esto ocurrirá sólo si todos los americanos, los del Norte y los del Sur, abordan la agenda social, económica y política con sistemas abiertos, participativos, solidarios y cooperativos.

Ésta es la esperanza de hoy, y es una esperanza razonable a la que me aferro personalmente como líder político. Pero debemos entender que este futuro positivo podría echarse a perder por los impulsos miopes y egoístas: por el nacionalismo, el racismo, el sentimiento antinmigrante, las políticas económicas internacionales agresivas y los enfoques internos amañados.

La dirección que tomen las relaciones interamericanas en los años noventa dependerá tanto de América Latina como de los Estados Unidos, así como de su capacidad para ascender hasta el nivel requerido por las nuevas circunstancias internacionales ilustradas por este libro. Los intercambios de ideas e informaciones, como los que promueve Diálogo Interamericano, pueden hacer una contribución positiva, ayudando a forjar la visión y la voluntad necesarias.

AMÉRICA LATINA: DECLINACIÓN Y RESPONSABILIDAD

Osvaldo Hurtado

Por todos lados vemos cambios extraordinarios en el mundo: la terminación de la Guerra Fría y las posibilidades de la paz a pesar de los enfrentamientos desatados por el nacionalismo, el colapso de la Unión Soviética y el desvanecimiento del conflicto ideológico, así como el surgimiento de nuevos problemas, como los de la migración o el ambiente. En estas circunstancias, han perdido sentido los conceptos del Tercer Mundo o de los países no alineados.

En términos económicos, las tendencias que vemos son paradójicas. Por una parte, el capital no sabe nada de la nacionalidad, y las naciones del mundo se están volviendo cada día más interdependientes. Por otra parte, sin embargo, el mundo parece estarse organizando en grandes bloques económicos regionales: en Europa, Asia oriental y Norteamérica. Aunque los Estados Unidos son ahora una potencia económica menos dominante que antes, seguirán desempeñando el papel principal en América Latina.

La realidad de la economía y de otras cuestiones de interés mutuo —desde la migración hasta el narcotráfico y el ambiente— impulsará a los Estados Unidos y a América Latina a tratar de encontrar un terreno común. Los Estados Unidos no podrán responder al desafío planteado por Europa y Japón si no forman una unidad económica más grande, un proceso iniciado ya con el TLC que unirá a los Estados Unidos con Canadá y México. También podría ocurrir que la turbulencia en las antiguas tierras socialistas de Europa oriental y la Unión Soviética limitara su promesa económica y así desviara de nuevo la atención del comercio mundial hacia América Latina.

Si continúan empobreciéndose las clases populares y medias de América Latina, emigrarán en gran número a los Estados Unidos en busca de empleo. Dadas las tasas de natalidad actuales, los hispanos de los Estados Unidos serán entonces el segundo grupo étnico más grande para el siglo próximo, un hecho que seguramente tendrá alguna influencia sobre las políticas estadunidenses.

De igual modo, a medida que la ecología asciende en la agenda internacional, América Latina podría adquirir algún poder de negociación por el hecho de poseer las mayores reservas mundiales de bosques tropicales. Y en la medida en que la tragedia del narcotráfico pueda atacarse mediante la reducción de los abastos —además de restringir la demanda—, los Estados de América Latina son socios necesarios.

Además, al confrontar estas realidades nuevas, América Latina se encuentra menos atascada en el antiguo modelo de confrontación o subordinación en sus relaciones con los Estados Unidos. Las dos mitades del hemisferio están avanzando hacia enfoques más constructivos, menos hostiles, creando así oportunidades para el beneficio mutuo.

LA CRISIS REGIONAL

Ésta es la perspectiva positiva. Su realización requerirá la superación de las crisis —de la economía, del Estado y del gobierno— de los años ochenta. Requerirá que los latinoamericanos asuman la responsabilidad de su futuro.

Las dimensiones de la crisis económica que ha atrapado al continente durante un decenio son bien conocidas, de modo que no necesitamos repetirlas aquí. Mientras los años sesenta y setenta vieron crecer a la economía de la región, la deuda, el estancamiento y la inflación del último decenio dejaron al área en conjunto en la misma situación de finales de los setenta; y en Perú, Argentina y Bolivia fue mayor aún la caída.

Todos los países de la región han debido poner sus casas en orden mediante dolorosos programas de ajuste. Fuera de Colombia, Chile, México, y hasta cierto punto Argentina, ninguno de esos países ha logrado corregir todavía su desequilibrio económico ni ha empezado a mejorar los niveles de vida en general.

En el proceso se han planteado interrogantes difíciles acerca del papel del Estado, que fue el principal agente del cambio durante los decenios de crecimiento con sustitución de importaciones, orientado hacia adentro. Pero el colapso de las economías socialistas desacreditó las políticas económicas estatistas, y la crisis de la deuda privó de recursos nuevos a las naciones latinoamericanas. Más grave aún fue el hecho de que los Estados resultantes eran obesos e ineficientes, y presidían sobre industrias nacionales protegidas que eran poco competitivas en el mercado global cada vez más abierto.

Todos estos Estados de la región han debido achicarse y abrir sus economías nacionales. Pero el Estado seguirá siendo importante. "Más pequeño" no es la única respuesta al interrogante de la clase de Estado que debería surgir en América Latina. "Más eficaz" será también una característica decisiva.

En algunas partes de América Latina, presionados por la crisis económica, los Estados se han descompuesto virtualmente, perdiendo el control de grandes porciones del territorio o perdiendo su monopolio de la fuerza, aun cuando conserven ese territorio. El ejemplo más notable es el espectáculo de un Perú virtualmente ingobernable. Si los Estados latinoamericanos renuncian a su capacidad para desempeñar las funciones fundamentales de todo Estado, todavía serán menos capaces para aplicar las políticas más complejas que se requerirán en el próximo decenio: implantar y sostener políticas económicas que aseguren que los mercados permanezcan abiertos y la información fluya libremente.

Esa tarea plantea también profundos interrogantes acerca del vigor de la democracia en la región. Hasta hace poco tiempo, la democracia parecía haberse arraigado en casi todos los países latinoamericanos. A pesar de los sacrificios de la austeridad económica, más y más países se volvían hacia la democracia (o regresaban a ella), mientras que en otros se alternaba el poder pacíficamente entre los partidos políticos. Pero tales democracias se veían administrando la escasez (y quizá empeorándola), antes que estimulando el crecimiento. La ideología seguía a la ideología, sin ninguna solución para los problemas económicos.

En tales circunstancias, más visiblemente en Perú y Brasil, los votantes viraron hacia un nuevo estilo de líder, por encima o aparte de los males percibidos de los políticos profesionales. Pero también estos líderes han fracasado no sólo por la dificultad de los problemas que han afrontado, sino también por sus propias deficiencias. Estos líderes no han podido formar partidos políticos de apoyo, de modo que han carecido de mayorías parlamentarias; han carecido de experiencia y vocación democráticas, y no han podido contar con equipos de gobierno dotados de una buena preparación técnica.

Los golpes de Estado de Venezuela y Perú —el primero fracasado, el segundo exitoso— testimonian la pérdida de credibilidad de los líderes políticos y la pérdida de fe en la democracia y sus instituciones. En el proceso han quedado al descubierto las endebles raíces de la democracia en América Latina. Están ausentes los partidos políticos capaces de integrar un gobierno y de constituir en su caso una oposición responsable. Por el contrario, los partidos son efímeros, organizados alrededor de ciertas personalidades. Casi no existe la cultura de la negociación; los latinoamericanos se inclinan más a debatir y a litigar que a buscar compromisos.

La democracia no está arraigada. No basta la legitimidad legal; se requiere también la legitimidad social. Y los derechos políticos básicos son insuficientes si no se ligan a alguna promesa de mejoramiento del bienestar de los ciudadanos y sus familias.

UNA BASE PARA LA ESPERANZA

Si hay una base para la esperanza, tal es la de los prometedores signos económicos de principios de los años noventa y, más fundamentalmente, en el terreno de las ideas, la de una convergencia de ideas en la región y la de la voluntad de asumir la responsabilidad por parte de los mismos latinoamericanos.

El crecimiento económico de la región llegó a 3% en 1991, y a una cifra mayor aún en 1992. La inflación disminuyó casi en todas partes, sobre todo en la mayoría de los países donde se había vuelto crónica. La carga de la deuda disminuyó por quinto año consecutivo y, por primera vez en un decenio, América Latina dejó de ser un enviador neto de recursos al exterior. El dinero que antes se invertía en el extranjero ha estado retornando.

En realidad, esas señales esperanzadoras no son más que eso. Los éxitos se limitan a pocos países —Chile, México, Argentina y Colombia— y, aun allí, los frutos tangibles de la transformación económica son magros todavía. Ha aumentado la pobreza en la región; cerca de cuatro quintos de la población deben considerarse ahora pobres. Si aumentara el proteccionismo en el mundo industrial, o si se revirtiera la promisoria dirección de la deuda de la región (quizá mediante una drástica elevación de las tasas de interés), se disiparían los inicios prometedores.

La irregular actuación económica de América Latina ha reflejado la inestabilidad de su política. En Europa después de la segunda Guerra Mundial, o en los "cuatro tigres" de Asia más recientemente, el éxito económico se basó en la gran continuidad de la política y las políticas. En América Latina, en cambio, ha habido poco de tal continuidad.

Los grupos comunistas estuvieron siempre en minoría en América Latina (con las excepciones de Cuba y de Chile), pero las ideas marxistas inspiraron a grupos guerrilleros, organizaciones estudiantiles y sindicatos. Estos grupos cuestionaban al sistema democrático y eran críticos radicales de la economía de mercado. En el otro extremo del espectro político, si los regímenes autoritarios no eran descaradamente represivos, sus políticas paternalistas terminaban convirtiendo los dineros públicos y las instituciones públicas en benefactores de grupos particulares de la sociedad privada.

Ahora, sin embargo, la convergencia hacia la democracia y la economía de mercado es algo notable. El comunismo se derrumbó por su propio peso en la Unión Soviética y en Europa oriental, y el modelo cubano dejó de inspirar a los latinoamericanos. Los sandinistas de Nicaragua se vieron obligados a someterse a elecciones libres y limpias, y en Colombia y El

Salvador hubieron de optar las guerrillas por los procesos democráticos nacionales. La convergencia desde la derecha ha sido menos visible pero no menos importante; por su parte, los grupos de la derecha se han alejado de la política autocrática y de la economía paternalista.

Quizá sea más importante aún que los latinoamericanos hayan entendido que sus problemas son su propia responsabilidad. Durante mucho tiempo, era común que los latinoamericanos culparan a su dependencia económica y al imperialismo estadunidense de la mayoría de los problemas de la región. Pero ahora, cuando el mundo industrial ha perdido interés en América Latina, los problemas de la región no han mejorado; por el contrario, el aislamiento los ha empeorado.

Se ha puesto cada vez más en claro que los problemas de América Latina son la responsabilidad de sus líderes: políticos, empresarios, trabajadores, intelectuales y técnicos. La declinación de la región se origina en la incapacidad de los latinoamericanos para afrontar y resolver sus problemas, de modo que el camino hacia la solución deberá empezar con los esfuerzos de la propia región. Una generación nueva ha reconocido ese hecho. Lo importante ahora es que los líderes de América Latina sostengan tales esfuerzos e implanten políticas que tengan sentido en un mundo nuevo.

BRASIL EN UN MUNDO NUEVO*

CELSO LAFER

Para Brasil, como para cualquier otra nación, la discusión de su papel internacional debe partir de las realidades de un mundo en transformación constante y de los aspectos específicos de sus propios intereses y ansiedades permanentes como una nación soberana. También deberán tomarse en cuenta los elementos objetivos particulares que derivan de lo que podríamos llamar el perfil exterior del país.

El primero de tales elementos es, desde luego, la dimensión de la nación, en términos de territorio y de población, así como su política, economía y cultura. Brasil tiene un peso y una identidad indudables en el panorama mundial, similares a los de Rusia, la India o China, a pesar de las diferencias de cultura y nivel de desarrollo.

La ubicación geográfica añade naturalmente otro hecho fundamental a este análisis. En el caso de Brasil, algunos elementos de este contexto geográfico se han vuelto familiares: el gran número de vecinos y la di-

---

* Adaptado de un discurso pronunciado en la Escuela Superior de Guerra de Brasil, el 24 de agosto de 1992, publicado en *Politica Externa,* 1, núm. 3, diciembre de 1992.

versidad de foros para la acción nacional (desde el Tratado del Río de la Plata hasta la cooperación en el Amazonas, así como las organizaciones para la integración económica y política). Así pues, América Latina no es para Brasil sólo una opción diplomática, sino toda su circunstancia.

Esta circunstancia latinoamericana es más importante aún en virtud de los nuevos desafíos y las nuevas oportunidades de diálogo sobre una agenda nueva, impulsada por las entendibles preocupaciones de las sociedades acerca de su ambiente, el control del narcotráfico, la protección de las comunidades indígenas y las dislocaciones de las poblaciones. Para abordar estos temas, un principio orientador de la diplomacia latinoamericana podría ser la transformación de las fronteras de separación en fronteras de cooperación. En el caso de Brasil, las primeras no derivaron del conflicto, sino que fueron consecuencia de espacios abiertos en regiones donde la comunicación era difícil, como en la Amazonia, y donde había condiciones que podrían conducir a la tensión, como ha sucedido en el caso de los mineros.

Por su parte, la frontera de la cooperación es visible en la región del Río de la Plata, donde los intereses de Brasil se ven servidos no sólo por los tipos de infraestructura tradicionales (como los caminos, los puentes y los proyectos hidroeléctricos), sino también por la nueva dimensión de la integración económica innovadora. En este sentido, el Mercosur es el mejor ejemplo de una frontera de cooperación, una frontera que pierde gradualmente su significación primordial como línea divisoria de la soberanía para aprovechar las ventajas económicas y sociales de un mercado más amplio.

Sin embargo, el concepto de una frontera de cooperación tiene una significación mucho más amplia para Brasil. Se aplica, por ejemplo, a su frontera marítima en el Atlántico sur, la línea con sus vecinos africanos. Este interés brasileño es comparable a los de cualquier otro en sus fronteras, y por esta razón obliga a Brasil a transformar la frontera en una gran área de paz y cooperación internacional.

Esta idea de una frontera de cooperación, en un sentido más amplio, distingue el papel internacional de Brasil. Al revés de lo que ocurre en otros países, Brasil no está condicionado por influencias preponderantes como la proximidad de una superpotencia o la concentración de gran parte de su comercio exterior con un solo socio comercial. Tal es el caso de México y de Canadá, cuyas posiciones adyacentes a los Estados Unidos determinan sus opciones, por ejemplo, en la negociación del TLC. Una circunstancia similar rodea la entrada de los países ibéricos a la Comunidad Europea; estos países redefinirán sus identidades internacionales a la luz de la fuerza de la integración continental en la nueva Europa.

En este contexto, es usual invocar la noción de Brasil como una tierra de contrastes, un país que muestra los esquemas económicos y sociales del Primer Mundo y el Tercer Mundo. En efecto, la diplomacia brasileña ha podido aprovechar ambas dimensiones. La Conferencia de Río sobre el Ambiente y el Desarrollo demostró esta capacidad, en el sentido de que los brasileños estaban interesados en los aspectos centrales de la conferencia —el ambiente y el desarrollo—, pero también en los aspectos que confrontan en su vida diaria: los problemas causados por el doble rostro del problema ambiental. Por una parte, estos problemas son típicos de los países desarrollados, causados principalmente por los esquemas de la producción industrial; por otra parte, hay algunos problemas comunes a los países en desarrollo, resultantes primordialmente de la pobreza.

En síntesis, el concepto del crecimiento sostenible desarrollado en Río es la idea central de un orden mundial más justo. Podría ser la base de un contrato social internacional y una visión del futuro, ya que no abarca sólo la idea de la eficiencia en la producción de riqueza, sino también la de capacidad de sustentación del ambiente, que es decisiva para la erradicación de la pobreza. En esencia, la pobreza es una condición insostenible.

El comercio externo de Brasil es tan diverso como la sociedad y la diplomacia de la nación. Brasil exporta anualmente cerca de 32 000 millones de dólares e importa 21 000 millones, cifras que representan cerca de la quinta parte del total del comercio internacional de América Latina. El perfil del comercio exterior de Brasil se ha alejado mucho del modelo, todavía típico de la mayoría de los países en desarrollo, basado en la exportación de productos primarios. Ahora, más de 70% de las ventas externas de Brasil es de productos industriales: 54% de manufacturas y 17% de semimanufacturas.

La diversificación del comercio es particularmente evidente en el hecho de que la CE y los Estados Unidos reciben, respectivamente, 31 y 20% de las exportaciones de Brasil, y envían 22 y 23% de sus importaciones. Así obtiene Brasil un equilibrio entre dos de los principales mercados internacionales. Los otros países de América Latina reciben 15% de las exportaciones de Brasil y envían 17% de sus importaciones. Al mismo tiempo, ha aumentado considerablemente el papel de Asia en el comercio internacional de Brasil, desde menos de 10% en 1980 hasta cerca de 17% en 1990, de cuyo total aportó Japón 7.5%. En el campo comercial, las cifras confirman que los intereses de Brasil son globales: un aspecto que ya he destacado como una característica general de la presencia internacional de Brasil.

Al mismo tiempo, a pesar del impulso comercial de Brasil hacia el exterior, su participación en la economía internacional sigue siendo relativamente modesta, sobre todo cuando se toma en cuenta la absorción de inversión y tecnología. Existe así una paradoja en la posición internacional de Brasil: ahora, el mundo es mucho más importante estratégicamente para Brasil que a la inversa. De esa paradoja deriva el desafío de un ajuste de las expectativas a las posibilidades.

DEMOCRACIA Y DIPLOMACIA

Por supuesto, el retorno de Brasil a la democracia ha ejercido una influencia positiva sobre su política exterior, especialmente en vista del orden internacional que está surgiendo. La Constitución de 1988 convierte a la democracia en la idea central y acelera la constitucionalización de las relaciones exteriores.

La ley más alta de Brasil establece como principales derechos humanos la defensa de la paz, la solución de los conflictos y el repudio al terrorismo y el racismo. En términos de límites, la Constitución otorga fuerza legal a la restricción de la energía nuclear a propósitos pacíficos. En cuanto a los incentivos, la integración de los pueblos latinoamericanos se establece como un objetivo fundamental de la política exterior brasileña.

La democracia tiene múltiples efectos en el terreno internacional, efectos que benefician ya a la política exterior brasileña y que podrían profundizarse. Mirando hacia afuera, la democracia incrementa el apoyo del pueblo de una nación para las negociaciones internacionales y confiere credibilidad internacional al país. Al mismo tiempo, en una democracia efectiva, el papel del pueblo no consiste sólo en legitimar las opciones ya impulsadas por el Estado, ni en aceptar simplemente la agenda del establecimiento de la política exterior del país. La opinión pública tiene su propia agenda. Algunos ejemplos recientes son los casos de los dentistas brasileños en Portugal o de los mineros en Venezuela, situaciones que se repetirán a medida que los brasileños emigren a diferentes rincones del mundo. Este fenómeno no se explica sólo por las circunstancias económicas actuales, sino también por la dinámica migratoria que caracteriza al mundo de hoy.

La democracia provee una legitimidad indispensable en un momento en que este valor político está obteniendo una aceptación casi universal. Esta realidad se hizo notable en 1989, con la asombrosa conversión a la democracia del antiguo bloque socialista. Es todavía más vívida en la región latinoamericana, donde además de compartir los valores occidentales heredados de Europa se consagran tales valores como el principio fundamental en la organización regional, la Organización de los Estados Americanos. Convendrá destacar el papel activo de la OEA al tratar de restaurar los procesos democráticos en Haití, Surinam y Perú.

La democracia como una forma de ordenamiento de la vida de una sociedad define afinidades y diferencias. Es natural que las democracias tengan relaciones más fáciles con otras democracias. Desde Emanuel Kant, los teóricos políticos han establecido una fuerte relación entre la forma democrática del gobierno y la vocación pacífica de los Estados, así como la relación opuesta entre las formas autoritarias o totalitarias y una disposición mayor a la beligerancia. Los valores inherentes a la democracia —pluralismo, tolerancia, la búsqueda de consenso y la preponderancia de la ley— se extienden a la acción externa del Estado, de modo que la difusión y consolidación de la democracia se convierten en un factor de la estabilidad interna.

Éste es un beneficio especial para América Latina en el orden mundial que está surgiendo, porque su historia, su cultura y sus valores la aproximan a las democracias vibrantes y prósperas de Norteamérica y Europa. La frontera de América Latina con los Estados Unidos no marca la clase de discontinuidad cultural existente entre Europa y África del Norte, un choque que ha sido la fuente de una incomprensión recíproca. En las Américas, fue esta base cultural común lo que permitió esto que es ahora la antigua expresión del panamericanismo conocida como la OEA, uno de los pocos agrupamientos que reúnen a una superpotencia con naciones más débiles sobre la base de la igualdad jurídica y el reconocimiento legal del principio de la no intervención (aunque ese principio ha sido controvertido en la práctica).

En términos más amplios, la democracia tiene valor como el principio de organización del orden internacional, mediante el reforzamiento del multilateralismo en todas sus manifestaciones. Además de su papel general en la paz y la seguridad, la ONU ha hecho contribuciones concretas al arreglo de conflictos locales en Namibia y Camboya, y en la agresión de Irak contra Kuwait.

El corolario natural de este impulso democrático, desde el punto de vista de países como Brasil, sería una reforma de la Carta de la ONU para que la estructura de la organización refleje mejor la distribución efectiva del poder internacional. Esto se aplicaría en particular al Consejo de Seguridad, el cual seguramente vería aumentar su representatividad con una nueva categoría de miembros permanentes, como Japón, Alemania, la India y Brasil. Esta ampliación del Consejo de Seguridad, que reforzaría su legitimidad, lo volvería más relevante aún para la regionalización del conflicto, que ahora deriva de causas locales, no del enfrentamiento Este-Oeste.

El proceso de multilateralización de las relaciones internacionales, que contrasta con la concentración del poder internacional decisivo no sólo en la ONU sino también en el Grupo de los 7, tiene otra relación con la democracia: la codificación de muchos aspectos de la vida internacional. Los grandes temas de las relaciones internacionales —océanos, ambiente, derechos humanos, desarme (nuclear y ahora químico)— se están codificando en convenciones con aspiraciones universales, lo que disminuye el alcance de lo político e incrementa el de lo jurídico entre las naciones. Sin embargo, esta tendencia se topa frecuentemente con la resistencia de un Estado importante que cree que sus intereses se ven violados por una convención producida por una mayoría, como sucedió con los Estados Unidos y el Derecho del Mar, o con Brasil, la India y Argentina con el Tratado de No Proliferación. Este proceso judicial presionaba grandemente a los Estados que deseaban permanecer al margen del régimen internacional en cuestión, induciéndolos a buscar opciones para avanzar en la misma dirección general.

LA "RELEGITIMACIÓN" DESDE LA PERSPECTIVA DEL SUR

Todo esto ocurre en un mundo en movimiento. Durante la Guerra Fría, el conflicto Este-Oeste estructuró y condicionó, hasta cierto punto, el problema Norte-Sur. Por ejemplo, el movimiento no alineado en el campo de la política, y el Grupo de los 77 en el campo económico, derivaron gran parte de su importancia de su carácter como una tercera fuerza, distinta del llamado Primer Mundo y del Segundo Mundo de países socialistas. Las relaciones trilaterales permitidas por la existencia de estos tres agrupamientos se reducen ahora, quizá con excesivo simplismo, a una estructura bilateral: un Norte, que está reconciliando a su propio Este y Oeste, se enfrenta a un Sur pobre, lo que es disparatado y amenazador.

En consecuencia, el problema Norte-Sur dejó de ser sólo una especie de carga del Sur sobre el Norte, socialista y capitalista, que pugnaba por recursos financieros y tecnológicos y por una mayor cooperación para el desarrollo. Ahora hay también una carga impuesta por el Norte al Sur, por un mayor respeto a los derechos humanos, por la preservación del ambiente, y por compromisos con la no proliferación de armas de destrucción masiva y con la extensión de la guerra contra el narcotráfico, y con los mercados libres. Esta paradójica inversión de las cargas ayuda a privar de legitimidad a la perspectiva del Sur sobre los asuntos mundiales.

Usando el lenguaje de Thomas Kuhn, el historiador de la ciencia estadunidense, diremos que vivimos en una época de "cambio de paradigma". En las relaciones internacionales no es el genio de los científicos, sino la creatividad democrática de los pueblos lo que desafía nuestras categorías. Con todas sus deficiencias, el orden que ahora está desapareciendo tenía la virtud de la estabilidad; en efecto, se caracterizó por su durabilidad: 40 años para la dimensión Este-Oeste; un poco menos para la dimensión Norte-Sur, la que podría fecharse a partir de los años cincuenta. Esta rigidez de las estructuras internacionales contrasta con los 20 años que mediaron entre las dos guerras mundiales, pues creó hábitos mentales difíciles de ajustar con rapidez pero que deben transformarse si queremos entender el presente y forjar el futuro.

Una de las tareas principales que nos esperan es la necesidad de "relegitimar" la perspectiva del Sur sobre el orden internacional con formas nuevas. Eso es algo vital para garantizar una visión del futuro. Esta tarea deriva del reconocimiento de la existencia de una brecha Norte-Sur, que seguirá siendo problemática mientras las naciones menos desarrolladas no se incorporen en forma plena y satisfactoria al dinamismo de la economía global. Su incorporación es un ingrediente básico de un orden mundial estable.

FUERZAS CENTRÍPETAS Y CENTRÍFUGAS

Una consecuencia final y quizá más decisiva brota de la terminación del conflicto Este-Oeste. Ésa es la posible creación de un solo espacio económico global y la fusión de los diversos organismos multilaterales que se ocupan de la política (incluidas la paz y la seguridad) y la economía: el sistema constituido por el GATT, el FMI y el Banco Mundial. Después de la segunda Guerra Mundial se pudo crear un orden político universal basado en la Carta de San Francisco, que incluía la participación intensa de los soviéticos. Pero no se pudo formar un orden económico universal porque la Unión Soviética y sus aliados estaban ausentes en Bretton Woods.

En un sentido importante, la Ronda Uruguay ha sido la "asamblea constituyente" de un espacio económico global a medida que la desaparición del socialismo ha abierto, por primera vez en la historia, un consenso virtual sobre los principios económicos. Sin embargo, esta metáfora de la asamblea constituyente deberá calificarse, porque la Ronda Uruguay no cubre toda la agenda económica; además de los problemas del FMI, la relación entre el comercio y el ambiente está fuera de la agenda.

La economía es una fuerza centrípeta, tanto en foros universales del tipo de la Ronda Uruguay como en los diversos procesos de la integración regional. Estos últimos no sólo demuestran el impulso hacia unidades económicas más grandes, sino que también requieren, como una condición previa, que los países hayan experimentado fases de conflicto, disputa territorial y odios étnicos y religiosos. Se trata, por su propia naturaleza, del campo nada emocional de la lógica de los intereses, donde el juego no se ve como una contienda de "suma cero" entre enemigos.

Junto a estas fuerzas centrípetas de cooperación e integración coexisten las fuerzas centrífugas de la etnicidad, el nacionalismo y la religión. Eliminando el conflicto Este-Oeste como el foco del sistema internacional, el final de la Guerra Fría provocó la difusión de la tensión. Estas tensiones son más evidentes en Europa oriental, en la antigua Yugoslavia y en el territorio de la antigua Unión Soviética, pero también existen en otras áreas. Parecen llenar el vacío ideológico dejado por la caída de los grandes proyectos para la transformación de la sociedad representados por el marxismo y otras teorías menos radicales. Sugieren la imposibilidad de reducir el comportamiento humano a la racionalidad de la lógica económica e indican, por el contrario, la fuerza insospechada de la solidaridad basada en el lenguaje, la religión y la raza.

Los diversos fundamentalismos representan el caso más extremo de subordinación de la economía a la ideología, y casi siempre reflejan una reacción ante la secularización de la sociedad que echó a andar la modernización de la producción y el consumo, así como la integración de la economía mundial.

LAS NUEVAS GEOMETRÍAS DEL PODER

En este contexto hay necesidad de examinar el papel de los Estados Unidos, que tratan de inspirar un orden nuevo pero parecen carecer de los recursos materiales necesarios para ser el único organizador, el hegemónico. Los Estados Unidos viven el dilema de tener que ganar la batalla ideológica al mismo tiempo que vigilan que algunos de quienes han adoptado sus valores —la democracia, y sobre todo los mercados— sean más eficientes en su implantación. En efecto, convendrá que nos preguntemos hasta qué punto está operando la misma forma de la economía de mercado en los Estados Unidos, el Mercado Común y Japón.

Surgen así distintas geometrías del poder. Los Estados Unidos organizan diferentes coaliciones para problemas diferentes. La operación contra Irak tenía un componente, pero otro proyecto podría tener un componente diferente. En otros casos, como la configuración de la Europa oriental y central después de la Guerra Fría, el liderazgo corresponderá a la CE.

Igualmente operan diferentes geometrías por encima del nivel de las grandes potencias. Brasil, por ejemplo, se ubica al lado de los países desarrollados como los Estados Unidos y Australia en las negociaciones del GATT con la CE acerca de la agricultura, pero está más cerca de otros países en cuestiones como el acceso a los mercados de manufacturas o el tratamiento de los servicios. Otras alianzas que no serían obvias por adelantado son la cercanía de la mayoría del Grupo de los 77 y los países nórdicos en lo tocante a los problemas ambientales.

Esta multiplicidad de posibles alianzas tácticas, facilitada por la eliminación de la rigidez impuesta por la Guerra Fría, deriva también del predominio de la economía en la agenda posterior a la Guerra Fría. Las alianzas se definen por los intereses, no por las lealtades político-militares o ideológicas, que son inevitablemente más estables.

En este sentido, convendrá mencionar que es incierta la evolución del concepto del poder. En un mundo cada vez más caracterizado por la competencia económica, no por la confrontación político-militar-ideológica, el poder puede asumir formas nuevas. Por ejemplo, aunque los Estados Unidos son ahora el único Estado que es igualmente relevante en las dos esferas —la economía y la estrategia—, es indudable que cada día se ven más desafiados por el avance de Japón y de Europa, especialmente de Alemania, en el campo económico. Esto es cierto a pesar de que estas naciones siguen siendo militarmente dependientes de los Estados Unidos, ya no en respuesta a la amenaza soviética, sino en relación con lo que pudiera percibirse como una amenaza, como lo relacionado con sus abastos de petróleo.

Todo esto ha llevado a algunos observadores a descontar insensatamente los factores militares del poder, imaginando un mundo enteramente pacífico bajo la égida de las Naciones Unidas y el derecho internacional, donde la competencia se limita a una búsqueda pragmática de mayor eficiencia y prosperidad. Esta concepción parece poco realista, sobre todo en vista de los primeros acontecimientos posteriores a la Guerra Fría, como la Guerra del Golfo Pérsico o la crisis en Yugoslavia, por no mencionar las tensiones en la antigua Unión Soviética.

Dicho lo anterior, la nueva definición del poder es, en cierto sentido, más punitiva aún para los países en desarrollo. En efecto, tal definición devalúa algunos atributos tradicionales del poder en la jerarquía internacional, como el territorio, la población y los recursos nacionales, destacando por el contrario a la educación, la capacidad científica y la productividad. Además, un país puede adquirir la calidad de potencia militar con mayor facilidad y rapidez que el mejoramiento sustancial de sus índices económicos (o especialmente sociales) a corto plazo, que son los únicos que favorecen ahora un perfil internacional positivo, incluidos sus efectos indirectos sobre los derechos humanos, la preservación ambiental y la atracción de inversión extranjera.

Más aún, otro aspecto de la terminación de la Guerra Fría es que se ha reducido el espacio disponible para que los proyectos potencialmente desestabilizadores acumulen poder nacional en los márgenes del sistema internacional. Para los países centrales, la palabra clave para el sistema internacional es *orden,* o su corolario en el campo de la seguridad, *estabilidad.* La doctrina de la no proliferación, que unió a la URSS y a los Estados Unidos a finales de los años sesenta, mediante el Tratado de No Proliferación de Armas Nucleares, adquirió mayor fuerza aún con la terminación de la Guerra Fría; luego se ha extendido a otras áreas, como· las armas químicas o biológicas y sus vehículos de lanzamiento. Las campañas de los aliados en contra de Irak —en particular su base legal en la Resolución 687 del Consejo de Seguridad de la ONU— trataban, en gran medida, de servir como un ejemplo para eliminar toda tentación de un país en desarrollo de adquirir armas de destrucción masiva.

Las implicaciones de este desarrollo son especialmente relevantes para Brasil, un país cuyo pacifismo quedó demostrado durante su historia republicana, para el cual la consolidación de su integridad física significó el término del uso de su poderío militar. Pero el consenso entre los países del Norte, en cuanto al control internacional de la transferencia de tecnologías con posibles usos militares, incluye a las tecnologías de uso doble: militar y no militar. Este consenso es una preocupación en la medida en que los controles establecidos impiden, en efecto, a Brasil, el acceso legítimo a los avances científicos y tecnológicos para propósitos pacíficos, que son la base de las economías contemporáneas.

Brasil no aceptará la idea de un monopolio de la tecnología sensible, implícitamente defendida por algunos países. Su diplomacia trata de asegurar que los controles internacionales de la tecnología sensible se basen en los principios de la no discriminación, transparencia y previsibilidad. Para tal fin, el control debería multilateralizarse progresivamente e incorporarse en convenciones internacionales, en lugar de que siga siendo una prerrogativa de los clubes cerrados e informales de proveedores (por ejemplo, el Régimen de Transferencia del Control de Misiles, o COCOM), cuya ineficacia quedó demostrada en el caso de Irak.

A la luz de esta doble preocupación por la paz y la seguridad internacionales, así como por el acceso a la tecnología, Brasil participó activamente en la negociación de la Convención para la Prohibición de las Armas Químicas. También negoció y firmó, junto con Argentina, un acuerdo con la Agencia Internacional de Energía Atómica (AIEA) para asegurar a la comunidad internacional sus intenciones pacíficas en el terreno nuclear. Además de estos esfuérzos, y de los realizados en unión de Argentina y Chile para poner en práctica el Tratado de Tlatelolco (con mejoras sugeridas por Brasil), los líderes brasileños esperan que se les asegure el acceso a las tecnologías que requieren; no firmarán acuerdos tradicionalmente considerados discriminatorios.

UNA VISIÓN DEL FUTURO

Estas consideraciones sugieren la magnitud del desafío que encara Brasil para reinsertarse en los asuntos internacionales: un desafío que se vuelve más difícil por las transformaciones profundas y sorprendentes del mundo contemporáneo. Además, es necesario que se trate de correlacionar las necesidades con las posibilidades externas. Las demandas de la sociedad, basadas en criterios objetivos y convenidos, deberán satisfacerse aprovechando la realidad internacional.

Creo que este proceso se verifica en dos áreas distintas. La primera es la de las iniciativas de política exterior en el nivel de la estructura del sistema internacional y sus reglas, tanto generales como específicas; ello requiere, como directrices conceptuales, lo que llamo una adaptación creativa y una visión del futuro. La segunda área de la acción diplomática tiene que ver con las relaciones de Brasil frente a diferentes regiones y países especialmente importantes en su política exterior; en este contexto, identifico asociaciones operativas y nichos de oportunidad.

Tenemos algunos ejemplos de la adaptación creativa en la Conferencia de Río y en la nueva actitud brasileña hacia el control de las tecnologías sensibles. Por lo que toca a una visión del futuro, la tarea consiste en trabajar por un sistema internacional que sea más compatible con los valores y las aspiraciones de Brasil, donde las ideas de paz y democracia no sólo coexistan con los esfuerzos de desarrollo, sino que, en la práctica, los refuercen mediante el establecimiento de estructuras cooperativas de comercio, inversión y transferencia de tecnología.

Al igual que en la Conferencia de Río, hay necesidad de armonizar los dos planos distintos de la política exterior: pensar en el interés universal —el interés colectivo— al mismo tiempo que se tiene en mente el interés específico: regional o nacional. La visión del futuro que tiene Brasil se reflejó en su proposición de un debate serio acerca de la reforma del Consejo de Seguridad, un punto fundamental en el proceso de democratización de las relaciones internacionales.

Brasil deberá incrementar su participación en los procesos de toma de decisiones dentro del intercambio global, incluidos los que se ocupan de los así llamados temas transnacionales. Las preocupaciones humanitarias o ecológicas originan ciertas concepciones, como el *devoir d'ingerence* ("el deber de intervenir"), que chocan con principios del derecho internacional como el respeto a la soberanía de los Estados. La decisión de la Suprema Corte de los Estados Unidos sobre el secuestro de un ciudadano mexicano en su propio país por policías estadunidenses pone de relieve esta preocupación.

En la visión de la política exterior brasileña, las relaciones entre los Estados están —y seguirán estando— condicionadas por incentivos para la cooperación, no por imposiciones o prohibiciones. La agenda de las relaciones internacionales deberá ser positiva, no negativa. Sobre esa base, los brasileños deploran la idea de un deber de intervenir como contraria a una estructura igualitaria del orden mundial. Por la misma razón, sin embargo, los brasileños defienden, en los términos de la solidaridad humana básica, el deber de la comunidad internacional —a través de las Naciones Unidas, la Cruz Roja u otras entidades— de enviar ayuda a los hombres, las mujeres y los niños en situaciones de crisis. Así ocurre ahora en Bosnia y en Somalia, donde hay graves problemas que requieren la acción internacional para reducir el hambre, la miseria y la desesperanza.

El mismo proceso de resolución de conflictos regionales legitima la existencia de las fuerzas de mantenimiento de la paz y los mecanismos para la verificación de los acuerdos sobre seguridad y desarme. Tanto la ONU como la OEA han reforzado sus funciones en este campo, como se ha demostrado en la antigua Yugoslavia, en Camboya y en Angola. Las fuerzas armadas de Brasil han participado en estos esfuerzos internacionales, lo que refleja la convergencia de las acciones de las naciones en las esferas diplomática y militar. A invitación del secretario general de la ONU, Brasil envió observadores militares para las operaciones de mantenimiento de la paz en Centroamérica y Yugoslavia; a invitación del secretario general de la OEA, envió observadores militares a Surinam para ayudar en la supervisión de los esfuerzos de desmovilización.

En este punto me ocuparé de la competencia. El objetivo fundamental de la política exterior actual —la inserción competitiva de Brasil en el mundo— debe alcanzarse mediante asociaciones operativas. Estas asociaciones son predominantemente económicas, pero tienen un contenido político en algunos casos. Son complementarias y coherentes si aprovechan las posibilidades del papel internacional de Brasil.

Brasil tiene un espacio para los acuerdos bilaterales, multilaterales, regionales, subregionales y continentales. La proximidad y la densidad de las relaciones históricas son factores importantes, como se puso de relieve con el Mercosur. Sin embargo, la prioridad del Mercosur no implica la exclusión de otras asociaciones. Para Brasil, la creación de asociaciones operativas presupone una estructura legal para la regulación del comercio internacional, lo que a su vez depende del éxito de la Ronda Uruguay del GATT. El estancamiento existente agrava el riesgo de los bloques regionales y de la rivalidad entre ellos, lo que podría amenazar a todo el sistema del comercio internacional. Por ejemplo, el TLC podría desviar los flujos de comercio, inversión y tecnología existentes, además de afectar los compromisos de México con América Latina.

Suponiendo que el GATT no fracase, contra lo que sostienen los pesimistas, es posible visualizar las oportunidades que podrían abrirse para Brasil dentro de los criterios de las "asociaciones operativas" y el Mercosur. Los Estados Unidos, como su socio comercial más grande, son una atracción natural en el proceso de reinserción de Brasil a la moderna economía competitiva. En el contexto temporal internacional, ambas naciones tendrán un interés en crear las bases para una nueva asociación, una que supere las fricciones comerciales y genere una cooperación más confiable y madura.

Sin embargo, los brasileños comercian en todo el mundo, de modo que necesitan una diversificación de sus opciones porque sus exportaciones no se concentran en unos cuantos productos o unos cuantos mercados. Además, Brasil sólo obtiene beneficios de las diferentes modalidades que están asumiendo las economías de mercado por todo el mundo, tanto en el ajuste de las políticas como en el grado de la apertura.

En efecto, es evidente que existen ahora formas de la economía de mercado diferentes. Por ejemplo, el modelo de la Comunidad Europea tiene ingredientes distintos de los del modelo norteamericano. El proceso comunitario trata de aliviar las diferencias regionales y mejorar las transferencias de recursos. La CE tiene también en alta estima la cuestión social, hasta el punto de que no habla simplemente de una economía de mercado sino de una "economía social de mercado".

Japón, por su parte, enriquece la práctica capitalista en dos formas. Primero, ha hecho innovaciones en el proceso de producción. Sustituyó el "fordismo" —es decir, las líneas de ensamble— con un concepto nuevo de la producción integrada, haciendo hincapié en la tecnología innovadora y en la reducción de costos. Japón incluyó también la noción de la planeación estratégica tanto en el sector público como en el sector privado, desarrollando una política común que incrementó sustancialmente la competitividad. La idea de la política industrial, a mediano y largo plazos, refuerza las considerables ventajas de la economía japonesa y la distingue en muchos sentidos del modelo estadunidense.

La experiencia japonesa sugiere también algunas lecciones útiles para el desarrollo futuro de Brasil, y demuestra la prioridad de una asociación operativa con una potencia industrial asiática. Al mismo tiempo, y a pesar del nivel actual de su proteccionismo, la CE crea otras visiones de la economía de mercado y nuevos horizontes para las asociaciones operativas brasileñas. En esta área, el Acuerdo sobre una Tercera Generación multiplica las áreas potenciales de la cooperación con los europeos.

Este análisis pone de relieve que la política exterior no puede seguir un curso fijo o predeterminado. Para seguir siendo dinámica y buscar adaptaciones innovadoras a una realidad internacional constantemente cambiante, la política exterior deberá buscar lo que llamo "nichos de oportunidad". Estos nichos no implican el abandono del multilateralismo; pueden establecerse tanto en la política como en la economía. Países como Irán, Turquía, los Emiratos Árabes Unidos, Corea del Sur e Israel ofrecen posibilidades para explorar en términos de servicios, cooperación técnica e intercambio tecnológico.

Así pues, Brasil debe tratar de aplicar una política de "multilateralismo con nichos de oportunidad diferenciados". Esto significa que se preste atención a los objetivos estratégicos al mismo tiempo que se exploran las oportunidades económicas en los diversos frentes de su política exterior. En el plano político hay también muchos nichos de oportunidad en la era posterior a la Guerra Fría. Uno de ellos, ofrecido por la comunidad de las naciones iberoamericanas, consiste en contribuir a la proyección de valores caros para la política exterior brasileña, como la democracia, el pluralismo y el respeto a los derechos humanos. Pero la utilidad de tal enfoque no disminuye si también ofrece posibilidades para que la diplomacia defienda intereses concretos a corto y mediano plazos: el concepto del desarrollo sostenible, la apertura del comercio internacional y el acceso a los recursos tecnológicos y financieros.

FRENTE A UN MUNDO NUEVO

JESÚS SILVA HERZOG

Los profundos cambios ocurridos en el mundo durante los últimos años nos han tomado por sorpresa. En efecto, el mundo de hoy es muy diferente del mundo que existía hace muy poco tiempo. El nuevo orden (o desorden) económico está en movimiento; en verdad está en fermento. El proceso de transformación se ha iniciado, pero no sabemos cuál será su resultado final.

En medio de todo este cambio, varias tendencias tienen una relevancia especial para América Latina.

1. La formación de bloques regionales. A pesar de las dificultades actuales de la Comunidad Europea, el impulso hacia la integración persistirá en Europa y, además, conducirá a la incorporación gradual y a veces vacilante de otros miembros europeos. Los problemas del este de Europa —enormes requerimientos financieros y presiones migratorias— seguirán confrontando al continente durante mucho tiempo.

Japón y los países del sureste asiático forman una zona —la más dinámica del mundo— sin ninguna asociación formal, pero con crecientes vínculos de todas clases. China, con su extraordinario crecimiento económico de los últimos años, empieza a hacerse notar en la región y en todo el mundo.

Los Estados Unidos, Canadá, y ahora México, con el área norteamericana de libre comercio, forman una zona importante, que trata de recuperar el lugar predominante que antes ocupó en la economía global.

El curso del mundo durante los próximos años se verá profundamente afectado por la forma como actúen internamente estos tres bloques y como se interrelacionen entre ellos. El compromiso con el multilateralismo, siempre proclamado, no está en efecto muy claro por ahora; hay varias cuestiones que deben resolverse.

2. La concentración de los países industrializados en sus propias relaciones, en mayor medida que en el pasado. Se intensificarán las relaciones entre estos Estados, al igual que el diálogo Norte-Norte. Los países en desarrollo —las naciones del Sur— ocuparán un segundo lugar. Esto no es nada nuevo, pero es posible que su posición secundaria sea más marcada en el futuro que en el pasado. Además, la atención que se preste a los países en desarrollo será selectiva; es decir, sólo algunas naciones serán objeto de la atención de los grandes centros de decisión.

3. La relativa carencia de ahorro en el mundo. El ahorro se ha reducido por el reciente estancamiento del crecimiento económico global y por los elevados niveles del consumo. Es muy posible que el de los años noventa sea un decenio de escasez de capital. Al mismo tiempo, existe la dificultad de corregir el enorme déficit presupuestario de los Estados Unidos, los requerimientos financieros de la unificación alemana y las enormes demandas internas de Japón. En conjunto, esto constituye una suma inmensa de fondos cuyo destino está predeterminado. Eso significa que el capital externo disponible para el mundo en desarrollo será especialmente escaso, y que sólo algunos países —los que se reconozcan como particularmente atractivos— serán posibles receptores de transferencias.

Por su parte, América Latina ha experimentado una transición profunda durante el último decenio. Se ha dicho, con razón, que el de los años ochenta fue un "decenio perdido" en términos económicos. Pero ese decenio se vio acompañado de avances sustanciales en el proceso de democratización, aunque persiste cierta incertidumbre acerca de la consolidación de la democracia a largo plazo.

De igual modo, durante los años ochenta ocurrió una "revolución silenciosa" en la economía política de la mayoría de los países latinoamericanos. Los aspectos fundamentales de esa transformación fueron, por una parte, la redefinición del papel del Estado —incluida la privatización de empresas públicas—, la mayor relevancia del sector privado, y una nueva actitud hacia los déficit de las finanzas públicas; por otra parte, hubo una apertura del comercio, la reducción del proteccionismo y la búsqueda de una mayor presencia en los mercados internacionales del futuro.

A estos cambios profundos de América Latina deberá añadirse la sorprendente renovación de la integración regional. Luego de 30 años de fracasos, existe una nueva actitud hacia la integración, así entre las empresas como entre los gobiernos. Ha cambiado el concepto mismo de la integración: la integración regional ha recibido por primera vez el apoyo de los Estados Unidos; pero además la propia América Latina busca ahora la integración: ya no mira hacia adentro sino hacia afuera, alentando la eficiencia y la competitividad internacional. También se avanza en la integración subregional —el Mercosur, el Pacto Andino, el área centroamericana—, dando pasos hacia una posible integración de todo el continente. Y existe también la perspectiva de extender la integración a los Estados Unidos y Canadá dentro de un enfoque explícitamente panamericano.

La integración regional es ahora una necesidad, dado el contexto global de los años venideros. Si no se actuara así, nos quedaríamos como espectadores pasivos de los acontecimientos mundiales: esta convicción se vuelve cada vez más extensa y profunda en la comunidad latinoamericana.

En los últimos años, la región latinoamericana ha empezado a sacudirse la letargia del decenio anterior, reanudando el crecimiento económico, reduciendo las presiones inflacionarias, administrando el servicio de la deuda externa, y registrando entradas netas de capital. Sin embargo, se han agudizado las diferencias entre los países. Brasil, por ejemplo, que tiene las dos quintas partes del PNB de la región, no ha encontrado una solución para sus problemas fundamentales.

No hay duda de que las nuevas políticas económicas adoptadas por la mayoría de los Estados de la región han rendido buenos frutos. América Latina es ahora más eficiente y competitiva. Este continente ha reducido o eliminado las distorsiones en las asignaciones de recursos, y está más abierto a la competencia internacional. La intervención estatal ha disminuido, y la empresa privada ha recibido un papel más importante. En suma, América Latina ha sido un fiel seguidor de la ortodoxia económica del libre mercado prevaleciente.

Pero en el proceso han surgido algunos problemas de carácter social, que requerirán mayor atención en el futuro. Las antiguas deficiencias se han agudizado por las crisis de los años ochenta, así como por las consecuencias inevitables de las reformas económicas adoptadas. Es evidente el deterioro de los indicadores sociales básicos; y en algunos casos es irreversible.

Así pues, la política económica deberá prestar, en el futuro, más atención a estos problemas sociales. Esto implicará un cambio en las actitudes que ahora prevalecen, aunque ello frene el crecimiento económico. Si no se hace ese cambio, podría incurrirse en enormes costos políticos.

En estas circunstancias, la región requerirá gobiernos fuertes. La intervención estatal es necesaria no sólo para contrarrestar el limitado desarrollo y la debilidad de los propios mercados, sino también para compensar la limitada madurez del sector privado. La eficacia del Estado para intervenir en la economía no depende de su tamaño, sino más bien de la calidad de su acción. Es posible que los resultados electorales en los Estados Unidos y la plataforma con la que se eligió al presidente Clinton sirvan para producir un consenso más razonable sobre estos problemas. El viraje del péndulo hacia los mercados libres debe ser un poco menos rígido y más acorde con la realidad de las circunstancias latinas: históricas, políticas, económicas y sociales.

Sin embargo, es indudable que el modelo de sustitución de importaciones —con sus altos niveles de protección comercial— ha agotado sus posibilidades. Sirvió bien a América Latina durante muchos años, permitiendo avances sustanciales en la industria, en los niveles del empleo y en el desarrollo. Pero también fue excesivo, demasiado prolongado, y demasiado generalizado en su aplicación.

De hecho, un buen número de países latinoamericanos tiene mercados abiertos a la competencia internacional. Ciertamente, éste ha sido uno de los cambios más importantes en la orientación básica de las economías de la región. Pero la apertura económica de América Latina ha coincidido con el freno de la actividad económica en los países industriales, lo que lógicamente reduce las posibilidades de exportación de este continente, al mismo tiempo que estimula la colocación de las exportaciones del mundo industrial en los mercados latinoamericanos.

El resultado ha producido una paradoja: varios defensores del libre comercio imponen ahora diversas restricciones al comercio exterior, mientras que algunos antiguos defensores del proteccionismo introducen ahora audaces medidas de liberalización. En un buen número de casos, es posible que la apertura económica, al igual que el enfoque anterior que trataba de corregir, se haya dado demasiado aprisa y haya sido demasiado generalizada y extensa.

Entre más al norte se encuentre una nación en América Latina, más se concentra su comercio con los Estados Unidos: el espectro abarca desde 20% para Chile hasta 70% para México. Y las relaciones con los Estados Unidos han sido siempre complejas y difíciles. El nuevo gobierno estadunidense tiene claras prioridades para su economía interna, y no está claro el papel de América Latina, fuera de México, sobre todo a largo plazo.

Es indudable que la diversificación de su comercio debe ser un componente fundamental de la estrategia de América Latina para la redefinición de su posición en la economía política global. Japón y su área de influencia ofrecen una opción atractiva. La Comunidad Europea también debería ser un centro de atención, a pesar de su preocupación actual hacia su propio interior. En ambos casos, sin embargo, diversas barreras proteccionistas sutiles, algunas de ellas difíciles de derribar, reducen las posibilidades del acceso a sus mercados. Pero en la economía global en la que vivimos, cada vez es más importante tener ventanas abiertas en todas direcciones.

Durante largos decenios, era común que América Latina imputara todos sus males a causas externas. Esto ha cambiado ahora. Aunque nadie negaría la importancia de las circunstancias externas, hay una creciente disposición a reconocer la responsabilidad de la propia América Latina por los hechos del pasado y, sobre todo, por las posibilidades del futuro. Éste es un gran avance. Como dijo el gran mexicano Benito Juárez: "Nadie hará por nosotros lo que no hagamos por nosotros mismos".

XIII. AMÉRICA LATINA Y LOS ESTADOS UNIDOS EN UN MUNDO NUEVO: PERSPECTIVAS DE UNA ASOCIACIÓN

Abraham F. Lowenthal

Aunque no son uniformes las perspectivas incluidas en los capítulos anteriores, el tema dominante de la mayoría de los ensayos sugiere que las perspectivas para asociaciones en el hemisferio occidental son más prometedoras a mediados de los años noventa que en los últimos decenios, por lo menos desde la Alianza para el Progreso y el inicio de los años senta.[1]

El movimiento hacia la cooperación en el hemisferio occidental se cristalizó en la elevada visión del presidente George Bush, de "un sistema que una a todas las Américas —Norte, Centro y Sur— como socios regionales en una zona de libre comercio que se extienda desde el puerto de Anchorage hasta la Tierra del Fuego".[2] Todavía no se ha convertido en realidad lo que Bush llamó en 1990 la Iniciativa de Empresa para las Américas, pero las metas que él expresó han sido ampliamente adoptadas y apoyadas, y han configurado el discurso más reciente sobre las relaciones interamericanas. En un periodo de "convergencia y comunidad" interamericanas, la mayor parte del debate contemporáneo se centra en la forma de la construcción de asociaciones interamericanas, no en si deben o pueden forjarse tales asociaciones.[3]

Tres tendencias regionales, generalmente consideradas importantes y de refuerzo recíproco, se destacan en los capítulos anteriores y en otras partes para explicar el origen y la atracción de este viraje hacia la cooperación del hemisferio occidental. En América hay una homogeneidad política y económica mayor que nunca, los líderes latinoamericanos están más dispuestos que antes hacia las relaciones armoniosas con Washington y los Estados Unidos tienen mayores razones que antaño para invertir en la construcción de una comunidad regional. Nunca antes han enten-

---

[1] Una parte de este ensayo se ha adaptado con permiso de Abraham F. Lowenthal, "Latin America: Ready for Partnership?", *Foreign Affairs*, 72, núm. 1, 1993.

[2] George Bush, "Remarks Announcing the Enterprise for the Americas Initiative", comunicado de prensa de la Casa Blanca.

[3] Véase Diálogo Interamericano, *Convergence and Community: The Americas in 1993: A Report of the Inter-American Dialogue*, Washington, The Aspen Institute, 1992.

dido muchos latinoamericanos y estadunidenses, especialmente entre los líderes de *élite,* con tanta claridad que tienen valores e intereses comunes, lo que se hace más obvio y más importante por las cambiantes realidades geopolíticas y geoeconómicas del mundo posterior a la Guerra Fría.

Hay mucho de verdad en estas afirmaciones ampliamente repetidas, pero cada una de ellas a menudo se exagera. El efecto acumulado de estas exageraciones es una ilusión de probabilidad, incluso de inevitabilidad, acerca de las posibilidades de la asociación hemisférica. En efecto, no está nada claro que la cooperación sustituirá al conflicto como el modo dominante de las relaciones interamericanas en el mundo nuevo de los años noventa. Las tensiones podrían volver, así fuera por problemas diferentes.

LAS TRANSFORMACIONES DE AMÉRICA LATINA

Tres cambios se han presentado incuestionablemente en América Latina durante los últimos años: un consenso que surge entre quienes deciden la política económica acerca de los temas principales de una política sensata, la aceptación más universal aún de la democracia constitucional como un ideal y la creciente inclinación hacia una cooperación pragmática con los Estados Unidos.

A fines de los años ochenta, la mayoría de quienes deciden las políticas económicas en América Latina había convenido en un diagnóstico de los males fundamentales de la región y en un conjunto de prescripciones para el restablecimiento de su salud. Por toda América Latina y el Caribe se puso en claro que la crisis fiscal del Estado tendría que encararse, y que sería esencial el control de la inflación, aunque ello significara una drástica reducción de los gastos públicos. También se aceptó que el enfoque de la sustitución de importaciones para el crecimiento económico —por exitoso que hubiera sido para algunos países durante los años cincuenta y sesenta— estaba agotado en todas partes y que la recuperación de la región dependía primordialmente del crecimiento de sus exportaciones, lo que a su vez requería tasas de cambio competitivas y la eliminación de diversos subsidios y otras formas de protección. Se convino también en que América Latina debería reducir drásticamente las actividades industriales y reguladoras del Estado, privatizar las empresas públicas, facilitar los mercados competitivos, estimular al sector privado y atraer inversión extranjera. El surgimiento de este consenso regional es un cambio paradigmático de dimensiones históricas.

Igualmente sorprendente ha sido el acuerdo logrado sobre la conveniencia de la política democrática constitucional. Hace apenas 25 años, las autoproclamadas "vanguardias" de la izquierda y los "guardianes" de la

derecha expresaban abiertamente su desdén por los procedimientos democráticos, y ambos presumían de tener muchos seguidores. Pero desde
mediados de los años setenta, un amplio espectro de la opinión latinoamericana ha llegado a reconocer el valor del gobierno democrático: oficiales militares y antiguos guerrilleros, intelectuales y líderes religiosos,
ejecutivos empresariales y organizadores sindicales. Año tras año se ha
puesto en claro que la mayoría de las élites latinoamericanas, así como
el público en general, convienen en que la autoridad gubernamental debe
derivar del consentimiento libre de la mayoría, verificado regularmente
mediante elecciones limpias, competitivas y de amplia participación. El
compromiso latinoamericano con la democracia electoral ha sobrevivido
hasta ahora, incluso a las hiperinflaciones de Argentina, Bolivia y Brasil;
las instituciones democráticas de muchas naciones europeas se derrumbaron en condiciones similares durante los años veinte y treinta.

También ha sido inconfundible el amplio viraje regional hacia las relaciones armoniosas con los Estados Unidos. Durante varios años, muchos
latinoamericanos definieron sus políticas exteriores primordialmente
por oposición a Washington. Denunciaban el intervencionismo y la ex-
plotación estadunidenses, lamentaban la "dependencia" latinoamericana
y echaban la culpa a los Estados Unidos por muchas de sus frustraciones. Las políticas restrictivas de la inversión extranjera, los mercados
reservados, las altas barreras arancelarias, los movimientos hacia la integración económica regional y la *concertación* diplomática ("consulta y
coordinación") se forjaban en parte como respuestas al poderío de los
Estados Unidos. Sólo en las "repúblicas bananeras" podría un líder latinoamericano defender la estrecha colaboración con Washington sin correr
un riesgo político.

Todo esto ha cambiado. La mayoría de los gobiernos latinoamericanos
y muchos movimientos de oposición en América Latina desean ahora lazos
más estrechos con los Estados Unidos. México hizo el movimiento más
notable hacia la cooperación estadunidense-latinoamericana cuando el
presidente Carlos Salinas de Gortari y su gabinete empezaron a elaborar
el Acuerdo Norteamericano de Libre Comercio con los Estados Unidos y
Canadá en 1990. En Buenos Aires, Carlos Menem ha hecho grandes esfuerzos para establecer lazos estrechos con los Estados Unidos. Durante
la presidencia de Patricio Aylwin, Chile ha empujado duro en favor de
un acuerdo de libre comercio con Washington, y la mayoría de los demás
países latinoamericanos tratan activamente de mejorar sus vínculos con
los Estados Unidos. Sólo la Cuba de Fidel Castro se aferra a su antiameri-
canismo, y es posible que hasta Cuba estuviera dispuesta al acercamiento
si Washington lo deseara.

Los virajes hacia la economía de libre mercado, la política democrática y la cooperación interamericana derivan del fracaso ampliamente percibido de América Latina en los años setenta y ochenta. La economía estatista demostró ser un callejón sin salida. Lo mismo ocurrió con los gobiernos autoritarios, que perdieron legitimidad por todas partes, en algunos casos porque la prosperidad hizo que parecieran innecesarios estos elevados costos políticos, pero en la mayoría de los casos porque tales gobiernos eran ineficaces incluso en términos económicos. El enfrentamiento con los Estados Unidos resultó ser también un error, sobre todo porque las bravatas del Tercer Mundo acerca de un nuevo orden económico internacional se disolvieron en pura palabrería.

Todos estos cambios se vieron también acelerados por los notables cambios internacionales discutidos en capítulos anteriores: el derrumbe de la amenaza soviética percibida y, después, de la propia Unión Soviética, la terminación de la Guerra Fría, la amplia validación de mercados abiertos y políticas liberales, y sobre todo la restructuración fundamental de la economía mundial, impulsada por el cambio tecnológico. Estas transformaciones globales, aunadas a la experiencia interna de América Latina, ayudan a explicar los acontecimientos del hemisferio occidental que no se habrían esperado pocos años atrás: no sólo la defensa del TLC por parte de México, sino la aceptación sandinista de la derrota electoral en Nicaragua; los históricos compromisos en favor de la paz hechos por la izquierda insurgente y por el gobierno en El Salvador; el viraje en muchos países, incluso de líderes antiguos, hacia políticas económicas diametralmente opuestas a las de los años setenta; la llegada al poder de insignes opositores en algunos países, y la adopción de recetas económicas neoliberales por toda la región.

En suma, los cambios recientemente ocurridos en América Latina no son accidentales o desvinculados, ni son meramente cíclicos. Son respuestas a profundas experiencias regionales y a un contexto global transformado.

LA FRAGILIDAD DEL CAMBIO

Sin embargo, estos cambios importantes corren todavía grave peligro. La promulgación en la región de reformas económicas neoliberales fue engañosamente fácil. Resultó sorprendente que tales medidas similares se anunciaran en poco tiempo en países muy diferentes, a menudo por presidentes que habían hecho campaña en contra de tales reformas. Pero esta convergencia debe mucho más, en la mayoría de los casos, a la ausencia de alternativas creíbles que a un consenso nacional de base amplia o a las convicciones indestructibles de los líderes políticos. Fuera de Chile, donde el acuerdo sobre los programas económicos nacionales básicos se forjó durante muchos años como parte de la transición gradual tácitamente negociada hacia el abandono del régimen de Pinochet, la base política para las reformas económicas es todavía tentativa, firmemente apoyada sólo por los principales tecnócratas y algunos segmentos del sector privado.

Si las reformas económicas de América Latina no generan pronto resultados demostrables, es posible que no lleguen a arraigarse sólidamente. Es obvio que ya no son relevantes las economías de planeación central ligadas a un sistema socialista mundial, pero los compromisos con una privatización total, los regímenes de inversión extranjera muy liberales, las economías verdaderamente abiertas y la integración regional plena tenderán a verse modificados en los años venideros, a menos que los enfoques actuales rindan pronto beneficios tangibles.

Los cambios de las políticas son especialmente probables a medida que en general se perciba que está empeorando la concentración del ingreso y se están ampliando las divisiones sociales, económicas y, en algunos casos, étnicas. Es difícil, si no es que imposible, que los gobiernos conserven el apoyo popular para reformas que enriquecen a unos cuantos privilegiados sin proveer una promesa creíble de prosperidad generalizada. Las fuertes redes de seguridad social y el mejoramiento de los servicios públicos podrían ayudar, pero resultan difíciles de implantar cuando se están estableciendo las reformas económicas neoliberales, ya que estas reformas tienden a reducir al Estado. En efecto, quizá no sea accidental que los dos países que han avanzado más hacia la combinación de las reformas económicas con programas sociales eficaces —Chile y México— tengan a los principales ganadores de divisas en manos gubernamentales, así como los Estados más fuertes.

En gran parte de América Latina es evidente el debilitamiento del apoyo a los programas neoliberales: en las ganancias electorales registradas por el Partido de los Trabajadores (PT) y el Partido Social Democrático (PSDB) de Brasil, el Movimiento al Socialismo (MAS) y la Causa Radical (Causa R) en Venezuela, y el Frente Amplio en Uruguay, así como las críticas crecientes en Colombia y Argentina. Particularmente notable fue el resonante rechazo, por 70% de los votantes uruguayos, del programa de privatización del presidente Luis Alberto Lacalle, en un plebiscito de diciembre de 1992. También el programa de privatización de Bolivia se descarriló a causa de la fuerte oposición sindical.

Es demasiado temprano para confiar en que en conjunto América Latina pueda recobrar el dinamismo económico de los años sesenta y setenta, o lograr ganancias comparables a las de los "tigres" asiáticos de hoy. Chile ha tenido varios años consecutivos de impresionante crecimiento, tras largos años de penosa reforma estructural. Pero no está habiendo crecimiento todavía en Brasil o Perú, y todavía no ha podido sostenerse con niveles elevados en México, Venezuela, Colombia, Ecuador, Bolivia, Uruguay, Paraguay o los países centroamericanos y caribeños. En los últimos años, el mejor crecimiento se ha registrado en Argentina, México, Chile, Panamá y Venezuela, pero los dos últimos países han rebotado desde recesiones muy profundas y todavía no recuperan sus niveles anteriores, mientras que los dos primeros están enfrentando dificultades crecientes.

El flujo de capital voluntario hacia varios países latinoamericanos desde 1990 ha sido alentador, por contraste con los años flacos de 1982 a 1989. Pero gran parte del capital que ha entrado a América Latina ha sido de cartera, antes que de inversión directa, y en su mayor parte se concentra selectivamente en pocas empresas grandes, de escaso riesgo. Además, una buena parte de tal capital parece ser capital golondrino, originalmente sacado de América Latina por las élites, de modo que probablemente se marchará de nuevo a la primera señal de peligro. La inversión extranjera reciente en América Latina ha sido atraída a la región, en parte, por elevadas tasas de interés y por las rápidas ganancias en la bolsa de valores, así como por las tasas de interés relativamente bajas prevalecientes en los países industriales. Esa inversión podría salir tan rápidamente como entró si empeorara cualquiera de estas condiciones.

Las economías latinoamericanas han realizado algunos avances, pero todavía no dejan atrás sus dificultades. Se han reducido los déficit fiscales y la inflación ha sido controlada en gran medida en la mayoría de los países, pero la presión continúa en ambos campos. Se ha reducido marcadamente la proporción de los pagos de intereses a exportaciones, pero el monto de la deuda es todavía peligrosamente elevado. Los superávit de las exportaciones han sido impresionantes, pero incluso las moderadas recuperaciones que ahora se dan están elevando de nuevo las importaciones con gran rapidez.

Del lado positivo, se han eliminado o reducido algunos de los obstáculos que impedían el crecimiento, se han echado muchas de las bases de un desarrollo sostenible, y los avances logrados por Chile y México sugieren que puede lograrse el éxito. Éste es sin duda un progreso notable frente a la desastrosa experiencia de los años ochenta. Si el ambiente exterior de América Latina es propicio —es decir, si se recuperan las tasas de crecimiento de los países industriales, si se evita el proteccionismo internacional, si las tasas de interés permanecen bajas, y/o si se logra un nuevo alivio de la deuda—, habrá buenas razones para esperar que la mayoría de las economías latinoamericanas puedan continuar avanzando. Pero distan mucho de estar aseguradas estas circunstancias internacionales propicias, en vista del persistente estancamiento de la economía estadunidense y de los indicios de un freno económico global.

Es también muy vulnerable el viraje regional hacia la democracia. En efecto, el gobierno democrático eficaz en América Latina sólo es incuestionable en los muy pocos países —Chile, Costa Rica, Uruguay y la comunidad caribeña— donde las tradiciones democráticas estaban ya bien arraigadas hace 35 años.

En un país tras otro, las encuestas revelan que la mayor parte del pueblo está todavía en favor de la democracia como una forma de gobierno, pero cada vez se siente más escéptica acerca de todas las instituciones políticas democráticas. La verdad escueta es que la democracia representativa no se está consolidando efectivamente en la mayor parte de América Latina. En cambio, lo que a menudo se arraiga es lo que se ha llamado "democracia por deficiencia", "democracia delegada" o "democracia de baja intensidad".[4] Los gobiernos que derivan su mandato inicial de elecciones populares se ven tentados a gobernar "por encima" de los partidos, las legislaturas, los tribunales, los grupos de interés o las organizaciones de la sociedad civil. En la medida en que hacen tal cosa, las instituciones débiles se ven más minadas aún, se distorsiona la responsabilidad, crecen el cinismo y la apatía públicos, y se erosiona la legitimidad. Este síndrome plantea, en varios países, el peligro de un deslizamiento hacia la renovación del gobierno autoritario, aunque de una clase diferente a la de los regímenes militaristas anticomunistas de los años setenta.

El aparente entusiasmo de América Latina por la cooperación con los Estados Unidos podría significar también menos de lo que parece. En el mundo posterior a la Guerra Fría, donde Europa y Asia oriental parecen estar construyendo comunidades económicas, es obvio por qué algunos latinoamericanos desean la integración regional con Norteamérica. Pero la meta de un acuerdo de libre comercio con los Estados Unidos y Canadá, tan ávidamente perseguida por México, no ha sido nada fácil de alcanzar. Muchas naciones sudamericanas podrían concluir todavía que lo que podrían obtener en los años noventa, de un posible acceso al TLC, no compensa la incertidumbre y los costos. Para varias de esas naciones, no está nada claro cómo deberán relacionarse con los Estados Unidos: a través de una integración más estrecha o de una mayor autonomía y relaciones más diversificadas. La elección es especialmente difícil e importante para Brasil, un país dos veces más grande que México, con seis veces la población de Argentina y 12 veces la de Chile, pero que no tiene ningún sentido de dirección nacional aceptado en general. Aunque los latinoamericanos están hablando más que nunca de la integración regional, sus encajes muy diferentes en la economía global hacen improbable que se logre un avance rápido hacia un acuerdo hemisférico significativo.

[4] Las frases citadas pertenecen a Giorgio Alberti, académico italiano; a Guillermo O'Donnell, argentino, y a Edelberto Torres Rivas, guatemalteco.

Hay en las Américas, la del Norte y la del Sur, una convergencia mayor que nunca sobre los valores políticos y los fundamentos económicos, pero está todavía muy lejos de alcanzarse una comunidad política hemisférica. El acuerdo existente en principio, dentro de la OEA, sobre medidas colectivas para proteger la democracia es un logro notable pero ha resultado difícil de poner en práctica en los casos de Haití y Perú, en medio del desacuerdo acerca de la conveniencia de imponer sanciones, de la forma de hacerlo y de su duración. Ya no se habla mucho de la dependencia, pero el resentimiento latinoamericano por la postura y el estilo de los Estados Unidos se encuentra muy cerca de la superficie. La actitud recalcitrante de los Estados Unidos en la conferencia cumbre de Río sobre el ambiente en 1992; la decisión de la Suprema Corte de legitimar el secuestro de un ciudadano mexicano en su propio país, ordenado por el gobierno de los Estados Unidos, y la aplicación extraterritorial del embargo comercial cubano aprobado por el Congreso en medio de la campaña presidencial de 1992, han sacado todo este resentimiento al primer plano. En gran parte de América Latina sigue existiendo la preocupación de un posible intervencionismo estadunidense, ya no justificado por el anticomunismo, sino motivado por los derechos humanos, la democracia, el narcotráfico, el deterioro ambiental o la proliferación de armas mortíferas. Además, la elección del presidente Clinton y los demócratas intensificó en algunos círculos las preocupaciones por la posibilidad de un incremento del proteccionismo estadunidense y un conflicto más profundo por cuestiones económicas.

¿Están los Estados Unidos listos para la asociación?

La Iniciativa de Empresa para las Américas del presidente Bush —que prometía una reducción de la deuda oficial de América Latina con agencias gubernamentales estadunidenses, ofrecía ayuda para facilitar la inversión en la recuperación económica de la región y mantenía la esperanza de acuerdos de libre comercio— proveyó una visión positiva, aunque muy parcial, de la manera como deberían evolucionar las relaciones interamericanas en los años noventa. Esa propuesta reflejaba el reconocimiento implícito, por parte del gobierno de Bush, de que las asociaciones del hemisferio occidental serían útiles para los Estados Unidos ahora que ha terminado la competencia de la Guerra Fría, que las viejas alianzas se están rompiendo, que las nuevas rivalidades internacionales se están intensificando, y que están pasando al primer plano los desafíos globales al ambiente, la salud, el control de las armas y el gobierno. El gobierno de Bush empezó a convertir su visión en políticas, pero no avanzó mucho. Logró obtener un texto para el TLC negociado con México y Canadá, y someterlo a la aprobación del Congreso por la vía del *fast track,* pero no consideró adecuadamente los problemas ambientales y laborales ni logró persuadir al público estadunidense de las bondades del Tratado. Además, las asignaciones del Congreso para el fondo de inversión multilateral propuesto y la autorización de los acuerdos de reducción de la deuda se hicieron con gran lentitud. Se despertó el interés de América Latina por las potenciales asociaciones regionales, pero los Estados Unidos no pudieron avanzar mucho bajo el gobierno de Bush.

La razón principal de esta deficiencia fueron las dificultades internas enfrentadas por los Estados Unidos. Las propuestas para una reducción de la deuda de América Latina, para facilitar la inversión estadunidense en la región o para abrir los mercados estadunidenses, sólo podrán materializarse como parte de una estrategia general para el restablecimiento del dinamismo en la economía de los Estados Unidos. Los agentes estadunidenses —pequeñas empresas, trabajadores sindicalizados, y particularmente las grandes empresas y las comunidades afectadas— se oponen naturalmente a las propuestas de ayuda para el desarrollo de América Latina si piensan que la prosperidad de la región se logrará a costa de ellos. Ellos rechazarán las asociaciones del hemisferio occidental si no entienden claramente por qué le conviene a los Estados Unidos el éxito de América Latina.

En efecto, hay razón para creer que la prosperidad latinoamericana es, objetivamente, de considerable importancia para los Estados Unidos, en mayor medida que lo reconocido subjetivamente hasta hace poco tiempo. Aunque algunos observadores pronosticaron, a la terminación de la Guerra Fría, que América Latina desaparecería del mapa de Washington, la verdad es que la importancia real de la región para la comunidad política de los Estados Unidos se ha incrementado durante los años noventa.

El primer valor de América Latina para los Estados Unidos es económico. A medida que los países de la región se levantan de la recesión, América Latina se ha convertido de nuevo en el mercado de más rápido crecimiento para las exportaciones estadunidenses, como ocurrió también en los años sesenta. Los países latinoamericanos están comprando más de 65 000 millones de dólares de exportaciones estadunidenses por año, más que Japón o Alemania, y la tasa de crecimiento de las exportaciones estadunidenses a América Latina en los últimos años ha sido tres veces mayor que la de las exportaciones a todas las demás regiones. La importancia de América Latina como un mercado de exportación es especialmente grande en una época en que ha aumentado la dependencia de los Estados Unidos de su comercio exterior, y cuando la recuperación de la competitividad de las exportaciones es uno de los objetivos fundamentales de los Estados Unidos. También están aumentando las oportunidades de inversión para las empresas estadunidenses, a medida que las perspectivas de la recuperación y el aumento de sus mercados vuelven atractiva a América Latina, y a medida que los inversionistas advierten que la combinación de recursos de la región, su infraestructura, la educación de su fuerza de trabajo y su larga experiencia con economías de mercado la convierten en una apuesta mejor que la de los antiguos países comunistas. América Latina sigue siendo también la fuente de cerca de 30% de las importaciones petroleras de los Estados Unidos, y varios bancos de centros monetarios de los Estados Unidos obtienen todavía allí una parte considerable de sus ingresos.

La segunda importancia de América Latina se relaciona con su efecto sobre grandes problemas afrontados por la sociedad estadunidense. El ejemplo más notable es el del narcotráfico. Los países latinoamericanos proveen casi toda la cocaína, la mayor parte de la mariguana y una porción creciente de la heroína que ingresa a los Estados Unidos. La maldición de la droga sólo podrá reducirse en última instancia si se reduce la demanda interna, pero una campaña eficaz contra el narcotráfico también requerirá la cooperación permanente de los países latinoamericanos donde se cultivan, procesan y comercian los narcóticos. Otra ilustración es la del ambiente. Como hogar de algunos de los mayores bosques tropicales del mundo, y como sus principales destructores durante los últimos años, los países latinoamericanos son también actores centrales de los problemas ecológicos y ejemplos cruciales de las perspectivas existentes para las políticas de desarrollo sostenibles.

América Latina es también importante, en tercer lugar, como un espacio de primera clase, junto con la antigua Unión Soviética y los países de Europa oriental y central, para los valores estadunidenses fundamentales del gobierno democrático y la economía de libre mercado. Dado que tanto la democracia como el capitalismo se ven firmemente cuestionados en los antiguos países comunistas, la atracción y credibilidad de estas ideas en todo el mundo podrían depender en buena medida de que los vecinos más cercanos de los Estados Unidos puedan hacerlas funcionar.

Quizá sea lo más importante que las intensificadas presiones latinoamericanas en favor de la emigración creen vínculos adicionales entre los países de origen y los Estados Unidos, lo que incrementa el interés de este país por las condiciones sociales, económicas y políticas de la región. Casi la mitad de los inmigrantes legales de los Estados Unidos, durante los años ochenta, provino de América Latina y el Caribe, junto con mucho más de la mitad de los inmigrantes indocumentados. Cerca de 10% de la población actual de los Estados Unidos está integrada por inmigrantes latinoamericanos y sus descendientes, quienes constituyen el grupo de más rápido crecimiento en ese país. Los latinoamericanos ya no llegan a los Estados Unidos en oleadas aisladas o temporales, sino en un flujo sostenido que borra los límites existentes entre la América Latina y la América inglesa, sobre todo en Florida, Texas y el sur de California. Por ejemplo, la mitad de los niños nacidos en el condado de Los Ángeles, en el decenio de 1980, era de ascendencia latina, al igual que 63% de los estudiantes de las escuelas públicas del condado. Así pues, se está volviendo más difícil de definir la línea divisoria entre la política "interna" y la política "latinoamericana", a medida que las regiones del hemisferio se interrelacionan más cada día. En lugar de quedar fuera del mapa de Washington, los latinoamericanos están ayudando a trazarlo de nuevo.

Si pueden fortalecerse los avances logrados por América Latina durante los últimos años, y si pueden elaborarse programas interamericanos de cooperación, los Estados Unidos se beneficiarán por la expansión de las exportaciones y otras oportunidades económicas, cierto alivio de las presiones migratorias, el mejoramiento de los programas internacionales para la resolución de algunos problemas fundamentales, y una mayor probabilidad del éxito de los valores estadunidenses primordiales. El potencial de América Latina para la creación de asociaciones con los Estados Unidos es ahora mayor que nunca, a medida que su política se estabiliza y sus economías de mercado se fortalecen.

Por su parte, los Estados Unidos tendrán mayores probabilidades de éxito en la solución de algunos de sus problemas internos (sobre todo en la creación de empleos y el control del ritmo y el efecto de la inmigración) si América Latina puede volverse más próspera y si la cooperación interamericana puede volverse más eficaz.

Sin embargo, las probabilidades de que las políticas estadunidenses positivas refuercen el progreso latinoamericano y así impulsen los objetivos estadunidenses dependen fundamentalmente de una recuperación de la economía de los Estados Unidos. Este país no podrá implantar con éxito el TLC ni ayudar a construir una comunidad económica hemisférica más amplia si no rejuvenece al mismo tiempo su decaída infraestructura, mejora su tecnología, aumenta las habilidades de su fuerza de trabajo, readiestra a los trabajadores desplazados y apoya a sus industrias poco competitivas y a sus comunidades para que se ajusten al cambio. La opinión pública de los Estados Unidos no apoyará el estrechamiento de los lazos económicos con México o el resto de América Latina si su propio país no afronta su agenda interna acumulada.

En efecto, uno de los interrogantes fundamentales para los años noventa consiste en saber si los propios Estados Unidos están listos para las asociaciones interamericanas. El presidente Bill Clinton llegó al cargo en un momento decisivo. La mayoría de los países latinoamericanos estaban más dispuestos que nunca a buscar una cooperación estrecha con los Estados Unidos, y este país tenía algo que ganar con los enfoques interamericanos. Pero también crecía dentro de los Estados Unidos el escepticismo acerca de las políticas internacionalistas liberales.

Si Clinton no puede persuadir al pueblo de los Estados Unidos de que tiene gran interés en el crecimiento económico de América Latina y en la cooperación hemisférica, es probable que en los próximos años veamos por el contrario grandes fricciones interamericanas causadas por el comercio y el proteccionismo, los precios de los bienes primarios, la tecnología avanzada, las ventas de armas, el crecimiento demográfico, la inmigración, los narcóticos y el ambiente. Estas fricciones se intensificarán seguramente si el público estadunidense, frustrado por sus dificultades internas, vira hacia enfoques proteccionistas, restrictivos, punitivos e intervencionistas. El número de los seguidores de Jerry Brown, Pat Buchanan y Ross Perot en la campaña presidencial de 1992 reveló un gran electorado potencial en favor de tales enfoques, que Perot ha venido expandiendo desde entonces con sus ataques al TLC.

Es todavía demasiado pronto para saber con toda seguridad en cuál dirección avanzarán los Estados Unidos durante el resto de los años noventa y en el próximo siglo. Lo que está claro y se ha subrayado fuertemente en los capítulos de este libro es que los países latinoamericanos han respondido al mundo nuevo mirando hacia el norte, y que mucho depende ahora del comportamiento de los Estados Unidos. La aprobación del TLC por el Congreso, luego de un debate prolongado y difícil, es un avance importante, y las exitosas negociaciones del GATT también lo son. Pero el futuro de las relaciones interamericanas sólo se aclarará cuando los Estados Unidos se asienten más auténticamente en un curso claro, luego de un decenio de bandazos.

SIGLAS Y ACRÓNIMOS

AEE	Área Económica Europea
AELC	Área Europea de Libre Comercio
AIEA	Agencia Internacional de Energía Atómica
ALC	Acuerdo de Libre Comercio o Área de Libre Comercio
ALCHO	Asociación de Libre Comercio del Hemisferio Occidental
	[también WHFTA: Western Hemisphere Free Trade Association]
AOD	Ayuda Oficial para el Desarrollo
ASEAN	Association of Southeast Asian Nations
	[Asociación de Naciones del Sureste Asiático]
BERF	Banco Europeo de Reconstrucción y Fomento
BID	Banco Interamericano de Desarrollo
BIS	Bank for International Settlements
	[Banco de Instituciones Internacionales]
CAP	Common Agricultural Policy
	[Política Agrícola Comunal]
CE	Comunidad Europea
CECON	Comisión Especial de Consulta y Negociación
CEPAL	Comisión Económica para América Latina de la ONU
CIAD	Colegio Interamericano de Defensa
CICAD	Comisión Interamericana para el Control del Abuso de Drogas
COCOM	Missile Control Transfer Regime
	[Régimen de Transferencia del Control de Misiles]
CSCE	Conferencia sobre Seguridad y Cooperación
DEA	Drug Enforcement Agency
	[Agencia para el Combate del Narcotráfico]
FCEE	Fondo de Cooperación Económica en el Extranjero
	[también OECF: Overseas Economic Cooperation Fund]
FMI	Fondo Monetario Internacional
GATT	General Agreement on Tariffs and Trade
	[Acuerdo General sobre Aranceles y Comercio]
IED	Inversión Extranjera Directa
IEPES	Instituto de Estudos Politicos e Sociais
IFI	Instituciones Financieras Internacionales
ISI	Industrialización con Sustitución de Importaciones
JIAD	Junta Interamericana de Defensa
MAS	Movimiento al Socialismo

MCCA	Mercado Común Centroamericano
MFCS	Medidas de Fortalecimiento de la Confianza y la Seguridad
NMF	Nación más Favorecida
OCDE	Organización para la Cooperación y el Desarrollo Económicos [también OECD: Organization for Economic Cooperation and Development]
OEA	Organización de los Estados Americanos
ONG	Organizaciones No Gubernamentales
OTAN	Organización del Tratado del Atlántico Norte
PCC	Partido Comunista Chino
PCUS	Partido Comunista de la Unión Soviética
PIB	Producto Interno Bruto
PLD	Partido Liberal Democrático
PMD	País Menos Desarrollado
PNB	Producto Nacional Bruto
PNUA	Programa de las Naciones Unidas para el Ambiente [también UNEP: UN Environment Program]
PSDB	Partido Social Demócrata Brasileño
PT	Partido de los Trabajadores
SGP	Sistema General de Preferencias
TLC	Tratado de Libre Comercio [también NAFTA: North American Free Trade Agreement o North American Free Trade Area]
TNP	Tratado de No Proliferación
UNCED	UN Conference on Environment and Development [Conferencia de las Naciones Unidas para el Ambiente y el Desarrollo]
USAID	US Agency for International Development [Agencia de los Estados Unidos para el Desarrollo Internacional]

ACERCA DE LOS AUTORES

José Octavio Bordón, miembro del Senado argentino (Partido Justicialista), ha sido gobernador de Mendoza. Es miembro de Diálogo Interamericano.

Jorge G. Castañeda es profesor de politología de la Universidad Nacional Autónoma de México (UNAM) y escribe con frecuencia en la prensa internacional sobre los asuntos mexicanos y latinoamericanos. Su libro más reciente es *Utopia Unarmed* (1993).

Jorge I. Domínguez es profesor de gobierno y director del Programa de América Latina en la Universidad de Harvard; también es miembro e investigador visitante de Diálogo Interamericano. Su libro más reciente *es Democracy in the Caribbean* (1993).

Albert Fishlow es ex decano de Estudios Internacionales y de Área en la Universidad de California, Berkeley; también es una autoridad en asuntos financieros internacionales y en asuntos brasileños. En 1975-1976 fue subsecretario de Estado asistente para asuntos interamericanos; es miembro de Diálogo Interamericano.

Jesús Silva Herzog es ex secretario de Hacienda de México, ahora secretario de Turismo. Es miembro de Diálogo Interamericano, con licencia mientras ocupa su secretaría.

Kotaro Horisake es profesor de ciencia política en la Universidad Sophia de Tokio y uno de los principales especialistas japoneses sobre la América Latina.

Andrew Hurrell es conferencista universitario sobre relaciones internacionales y miembro del Nuffield College de la Universidad de Oxford. Su libro más reciente es *The International Politics of the Environment*, compilado con Benedict Kingsbury.

Osvaldo Hurtado, ex presidente de Ecuador, dirige CORDES, un centro de investigación en ciencias sociales de Quito. Es miembro de Diálogo Interamericano.

Helio Jaguaribe, ex ministro de Ciencia y Tecnología de Brasil, dirige el Instituto de Estudios Políticos y Sociales de Río de Janeiro. El libro más reciente de Jaguaribe, uno de los científicos sociales más prominentes de América Latina, es *Crisis in the Republic* (1993).

CELSO LAFER, ex ministro de Relaciones Exteriores de Brasil, es un ejecutivo industrial y profesor de derecho internacional en la Universidad de São Paulo. Es miembro de Diálogo Interamericano.

ABRAHAM F. LOWENTHAL dirige el Centro de Estudios Internacionales de la Universidad del Sur de California. Director fundador de Diálogo Interamericano, ahora forma parte de su directorio.

SERGO A. MIKOYAN fue durante 20 años editor en jefe de la revista académica *América Latina*, en Moscú. Después fue jefe de investigación en el Instituto de la Paz en la Academia de Ciencias Rusa. Ahora es investigador visitante en la Universidad Georgetown de Washington, D. C.

HERALDO MUÑOZ es embajador de Chile ante la OEA y presidente del Foro Interamericano, una organización con sede en Chile que trata de promover la comunicación interamericana sobre problemas hemisféricos. El libro más reciente del embajador Muñoz (con Carlos Portales) es *Elusive Friendship: A Survey of U. S.-Chilean Relations* (1991), donde confirma su calidad de investigador señero de las relaciones internacionales de América Latina.

BARBARA STALLINGS es directora del Programa de Estudios Globales de la Universidad de Wisconsin (Madison), y presidenta del Comité Conjunto de Estudios Latinoamericanos del Consejo de Investigación en Ciencias Sociales y el Consejo Americano de Sociedades Ilustradas.

GREGORY F. TREVERTON es vicepresidente del Consejo Nacional de Inteligencia del Gobierno de los EUA. Durante la elaboración de este volumen era investigador principal del Consejo de Relaciones Exteriores.

RICHARD H. ULLMAN es el encargado de la cátedra David K. E. Bruce de la Universidad de Princeton. Su libro más reciente es *Securing Europe* (1991).

ALBERTO VAN KLAVEREN, una autoridad chilena en asuntos internacionales, es director de investigación de la Asociación de Investigación y Especialización sobre Temas Iberoamericanos (AIETI) de España. Ahora trabaja como asesor especial del director general del Ministerio de Relaciones Exteriores de Chile.

FENG XU es candidato al doctorado en relaciones internacionales en la Universidad del Sur de California. Es un especialista en América Latina que ha estudiado y enseñado en la Universidad Fudan en Shanghai.

ÍNDICE ANALÍTICO

142, 150, 151n; *véase también* Unión Soviética
Rutskoi, Aleksandr: 148

salario, diferencias internacionales: 51, 51n, 66
Salinas de Gortari, Carlos: 57, 68, 90, 143, 153, 201, 283
sanciones: 46, 185, 217; de la OEA, 233, 234
Schlesinger, Arthur: 139
sector financiero: de los Estados Unidos, 211; japonés y de América Latina, 14, 160-163, 163, 164, 166; y la confianza en América Latina, 223; *véase también* instituciones financieras internacionales
seguridad: asuntos de la, futura de los Estados Unidos y América Latina, 32-35, 37-39, 220-222; global, 272, 273; institucionalización de la, hemisférica, 36-37; y la OEA y los asuntos de, 228; y los intereses europeos en América Latina, 102-103, 107-108, 144
Sendero Luminoso: 134
Shevardnadze, Eduard: 137, 142
Shojin, Aleksandr: 140, 151
Silva Herzog, Jesús: 10
Sistema de justicia de los Estados Unidos: 47-48, 48n, 288
Sistema General de Preferencias (SGP): 109
soberanía: cubana, 250; china con respecto a América Latina, 191; lucha contra las drogas, inmigración, y asuntos de, 47-52; y las intervenciones humanitarias, 274; y las presiones comerciales de los Estados Unidos, 52; y los asuntos ambientales, 220; y regionalismo, 206, 207, 210, 214, 288, *véase también* relaciones de poder; intervención
Solana, Fernando: 56
Soto L.: 151

Stallings, Barbara: 14
Stevenson, Adlai: 40
Sudáfrica: 241
Suecia: 115
Suprema Corte de los Estados Unidos: 49, 273
Surinam: 115, 274

Tailandia: 30
Taiwán: 187
Takeshita, Noboru: 170
tasas de interés: 61, 86
tecnología/ciencia: cooperación china y de América Latina en, 189, 191, 194-195; cooperación regional en, 79-80; cooperación rusa y de América Latina en, 146, 151; importancia en el mundo postindustrial de la, 71-72; transferencia y límite de armas, 272; y Japón, 155
Teoría de los Tres Mundos: 183, 184
terrorismo: 18
Thatcher, Margaret: 113n
Thornburgh, Richard: 49
Thurman, Maxwell: 40
Tiananmen, incidente de: 185
tráfico de drogas: como amenaza de la democracia, 18, 217; e interdependencia regional, 211, 259, 290; y Cuba, 47, 255; y la OEA, 229; y las intervenciones de los Estados Unidos, 10, 33, 39, 41, 47-50, 50n, 66-67; y los intereses europeos, 108, 118, 122-123
Tratado de Libre Comercio de Norteamérica (TLC): como objetivo de los Estados Unidos, 201, 210, 211, 259, 288-289, 292; costos y beneficios del, 86, 90-91, 213-214, 237, 274, 277, 287; socios extracontinentales del, 84, 225, 225n; subregionalismo como reacción al, 205; y China, 182n, 194, 196, y Japón, 166; y las cuestiones de inmigración, 77-78; y México, 90, 144, 264, 283; *véase también* regionalismo

ÍNDICE GENERAL

Este libro se terminó de imprimir y encuadernar
en el mes de diciembre de 1996 en Impresora y
Encuadernadora Progreso, S. A. de C. V. (IEPSA),
Calz. de San Lorenzo, 244; 09830 México, D. F.
Se tiraron 2 000 ejemplares.

Hobbes, Thomas. *Leviatán. O la materia, forma y poder de una república eclesiástica y civil.*

Holbraad, Carsten. *Las potencias medias en la política internacional.*

Houn, Franklin Willington. *Breve historia del comunismo chino.*

Humboldt, Wilhelm von. *Escritos políticos.*

Jardin, André. *Alexis de Tocqueville, 1805-1859.*

Jardin, André. *Historia del liberalismo político. De la crisis del absolutismo a la Constitución de 1875.*

Kelsen, Hans. *Derecho y paz en las relaciones internacionales.*

Kelley, Robert Lloyd. *El modelo cultural en la política norteamericana. El primer siglo.*

Lacroix, Bernard. *Durkheim y lo político.*

Lachs, Manfred. *El derecho del espacio ultraterrestre.*

Lipset, Seymour Martin, y Earl Raab. *La política de la sinrazón. El extremismo de derecha en los Estados Unidos, 1790-1977.*

Mangabeira Unger, Roberto. *Conocimiento y política.*

Merriam, Charles Edward. *Prólogo a la ciencia política.*

Meyer, Jean (comp.). *Perestroika, I.*

Meyer, Jean (comp.). *Perestroika, II.*

Paine, Thomas. *Los derechos del hombre.*

Pempel, T. J. (comp.). *Democracias diferentes. Los regímenes con un partido dominante.*

Reyes Heroles, Jesús. *El liberalismo mexicano.* (3 vols.)

Rolland, Denis. *América Latina. Guía de las organizaciones internacionales y de sus publicaciones.*

Rose, Gillian. *Dialéctica del nihilismo. La idea de la ley en el pensamiento post-estructuralista.*

Sartori, Giovanni. *La política. Lógica y método en las ciencias sociales.*

Schleifer, James T. *Cómo nació La democracia en América de Tocqueville.*

Skocpol, Theda Ruth. *Los Estados y las revoluciones sociales. Un análisis comparativo de Francia, Rusia y China.*

Soler, Sebastián. *Las palabras de la ley.*

Waldheim, Kurt. *El desafío de la paz.*

Wich, Richard. *La crisis política chino-soviética. Un estudio del cambio político y la comunicación.*